Klaus Wengst

Das Regierungsprogramm des Himmelreichs

Eine Auslegung der Bergpredigt
in ihrem jüdischen Kontext

2. Auflage

Verlag W. Kohlhammer

2. Auflage 2019

Alle Rechte vorbehalten
© W. Kohlhammer GmbH, Stuttgart
Gesamtherstellung: W. Kohlhammer GmbH, Stuttgart

Print:
ISBN 978-3-17-036346-5

E-Book-Format:
pdf: ISBN 978-3-17-036347-2

Für den Inhalt abgedruckter oder verlinkter Websites ist ausschließlich der jeweilige Betreiber verantwortlich. Die W. Kohlhammer GmbH hat keinen Einfluss auf die verknüpften Seiten und übernimmt hierfür keinerlei Haftung.

Dem Gedenken
an
CHANA SAFRAI
(1946–2008)

Vorwort

Von den Evangelien habe ich mich in meiner aktiven Dienstzeit nach Johannes am meisten mit Matthäus beschäftigt und da besonders mit der „Bergpredigt", in etlichen Vorlesungen und immer wieder in Seminaren. An Veröffentlichungen hat sich diese Beschäftigung bisher nur in wenigen Aufsätzen niedergeschlagen. Daneben hat sich im Lauf der Jahre viel Handgeschriebenes und Handgekritzeltes angesammelt. Das habe ich für dieses Buch durchgearbeitet und dazu auch weitere Literatur zur Kenntnis genommen. Dabei ist mir besonders Luthers Auslegung wichtig geworden, die mir einen Eindruck von Frische machte, der gegenüber manche erst wenige Jahrzehnte alte Kommentare merkwürdig „alt" und abgestanden erscheinen. Von 1530–1532 hat Luther die Kapitel 5–7 des Matthäusevangeliums in Wochenpredigten ausgelegt. Ich habe diese Predigten mit wachsender Begeisterung gelesen. Daher wollte ich hier nur wenig über Luther schreiben, ihn vielmehr zu Wort kommen und in meiner Auslegung mitreden lassen.

Allerdings empfinde ich es immer wieder als schmerzlich, wie Luther über „die Juden" redet. Was mir die Lektüre seines Galaterkommentars nahezu unerträglich macht, dass er nämlich durchgehend von dem Schema bestimmt ist: wie Luther gegen „die Papisten", so Paulus gegen „die Juden", findet sich zwar auch hier analog auf Jesus gewendet, aber das dominiert nicht die Auslegung, sondern begegnet nur gelegentlich. An einigen Stellen bietet Luther Aussagen, die sich ganz entsprechend bei Rabbinen finden. Diese rabbinischen Aussagen hat Luther natürlich nicht gekannt – und er hat sie auch gar nicht kennen wollen, weil er sich von dort nichts Gutes erwartete und es besser zu wissen meinte. In dieser Hinsicht hat ihn sein Christusglaube hochmütig gemacht.

Dass sich zwischen einzelnen Auslegungen, die Luther zu Matthäus 5–7 gibt, und rabbinischen Aussagen Entsprechungen zeigen, ist kein Zufall, sondern beruht schlicht darauf, dass Matthäus die Rede Jesu in diesen Kapiteln – wie sein ganzes Evangelium – im Kontext des frührabbinischen Judentums zusammengestellt und ausformuliert hat. Für mich ist es im Blick auf das ganze Neue Testament eine wesentliche Lernerfahrung der letzten gut zwanzig Jahre, dass dieses Buch zwar als Ganzes seit seiner Zusammenstellung ein christliches Buch ist, dass aber die meisten seiner Schriften – wenn nicht alle – bei ihrer Entstehung jüdische Schriften waren. Ich habe es mir deshalb abgewöhnt, zur Kennzeichnung von Phänomenen des 1. Jahrhunderts, die die auf Jesus bezogene Gemeinschaft betreffen, die Begriffe

„christlich", „Christ(en)" und „Christentum" zu gebrauchen. Mit dieser Terminologie trägt man die spätere Trennungsgeschichte mit ihrem Gegenüber und ihren Gegensätzen von Judentum und Christentum hinterrücks mit ein. Daher möchte ich mit meiner Auslegung von Jesu Lehre auf dem Berg nach Matthäus 5–7 vor allem deutlich machen, wie stark sie in ihrem jüdischen Kontext verwurzelt ist. Es käme darauf an, wie wir als Völkerkirche diesen so entstandenen Text aufnehmen können, ohne ihn antijüdisch zu profilieren, und ihn dabei auch nicht einfach nur historisierend in seine vergangene Entstehungszeit einzubetten.

Ursprünglich war es meine Absicht einen Kommentar zu Matthäus 5–7 zu schreiben. Das wäre dann ein Buch im Wesentlichen für Fachleute geworden. Ich möchte aber gerne erreichen, dass dieser in der christlichen Rezeption zentral gewordene Text, der immer wieder im Gegensatz zum Judentum interpretiert wurde und wird, auch von einem breiteren interessierten Publikum in den Gemeinden anders wahrgenommen werden kann. Ich habe deshalb auf den üblichen wissenschaftlichen „Kleinkrieg" in Anmerkungen verzichtet und hebräische und griechische Worte nur da gebracht, wo es mir für das Verständnis notwendig erschien – in Umschrift und mit sofortiger Beigabe von möglichen Übersetzungen. Ich wollte allerdings auch keine Auslegung *light* bieten. Wo ich Zitate anderer aufgenommen habe, ist das im Text mit dem bloßen Namen vermerkt; Nachweise stehen im Anhang.

In trauerndem und dankbarem Gedenken widme ich dieses Buch Chana Safrai. Im Herbst 1992 habe ich sie auf einer Akademietagung kennengelernt und für die Mitarbeit in der Arbeitsgemeinschaft Juden und Christen beim Deutschen Evangelischen Kirchentag gewinnen können; zuletzt war sie dort auch im Vorstand. Auf dem Kirchentag in Köln 2007 habe ich noch mit ihr zusammen eine Bibelarbeit über Matthäus 4,1–11 gehalten. Besonders viel habe ich von ihr gelernt an den intensiven Studientagen, die wir während ihrer Jahre in Utrecht dreimal jährlich abwechselnd in Bochum und Utrecht mit unseren Doktorandinnen und Doktoranden durchgeführt haben.

Meiner Frau Helga danke ich herzlich für eine kritische Durchsicht des Manuskripts. An nicht wenigen Stellen hat sie Einwände vorgebracht, mit mir diskutiert und mich zur Umarbeitung veranlasst. Einmal mehr gilt mein Dank schließlich Herrn Florian Specker vom Verlag für die gute Zusammenarbeit und die kräftige Hilfe beim Formatieren.

Bochum, im September 2010   Klaus Wengst

Inhalt

Einführung

1. Eine Anmerkung zur Begrifflichkeit 13
2. Probleme und Voraussetzungen der Auslegung
   von Jesu Lehre auf dem Berg nach Matthäus 5–7 14
   a) Jesu Lehre auf dem Berg ist eine Zusammenstellung
      des Evangelisten Matthäus 16
   b) Jesu Lehre auf dem Berg ist als Teil
      des Matthäusevangeliums zu verstehen 17
   c) Die Lehre auf dem Berg gilt Matthäus als Rede
      des irdischen Jesus 18
   d) Jesus als Sprecher der Lehre auf dem Berg ist
      für Matthäus selbstverständlich ein Jude 19
   e) Der Evangelist Matthäus ist ein an Jesus als Messias
      glaubender Jude und schreibt in spannungsvoller Situation 20
   f) Matthäus schreibt sein Evangelium und damit auch
      die Lehre auf dem Berg für die Gemeinde 22
   g) Jesu Lehre auf dem Berg blickt über
      die Grenzen der Gemeinde hinaus 23
3. Zum Aufbau der Lehre auf dem Berg 23

Auslegung

1. Einleitung: das Regierungsprogramm des Himmelreichs
   Angabe der Szenerie (5,1–2) 25

I. *Jesu Schüler als Zeugen der Gerechtigkeit
   des Himmelreichs (5,3–16)* 32

2. Die Beglückwünschungen (5,3–12) 32
3. Die Schüler als Salz und Licht (5,13–16) 56

II. *Gerechtigkeit nach Jesu
    Auslegung der Tora (5,17–48)* 65

4. Jesu Stellung zur Tora (5,17–20) 66
5. Jesu Auslegung der Tora (5,21–48) 77

       a) Dem Morden schon im Vorfeld
          einen Riegel vorschieben! (5,21–26) 82
       b) Dem Ehebrechen schon im Vorfeld
          einen Riegel vorschieben! (5,27–30) 91
       c) Nur aus triftigem Grund aus der Ehe entlassen! (5,31–32) 96
       d) Eindeutig reden! (5,33–37) 103
       e) Auch in der Erfahrung von Unrecht und Ohnmacht
          nach Handlungsmöglichkeiten suchen! (5,38–42) 112
       f) Feindschaft überwinden! (5,43–48) 125

III. Das Trachten nach dem Himmelreich und
    nach Gottes Gerechtigkeit (6,1–7,12) 138

6. Das vor der Öffentlichkeit zu verbergende Tun
    der Gerechtigkeit (6,1–18) 138
    a) Angabe des Themas (6,1) 140
    b) Almosengeben (6,2–4) 141
    c) Beten (6,5–15) 145
    d) Fasten (6,16–18) 163
7. Das Tun der Gerechtigkeit in Freiheit von der Sorge (6,19–34) 165
    a) Mahnung, nicht Schätze auf der Erde aufzuhäufen,
       sondern im Himmel (6,19–21) 166
    b) Erläuterung der Mahnung durch die Bildworte
       vom Auge und vom Doppeldienst (6,22–24) 171
    c) Konkretion der Mahnung: Freiheit von der Sorge
       und Trachten nach dem Reich Gottes (6,25–34) 175
8. Verhalten gegenüber den Mitmenschen –
    nach innen und außen (7,1–11) 186
    a) Nach innen: vor der Kritik die Selbstkritik (7,1–5) 189
    b) Nach außen: sich nicht aufdrängen (7,6) 192
    c) nach außen: in der Haltung des Bittens,
       Suchens und Anklopfens (7,7–11) 195
9. Die goldene Regel als Zusammenfassung
    von Tora und Propheten (7,12) 199

IV. Die Relevanz des Tuns für die Teilhabe
    am Himmelreich (7,13–27) 205

10. Der Weg zum Leben (7,13–14) 205

11. Erkenntnis falscher Propheten an ihren Früchten (7,15–20) 209
12. Wider diejenigen, die nur „Herr, Herr" sagen (7,21–23) 214
13. Tun und nicht tun des Gehörten und die jeweilige Folge (7,21–27) . 220

Schluss: Das Mitlernen der Völker – mit und in Jesu Schülerschaft und mit Israel

14. Nachwort: die Reaktion der Volksmenge (7,28–29) 224

Anhang I
Kurze Information über antike Schriftsteller und
rabbinische Schriften, aus denen zitiert wird 229

Anhang II
Nachweis der Zitate aus der Sekundärliteratur 233

Einführung

1. Eine Anmerkung zur Begrifflichkeit

Zur Bezeichnung der Kapitel 5–7 des Matthäusevangeliums hat sich der Begriff „Bergpredigt" eingebürgert. Er geht zurück auf Augustins Auslegung dieses Textes vom Ende des 4. Jahrhunderts, der er den Titel gab: *De sermone Domini in monte* („Predigt des Herrn auf dem Berg"). Diese Bezeichnung „Bergpredigt" ist so fest in der Tradition und im allgemeinen Bewusstsein verankert, dass er aller Wahrscheinlichkeit nach bleiben wird. Er ist allerdings keineswegs unproblematisch. Denn mit dem Wort „Predigt" ist etwas bezeichnet, das sich erst in der Kirchengeschichte herausgebildet hat und ohne Entsprechung im antiken Judentum ist. Werden die Kapitel 5–7 des Matthäusevangeliums unter den Begriff „Berg*predigt*" gefasst, wird dabei zumindest unterschwellig suggeriert, es handle sich hier um einen christlichen Text. Das ist er ohne Zweifel geworden, aber das sind diese Kapitel von ihrem Ursprung her nicht. Es ist kein Zufall, dass auf diese Problematik ein Jude, Pinchas Lapide, hingewiesen hat. Er hat dabei zugleich auch herausgestellt, dass im Zusammenhang dieses Textes selbst zweimal der Begriff „lehren" und einmal der Begriff „Lehre" begegnen, mit denen hier Jesu Tun und dessen Ergebnis charakterisiert werden (5,2; 7,28–29). Er bezeichnet diese Kapitel deshalb lieber als „Berglehre". Das nehme ich auf und spreche von „Jesu Lehre auf dem Berg nach Matthäus 5–7". Allerdings ist die Kennzeichnung als „Predigt" nicht ganz ohne Anhalt am Text. In den – bald näher zu besprechenden – Versen 4,23 und 9,35, die den gesamten Zusammenhang der Kapitel 5–9 rahmen, steht zwischen dem Lehren und dem Heilen Jesu das Verkündigen „der frohen Botschaft vom Reich". Das Lehren Jesu wird in den Kapiteln 5–7 entfaltet, sein Heilen in 8–9. In beidem vollzieht sich die Verkündigung. In 5–7 „predigt" Jesus also nicht, sondern verkündet die frohe Botschaft, das Evangelium, in der Weise, dass er lehrt, dass er Wegweisung bietet in Auslegung der Tora. Das zu betonen, ist nicht nur im Blick auf Jesus als den vorgestellten Sprecher wichtig, sondern auch im Blick auf den Evangelisten.

2. Probleme und Voraussetzungen der Auslegung von Jesu Lehre auf dem Berg nach Mt 5–7

Um Probleme der Rezeption von Jesu Lehre auf dem Berg zu skizzieren, zitiere ich zunächst aus einem Gedicht von Thaddäus Troll, dem er den Titel „Unterwanderung" gegeben hat. Er lässt in diesem Gedicht Jesus auf der tiefschwarzen Schwäbischen Alb lustwandeln und dort ein Schild mit seinem Namen (gemeint ist der als Name verstandene Titel „Christus") sehen: „Cee-Dee-U".

>do isch r neiganga ond hot gfroget
>ob r en dia partei eitreta kennt.
>r hot sich ausweisa miassa ond do hent
>dia manna gsait s sei nex mit
>era mitgliedschaft die gefahr
>der onterwanderung sei groß
>denn sei bergpredicht beinhalte
>gefährliches sozialistisches gedankengut.

>no isch r ganga ond hot gseifzt:
>du liabs herrgöttle vo Biberach!

Als zu Beginn der 80er Jahre des vorigen Jahrhunderts in den Auseinandersetzungen um die Friedenspolitik Jesu Lehre auf dem Berg auch in der öffentlichen Diskussion stärker in den Blick geriet, schrieb Martin Hengel: „Es mag Menschen gegeben haben, die, geführt von der Spontaneität der Gnade, ganz mit und in diesen Worten lebten, und daß sie auch heute noch leben. Freilich wird sie kaum der Ehrgeiz nach einer leitenden Position oder nach erfolgreicher politischer Aktion beflügeln." Mit „erfolgreicher politischer Aktion" muss vor allem die Gewinnung von Mehrheiten bei Wahlen, die Gewinnung von Macht gemeint sein. Zur selben Zeit gab es ein Interview mit dem damaligen Bundeskanzler Helmut Schmidt. Der Interviewer fragte den Kanzler, ob er es mit Bismarck halte, der gemeint hatte, mit der Bergpredigt könne man nicht regieren. Schmidt war in der Antwort „der Meinung, daß es ein Irrtum wäre, die Bergpredigt als einen Kanon für staatliches Handeln aufzufassen. So ist sie nicht gemeint gewesen." Vielleicht hat er recht; wahrscheinlich hätte er bei Beachtung von Jesu Lehre auf dem Berg die Mehrheit noch schneller verloren, die er ein gutes Jahr später auch so nicht mehr hatte.

2. Probleme und Voraussetzungen der Auslegung 15

Die Aussage eines Kirchenvertreters aus der ehemaligen DDR, des Kirchenpräsidenten Eberhard Natho aus Dessau, auf der Landessynode der Evangelischen Kirche von Westfalen im November 1989 ist kein Gegenargument. Unter Berufung auf Erfahrungen in der DDR im Herbst 1989 sagte er: „Die Bergpredigt ist politikfähig. Die Sanftmütigen sind die eigentlichen Erneuerer." Er bezog sich damit auf die großen Demonstrationen während des Zusammenbruches des SED-Staates, Demonstrationen, in denen Christinnen und Christen und mit ihnen Sympathisierende, die vorher an Friedensgebeten und Gottesdiensten teilgenommen hatten, in oft genug hochgespannter Situation als ein Ferment der Gewaltfreiheit wirkten. Da, beim friedlichen Umbruch, hat sich in der Tat Jesu Lehre auf dem Berg als politikfähig erwiesen. Aber als es ein halbes Jahr später bei den Wahlen um die Erringung der Macht ging, hat sie keine Rolle gespielt, ebenso wenig diejenigen, die zuvor mit ihrem großen Mut am meisten für den Umbruch getan hatten. Dem entspricht es, dass es in der Geschichte der Kirche kleine Gruppen waren, Außenseiter, die gegen den Strom schwammen, die mit dieser Lehre voll und ganz Ernst machen wollten, z.B. Waldenser, Täufer, Friedenskirchen bis hin zur Bürgerbewegung unter Martin Luther King. Und außerhalb des Christentums war es Gandhi, der sich von Jesu Lehre auf dem Berg hatte inspirieren lassen und sie am Anfang des 20. Jahrhunderts zunächst in Südafrika umzusetzen versuchte.

Man kann bei allen genannten und bei weiteren denkbaren Gruppen und Personen immer wieder ein Scheitern der von ihnen initiierten Bewegungen feststellen. Aber man kann auch eine Gegenfrage stellen: Wie viel ärmer wäre die Welt ohne die von ihnen gemachten Erfahrungen? Und wohin hat es geführt und wohin führt es, wenn dem Geist von Jesu Lehre auf dem Berg nicht gefolgt wird? Einer, der selbst in den politischen Machtstrukturen gewirkt hat und durchaus wusste, „daß es keine unmittelbaren Ableitungen, keine Rezepte gibt", Heinrich Albertz, hat das knapp zehn Jahre nach seinem Ausscheiden aus politischen Ämtern so formuliert: „Je älter ich werde, desto mehr bin ich davon überzeugt: Die Welt wird auch in ihren Machtstrukturen nur überleben, wenn sie sich Schritt für Schritt den Grundwerten der Bergpredigt annähert, vom Irrsinn unseres Wettrüstens angefangen bis zur Solidarität mit der Dritten Welt und der Art und Weise, wie wir mit der Schöpfung Gottes umgehen, ob wir sie weiter für das, was wir Fortschritt und Wachstum nennen, zerstören wollen, oder endlich beginnen, auch mit ihr und damit mit uns barmherzig zu sein."

Ich belasse es bei dieser knappen Skizze, die Probleme der Rezeption von Jesu Lehre auf dem Berg andeutet. Ich gehe nun weiter so vor, dass ich die Voraussetzungen meiner Auslegung in sieben Thesen benenne und entfalte. Bei dieser Entfaltung werden dann auch weitere Aspekte der Wirkungsgeschichte sowie Probleme der Auslegung in den Blick kommen.

a) Jesu Lehre auf dem Berg ist eine Zusammenstellung des Evangelisten Matthäus

Der Vergleich mit den anderen synoptischen Evangelien, vor allem mit dem Lukasevangelium, sowie Beobachtungen zur Form und Überlieferung der Stoffe machen es evident: So wie diese Lehre jetzt im Matthäusevangelium steht, handelt es sich bei ihr um eine Zusammenstellung aus vorgegebenen und in verschiedenen Zusammenhängen überlieferter Materialien, die der Evangelist vorgenommen hat. Negativ formuliert heißt das: Sie ist keine Rede, die Jesus so tatsächlich an einem Stück gehalten hätte. Darauf hat im Übrigen schon Calvin in seiner Auslegung dieses Textes mehrfach hingewiesen. An einer Stelle bemerkt er: „Ich muß immer wieder daran erinnern, daß diese Aussprüche einzeln überliefert wurden, also ursprünglich keine zusammenhängende Rede darstellten." Auf der anderen Seite lässt es sich aber auch zeigen, dass nur wenige Aussagen inhaltlich der matthäischen Redaktion entspringen. Matthäisch ist die Platzierung im Kontext des Evangeliums, die Anordnung der Rede im Ganzen und häufig die Formung im Einzelnen. Der Stoff besteht zum größten Teil aus dem Evangelisten überkommener Überlieferung.

Da Matthäus also fast durchgängig ihm überliefertes Material bietet, lässt sich grundsätzlich auch die überlieferungsgeschichtliche Rückfrage nach dessen Herkunft stellen. Dabei wird üblicherweise die Existenz einer Logienquelle als Teil der Zwei-Quellen-Theorie vorausgesetzt. Nach ihr haben Matthäus und Lukas unabhängig voneinander sowohl das Markusevangelium benutzt als auch eine zweite Quelle, die aus dem Stoff rekonstruiert werden muss, den sie über Markus hinaus gemeinsam haben. Diese Theorie vermag viele Phänomene zu erklären, aber nicht alle. Ich bin ihr gegenüber zunehmend skeptisch geworden. Für die Auslegung der vorliegenden Texte ist sie entbehrlich. Auch ohne die mit ihr verbundenen Hypothesen können parallele Textstellen miteinander verglichen werden, um ihr je spezifisches Profil herauszustellen. Im Rahmen einer überlieferungsgeschichtlichen Analyse wäre es auch möglich zu fragen, was auf den „historischen" Jesus zurückgehen könnte. Aber das wäre dann nicht mehr die Auslegung von Jesu Lehre auf dem Berg nach Matthäus 5–7, sondern eine sehr hypothetisch bleibende Rekonstruktion.

2. Probleme und Voraussetzungen der Auslegung

b) Jesu Lehre auf dem Berg ist als Teil
des Matthäusevangeliums zu verstehen

Die Lehre auf dem Berg ist uns nicht als isolierte Rede überliefert, sondern als Bestandteil des Matthäusevangeliums. So ist es nur folgerichtig, sie im Kontext dieses Evangeliums zu verstehen. Das gilt umso mehr, als deutlich erkennbar ist, dass der Evangelist sie planvoll in den Zusammenhang seines Werkes eingeordnet hat. In 4,17 beginnt er den ersten Hauptteil seines Evangeliums damit, dass er Jesus die programmatische Verkündigung Johannes des Täufers von 3,2 wörtlich als auch seine Verkündigung aufnehmen lässt: „Kehrt um! Denn das Himmelreich ist nahe herbeigekommen." Nebenbei sei angemerkt, dass Matthäus offenbar nicht der Meinung war, Jesus müsse in jeder Hinsicht originell gewesen sein. Auf die programmatische Verkündigung folgt in 4,18–22 die Berufung der ersten Schüler am „Meer" von Galiläa; und gleich anschließend bietet Matthäus, der Berglehre unmittelbar vorangehend, das erste ausführliche Summarium: „Und er (Jesus) zog umher in ganz Galiläa, lehrte in ihren Synagogen und verkündigte die frohe Botschaft vom Reich und heilte jede Krankheit und jedes Gebrechen im Volk. Und sein Ruf verbreitete sich in ganz Syrien; und sie brachten alle zu ihm, die schlecht dran waren mit unterschiedlichen Krankheiten, von Leiden Gequälte, Besessene, Mondsüchtige und Gelähmte; und er heilte sie. Und große Volksmengen folgten ihm nach aus Galiläa, der Dekapolis, Jerusalem, Judäa und aus dem Gebiet jenseits des Jordans" (4,23–25). Den ersten Teil dieses Summariums wiederholt Matthäus fast wörtlich in 9,35: „Und Jesus zog umher durch alle Städte und Dörfer, lehrte in ihren Synagogen und verkündigte die frohe Botschaft vom Reich und heilte jede Krankheit und jedes Gebrechen." Es liegt also eine klare Rahmung (*inclusio*) vor. Betrachtet man das durch diese Summarien Eingeschlossene, stellt man fest, dass es genau dem in ihnen knapp Gesagten entspricht, insofern hier breit entfaltet wird, was dort zusammenfassend gesagt ist. Das Lehren Jesu wird in den Kapiteln 5–7 dargestellt, also in der Lehre auf dem Berg; und in den Kapiteln 8 und 9 finden wir vor allem eine Zusammenstellung von Heilungsgeschichten, die das in den Summarien genannte Heilen Jesu veranschaulichen. In beidem, dem Lehren und Heilen, vollzieht sich das in den Summarien jeweils dazwischen stehende Verkündigen der frohen Botschaft vom Reich. Durch die Summarien wird das von ihnen Eingeschlossene als beispielhaft hingestellt. Das in den Kapiteln 5–9 Erzählte gibt nicht alles wieder, was Jesus sagte und tat. Aber so, wie er dort dargestellt wird, handelte er immer. Jesu Lehren erscheint damit von vornherein nicht als isoliert, sondern ist mit seinem heilenden und helfenden Wirken zusammengebunden. Von diesen Beobachtungen her hat man treffend gesagt, Matthäus zeige Jesus in den Kapiteln 5–7 als „Messias des Wortes" und in Kapitel 8–9 als „Messias der Tat" (Schniewind). In der Einleitung seines Evangeliums (1,1–4,16) hat Matthäus Jesus immer wieder als den Gesalbten (*christós*), als Messias, herausgestellt und dabei besonders die Aspekte betont, dass hier die Schrift endzeitlich zum Zuge kommt und also Gott seine führende Hand im Spiel hat. In Jesus ist Gott mit seinem Volk (Matthäus 1,21.23). Da der Sprecher der Lehre auf dem Berg in dieser Weise verstanden wird – und das kann er nur vom Zeugnis her, dass Gott den am Kreuz hingerichteten Jesus von den Toten auferweckt hat –, steht diese Lehre unter einem christologischen Vorzeichen: Sie ist messianisch ausgelegte Tora. Dieser christologische Aspekt wird auch deutlich vom letzten Vers des Evangeliums her, wenn der Auferweckte in 28,20 dazu anhält, „alles zu halten, was ich euch geboten habe", wobei vor allem an die Berglehre zu denken ist. Zugleich ist an dieser Stelle aber auch deutlich, dass der hier sprechende auferweckte Jesus damit auf das zurückweist, was er als irdischer gesagt hat. Das führt zur nächsten These.

c) Die Lehre auf dem Berg gilt Matthäus
    als Rede des irdischen Jesus

Das eben genannte letzte Wort Jesu an seine Schüler in Mt 28,18–20 spricht der Auferweckte. Was er aber seinen Schülern geboten hat, das hat er ihnen während seines Erdenwirkens gesagt; und das ist im Evangelium dargestellt. Im Matthäusevangelium konfrontiert also der Auferweckte mit dem Anspruch des Irdischen. Der Evangelist bindet auf diese Weise Gemeinde als Schülerschaft an den irdischen Jesus als den Ausleger des göttlichen Willens. Diese Auslegung hat Jesus im Matthäusevangelium zwar nicht nur, aber doch in zusammenhängender und hervorgehobener Weise in der Lehre auf dem Berg gegeben. Von diesem Rückbezug des Schlusses des Evangeliums auf die Berglehre ist deutlich, dass das, was Jesus in ihr geboten hat, auch getan werden soll und kann. Das ist einer Auslegungstradition entgegenzuhalten, die die Unerfüllbarkeit ihrer Forderungen betont. Sie dienen dann nur als Sündenspiegel, der die Lesenden und Hörenden, wie es Hengel gesagt hat, zum „Stoßseufzer des Zöllners im Tempel" führt: „Gott, sei mir Sünder gnädig!" Nein, die Forderungen der Lehre auf dem Berg wollen genauso Praxis, wie sie die zehn Gebote und andere Weisungen der hebräischen Bibel auch wollen. Auch dort ist nicht vorausgesetzt, dass sie immer und überall und von allen befolgt werden, dass es also nicht Schuld und

2. Probleme und Voraussetzungen der Auslegung

Sünde gäbe und damit die Notwendigkeit von Vergebung. Es gibt den Versöhnungstag, der die Sünden des Menschen gegen Gott sühnt und die Sünden des Menschen gegen den Mitmenschen, wenn er ihn zuvor begütigt hat (Mischna Joma 8,9). Die Erfahrung von Sünde und Vergebung dispensiert aber nicht von der Praxis, sondern stellt gerade wieder in sie hinein. In diesem Zusammenhang ist auch darauf hinzuweisen, dass Jesus schon nach Matthäus 4,24 vielfältig heilte, nachdem Menschen zu ihm gebracht worden waren, „die schlecht dran waren": „Man muss die Menschen in ihrer Not sehen, bevor man die Erfüllbarkeit der Weisungen Jesu bezweifelt" (Köhnlein). Eine wesentliche Voraussetzung der Auslegungstradition, die die Unerfüllbarkeit der Lehre auf dem Berg betont und sie so in erster Linie als Sündenspiegel begreift, dürfte das Verständnis von Tora als „Gesetz" sein, dem dann auch die Lehre auf dem Berg zugeordnet wird. Aber Tora ist nicht „Gesetz". Tora ist in erster Linie „Evangelium", die frohe Botschaft von Gottes Mitsein mit seinem Volk und von daher dann auch Weisung zum rechten und guten Leben. Als solche Wegweisung sind die Forderungen Jesu in seiner Lehre auf dem Berg Ausdruck des Willens Gottes, der sich der Alternative von „richten" oder „sich erbarmen" entzieht, sondern zurechtbringt, indem er gerade beides tut. Der Evangeliumscharakter der Lehre auf dem Berg darf nicht ausschließlich darin erblickt werden, dass ihr Sprecher zugleich der ist, dessen „Blut vergossen wird zur Vergebung der Sünden" (Matthäus 26,28). Ihr Evangeliumscharakter liegt auch in ihr selbst als der Gottes Herrschaft und Reich zusprechenden Weisung zum rechten und guten Leben. Nur wenn das klar erkannt ist, bleibt Jesu Lehre auf dem Berg vor antijüdischem Missbrauch bewahrt. Das führt zur nächsten These.

d) Jesus als Sprecher der Lehre auf dem Berg ist
   für Matthäus selbstverständlich ein Jude

Die Richtigkeit dieser These bedarf keines langen Beweises. Sie ergibt sich schon aus dem ersten Abschnitt des Evangeliums, in dem Matthäus einen Stammbaum Jesu bietet, nach dem sein Judesein evident ist. Am meisten Verlegenheit hat das Judesein Jesu angepassten Theologen im nationalsozialistischen Deutschland bereitet. Diese Verlegenheit ging so weit, dass angesehene Neutestamentler den Nachweis unternahmen, Jesus sei kein Jude gewesen. Zumindest ließ man ihn das Judentum durchbrechen oder überwinden. Dass Jesus immer wieder – und vor allem auch in seiner Lehre auf dem Berg – das Judentum gesprengt oder transzendiert habe, ist allerdings eine Argumentation, die keineswegs auf die Nazizeit beschränkt war, sondern vorher und nachher immer wieder begegnet. Sie ist das Produkt christlicher Profilneurose, die sich aus folgender Verkettung ergibt: 1. Das Christentum beruft sich auf Jesus, der ein Jude war; 2. das Christentum ist dem Judentum überlegen; 3. also darf Jesus kein Jude bleiben, sondern muss über das Judentum hinausgehen. Aus dieser Verkettung kommt nur heraus, wer den christlichen Überlegenheitsdünkel fahren lässt. Dann kann Jesus auch bleiben, was er nach dem Neuen Testament selbstverständlich war: ein Jude. Das Judesein gilt auch für denjenigen, der Jesu Lehre auf dem Berg ihre bestimmte Gestalt gegeben hat, den Evangelisten Matthäus.

e) Der Evangelist Matthäus ist ein an Jesus als Messias
 glaubender Jude und schreibt in spannungsvoller Situation

Dass auch der Evangelist Matthäus ein Jude war, wird in der neueren Forschung wieder deutlicher gesehen. Natürlich ist er ein Jude, der an Jesus als Messias glaubt. Aber mit diesem Glauben hat er nach seinem eigenen Selbstverständnis nicht aufgehört, ein Jude zu sein. Es ist immer wieder die These vertreten worden, auf der redaktionellen Ebene sei das Matthäusevangelium eine von einem Nichtjuden verfasste Schrift; die unzweifelhaft in ihm enthaltenen jüdischen Momente gehörten mitgenommener Tradition an, die aber für die jetzige Endgestalt des Evangeliums keine Relevanz hätte. Demgegenüber will ich an einigen Punkten deutlich machen, dass gerade die matthäische Redaktion in einem eindeutig jüdischen Kontext erfolgt ist.

- In der Einleitung des Streitgesprächs über „rein und unrein" bietet Matthäus im Unterschied zu Markus 7,3–4 keine erklärende Bemerkung über jüdische Reinheitsriten. Er setzt bei seiner Leser- und Hörerschaft offenbar einschlägige Kenntnisse voraus.
- Der matthäische Jesus vertritt in 5,32 und 19,9 hinsichtlich der Entlassung einer Frau aus der Ehe durch den Mann den Standpunkt der Schule Schammajs, die nur Ehebruch als einzigen Entlassungsgrund zulässt. Dementsprechend formuliert er die an Jesus gerichtete Frage so: „Ist es erlaubt, eine Frau aus jedwedem Grund zu entlassen?" Genau das war eine zwischen rabbinischen Schulen umstrittene Frage.
- Nach Markus 13,18 sollen die Schüler Jesu darum beten, dass die zuvor angekündigten Ereignisse nicht im Winter eintreffen mögen. Das würde ihr Bestehen offenbar beschwerlicher machen. Matthäus spricht an dieser Stelle von „eurer Flucht", die nicht nur nicht im Winter geschehen möge, sondern – wie er hinzufügt – „auch nicht am Sabbat" (24,20). Das hat nur Sinn, wenn er und seine Gemeinde ganz und gar im jüdischen Kontext leben: Es möge sich nicht ergeben, dass sie in einen Konflikt mit dem Sabbatgebot geführt werden.

2. Probleme und Voraussetzungen der Auslegung

- In 17,24–27 bietet Matthäus die Legende vom Stater (einer griechischen Münze) im Fischmaul, die sich auf das Zahlen der Tempelsteuer bezieht. Nur er allein hat diese Geschichte und nennt dies innerjüdische Problem.
- In 23,2–3 konzediert Matthäus die Lehrautorität der „Schriftgelehrten und Pharisäer". Was er an ihnen kritisiert, ist mangelndes Tun. So kann nur schreiben, wer in einem durch und durch jüdischen Zusammenhang steht.
- Weitere Punkte ließen sich anführen, vor allem auch Matthäus 5,39–40 im Vergleich zu Lukas 6,29, wo sich zeigt, dass Matthäus jüdische Rechtsverhältnisse voraussetzt. Das wird zur Stelle ausführlich besprochen werden.

Es ist also festzuhalten, dass sich der Evangelist Matthäus nach seinem eigenen Selbstverständnis im Rahmen des Judentums und nicht außerhalb seiner sieht. Auf der anderen Seite findet sich aber im Matthäusevangelium eine scharfe Polemik gegen „Schriftgelehrte und Pharisäer". Es spiegelt sich darin die Auseinandersetzung wider zwischen der matthäischen Gemeinde und dem sich nach 70 herausbildenden pharisäisch-rabbinischen Judentum. Innerhalb des Judentums, das nach der Katastrophe des Jahres 70 n.Chr. als kleine Minderheit im römischen Reich ums Überleben kämpfte und darin unter pharisäisch-rabbinischer Führung auch Erfolg hatte, bildete die matthäische Gemeinde wiederum eine kleine Minderheit, die aufgrund ihres von der jüdischen Mehrheit nicht akzeptierten für Jesus erhobenen exklusiven Anspruchs nicht integrationsfähig war und deshalb an den Rand gedrängt wurde. Von daher ist die Schärfe der Polemik im Matthäusevangelium zu begreifen. Aber es ist *inner*jüdische Polemik. Sobald jedoch die matthäischen Aussagen in anderer Situation von nichtjüdischen Messiasgläubigen aufgenommen und nachgesprochen werden, kann es kaum ausbleiben, dass sie einen *anti*jüdischen Charakter bekommen – jedenfalls ab der Zeit, da sich die auf Jesus bezogene Gemeinschaft als Christentum im Gegenüber und in Abgrenzung zum Judentum herausbildet. Für uns heißt das, dass wir diejenigen Aussagen des Matthäusevangeliums, die eine antijüdische Wirkung hatten, in ihrer historischen Bedingtheit durchschauen müssen und nicht nachsprechen dürfen. Es sind Konflikttexte; da aber die Konflikte in der Geschichte weitergegangen sind – allerdings mit umgekehrten Rollen, dass nämlich immer wieder Juden unter Christen zu leiden hatten –, dürfen wir nicht mehr selbstverständlich die Partei desjenigen Konfliktpartners ergreifen, der die eigene Tradition begründet hat.

Was ich in dieser These, die die jüdische Einbettung des Matthäusevangeliums deutlich machen sollte, als Konsequenz für die Auslegung der Lehre auf dem Berg gewinne, ist Folgendes: Es kann nicht darum gehen, ein besonderes christliches Profil auf Kosten des Judentums herauszuarbeiten, sondern Ziel wird es sein, das jüdische Profil dieser Lehre, das in der christlichen Auslegungsgeschichte verdeckt worden ist, wieder neu zu entdecken; und dieses Entdecken dient einem besseren Verstehen des Textes.

f) Matthäus schreibt sein Evangelium und damit auch die Lehre auf dem Berg für die Gemeinde

Der Evangelist Matthäus verfasst nicht für ein ihm unbekanntes Publikum am Schreibtisch ein literarisches Werk, von dem er hofft, dass es seine Leserinnen und Leser auf dem Markt finden wird, sondern er schreibt für eine messiasgläubige Gemeinschaft, für seine Gemeinde, die in bestimmter Situation lebt und in der sein Werk gelesen und vorgelesen werden soll. Die Lektüre des Evangeliums soll der Gemeinde helfen und in ihr etwas bewirken. Bedeutsam ist dabei vor allem die Darstellung der Schüler. In ihnen wird die Gemeinde des Evangelisten angesprochen. Ich hatte gezeigt, dass die Summarien in 4,23 und 9,35 die Lehre auf dem Berg und den Tatenbericht in Kapitel 8–9 einschließen. Die Kapitel 5–9 erläutern das in den Summarien Festgestellte; die Summarien fassen das in diesen Kapiteln Dargestellte knapp zusammen und stellen es als für Jesus typisch heraus. Was in diesen Summarien über das Handeln Jesu gesagt wird, erscheint unmittelbar anschließend aber als Aufforderung an die Schüler (10,1–2.7–8), an die sich die Aussendungsrede von Kapitel 10 richtet. Dieser Zusammenhang, dass über die Schüler die Gemeinde angeredet wird, enthält drei Aspekte, die nun auszuführen sind.

- Was in Jesu Lehre auf dem Berg geboten wird, soll auch getan werden. Es soll getan werden in und von der Gemeinde. „Der Gehorsam gegenüber den Geboten der Bergpredigt setzt eine Gemeinde voraus" (de Graaf). Das ist also noch einmal gegen die Theorie zu betonen, die in dieser Lehre in erster Linie einen Sündenspiegel sieht. Demgegenüber ist festzuhalten, dass sie als konkrete Anrede an die Schüler und über sie an die Gemeinde auch konkret befolgt werden will.
- Jesu Lehre auf dem Berg richtet sich nicht in erster Linie an den Einzelnen, sondern an die Gemeinde. Die Gemeinde ist das ethische Subjekt, das hier im Blick ist. Das ist gegenüber einer individualisierenden Auslegung zu betonen, wie sie vor allem in der Reformation – und dort wiederum bei Luther – ihre Wurzeln hat. Da wird dann beim Einzelnen unterschieden zwischen „Christperson" und „Weltperson". Da aber alles konkrete Leben weltlich vermittelt ist, bleibt für die „Christperson" nur noch

die Gesinnung übrig, sodass schließlich an die Stelle der guten Tat die rechte (!) Gesinnung tritt. Gegen eine solche Interpretation spricht jedoch entschieden, dass sich in der Lehre auf dem Berg nicht ein allgemeines Liebesgebot findet, sondern dass sie konkrete Einzelvorschriften enthält.
- Als Ethik für die Gemeinde ist Jesu Lehre auf dem Berg kein Programm unmittelbarer Weltgestaltung. Matthäus schreibt sein Evangelium für eine Gemeinde, die eine kleine, bedrängte Minderheit war, aber sich dennoch an die Öffentlichkeit der Welt gewiesen wusste. Dass es sich bei der Lehre auf dem Berg nicht um bloße Binnenethik handelt, sondern dass die Welt indirekt bzw. in zweiter Linie im Blick ist, wird in ihrer Einleitung und in ihrem Schluss deutlich. Darauf ist im nächsten Punkt noch einmal einzugehen. Außerdem ist bei heutiger Rezeption zu bedenken, dass Situation und Möglichkeiten unserer Kirchen andere sind als die der Gemeinde zur Zeit des Matthäus.

g) Jesu Lehre auf dem Berg blickt über
die Grenzen der Gemeinde hinaus

Der auferweckte Jesus schickt am Schluss seines Evangeliums seine Schüler nicht in die Wüste, sondern in die Welt (28,18–20). Innerhalb der Lehre auf dem Berg selbst wird die Funktion der Gemeinde in 5,13–16 als „Salz der Erde" und „Licht der Welt" bestimmt. Entsprechend erscheinen am Anfang und Schluss über die Schüler hinaus große Volksmengen als ein zweiter Adressatenkreis. Jesu Lehre auf dem Berg wird inhaltlich bestimmt, wie noch herauszuarbeiten sein wird, von den Begriffen „Gerechtigkeit" und „Himmelreich". Intendiert ist Gerechtigkeit, wie sie sich unter Gottes Herrschaft ergibt. Die aber ist kein abstraktes Prinzip; sie wird in der Lehre auf dem Berg ausgeführt und will Verwirklichung in der Welt. Sie gewinnt Wirklichkeit, wo Gemeinde den Weisungen dieser Lehre nachkommt und so in der Welt Zeichen dieser Gerechtigkeit setzt.

3. Zum Aufbau der Lehre auf dem Berg

Am Beginn wird die Szenerie entworfen (5,1–2): Jesus steigt auf den Berg und setzt sich, seine Schüler treten an ihn heran und er lehrt sie. Als zweiter Hörerkreis werden große Volksmengen vorausgesetzt, ohne dass das hier ausdrücklich gemacht würde. Der erste Hauptteil (5,3–16) spricht die Schüler als tatkräftige Zeugen der Gerechtigkeit des Himmelreiches an. In der Form von Beglückwünschungen werden zunächst die Lebensbedingungen im Himmelreich formuliert; sie entfalten die in ihm geltende Gerechtigkeit (5,3–12). Mit den Bildworten vom Salz und Licht werden anschließend die Schüler als Zeugen dieser Gerechtigkeit kenntlich gemacht (5,13–16). Der zweite Teil legt die Gerechtigkeit des Himmelreiches weiter dar (5,17–48). Es geschieht hier so, dass einmal grundsätzlich Jesu Stellung zur Tora bestimmt wird (5,17–20) und dass dann Jesus als Ausleger der Tora ausführt, worin sich die Gerechtigkeit des Himmelreiches konkretisiert (5,21–48). Der dritte Teil hat seinen Angelpunkt in der Aufforderung, zuerst nach dem Reich Gottes und nach Gottes Gerechtigkeit zu trachten (6,1–7,12). Was das heißt, wird in unterschiedlichen Aspekten dargelegt und abschließend in der „Goldenen Regel" zusammengefasst. Der vierte Teil stellt die Relevanz des geforderten Tuns für die Teilhabe am Himmelreich heraus (7,13–27). Im Befolgen der in der Lehre auf dem Berg gegebenen Weisungen manifestiert sich die Zugehörigkeit zu Jesus und wird das Himmelreich Ereignis. Ein Nachwort nimmt schließlich die Volksmengen in den Blick, die am Anfang als Mithörende vorausgesetzt waren, und teilt nun deren Reaktion ausdrücklich mit (7,28–29).

Auslegung

1. Einleitung: das Regierungsprogramm des Himmelreichs
Angabe der Szenerie (5,1–2)

¹Als er die Leute erblickte, stieg er hinauf auf den Berg. Nachdem er sich hingesetzt hatte, traten seine Schüler zu ihm heran. ²Da tat er seinen Mund auf und lehrte sie.

Diese Einleitung scheint lapidar und einfach zu sein. So geht man auch in der Regel schnell über sie hinweg, vielleicht zu schnell. Da in einer Einleitung Fingerzeige für das Verstehen des Folgenden gegeben werden, lohnt es sich, sorgsam auf sie zu achten. Wie immer man sich das Verhältnis der Evangelien zueinander denkt, der Vergleich mit Markus 3,7–8.13 und Lukas 6,12.17–18.20 zeigt in jedem Fall, dass Matthäus diese Einleitung bewusst gestaltet hat. Alle hier gebrachten Motive sollten daher beachtet und bedacht werden: das Erblicken der Volksmengen durch Jesus, sein Hinaufsteigen auf den Berg, sein Sich-setzen, das Hinzutreten seiner Schüler und die Charakterisierung seines Redens als lehren. Dass er zum Lehren „seinen Mund auftat", muss nicht mit Luther als Anleitung „für einen guten Prediger" gedeutet werden, „dass er das Maul auftue und etwas sage", sondern mit Calvin ist zu bemerken, dass diese Wendung „die hebräische Sprache wider(spiegelt)"; sie steht „für: ‚er fing an zu reden'" (z.B. Hiob 3,1; Daniel 10,16).

Es ist wohl kein Zufall, „daß bei Matthäus das Wort Schüler […] zum erstenmal in der Einleitung der Bergpredigt auftaucht" (Bornhäuser), also genau in dem Zusammenhang, in dem erstmals in diesem Evangelium vom Lehren Jesu die Rede ist (4,23; 5,2). Durch Luthers Übersetzung ist es völlig selbstverständlich geworden, statt von Jesu Schülern von seinen „Jüngern" zu sprechen. Demgegenüber sei hier begründet, warum ich diesem Brauch nicht folge. Obwohl Luther – mit Ausnahme von Hebräer 5,12 – außerhalb der Evangelien das griechische Wort für „Lehrer" auch mit „Lehrer" wiedergibt, tut er das nicht in den Evangelien. Hier übersetzt er es mit „Meister". Das dem Lehrer entsprechende Wort für „Schüler" gibt er immer mit „Jünger" wieder. Selbstverständlich wusste Luther nicht nur von diesen Nomina, sondern auch von den ihnen zugrunde liegenden Verben „lehren" und „lernen", dass sie in den Bereich der Schule gehören. In seiner Auslegung spricht er auch gelegentlich von Jesu „Schülern und Jüngern" oder auch nur von „Schülern". Dennoch machte er in seiner Übersetzung einen Überschritt in den Bereich des Handwerks;

denn „Jünger" war damals das, was heute ein „Azubi" ist und davor ein „Lehrling" war. Luther ist deshalb so verfahren, weil zu seiner Zeit in den deutschen Ländern die Schule eben nicht zur Erfahrungswelt einer großen Mehrheit gehörte. Bis zur allgemeinen Schulpflicht sollte es noch Jahrhunderte dauern. Im Judentum dagegen gab es nach dem Jerusalemer Talmud, Ketubbot 8,11, bereits im 1. Jahrhundert v.Chr. die Anordnung, „dass die Kinder zur Schule gehen müssen". Sie wird dort auf Schimon ben Schettach zurückgeführt. Nach dem babylonischen Talmud, Bava Batra 21a, verfügte der Hohepriester Jehoschua ben Gamla (1. Jh. n.Chr.), „dass man Bezirk um Bezirk und Stadt um Stadt, überall, Lehrer für die Kinder einsetze und man diese im Alter von sechs und sieben Jahren zu ihnen kommen lasse". Wohl aber war zu Luthers Zeit das Handwerk ein weit verbreiteter Bereich, in dem gelehrt und gelernt wurde. So ging er in seiner Übersetzung in den Bereich des Handwerks über. In der Elberfelder Bibel – und in anderen neueren Übersetzungen – ist der „Meister" durch den „Lehrer" ersetzt worden, während „die Jünger" geblieben sind. So ergibt sich der etwas seltsam anmutende Befund: Dasjenige Wort, das auch heute noch im Bereich des Handwerks gebraucht wird („Meister"), ist also verschwunden, während das ungebräuchlich gewordene („Jünger") beibehalten wird. Ihm ist eine sehr spezifische Bedeutung zugewachsen, die nur noch in einem geringen Maß deckungsgleich mit dem in den Evangelien stehenden Begriff ist, der ganz allgemein jemanden bezeichnet, der lernt. Diesen Begriff mit „Schüler" wiederzugeben, war Luther auch von einem anderen Grund verstellt. Er hat das griechische Wort *synagogé* nämlich nicht mit „Synagoge" wiedergegeben, sondern mit „Schule". Das jüdische Versammlungshaus war für seine Zeit der Ort, an dem „schulisch" gelehrt und gelernt wurde. Die griechischen Wörter, die den jüdischen Lehrer Jesus und seine jüdischen Schüler bezeichnen und die in ihren deutschen Entsprechungen ganz eng mit dem Judentum in Luthers Zeit verbunden waren, hat er in seiner Übersetzung mit „Meister" und „Jünger" in den Bereich des Handwerks transferiert, von dessen Ausübung Juden in seiner Zeit ausgeschlossen waren. Den Übergang von „Schule" zur „Synagoge" vollzog im Übrigen erst die Revision der Lutherbibel von 1956.

In diesem Zusammenhang sei auch begründet, warum ich nicht mit „Schülerinnen und Schüler" übersetze, also der Meinung bin, dass Matthäus auf der erzählten Ebene bei den Schülern Jesu nur Männer im Blick hat. Gewiss sind die Schüler im Matthäusevangelium transparent für die Menschen in den Gemeinde(n), für die es geschrieben wurde, also für Männer und Frauen. In den auf Jesus bezogenen Gemeinden war „Schüler/Schülerin" Selbstbezeichnung. Das zeigt die Apostelgeschichte in großer Klarheit (z.B. 11,26). An einer Stelle wird die namentlich genannte Tabita auch ausdrücklich als „Schülerin" bezeichnet: 9,36. Aber so etwas geschieht an keiner einzigen Stelle der Evangelien. Dass Matthäus bei den Schülern Frauen nicht mitmeint, sei hier nur an einem, aber sehr gewichtigem Zusammenhang aufgezeigt. Nach 28,1 gehen zwei Frauen früh am ersten Wochentag nach Jesu Hinrichtung zu seinem Grab, „Mirjam aus Magdala und die andere Maria", die nach

1. Angabe der Szenerie (5,1–2)

27,55 zu den „vielen Frauen" gehörten, „die Jesus von Galiläa (nach Jerusalem) gefolgt waren, um für ihn zu sorgen". Sie werden von dem Engel am Grab Jesu (28,7) und anschließend von Jesus selbst (28,10) beauftragt, „seinen Schülern" bzw. „meinen Brüdern" mitzuteilen, dass sie nach Galiläa gehen sollen, wo sie Jesus sehen würden. Dass sie selbst nicht zu dieser Gruppe gehören – und auch keine anderen Frauen –, ist von der weiteren Erzählung her evident. Denn diejenigen, die dem durch die beiden Frauen vermittelten Auftrag Folge leisten und also auf „den Berg" nach Galiläa gehen, wo sie dem Auferstandenen begegnen, sind nach 28,16 „die elf Schüler"; einer von den „Zwölfen", Judas (26,14.47), ist ja nicht mehr dabei. „Seine zwölf Schüler" (10,1), die das Zwölfstämmevolk Israel repräsentieren und mit „den zwölf Aposteln" identisch sind (10,2), werden in 10,2–4 namentlich aufgezählt. Bei ihnen handelt es sich ausschließlich um Männer.

Diese exegetische Einsicht kann es selbstverständlich nicht begründen, dass bestimmte „Ämter" in der Kirche nur von Männern ausgeübt werden dürften. In diesem Fall wäre es vollkommen willkürlich, wieso das Kriterium der Männlichkeit der Schüler Jesu in den Evangelien gelten soll, nicht jedoch das ihrer Jüdischkeit und die klare Bestimmung ihrer Anzahl auf zwölf – ganz davon abgesehen, dass sie kein „Amt" innehatten und schon gar nicht ein „Priesteramt".

Diese Einleitung stellt keinen tiefen Einschnitt dar. Matthäus knüpft mit ihr – ohne Jesus als Subjekt des Satzes neu zu nennen – unmittelbar an das vorangehende Summarium an. Dort hatte er in Vers 24 gesagt, dass sich der Ruf Jesu in ganz Syrien ausbreitete, und in Vers 25 Gebiete aufgezählt, aus denen Jesus große Volksmengen nachfolgten. Die unmittelbare Anknüpfung an Vers 25 bedingt als erstes Motiv dieser Einleitung, dass Jesus die Volksmengen erblickt. Mit welcher Absicht werden sie hier erwähnt? Wenn es unmittelbar anschließend heißt, dass Jesus beim Erblicken der Volksmengen auf den Berg stieg und dann seine Schüler zu ihm herantraten, könnte man meinen, Jesus wende sich von den Volksmengen ab, ja flüchte geradezu vor ihnen und wende sich ausschließlich seinen Schülern zu. Aber diese Vorstellung kann Matthäus nicht hervorrufen wollen. Denn am Schluss der Lehre auf dem Berg in 7,28 zeigt sich, dass er die Volksmengen als Hörende voraussetzt. Daher ist die Szenerie hinsichtlich der Hörerschaft nach Matthäus so zu denken: Die Schüler und die Volksmengen bilden zwei konzentrische Hörerkreise, sind sozusagen primäre und sekundäre Adressaten. Was damit für das Verständnis der Lehre auf dem Berg gesagt ist, soll am Schluss der Besprechung dieser Einleitung erörtert werden.

Im Blick auf die weiteren Motive gehe ich zunächst auf den auffälligsten Zug der Darstellung ein, nämlich darauf, dass sich Jesus setzt, obwohl doch eine äußerst zahlreiche Hörerschaft vorausgesetzt wird und er als Redender vorgestellt ist. Es gab in der Antike keine Stimmverstärker. Wer zu einer großen Menge sprechen wollte, redete selbstverständlich im Stehen. Bildliche und plastische Darstellungen von Rednern aus der Antike sind eindeutig: Sie stehen. Dass, wer reden will, aufsteht, wird öfters in der Apostelgeschichte vermerkt, etwa in 1,15; 5,34; 13,16; 15,7. Redende stehen nach Möglichkeit auf erhöhtem Ort, nach Matthäus 10,27 und Lukas 12,3 „auf den Dächern". Hier aber, wo Matthäus in 5,1 die Szenerie der Lehre auf dem Berg zeichnet, setzt sich Jesus. Daran zeigt sich nebenbei einmal mehr: Die Lehre auf dem Berg ist nicht das historische Protokoll einer genau so gehaltenen Rede Jesu, sondern der Evangelist gibt auf der literarischen Ebene seines Evangeliums den Lesenden und Hörenden ein Signal zum Verstehen. Worauf weist es hin?

Vor einer Antwort sei eine weitere Beobachtung hinzugefügt: Das Motiv, dass Jesus sich setzt, ist unmittelbar vorher und nachher mit den Aussagen verbunden, dass er auf „den Berg" hinaufsteigt und dass seine Schüler zu ihm herantreten. Genau diese drei Motive aber – der Berg, Jesus setzt sich und das Hinzutreten von Menschen – begegnen im Matthäusevangelium noch zweimal zusammen in redaktionell gestalteten Zusammenhängen. In 15,29–30 heißt es in einem Summarium: „Als Jesus von dort weitergegangen war, kam er an das Meer von Galiläa, und nachdem er auf den Berg gestiegen war, setzte er sich. Und große Volksmengen traten zu ihm heran; sie hatten Lahme, Blinde, Verkrüppelte und viele andere dergleichen bei sich und warfen sie ihm zu Füßen und er heilte sie." Und in 24,3 heißt es in der Einleitung zur Endzeitrede, als sich Jesus schon in Jerusalem aufhält: „Nachdem er sich auf dem Ölberg gesetzt hatte, traten seine Schüler für sich allein zu ihm und sagten." Das Zusammenstehen dieser drei Motive an drei Stellen des Evangeliums kann nicht bedeutungslos sein, jedenfalls nicht für solche, die das Evangelium zum wiederholten Mal lesen und hören; und für wiederholtes Vorlesen in der Gemeinde ist es von vornherein geschrieben worden. Eine zusammenhängende Deutung ergibt sich, wenn man von dem auffälligen Motiv ausgeht, dass Jesus sich setzt. Das Sitzen gilt in der Antike als Ausdruck besonderer Würde für Herrscher, Richter und Lehrer.

Dass der Lehrer sitzt und der Schüler steht, wird eindrücklich ausgeführt in einer Erzählung, die den Übergang der Lehrautorität von Mose auf Josua legitimieren soll. Danach will Mose, wenn er vor Josua stirbt, zu Josua gehen und dessen Schüler sein. „Mose stellte sich früh vor Josuas Tür. Josua saß und legte aus, Mose aber stand, machte sich klein und legte die Hand auf seinen Mund." Als die Israeliten das sehen, sagen sie zu Josua: „Was ist dir in den Kopf gestiegen, dass Mose, unser

1. Angabe der Szenerie (5,1–2)

Lehrer, steht, du aber sitzest?!" Eine Himmelsstimme fordert schließlich auf: „Lernt von Josua!" (Tanchuma Buber, Vaetchanan 6). In Matthäus 23,2 heißt es von den „Schriftgelehrten und Pharisäern": Sie „sitzen auf dem Lehrstuhl des Mose", üben also als Ausleger dessen Lehrautorität in der Gegenwart aus. In Sifrej Dvarim wird in § 190 zu 5. Mose 19,17 festgestellt: „Die Richter sitzen, aber die Rechtsparteien stehen." Nach Matthäus 27,19 setzt sich Pilatus als Richter. Dass der König sitzt, ist selbstverständlich. So heißt es zu 2. Mose 18,14, wonach Jitro, der Schwiegervater des Mose, diesen sieht, wie er das Volk richtet: „Was sah er? Er sah ihn, dass er wie ein König auf seinem Thron saß und alle um ihn her standen" (Mechilta de Rabbi Jischmael, Jitro [Amalek] 2). Hier zeigt sich auch eine enge Verbindung von König und Richter. Das ist nicht verwunderlich, da der König oberster Richter war. So heißt es etwa: „Ein König von Fleisch und Blut sitzt und richtet" bzw. „sitzt auf seinem Richterstuhl" (Jerusalemer Talmud, Brachot 9,5; Sifrej Dvarim § 9 und 27). Im babylonischen Talmud wird das vergleichend von Gott ausgesagt: Rosch HaSchanah 32b und Arachin 10b. Nach Matthäus 25,31 setzt sich Jesus – als „der Menschensohn" benannt und damit als mit dem endzeitlichen Gericht Beauftragter gekennzeichnet – „auf seinen prachtvollen Thron". Als Redender wird er in Vers 34 und 40 jeweils als „der König" eingeführt. Als Lehrer spricht Jesus in Matthäus 26,55 von sich und als solcher ist er auch in 13,2 vorgestellt, wenn er im Boot sitzt, während die zuhörenden Volksmengen am Strand stehen. In der Parallele Markus 4,2 wird sein Handeln ausdrücklich zweimal als „lehren" charakterisiert.

In der Darstellung des Matthäusevangeliums gelten für Jesus alle drei Aspekte. Der Aspekt des Richters ist in 24,3 gegeben; hier folgt auf diese Einleitung die von Matthäus bis zum Ende von Kapitel 25 breit ausgestaltete Endzeitrede, in der Jesus deutlich als der mit dem endzeitlichen Gericht beauftragte König erscheint. In Matthäus 5,2 liegt der Aspekt des Lehrens auf der Hand, wenn das hier folgende Reden Jesu ausdrücklich als „lehren" charakterisiert wird. Auch nach Matthäus 26,55 spricht Jesus gegenüber dem Verhaftungskommando davon, dass er „täglich im Heiligtum saß und lehrte". Bei den in Matthäus 15,29–30 erwähnten Heilungen ist nicht an eine spezifisch medizinische Funktion Jesu zu denken, sondern hier geht es um den herrscherlichen Aspekt. Das lässt sich sowohl zeitgeschichtlich als auch biblisch deutlich machen. Nachdem Sueton in seiner Lebensbeschreibung Vespasians berichtet hat, wie dieser in Ägypten unerwartet zum Kaiser proklamiert worden war, stellt er fest, dass ihm „eine gewichtige Beglaubigung und gleichsam Ehrfurcht verbreitende Würde" (*auctoritas et quasi maiestas*) fehlten. Sie bekommt er, als er in Alexandria einen Erblindeten heilt, indem er dessen Augen mit seinem Speichel bestreicht, und einen Lahmen, indem er ihn mit seiner Ferse berührt (7,2; ähnlich bei Tacitus, Historien IV 81).

Von Matthäus wird auf die Frage nach Jesu messianischem Königtum auf Heilungen nach Jesaja 35,5–6 hingewiesen: 11,2–5. Der herrscherliche Aspekt dürfte der übergreifende für alle drei aus dem Matthäusevangelium angeführten Stellen sein. Das legt auch das Motiv des Herantretens von Menschen nahe. Von ihnen wird gerade nicht festgestellt, dass sie sich setzen. Es wird vorausgesetzt, dass sie stehen bleiben, womit deutlich ein Rangunterschied zum Ausdruck gebracht wird.

Das Motiv, dass Jesus auf „den Berg" steigt, ist für 5,1 oft so verstanden worden, dass Matthäus damit eine antitypische Parallele zu Mose schaffe, dass Jesus die Tora vom Sinai überbiete bzw. ihr seine Lehre entgegenstelle. Abgesehen davon, dass sich die Parallele im bloßen Motiv des Aufstiegs auf den Berg erschöpft, ist gegen eine solche Interpretation herauszustellen: Matthäus bietet dieses Motiv nicht nur in 5,1. Eine Antitypik zur Gabe der Tora am Sinai liegt den anderen Stellen völlig fern. Dass sie auch in der Lehre auf dem Berg nicht gegeben ist, wird sich in der Auslegung noch zeigen. An einer weiteren Stelle, die ein Geschehen auf „einem hohen Berg" situiert, wird Mose ausdrücklich genannt, in der Erzählung von der „Verklärung" Jesu (Matthäus 17,1–8). Dort erscheinen Mose und Elija und sprechen mit Jesus (Vers 4). Mose und Elija stehen für „die Tora und die Propheten", bei Matthäus in 5,17; 7,12; 22,40 zusammenfassend für die Schrift gebraucht. Im Licht der Schrift also wird Jesus transparent für Gott. Zum anderen sind Mose und Elija die beiden Gestalten der jüdischen Bibel, die am Sinai bzw. Horeb Gottesbegegnungen hatten (2. Mose 33,9–11.18–23; 1. Könige 19,9–13). Das Motiv, dass Jesus auf „den Berg" steigt, knüpft also in der Weise an den Sinai bzw. Horeb an, als es eine enge Verbundenheit mit Gott zum Ausdruck bringt.

Weiter dürfte Matthäus in 5,1 einen antithetischen Bezug zum Berg der Versuchung (4,8) herstellen. Der wird als ein „sehr hoher Berg" bezeichnet; von ihm aus hatte der Teufel Jesus alle Königreiche der Erde gezeigt und ihm die Weltherrschaft nach seiner Art angeboten, die zur Zeit des Evangelisten von Rom ausgeübt wurde. Der Berg als Symbol der Macht, und zwar feindlicher, begegnet biblisch in Jeremia 51,25 und Sacharja 4,7. Der Herrschaft Roms stellt Matthäus Jesus als den wirklichen Weltherrscher entgegen, der durch seine Lehre herrscht (5,1–2), durch seine Hilfe gegenüber den Bedrängten und Notleidenden (15,29–30) und der auch der Weltrichter sein (24,3) und danach richten wird, was man seinen geringsten Geschwistern an Hilfe und Solidarität erwiesen oder verweigert hat (Matthäus 25,31–46).

1. Angabe der Szenerie (5,1–2)

Dazu passt auch die Schlussszene des Evangeliums (28,16–20), wo Jesus – wiederum auf „dem Berg"! – von seiner Weltherrschaft spricht: „Mir ist alle Macht im Himmel und auf der Erde gegeben." Das hier gebrauchte Wort für „Macht" entspricht dem lateinischen *potestas*. Die beansprucht der Kaiser in Rom und übt sie auch faktisch aus. Indem Matthäus Jesus sagen lässt, dass er diese Macht nicht nur im Himmel habe, sondern auch „auf der Erde", bestreitet er die universale Macht Roms, proklamiert er eine Gegenmacht, die anderer Art ist, insofern hier ein von Rom Gekreuzigter spricht, ein Opfer der imperialen Macht. Nach der Feststellung, dass Jesus alle Macht gehört, lässt Matthäus ihn seine Schüler auffordern, aufzubrechen und alle Völker mitlernen zu lassen. Für diese Art des Lehrens verweist er darauf, was er ihnen geboten hat, als das, was sie halten sollen, also vor allem auf seine Lehre auf dem Berg. „D.h. das Wort des irdischen Jesus ist seit Ostern das Wort des auferweckten Gekreuzigten" (Schrage). Auf diesen Bezug ist ganz am Ende der Auslegung noch einmal ausführlicher einzugehen. Jetzt sei nur festgehalten: Vom Gesamtzusammenhang des Matthäusevangeliums her gelesen, kennzeichnet das Szenarium in 5,1–2 das auf dem Berg Gesagte als Lehre des Weltherrschers Jesus. So lässt sich diese Lehre auf dem Berg als sein Regierungsprogramm verstehen. Von daher erklärt sich nun auch die doppelte Hörerschaft von Schülern und Volksmengen. Die Schüler als die ersten Adressaten, transparent für die Gemeinde, sind diejenigen, die sich der Herrschaft Jesu jetzt schon unterstellen und sich deshalb an seinem Regierungsprogramm orientieren und es umzusetzen suchen. Aber sie bilden keinen in sich geschlossenen Zirkel. Auch die Volksmengen sind als Hörende vorgestellt. Für wen stehen sie? Nach Matthäus 4,25 kommen sie „aus Galiläa, der Dekapolis, Jerusalem, Judäa und aus dem Gebiet jenseits des Jordans". Der Vergleich mit Markus 3,8 – anstelle von „Idumäa" bietet Matthäus die Dekapolis, „das Gebiet von Tyrus und Sidon" erwähnt er nicht – kann es nicht ganz eindeutig machen, dass er an ausschließlich jüdisch zusammengesetzte Volksmengen denkt; die Dekapolis war überwiegend nichtjüdisch bevölkert. Aber selbst wenn das der Fall ist, zeigt sich doch schon am Beginn von Vers 24 eine über Israel hinausgehende Tendenz, wenn gesagt wird, dass sich Jesu Ruf „in ganz Syrien" verbreitete. Diese Tendenz wird vom Schluss des Evangeliums her verstärkt: Weil die Lehre auf dem Berg das Regierungsprogramm dessen ist, dem „alle Macht im Himmel und auf der Erde" gehört, hat sie weltweite Intention, bedeutet die diesem Programm folgende Gemeinde eine Herausforderung an die Welt. Die Volksmengen repräsentieren so über Israel hinaus tendenziell die Welt.

I. Jesu Schüler als Zeugen der Gerechtigkeit des Himmelreiches (5,3–16)

2. Die Beglückwünschungen (5,3–12)

³Glücklich, die bei den Bettelarmen stehen: Ihnen gehört das Himmelreich!
⁴Glücklich die Klagenden: Sie werden getröstet werden!
⁵Glücklich die Gewaltfreien: Sie werden das Land erben!
⁶Glücklich, die hungert und dürstet nach Gerechtigkeit: Sie werden satt werden!
⁷Glücklich, die sich erbarmen: Ihrer wird sich erbarmt werden!
⁸Glücklich, die reinen Herzens sind: Sie werden Gott schauen!
⁹Glücklich, die Frieden machen: Sie werden Söhne und Töchter Gottes heißen!
¹⁰Glücklich die um der Gerechtigkeit willen Verfolgten: Ihnen gehört das Himmelreich!
¹¹Glücklich seid ihr, wenn man euch beschimpft und verfolgt und jedwedes Böse gegen euch sagt um meinetwillen. ¹²Freut euch und jubelt! Euer Lohn im Himmel ist groß. So nämlich hat man die Propheten vor euch verfolgt.

Aufgrund von Luthers Übersetzung („Selig sind ...") hat man diesen Text und überhaupt Texte dieser Art als „Seligpreisungen" bezeichnet. Zu Luthers Zeit hatte das Wort „selig" ein breites Bedeutungsspektrum, sowohl in weltlicher als auch religiöser Hinsicht. Heute hat „selig" eher einen dominant religiösen Klang. Das entspricht dem hier gebrauchten griechischen Wort *makários* nicht. Es hat die Bedeutung „glücklich" und kann in vielfältigen Bereichen verwandt werden; mit ihm wird jemand bezeichnet, dem man gratulieren kann. Deshalb übersetze ich mit „glücklich" und spreche von diesem Text als „Beglückwünschungen". In der griechischen Bibel steht *makários* für das hebräische *aschréj* (z.B. Psalm 1,1). In Beglückwünschungen des Alten Testaments hat Luther das hebräische *aschréj* mit „wohl" wiedergegeben, in Beglückwünschungen des Neuen Testaments das genau entsprechende *makários* mit „selig". Andere Übersetzungen sind ihm darin gefolgt oder haben auf andere Weise differenziert. Einsichtig jedoch ist solche Differenzierung in keiner Weise.

2. Die Beglückwünschungen (5,3–12)

Um das besondere Profil der matthäischen Beglückwünschungen zu erkennen, sei ein vergleichender Blick auf die lukanischen geworfen. In Lukas 6,20–23 heißt es:

[20]Glücklich ihr Bettelarmen: Euch gehört das Gottesreich!
[21]Glücklich, die ihr jetzt hungert: Ihr werdet satt werden!
Glücklich, die ihr jetzt weint: Ihr werdet lachen!
[22]Glücklich seid ihr, wenn euch die Leute hassen und wenn sie euch ausgrenzen und beschimpfen und euren Namen schlecht machen um des Menschensohnes willen. [23]Seid fröhlich an jenem Tag und hüpft vor Freude! Seht doch: Euer Lohn im Himmel ist groß. Ja, entsprechend haben ihre Väter an den Propheten gehandelt.

Die erste ins Auge springende Beobachtung ist: Alle vier Beglückwünschungen bei Lukas finden sich – ähnlich oder unterschiedlich stark abweichend – auch bei Matthäus, der darüber hinaus weitere bietet. Die letzte lukanische Beglückwünschung stimmt der Form und Sache nach mit der letzten matthäischen überein. Hier finden sich lediglich Unterschiede im Wortlaut. Die ersten drei lukanischen Beglückwünschungen unterscheiden sich jedoch von den entsprechenden matthäischen formal und sachlich. Bei Lukas handelt es sich um direkte Anreden in der 2. Person Plural. Jesu Schüler werden als Menschen angesprochen, die sich in einer bestimmten, nämlich schlimmen sozialen Situation befinden. Sie werden zuerst als „Arme" angesprochen, genauer als „Bettelarme". Im Griechischen gibt es zwei Worte für „arm". *pénes* bezeichnet den Dürftigen, der gerade noch sein Auskommen hat. Hier aber ist das Wort *ptochós* gebraucht, das für den Bettelarmen steht. Dem entsprechen die beiden folgenden Kennzeichnungen als Hungernde und als Weinende. Dabei besteht zwischen den drei Begriffen ein sachlicher Zusammenhang. Der erste bildet den Oberbegriff. Denn das macht die Situation Bettelarmer aus, dass sie nichts oder nicht genug zu essen und dass sie nichts zu lachen haben. Ihre Lage ist zum Heulen. Sie als solche zu beglückwünschen, wäre absurd oder zynisch. Aber sie werden im Lukasevangelium nicht beglückwünscht, weil sie bettelarm sind und also nichts zu essen und zu lachen haben. Sie werden vielmehr beglückwünscht, weil sich ihre Lage radikal ändern wird. Das liegt zumindest bei der zweiten und dritten Beglückwünschung klar auf der Hand: Den Angesprochenen wird zugesagt, sie würden gesättigt und sie würden lachen werden. Den Bettelarmen in der ersten Beglückwünschung wird allerdings nicht verheißen, sie würden reich werden. Ihre Beglückwünschung wird vielmehr im Nachsatz damit begründet, dass ihnen das Reich Gottes gehört. Wenn also bei den Vordersätzen der erste gleichsam die Überschrift bildet und die beiden folgenden die Konkretionen bieten, wäre analog in den Nachsätzen das Reich Gottes der zusammenfassende Oberbegriff. Zum Reich Gottes gehört es demnach konstitutiv dazu, dass Hungernde satt werden und Weinende wieder lachen können. Dass es im Nachsatz der ersten Beglückwünschung nicht heißt: „Ihr werdet reich werden", sondern eben: „Euch gehört das Reich Gottes", macht deutlich: Intendiert ist nicht individueller Reichtum, sondern das Ende von Hunger und Elend, von Weinen und Klagen. Die Zeitform im Nachsatz der zweiten und dritten Beglückwünschung ist futurisch, in dem der ersten aber präsentisch. Das stellt einmal heraus: Diese Beglückwünschungen sprechen gegen allen Augenschein eine unerschütterliche Gewissheit zu, dass die erfahrene schlimme Situation keine bleibende sein wird, mit der man sich nun einmal abzufinden hätte. Und das weist zum anderen daraufhin: Wo immer es jetzt schon geschieht, dass Hungernde satt werden und Weinende wieder lachen können, scheint schon – wie fragmentarisch auch immer – etwas auf vom Reich Gottes.

Bei Matthäus haben die entsprechenden Beglückwünschungen und auch die bis Vers 9 darüber hinausgehenden eine andere Form und sind auch inhaltlich ganz anders bestimmt. Bei ihm handelt es sich nicht um direkte Anreden, sondern sie sind in der 3. Person Plural formuliert. Inhaltlich stehen anstelle der Bettelarmen – wörtlich übersetzt – „die Bettelarmen bezüglich des Geistes". Damit sind, wie sich noch zeigen wird, die Demütigen gemeint, diejenigen, die bei den Bettelarmen stehen und ihnen beistehen. Statt der Hungernden nennt er diejenigen, die nach Gerechtigkeit hungert und dürstet, und die Weinenden ersetzt er durch die Klagenden. Bei ihm ist also jeweils nicht ein Erleiden im Blick, sondern ein bestimmtes Verhalten. Dem entsprechen die zusätzlichen Beglückwünschungen in den Versen 5 und 7–9. Dort werden die Gewaltfreien genannt, die Barmherzigen, die Herzensreinen und die Friedensstifter. Es geht also um ethische Verhaltensweisen. Diese Beglückwünschungen „implizieren damit die Aufforderung, das beschriebene Tun bzw. die genannte Haltung zu realisieren" (Kähler). Dem entspricht in der Form die 3. Person Plural, während bei dem Zuspruch an Menschen in schlimmer Situation – wie bei Lukas – die 2. Person Plural angemessen ist.

War so zunächst herauszustellen, dass es bei den Beglückwünschungen in den Versen 3–9 um zu praktizierende Verhaltensweisen geht, so ist doch andererseits die Form der Beglückwünschung ernst zu nehmen. Sie ist keine bloß aufgesetzte Maske für „eigentlich" gemeinte Imperative, um, wie

2. Die Beglückwünschungen (5,3–12)

Chrysostomus meinte, „die Rede weniger anstößig zu gestalten" (Matthäushomilien 15,2). Es wird eben nicht formuliert: Wer das und das tut, hat die Voraussetzungen für ein „gelingendes Leben" erfüllt. Daher sind diese Beglückwünschungen auch nicht als „Einlassbedingungen für das Himmelreich" zu verstehen, sondern als dessen Lebensbedingungen. Der Glückwunsch, der Zuspruch steht voran. Er gilt, weil Gott herrscht. Denn „Himmel" ist in diesem Kontext – jüdischer Tradition entsprechend – Umschreibung für Gott. So spricht die erste Verheißung in Vers 3, in Vers 10 wiederholt, das Himmelreich zu. Dabei zeigt sich im Blick auf Gegenwart und Zukunft derselbe spannungsvolle Zusammenhang wie bei Lukas. Die grundlegende Verheißung des Himmelreiches steht im Präsens, während die seiner Konkretionen jeweils im Futur formuliert ist. Was die Beglückwünschungen an Heilvollem „zusprechen, hängt am kommenden Reich". Sie sind die „Zusage einer Zukunft, die die *radikale Veränderung* der Gegenwart mit sich bringt, weil sie die Zusage des *kommenden Reiches* ist, in dem *Gott selbst alles neu macht*" (Eichholz). Weil Gott herrscht, gibt es – trotz alledem! – schon Himmel auf Erden und kann alles Gottes Herrschaft Widersprechende nicht das letzte Wort behalten. Indem Matthäus die Beglückwünschten als solche beschreibt, die jeweils durch eine bestimmte Verhaltensweise, durch ein bestimmtes Tun gekennzeichnet sind, macht er den in diesem Zuspruch enthaltenen Anspruch vernehmbar. Ihm gilt es zu entsprechen, damit es zu konkreten Erfahrungen der Herrschaft Gottes, zu Erfahrungen des Himmelreiches kommt. So gelesen, sind diese Beglückwünschungen kräftige Einladungen, sie in dem in ihnen genannten Verhalten und Tun der Erprobungspraxis auszusetzen.

Man kann Gründe für die Annahme haben, dass die lukanische Fassung der Beglückwünschungen älter ist und Matthäus diese Fassung geändert hat. Im Blick auf die damit erfolgte andere Akzentsetzung hat man ihm „Spiritualisierung" und „Ethisierung" vorgeworfen. Der Vorwurf der Spiritualisierung trifft nicht zu. Die hier geforderten ethischen Verhaltensweisen sind keinesfalls bloß „spirituell". Dass Matthäus „ethisiert" hat, ist sicher richtig. Aber dafür dürfte er einen guten Grund gehabt haben. Der lässt sich vielleicht am deutlichsten an Vers 6 erkennen, in dem Matthäus, anders als Lukas, nicht konkret Hungernde im Blick hat, sondern diejenigen beglückwünscht, „die hungert und dürstet nach der Gerechtigkeit". Es war schon beim Besprechen der Einleitung zur Lehre auf dem Berg darauf hingewiesen worden, dass für Matthäus die Schüler im Evangelium transparent sind auf seine Gemeinde hin. Er erzählt von den Schülern Jesu und hat dabei die

Menschen in seiner Gemeinde im Blick. Wenn es sich bei denen aber nun nicht um Bettelarme handelt – gewiss auch nicht um Reiche, allenfalls gibt es wenige Bessergestellte –, sondern um solche, die zwar in dürftigen Verhältnissen leben, jedoch ihr Auskommen haben und nicht hungern müssen, kann Matthäus dann, dürfte er sich gefragt haben, die überlieferte Beglückwünschung der Hungernden durch Jesus unverändert weiter über seiner Gemeinde erklingen lassen? Könnte das nicht auch zynisch klingen – zynisch gegenüber denen, die anderswo immer noch hungern müssen? Wie könnte Jesu Beglückwünschung der Hungernden bei denen zum Zuge kommen, die nicht hungern, sondern genug zu essen haben? Die Lösung des Matthäus: „Glücklich, die hungert und dürstet nach Gerechtigkeit", die sich dafür einsetzen, dass Hungernde satt werden. Dasselbe bleibt nicht dasselbe, wenn es in anderer Situation nur einfach wiederholt wird; es muss verändert werden, um dasselbe bleiben zu können. Für diese interpretierende Veränderung ist Matthäus nicht zu tadeln, sondern hoch zu loben.

Dass es um zu praktizierende Verhaltensweisen geht, gilt nur für die Verse 3–9. Damit sind aber die matthäischen Beglückwünschungen im Ganzen noch nicht hinreichend beschrieben. Für den Gesamtzusammenhang der Verse 3–12 nimmt Vers 10 eine Schlüsselstellung ein, hat er eine Scharnierfunktion. Der Form nach – hier steht noch die 3. Person Plural – gehört dieser Vers mit den vorangehenden zusammen, der Sache nach jedoch mit der in Vers 11 folgenden letzten Beglückwünschung, die in der 2. Person Plural formuliert ist: Hier wie dort ist nicht mehr ein Verhalten im Blick, sondern ein Erleiden. Sodann zeigt die wörtliche Wiederholung von Vers 3b in Vers 10b – „ihnen gehört das Himmelreich" – eine Rahmung (*inclusio*) an. Daraus ist zu schließen, dass die Nachsätze der dazwischen stehenden Verse Aspekte dessen entfalten, was „das Himmelreich" inhaltlich bedeutet. Teilnehmende an diesem Himmelreich sind diejenigen, die das in den Vordersätzen ausgesagte Verhalten an den Tag legen. Dieses Verhalten wird durch Vers 10a auf den Begriff gebracht: „Gerechtigkeit". Ihn hatte Matthäus schon in Vers 6 geboten. Die angegebenen Verhaltensweisen explizieren demnach, was „Gerechtigkeit" heißt und zu ihr führt. Wer sich so verhält, wie in diesen Beglückwünschungen ausgeführt, kann erleben, was Vers 10a sagt, nämlich „um der Gerechtigkeit willen" verfolgt zu werden. Daran schließt die Beglückwünschung der um Jesu willen Geschmähten in direkter Anrede in Vers 11 an, worauf in Vers 12 abschließend eine Verheißung folgt. In den Versen 10 und 11 fällt die Parallelität von „um der Gerechtigkeit willen" und „um meinetwillen" auf. Das heißt, für die hier angeführte

2. Die Beglückwünschungen (5,3–12)

Gerechtigkeit steht Jesus ein und für Jesus setzt man sich ein, indem man sich für Gerechtigkeit einsetzt.

Die Benennung der in Vers 3 Beglückwünschten ist sehr eigenartig. Matthäus verbindet das griechische Wort für „Bettelarme" im Nominativ mit dem griechischen Wort für „Geist" im Dativ, der als ein Dativ der Beziehung verstanden werden muss. So ergibt sich als wörtliche Übersetzung: „Bettelarme bezüglich des Geistes". Diese Wendung lässt sich aus der griechischen Sprachtradition nicht erklären. Sie wird verständlich auf dem Hintergrund biblisch-jüdischer Traditionen im Hebräischen. Auf Griechisch finden sich am ehesten Entsprechungen im Übersetzungsgriechisch der Septuaginta, der jüdischen griechischen Bibel. So steht in Psalm 33,19 (in der hebräischen Bibel 34,19) das Wort Geist in einem Dativ der Beziehung verbunden mit einem den „Bettelarmen" analogen Wort: den „Niedrigen", „Erniedrigten". Im hebräischen Text von Psalm 34,19 stehen an dieser Stelle zwei Nomina in einer bestimmten Verbindung. Das griechische Wort für „Niedrige" bezeichnet von Haus aus niedrigen sozialen Status und bekommt dann auch – „von oben herab" betrachtet – eine ethische Bedeutung, nämlich „niedrig gesinnt", „unterwürfig", „duckmäuserisch". Auch in der hebräischen Sprachtradition bezeichnen entsprechende Worte ursprünglich eine niedrige soziale Stellung und gewinnen ebenfalls eine ethische Bedeutung, allerdings aus der Perspektive „von unten" eine positive als „Demut" im Sinne des solidarischen Verhaltens der Gedemütigten untereinander. Solche Wendungen begegnen im hebräischen Text von Jesaja 57,15. Dort heißt es in Gottesrede: „Hoch und heilig wohne ich – und beim Zerschlagenen und Demütigen, um zu beleben die Demütigen, um zu beleben das Herz der Niedergeschlagenen." Buber hat die hier mit „Demütiger" wiedergegebene Doppelwendung recht wörtlich übersetzt mit „Geisterniederter". Die Septuaginta geht mit dem hebräischen Text von Jes 57,15 sehr frei um. Das ist auch der Fall in Spr 16,19, wo Buber den hebräischen Text so übersetzt: „Besser am Geist geniedert mit den Gebeugten, als Raub teilen mit den Hoffärtigen". Der Sache nach könnte die erste Zeile auch so wiedergegeben werden: „Besser demütig bei Armen sein". Ähnlich formuliert Spr 29,23: „Der Hochmut eines Menschen wird ihn erniedrigen; wer niedrigen Geistes (= demütig) ist, wird Ehre erlangen." Hier ist es deutlich, dass es bei der zu Matthäus 5,3 analogen Wendung um ein ethisches Verhalten geht und dass dabei im Gegensatz zum Hochmut die Demut gemeint ist.

Das Verständnis der Wendung „die Bettelarmen bezüglich des Geistes" als „Demütige" hat eine Analogie in der rabbinischen Auslegung von 4. Mose 12,3. In diesem Bibeltext heißt es: „Der Mann Mose war sehr *anáv*" (Grundbedeutung: „gebeugt"). Diese Aussage wird im Midrasch diskutiert und eindeutig gemacht durch die Hinzufügung: Er war „gebeugt in seinem Sinn", also „demütig". Das wird mit Hilfe von Bibelstellen abgegrenzt von „gebeugt in seinem Körper", nämlich „schwach", und von „gebeugt in seinem Geld", nämlich „arm" (Sifrej Bamidbar § 101). Die Wendung „gebeugt in seinem Sinn", die auch im Targum Jonatan von 4. Mose 12,3 steht, der aramäischen Paraphrase des Bibeltextes, entspricht recht genau der Wendung „Bettelarme bezüglich des Geistes" in Matthäus 5,3. In diesem Zusammenhang sei auch darauf hingewiesen, dass *anáv* in Jesaja 61,1, einer Stelle, auf die sich Matthäus am Anfang seiner Beglückwünschungen bezieht, in der Septuaginta mit *ptochós* („bettelarm") wiedergegeben wird. Dieses Verständnis der Wendung „die Bettelarmen bezüglich des Geistes" wird weiter gestützt durch analoge Wendungen in den Qumrantexten. In der Kriegsrolle ist von „Armen des Geistes" die Rede (1QM XIV 7). Leider hat die Rolle anschließend eine Textlücke, sodass sich der Satz nicht vervollständigen lässt. In der Fortsetzung des Textes ist in genauer Parallele von „den Vollkommenen des Weges" die Rede, also denjenigen, die sich durch eine tadellose Lebensführung auszeichnen, sodass sich auch für „die Armen des Geistes" ein ethisches Verständnis als „die Demütigen" nahelegt. In 1QH VI 2–5 (frühere Kolumnenzählung: XIV) stehen „die Armen des Geistes" innerhalb einer Reihe von Beglückwünschten: „[Glücklich] die Menschen der Wahrheit (bzw. der Treue), die in Ger[echtigkeit] Erprobten, diejenigen, die Verstand [fordern], die Einsicht suchen, die [Frieden ?] b[auen], die Erbarmen [lie]ben, die Demütigen (‚die Armen des Geistes'), die durch Armut Geläuterten, die im Schmelztiegel Gereinigten, […] diejenigen, die sich beherrschen bis zum Ende Deiner Gerichte und die ausschauen auf Deine Hilfe!" Schließlich begegnet in der Gemeinderegel von Qumran die Wendung „die Hohen des Geistes" (1QS XI 1). Ihnen gilt es nach dieser Stelle „in Demut zu antworten". Sie sind daher als „die Hochmütigen" zu verstehen. Gegenüber diesen „Hohen des Geistes" bildet die Wendung „die Armen des Geistes" damit sachlich den genauen Gegenbegriff.

Die Verbindung „Niedrige(r) des Geistes" (*sch'fal[ej] rúach*) findet sich häufig in rabbinischen Texten, sowohl in Aufnahme der biblischen Stellen als auch unabhängig davon. An einer ganzen Reihe von Belegen steht der Begriff neben *anáv* („arm", „demütig"). So wird z.B. auf Rabbi Jehuda der Satz zurückgeführt: „Der Weg der Schüler der Weisen sei demütig und bescheiden." (Kalla 3,1) Besonders eindrücklich ist ein Abschnitt aus dem babylonischen Talmud, Megilla 31a, wo der Begriff auf Gott selbst bezogen wird und wo er einen realen Ort der Niedrigkeit und ein ethisches Verhalten bezeichnet: „Rabbi Jochanan sagte: ‚An jedem Ort (der Schrift), an dem du die Macht des Heiligen, gesegnet er, findest, findest du auch seine Niedrigkeit (bzw. Demut). Diese Sache steht in der Tora geschrieben, wird in den Propheten wiederholt und zum dritten in den Schriften unterstrichen. In der Tora

2. Die Beglückwünschungen (5,3–12)

steht geschrieben: *Denn der Ewige, euer Gott, ist Gott der Götter und Herr der Herren* (Dtn 10,17); und es steht in der Tora geschrieben: *Er verhilft der Waise und der Witwe zum Recht* (Dtn 10,18). In den Propheten wird wiederholt: *So spricht der Hohe und Erhabene, der immer thront, und heilig usw.* Und es steht anschließend geschrieben: *und ich bin bei dem Zerschlagenen und Demütigen (bzw. Erniedrigten)* (Jes 57,15). Zum dritten wird das in den Schriften unterstrichen; es steht geschrieben: *Bereitet ebene Bahn dem durch die Steppe Einherfahrenden! Jah ist sein Name.* Und es steht anschließend geschrieben: *Vater der Waisen und Anwalt der Witwen* (Psalm 68,5).'" Erwähnt sei auch noch eine Ausführung aus dem babylonischen Talmud, Sota 5a: „*Und bei dem Zerschlagenen und Demütigen (bzw. Erniedrigten) bin ich* (Jes 57,15). Rabbi Hona und Rabbi Chisda. Der eine sagte: *Bei mir ist der Zerschlagene*. Und der andere sagte: *Ich bin beim Zerschlagenen*. Einleuchtender ist die Erklärung dessen, der sagt: *Ich bin beim Zerschlagenen*. Denn siehe: Der Heilige, gesegnet er, überging alle Berge und Hügel und ließ seine Einwohnung (*sch'chináh*; der Begriff bezeichnet Gott in seiner Gegenwart) auf dem Berg Sinai ruhen; und nicht hob er den Berg Sinai in die Höhe."

Ich fasse die Beobachtungen zur Bezeichnung der in Vers 3 Beglückwünschten zusammen: 1. Die Verbindung „Bettelarme bezüglich des Geistes" ist im Griechischen ganz ungewöhnlich und sonst nicht belegt. 2. Es gibt aber analoge hebräische Wendungen. 3. Auffällig ist, dass die hebräischen Wendungen sowohl eine niedrige soziale Stellung als auch ein ethisches Verhalten bezeichnen. Eine genauere Untersuchung der entsprechenden biblischen und jüdischen Texte würde zeigen: Die niedrige soziale Situation wird hier nicht als Naturereignis verstanden, sondern als gesellschaftlicher Prozess, der schuldhaft von den Mächtigen und Reichen verursacht wird. Deshalb kann z.B. in Jes 57,15 parallel neben dem „Geisterniederten" (dem Niedrigen bzw. Demütigen) der „Zerschlagene" stehen. Von den Armen, Niedrigen und Demütigen wäre also genauer als von den Verarmten, Erniedrigten und Gedemütigten zu reden. Aus der Kennzeichnung einer niedrigen sozialen Stellung wird die Bezeichnung eines ethischen Verhaltens, indem die Gedemütigten nicht die Praxis ihrer Bedränger gegenüber noch Schwächeren kopieren, sondern mit ihnen zusammen eine gegenteilige, eine solidarische Praxis einüben. Demut ist also in dieser biblisch-jüdischen Tradition nicht dumpfe Schicksalsergebenheit, sondern im Vertrauen auf den nach unten gehenden Gott Solidarität der Gedemütigten, ein im wörtlichen und übertragenen Sinn Stehen bei den Bettelarmen. 4. Von daher lässt sich die im Griechischen eigenartige Verbindung „Bettelarme bezüglich des Geistes" als Übertragung der angeführten hebräischen Wendungen verstehen und kann

Vers 3a umschreibend so wiedergegeben werden: „Glücklich, die bei den Bettelarmen stehen!"

Für ein Verständnis als „Demütige" plädiert im Übrigen schon Chrysostomus: „Was heißt: ‚die Armen bezüglich des Geistes'? Die Demütigen und in ihrer Gesinnung nicht Hochfahrenden. [...] Diejenigen preist er als erste glücklich, die sich aus eigenem Entschluss selbst demütig machen und unten orientieren" (Matthäushomilien 15,1).

In Vers 3b wird deren Beglückwünschung mit der Aussage begründet: „Denn ihnen gehört das Himmelreich." Es ist auffällig, dass Matthäus an den Stellen und in den Zusammenhängen, an und in denen die beiden anderen synoptischen Evangelien vom „Reich Gottes" bzw. von der „Herrschaft Gottes" sprechen, bis auf vier Ausnahmen die Wendung „Himmelreich" bzw. „Himmelsherrschaft" bietet. „Der Himmel" wird im rabbinischen Judentum als Bezeichnung Gottes gebraucht. Dort findet sich auch häufig die Verbindung „Himmelreich" bzw. „Himmelsherrschaft" (*malchút schamájim*), aber nie die Verbindung „Gottesreich" oder „Gottesherrschaft". Von daher dürfte der Sprachgebrauch des Matthäus an diesem Punkt beeinflusst sein, zumal sich auch sonst bei ihm starke Entsprechungen zum rabbinischen Judentum zeigen. Sachlich ist mit „Himmelreich/Himmelsherrschaft" nichts anderes gemeint als mit „Gottesreich/Gottesherrschaft". Es geht bei „Himmelreich" wie bei „Gottesreich" nicht um eine jenseitige Ortsbezeichnung, sondern darum, dass Gott hier zur Herrschaft kommt und damit Raum gewinnt. Nach der ersten Beglückwünschung kommt Gott zur Herrschaft bei den Demütigen, bei denen, die bei den Bettelarmen stehen. Er gewinnt Raum „von unten her" – da, wo Bedrängte nicht ihre schlechten Erfahrungen so kompensieren, dass sie sich Stärke durch Bedrängen von noch Schwächeren holen, sondern miteinander Möglichkeiten gemeinsamen Lebens einüben.

„Glücklich die Klagenden: Sie werden getröstet werden!" Bei dieser zweiten Beglückwünschung in Vers 4 fallen bei einem vergleichenden Blick auf Lukas 6,21 zwei Punkte auf: Bei Matthäus ist die Reihenfolge der Beglückwünschungen der Hungernden und Weinenden umgestellt und anstelle der Weinenden stehen die Klagenden. Letzteres erklärt sich zunächst aus dem Interesse des Matthäus, in den Versen 3 bis 9 aktiv zu vollziehende Verhaltensweisen zu benennen. Vom „Hungern" kann er durch den Zusatz „nach Gerechtigkeit" metaphorisch reden. Das ist beim „Weinen" schlechterdings nicht möglich; deshalb ersetzt er es durch ein anderes Wort. Beide Beobachtungen werden sodann unter der Voraussetzung verständlich, dass

2. Die Beglückwünschungen (5,3–12)

Matthäus hier auf Jesaja 61,1–3 anspielt. Dieser Text lautet: „Des Ewigen, der Macht über mir, Geistkraft ist auf mir, weil der Ewige mich gesalbt hat, Armen frohe Botschaft zu verkünden. Er hat mich gesandt zu verbinden, deren Herzen zerbrochen sind, auszurufen Gefangenen Befreiung und den Eingesperrten Entlassung, auszurufen ein Gnadenjahr des Ewigen und den Tag der Vergeltung unseres Gottes, zu trösten alle Klagenden, den um Zion Klagenden zu ersetzen, dass ihnen gegeben wird Schmuck statt Schmutz, Freudenöl statt Trauerkleid, Lobpreis statt zaghafter Geist, sodass sie heißen ‚Bäume der Gerechtigkeit‘, ‚Pflanzung des Ewigen‘, um sich zu schmücken." Von diesem Text her, der u.a. eben von „Armen/Demütigen" und „Klagenden" in dieser Reihenfolge spricht, erklärt sich bei Matthäus die Reihenfolge „Bettelarme bezüglich des Geistes" und „Klagende". Und wenn er „die Weinenden", die nicht übertragen verstanden werden können – schon gar nicht neben den Bettelarmen und Hungernden – durch „die Klagenden" ersetzt, dann will er damit eine andere Dimension beschreiben als die sozialer Not. Welche das ist, ergibt sich aus der eingespielten Stelle Jesaja 61,1–3. Dort geht es um Befreiung der Deportierten und Versklavten, um von Gott auszuführende Vergeltung, d.h. dass den Versklavten und Deportierten wieder zu ihrem Recht verholfen wird. „Die Klagenden" werden so auch in diesem Zusammenhang als „die um Zion Klagenden" beschrieben, die sich nicht mit dem jetzigen elenden Zustand abfinden; ihnen wird Veränderung verheißen.

Von daher dürften „die Klagenden" bei Matthäus nicht einfach „die Traurigen" oder „Trauernden" sein, die aus irgendeinem Grund Trauer tragen, schon gar nicht die Resignierten, sondern diejenigen, die über das Unrecht trauern und es beklagen, die sich nicht damit abfinden wollen, dass Elend und Unrecht nun einmal zum Leben in der Welt dazugehören würden, sondern Elend und Unrecht der Welt voller Trauer klagend und anklagend vor Gott bringen und auf Veränderung hoffen. Nur so verstanden, passt diese Beglückwünschung in die Reihe der folgenden.

Dass in Matthäus 5,4 ein Bezug auf Jesaja 61,2 vorliegt, hängt nicht an dem einen Wort „Klagende", sondern ergibt sich daraus, dass die beiden den Vers 4 bestimmenden Worte dort im Zusammenhang stehen. Die Begründung der Beglückwünschung lautet: „Denn sie werden getröstet werden." Der Gesalbte hat nach Jesaja 61,2 den Auftrag, „alle Klagenden zu trösten". Das also ist die Verheißung, die die Beglückwünschung der Klagenden begründet, dass ihr Trauern, dass ihr Klagen überwunden werden wird. Das, was Trauern und Klagen veranlasst, wird nicht das letzte Wort behalten.

"Denn sie werden getröstet werden." In der Überwindung von Unrecht und Elend, in der Befreiung der Bedrängten kommt die Herrschaft dessen zum Ziel, von dem jetzt schon bekannt wird, dass ihm alle Macht im Himmel und auf Erden gehört.

Vor der Beglückwünschung der Hungernden bietet Matthäus in Vers 5 noch eine andere: „Glücklich die Gewaltfreien: Sie werden das Land erben!" Er schaltet sie wohl deshalb an dieser Stelle ein, um den Zusammenhang, den er mit den beiden ersten Beglückwünschungen hat anklingen lassen, noch zu verstärken. Denn das jetzt gebrachte Wort, üblicherweise mit „Sanftmütige" übersetzt, samt der in Vers 5b gegebenen Verheißung gehört demselben Bereich zu. Hinter „Sanftmütige"/„Gewaltfreie" steht auf der hebräischen Sprachebene *anavím* („Arme", „Demütige") – also dasselbe Wort, das in Jesaja 61,1 begegnet und von Matthäus in Vers 3 in der Verbindung „Bettelarme bezüglich des Geistes" gebracht wird.

Der Sache nach und im Ganzen auch dem Wortlaut nach nimmt Matthäus in Vers 5 Psalm 37,11a auf: „Die Armen/Demütigen (*anavím*) werden das Land erben." Die griechische jüdische Übersetzung hat hier *anavím* mit *praeís* („Sanftmütige"/„Gewaltfreie") wiedergegeben. Dem folgt Matthäus. Er hat dieser Aussage des Psalms die Form einer Beglückwünschung mit Begründung gegeben. Der ganze Psalm 37 gehört in die biblische Demutstradition, kommt also aus den Überlieferungen von im wirtschaftlichen Prozess nach unten gedrückten Menschen, die aber nicht das Verhalten ihrer Bedränger kopieren und nach unten weitergeben, sondern im Vertrauen auf Gott ein gegenteiliges, ein solidarisches Verhalten einüben. Der den ganzen Psalm dominierende Gegensatz ist der von „Frevlern" und „Gerechten". Dabei werden die Frevler als die mächtigen Gewalttäter geschildert, die im Besitz von Waffen sind und sie rücksichtslos zu gebrauchen wissen (14). Die Gerechten werden demgegenüber mit den Verelendeten und Verarmten identifiziert (14), die zugleich demütig (11), lauter (18) und fromm (28) sind. In diesem Gegenüber können die mit *praeís* übersetzten *anavím* als die „Gewaltfreien" verstanden werden.

Für Matthäus legt sich dieses Verständnis in 5,5 auch von daher nahe, dass er das Wort *praýs* zweimal im Blick auf Jesus gebraucht. In 11,29 steht es parallel zu einer Wendung, die wiederum ein Adjektiv mit einem Nomen im Dativ verbindet: „niedrig/demütig in Bezug auf das Herz", was mit „zutiefst demütig" wiedergegeben werden kann. In 21,5 wird Sacharja 9,9 auf Jesus bezogen; dort reitet der als *praýs* bezeichnete messianische König bei seinem Einzug in Jerusalem auf einem Esel, nicht auf einem königlichen

2. Die Beglückwünschungen (5,3–12)

Schlachtross. Das gibt seiner Gewaltlosigkeit Ausdruck. Es dürfte kaum bezweifelt werden können, dass die in 5,5 von Matthäus mit *praeís* Bezeichneten „eng mit ihrem messianischen Friedenskönig" zusammengehören" (Lux). Sie lassen sich daher am besten umschreiben als „die Niedergebeugten, die doch nicht verhärten" oder auch mit der „Guten Nachricht": „die unterdrückt sind und auf Gewalt verzichten".

Die Übersetzung mit *praeís* („Sanftmütige") in der jüdischen griechischen Bibel und deren Übernahme durch Matthäus bergen allerdings eine Gefahr in sich. Löst man diese Beglückwünschung aus ihrem biblisch-jüdischen Zusammenhang und versteht sie von der griechischen Sprachtradition her, bekommt sie einen völlig anderen Charakter. Denn das griechische Wort für „sanftmütig" (*praýs*) ist – wie seine lateinische Entsprechung *clemens* – sozial oben angesiedelt und bezeichnet die Milde als Herrschertugend, überhaupt die herablassende Huld eines Höherstehenden. Bei Matthäus allerdings ist durch das Zitieren von Psalm 37,11 der Zusammenhang mit der Bibel klar gegeben. Bei ihm sind die *praeís* nicht die sich huldvoll herablassenden Großen, sondern die ohnmächtigen Kleinen: die nicht verbittern, die die Aufforderung aus dem Lied von Wolf Biermann: „Du, lass dich nicht verhärten!" längst schon befolgt haben; die sich von dem „teuflischen Sprichwort" nicht imponieren lassen, „man müsse mit den Wölfen heulen, weil der, der sich zum Schaf mache, bald von den Wölfen zerrissen werde" (Calvin).

Ihnen wird im Nachsatz das Land als Erbe verheißen. Bei diesem „Land" dürfte Matthäus in erster Linie an das „Land Israel" denken, zumal er diesen Ausdruck im Evangelium gebraucht (2,20–21). Das hat für die Situation im Land nach dem jüdisch-römischen Krieg Brisanz. Denn „durch die Konfiskation von Grundbesitz und die Umwandlung des Status judäischer Bauern in *coloni*" kam es zu einer Fluchtbewegung, zu sozialer Entwurzelung; die Lebenssituation vieler war gekennzeichnet „durch einen klaren Mangel an Land" (Lux). „Für Matthäus gehört somit ein von Unterdrückern befreites Leben in dem Land, das Gott seinem Volk verliehen hat, zu den im Christusglauben verankerten Hoffnungsgütern" (Fiedler). Das für „Land" gebrauchte griechische Wort *ge* hat allerdings auch die Bedeutung „Erde". Da der in Matthäus 28,18–20 auf seine Lehre auf dem Berg verweisende auferweckte Jesus von sich sagt, ihm sei „alle Macht im Himmel und auf der Erde gegeben", ist das Verständnis von *ge* in 5,5 nicht alternativ als „Land" oder „Erde" zu diskutieren. Von diesem Ende her geht die Hoffnung über das Land Israel hinaus auf die ganze Erde. Das Himmelreich ist da, wenn die Erde samt ihren Schätzen nicht mehr ein Raub der gewalttätigen Mächtigen ist, sondern wenn sie den Gewaltfreien gehört, die im wahrsten Sinn des Wortes „Boden unter den Füßen" bekommen (Köhnlein) und die nicht die Schöpfung ausplündern noch ihre Mitgeschöpfe schinden.

Es sei noch auf eine rabbinische Stelle im babylonischen Talmud hingewiesen, die eine Auslegung von Psalm 37,11 bietet und in denselben Sachzusammenhang gehört; im Traktat Sukka heißt es (29b): „Rav sagte: ,Vierer Dinge wegen geht den Haushalten der Besitz verloren: wegen derer, die den Lohn des Tagelöhners zurückhalten; wegen derer, die den Tagelöhner um seinen Lohn berauben; wegen derer, die ein Joch von ihrem Hals abwerfen und es ihren Mitmenschen auflegen; wegen des dreisten Hochmuts. Und der dreiste Hochmut schließt alles andere ein. Aber über die Demütigen (*anavím*) steht geschrieben: *Und die Demütigen werden das Land erben und großen Frieden genießen* (Psalm 37,11).'" In den ersten drei Punkten ist immer das Gegenüber von Vermögenden und von ihnen abhängigen Ärmeren im Blick. In Punkt eins und zwei geht es um Landbesitzer, die ihren Tagelöhnern den Lohn entweder nicht sofort ausbezahlen oder sie auch ganz um ihn bringen. In Punkt drei dürfte eine Situation gemeint sein, in der die Regierung Abgaben verlangt und sich dafür an die Vermögenden hält, die es jedoch verstehen, diesen Druck nach unten abzugeben und sich selbst schadlos zu halten. Alle drei Verhaltensweisen sozialer Ungerechtigkeit werden dann auf den Begriff gebracht: „dreister Hochmut". Ihm werden „die Demütigen" gegenübergestellt. Ihnen gilt die Verheißung auf Land, nicht denen, die jetzt so breit darauf sitzen und es ungerecht nutzen. Es liegt in dieser Tradition zwar eine ganz andere Form als in der dritten Beglückwünschung vor, aber doch eine genaue Sachparallele. Im Übrigen ist der mit „dreister Hochmut" übersetzte hebräische Ausdruck ebenfalls eine Verbindung mit *rúach* („Wind", „Geist"), ein genauer Gegenbegriff zu den „Bettelarmen des Geistes" und „Niedrigen des Geistes". Die primäre Bedeutung von *rúach* als „Wind", „Luft" tritt hier besonders deutlich hervor, insofern das damit an dieser Stelle verbundene Wort als Verb die Bedeutung „rülpsen" hat. Diese „Hochmütigen" wären demnach diejenigen, die viel Luft haben und deshalb in jeder Beziehung frech und dreist „herumrülpsen" können und es auch tun.

„Glücklich, die hungert und dürstet nach Gerechtigkeit: Sie werden satt werden!" Die Intention dieser Beglückwünschung in Vers 6 habe ich schon anlässlich der Charakterisierung der matthäischen Beglückwünschungen im Ganzen besprochen. In veränderter Situation geht es darum, das zum Zuge zu bringen, was die überlieferte Beglückwünschung Jesu will und verheißt: dass Hungernde satt werden. Diese Beglückwünschung können Satte nur so hören, dass sie nach Gerechtigkeit hungern und dürsten, also dazu beitragen, dass Arme nicht mehr hungern und düsten müssen und also keine Armen

2. Die Beglückwünschungen (5,3–12)

mehr bleiben. „Wer hungert und dürstet nach der Gerechtigkeit, ist sehend geworden für die wahre Wirklichkeit dieser Welt" (Girgensohn). Wer genug zum Leben hat, wird damit in die Solidarität mit denen gerufen, die es nicht haben. Nach Eichholz geht es um „ein nicht zum Schweigen zu bringendes *Verlangen* nach Gerechtigkeit, ein *Sicheinsetzen* für das Recht". Er folgert daraus, ein Christ müsse „immer an der Seite derer zu finden sein, deren Recht in dieser Welt verkürzt, übergangen oder beiseitegeschoben wäre". Die so hungern und dürsten, verheißt der Nachsatz, werden satt werden. Nach Luther sollen sie so „gesättigt, nämlich ihren Hunger und Durst gestillt bekommen, dass sie nicht umsonst gearbeitet haben". Am Ende stehen nicht Resignation und Enttäuschung; am Ende steht Erfüllung.

Eine sachliche Entsprechung zu dieser Beglückwünschung bietet in der hebräischen Bibel der Vers Sprüche 21,21: „Wer hinter Gerechtigkeit und Liebe her ist, wird Leben, Gerechtigkeit und Ehre finden." Diese Stelle wird in der rabbinischen Tradition mit den Konzepten der „Gerechtigkeitsabgabe" (Almosen) und der – wie meist übersetzt wird – „Liebeswerke" verbunden (*g'milût chassadím*). Genauer wäre die Wiedergabe „Freundlichkeitsabgeltungen". Gemeint sind Taten, die nicht ausdrücklich geboten, aber als Ausdruck nachbarschaftlicher Solidarität doch erwartet werden. Das dürfte auch der konkrete Kontext sein, an den Matthäus beim Hungern und Dürsten nach Gerechtigkeit denkt. Es geht dabei nicht um ein allgemeines Gefühl, sondern um die Herstellung sozialer Gerechtigkeit. Das Betätigungsfeld dafür wird zunächst innerhalb der Gemeinde gesehen sein. Aber es war ja schon in der Einleitung zur Lehre auf dem Berg gesehen worden, dass Matthäus über die Gemeinde hinaus auf die Welt blickt.

Wird die Beglückwünschung in Vers 6 im Kontext der „Gerechtigkeitsabgabe" und der „Freundlichkeitsabgeltungen" verstanden, schließt sich die von Vers 7 sachlich unmittelbar an: „Glücklich, die sich erbarmen: Ihrer wird sich erbarmt werden!" Im Grunde geht es mit anderen Worten um dasselbe: Barmherzigkeit, die der Herstellung von Gerechtigkeit dient; denn „Barmherzigkeit ist gemeinschaftsbildende Macht" (Girgensohn). In dieser Beglückwünschung tritt die Entsprechung zwischen Vorder- und Nachsatz besonders deutlich hervor, indem jeweils dasselbe Verb gebraucht wird: Derer, die sich erbarmen, wird sich erbarmt werden. Dabei ist in der passiven Formulierung Gott als logisches Subjekt gedacht. Die Hoffnungsaussage des biblischen Tun-Ergehens-Zusammenhangs – es möge doch so sein und Gott dafür einstehen, dass denjenigen, die Gutes tun, das auch für sie selbst zum Guten ausschlage – wird damit hier auf eine prägnante Formulierung gebracht. Dem Evangelisten Matthäus ist das Thema der Barmherzigkeit wichtig. An zwei Stellen bietet er – über die Parallelen bei Markus und Lukas hinaus – als Gottesrede das Zitat aus Hosea 6,6: *Barmherzigkeit will ich und nicht Opfer* (9,13; 12,7). Dass er das nicht als eine Außerkraftsetzung von Texten der Tora versteht, sondern als die Angabe einer Leserichtung für sie, zeigt die dritte Stelle, an der er das Wort „Barmherzigkeit" bietet: 23,23. Dort bezeichnet es neben „Recht" und „Treue" „das Gewichtigere in der Tora", das dem Hören und Tun der ganzen Tora Richtung und Linie vorgibt. Dabei wird ausdrücklich festgestellt, dass man „das andere" – in diesem Zusammenhang ist das Verzehnten von Gartenkräutern erwähnt – „nicht lassen darf".

Von biblischen Stellen kommt dieser Beglückwünschung Sprüche 14,21 am nächsten: „Wer seinen Mitmenschen verachtet, sündigt; wer sich der Armen erbarmt, ist glücklich zu preisen." Ganz enge rabbinische Parallelen, die auch die Entsprechung von Tun und Ergehen mit derselben Vokabel zum Ausdruck bringen, gibt es in Auslegung von 5. Mose 13,18. Dort heißt es: [...] *und er (der Ewige) wird dir Erbarmen geben und sich deiner erbarmen und dich zahlreich machen.* Der erste Satz kann von den Rabbinen so verstanden werden: „[...] und er wird es geben, dass du dich erbarmst". Auf Rabban Gamliel wird die Aussage zurückgeführt: „Das sei ein Zeichen in deiner Hand: Immer wenn du barmherzig bist, wird der Barmherzige (Gott) sich deiner erbarmen" (Tosefta Bava Qamma 9,30; ganz ähnlich im selben Traktat 8,10 im Jerusalemer Talmud, dort zusätzlich in negativer Fassung; so auch in Sifrej Dvarim § 96 und im babylonischen Talmud, Schabbat 151b). Auch für die Rabbinen gilt, was Feldmeier unter Bezug auf Matthäus formuliert, „daß die göttliche Barmherzigkeit nur empfangen kann, wer den Strom seiner liebevollen Zuwendung nicht unterbricht, sondern ihn in tätiger Barmherzigkeit weiterfließen läßt".

Die Benennung der in Vers 8 Beglückwünschten ist sprachlich ganz analog der von Vers 3: Ein Adjektiv wird mit einem Nomen im Dativ der Beziehung verbunden: „die Reinen bezüglich des Herzens". Auch diese Wendung ist wiederum auf hebräischem Sprachhintergrund zu verstehen. Anders als im Deutschen reimt sich im Hebräischen „Herz" nicht auf „Schmerz", auch nicht im Griechischen. Das Herz ist hier nicht Sitz des Gefühls, sondern es bezeichnet das Personzentrum, den Ort, von dem das Wollen und Trachten eines Menschen ausgeht. Dieses Zentrum soll „rein", „lauter" sein. Die entsprechenden hebräischen Wortverbindungen meinen: „aufrichtig", „geradeaus" und „zuverlässig", negativ ausgedrückt: nicht ver-

2. Die Beglückwünschungen (5,3–12)

schlagen, keine Winkelzüge machend. Die Kontexte der biblischen Stellen, an denen diese Wortverbindungen begegnen, zeigen, dass nicht bloß eine Gesinnung gemeint ist, sondern konkretes rechtschaffenes Tun. Das ergibt sich auch aus dem Gegensatz zu 15,19, wo Matthäus schlimme Taten aufzählt, die aus einem unreinen Herzen kommen. „Herzensreinheit kann für Matthäus also nicht mit Innerlichkeit gleichgesetzt werden" (Fiedler).

Einige Stellen seien angeführt: In Psalm 24,4 wird *das lautere Herz* unmittelbar mit *reinen Händen* verbunden. Nach 1. Könige 9,4 sagt Gott zu Salomo: *Wenn du vor mir einhergehst, wie dein Vater David vor mir einhergegangen ist, mit lauterem Herzen und mit Aufrichtigkeit, alles zu tun, was ich dir geboten habe, meine Gebote und meine Rechtssätze beachtest.* Der Bitte um das Erschaffen des reinen Herzens in Psalm 51,12 geht die andere voraus, dass Gott die Verfehlungen auswischen möge. In Psalm 73,13 werden die *Herzensreinen* von Vers 1 in der Wendung aufgenommen: *Habe ich ins Leere mein Herz rein gehalten und in Unschuld meine Hand gewaschen?* In Wajikra Rabba 17,1 zum 3. Mosebuch werden diese „Herzensreinen" so ausgelegt: „Das sind diejenigen, deren Herz rein ist in Geboten." Es geht also um konkrete Gebotserfüllung, nicht um eine abstrakt bleibende Gesinnung.

Denjenigen also, die sich nicht fintenreich um das Befolgen der Gebote herumdrücken, sondern das von Gott Gebotene tun, gilt die Verheißung in Vers 8b, Gott zu schauen. Schon bei den angeführten biblischen Stellen über die Herzensreinen ist der innere Zusammenhang mit dieser Verheißung gegeben, in 1. Könige 9 nur so, dass dort Gott Salomo im Traum erscheint (Vers 1). In Psalm 24,3 wird ausdrücklich die Frage gestellt: *Wer darf hinaufsteigen auf den Berg des Ewigen und wer darf stehen am Ort seines Heiligtums?* Dort ist zumindest sein Abglanz zu sehen; und der Gang zum Tempel wird verstanden als Erscheinen vor dem Angesicht Gottes. Entsprechend wird in Psalm 51,13 gebetet: *Verwirf mich nicht von Deinem Angesicht!* Und der Beter von Psalm 73 bekommt endlich Gewissheit, als er *in das Heiligtum Gottes* kommt (Vers 17).

Vor Gott erscheinen kann nur, wer „rein" ist. So ist es nicht verwunderlich, dass das Schauen Gottes im Judentum Gegenstand endzeitlicher Hoffnung ist. Es sei hier nur eine Stelle angeführt, die zugleich einen geschichtlichen Rückblick enthält und einen endzeitlichen Ausblick bietet. Im späten Midrasch zu Psalm 149 wird gefragt, wer die in Vers 1 erwähnten Frommen seien und geantwortet: „die Israeliten". Von ihnen wird gesagt: „Immer wenn die Israeliten den Heiligen, gesegnet er, sahen, wurden sie fromm gemacht. Sie sahen ihn am Meer; sie wurden fromm gemacht und sangen ein Lied; denn es ist gesagt: *Da sang Mose usw.* (2. Mose 15,1). Sie sahen ihn am

Sinai; sie wurden aufrichtig gemacht; und so sagt die Schrift: *Er bewahrt den Aufrichtigen (Gelingen)* (Sprüche 2,7). Und was sagt sie dort? *Er küsse mich usw.* (Hoheslied 1,2). Sie sahen ihn im Zelt der Begegnung; sie wurden gerecht gemacht; denn es ist gesagt: *Da kam Mose und Aaron ins Zelt der Begegnung und sie kamen heraus und segneten das Volk und Feuer kam heraus vor dem Ewigen usw.* (3. Mose 9,23–24). Und es steht geschrieben: *Jubelt, ihr Gerechten usw.* (Psalm 33,1). Und wenn sie ihn in der kommenden Welt sehen, werden sie fromm gemacht; denn es ist gesagt: *Sein Lobpreis in der Versammlung der Frommen* (Psalm 149,1)." Dieser rabbinische Text redet ganz indikativisch: Das Sehen Gottes macht fromm, aufrichtig und gerecht. Das ist nicht gegen die implizit andere Reihenfolge bei Matthäus auszuspielen, dass diejenigen, die reinen Herzens sind, Gott schauen werden. Beide Aussagen haben je ihren Ort. Einmal liegt der Akzent auf dem Zuspruch und zum anderen auf der Ermahnung.

Die in Vers 9 Beglückwünschten werden in Luthers Übersetzung mit „die Friedfertigen" wiedergegeben. Dieses Wort hat heute einen passiven Klang. Gemeint sind aber nicht „die dummen Friedenslämmer", die alles mit sich – und anderen! – machen lassen, sondern diejenigen, die „Frieden fertigen". Diese aktive Bedeutung hatte das Wort „Friedfertige" bei Luther. Er selbst legt diese Stelle so aus: „Hier preist der Herr [...] diejenigen, die sich darum bemühen, dass sie gerne Frieden schaffen, nicht allein für sich, sondern auch unter anderen Leuten, dass sie helfen, böse und verworrene Angelegenheiten zurechtzubringen, Hader zu beenden, Krieg und Blutvergießen zu wehren." Er folgert daraus, „dass, wer ein Christ und Gottes Kind sein will, nicht allein keinen Krieg und Unfrieden anfange, sondern zum Frieden helfe und rate, wo immer er kann, auch wenn genug Recht und Ursachen zum Krieg gegeben wären". An diesem Beispiel ist zu sehen, dass eine Übersetzung im Laufe der Zeit eine ganz andere Bedeutung gewinnen kann, wenn man sie unverändert belässt. Obwohl – in diesem Fall besser: weil – der Text von Matthäus 5,9a in der Revision der Lutherbibel von 1984 wörtlich vollkommen mit dem von 1545 übereinstimmt, weicht er inhaltlich beträchtlich davon ab (2017: „die Frieden stiften"). Der griechische Text spricht – wörtlich übersetzt – von „Frieden Machenden". Es geht also darum, Frieden zu stiften zwischen denjenigen, die verfeindet und zerstritten sind.

Die biblische Grundlage für die Wendung „Frieden machen" ist recht schmal. Sie findet sich nur vom Frieden mit Gott (Jesaja 27,5) und von der Friedensstiftung Gottes (Jesaja 45,7; Hiob 25,2). Einmal begegnet die Wendung, dass dem Frieden „nachzujagen" ist: *Suche Frieden und jage ihm nach!* (Psalm 34,15) Entsprechende Wendungen sind aber sehr häufig in der rabbinischen Literatur. Ich gebe nur einen kleinen Ausschnitt wieder. In den

2. Die Beglückwünschungen (5,3–12)

Sprüchen der Väter heißt es 1,12 als Aussage Hillels: „Gehöre zu den Schülern Aarons: Frieden liebend und dem Frieden nachjagend, die Menschen liebend und sie der Tora nahebringend." Aaron gilt als Musterbeispiel für einen Friedensstifter. So heißt es im babylonischen Talmud, Sanhedrin 6b: „Aaron hält Frieden, jagt dem Frieden nach und stiftet Frieden zwischen einem Menschen und seinem Mitmenschen." Wie er das macht, wird ausführlich in einer auf Rabbi Meïr zurückgeführten Tradition erzählt, nämlich in geschickten Einzelgesprächen zwischen verfeindeten Menschen (Avot de Rabbi Natan, Fassung A, 12). Ähnlich verhält es sich im Midrasch Kalla Rabbati 3,4. Dort ist die Friedensstiftung interessanterweise mit der Demut verbunden. Aaron könnte nicht dem Frieden nachjagen, wenn er nicht demütig – wörtlich: „niedrigen Geistes"! – wäre. Das wird so beschrieben: „Wenn ihn einer verflucht, sagt er zu ihm: ‚Friede sei mit dir!' Wenn ein Mensch mit ihm in Streit liegt und nicht mit ihm spricht und auch wenn zwei (andere miteinander) streiten, demütigt er sich (macht er sich gering) und geht zu ihm und versöhnt sie miteinander; denn das war das Handwerk Aarons, des Gerechten." Auch von Rabbi Meïr wird gesagt, dass er zwischen Streitenden „Frieden erarbeitete" (babylonischer Talmud, Gittin 52a). Ebenfalls dort, im Traktat Ta'anit 22a, werden zwei Gaukler als „Söhne der kommenden Welt" bezeichnet, weil sie mit ihrem Beruf für Streitende „Frieden erarbeiten". So gilt auch Gott selbst als Friedensstifter. Im „Kapitel Frieden" (Derech Erez Suta 11) heißt es in Punkt 7: „Bar Kappara sagte: ‚Groß ist der Friede. Denn unter den Engeln gibt es weder Feindschaft noch Eifersucht noch Hass noch Ketzerei noch Rivalität noch Verachtung – (und doch) macht der Heilige, gesegnet er, Frieden mit ihnen (begründet mit Hiob 25,2). […] Um wie viel mehr (muss er Frieden machen) zwischen den Menschen, bei denen es alle diese Eigenschaften gibt.'" Und in Punkt 9 wird ausgeführt, dass der Name Gottes selbst „Friede" sei (Richter 6,24) und auch der des Messias (Jesaja 9,5). In Mischna Pea 1,1 werden als grundlegende Dinge aufgezählt, deren Früchte man in dieser Welt genießt, während das Kapital für die kommende Welt stehen bleibt: „Die Ehrung von Vater und Mutter, Liebeswerke (Freundlichkeitsabgeltungen), die Herbeiführung von Frieden zwischen einem Menschen und seinem Mitmenschen – und das Studium der Tora umfasst sie alle." Letzteres ist deshalb so, weil es auf die genannten Dinge hinführt.

Auf dem dargelegten Hintergrund dürfte deutlich sein, dass Matthäus unter denen, die Frieden stiften, solche versteht, die zwischen verfeindeten und streitenden Menschen schlichten, sie miteinander versöhnen und so ein

Zusammenleben im friedlichen Miteinander gestalten helfen. Solchen Leuten wird die Verheißung gegeben: „Sie werden Söhne und Töchter Gottes heißen." Als was man benannt wird, das ist man nach biblischem Denken auch. „Kinder Gottes" sind nach 5. Mose 14,1 alle Israeliten, schlicht deshalb, weil Gott Israel erwählt hat: *Ihr seid Kinder des Ewigen, eures Gottes.* Das wird in der rabbinischen Tradition aufgenommen. In den Sprüchen der Väter 3,14 sagt Rabbi Akiva unter Berufung auf diese Stelle: „Geliebt (von Gott) sind die Israeliten. Denn sie werden Kinder des Ortes (= Gottes) genannt." Diese Kindschaft kann auch mit Bedingungen verknüpft werden, so im Midrasch Dvarim Rabba 7,9 zu 5. Mose 29,1: „Rabbi Jehuda bar Schalom sagte: ‚Der Heilige, gesegnet er, sagte zu Israel: Wann werdet ihr meine Kinder genannt? Wenn ihr meine Worte annehmt. Wem ist die Sache zu vergleichen? Einem König, zu dem sein Sohn sagte: Mache mich kenntlich im Land, dass ich dein Sohn bin! Sein Vater sagte: Du willst, dass alle wissen, dass du mein Sohn bist? Kleide dich mit meinem Purpur und setze dir meine Krone aufs Haupt; und alle werden wissen, dass du mein Sohn bist. So sagte der Heilige, gesegnet er, zu Israel: Ihr wollt, dass ihr als meine Kinder kenntlich seid? Beschäftigt euch mit der Tora und mit den Geboten; und alle sehen, dass ihr meine Kinder seid'". Die Beschäftigung mit der Tora und den Geboten ist also weniger eine Bedingung der Gotteskindschaft, sondern ihr notwendig sich ergebendes Kennzeichen – wenn die Kinder Gottes mit dieser Kindschaft Ernst machen und sie praktizieren. Dazu kann allerdings gemahnt werden. Das zeigt sehr schön eine andere Tradition im babylonischen Talmud, in der Bedingtheit und Unbedingtheit nebeneinander stehen: „‚Wenn ihr das Verhalten von Kindern an den Tag legt, werdet ihr Kinder genannt; wenn ihr nicht das Verhalten von Kindern an den Tag legt, werdet ihr nicht Kinder genannt' – Worte Rabbi Jehudas. Rabbi Meïr sagt: ‚So oder so, ihr werdet Kinder genannt'" (Qidduschin 36a; Bava Batra 10a).

Es zeigt sich also ein Zusammenhang von Gotteskindschaft und Tun der Tora als deren Kennzeichen. Bei Matthäus ist die Gotteskindschaft mit dem spezifischen Tun der Friedensstiftung verbunden. Das kann schlechterdings nicht als sich profilieren wollende Absetzung vom Judentum verstanden werden, sondern erklärt sich gerade von jüdischen Voraussetzungen her. Das klingt schon an, wenn Gott und der Messias mit dem Namen „Frieden" belegt werden und wenn die Friedensstiftung zu den drei grundlegenden Dingen zählt, zu denen das Studium der Tora führt. Und so kann die Tora sogar ganz auf den Frieden zugespitzt werden: „Der Heilige, gesegnet er, sagte: ‚Die ganze Tora ist Frieden. Und wem soll ich die Tora geben? Einem Volk,

2. Die Beglückwünschungen (5,3–12)

das Frieden ergreift.' Das ist, was geschrieben steht (Sprüche 3,17): *Und alle ihre (der Weisheit) Pfade sind Friede*" (Pesikta de Rav Kahana 12,14). Das mit „Frieden" nur unzureichend übersetzte hebräische Wort *schalóm* meint eine nicht mehr beeinträchtigte Ganzheit, Leben in voller Genüge. Das ist im Blick, wenn es im Lied der himmlischen Heerscharen nach Lukas 2,14 heißt: „[…] und Frieden auf Erden […]."

Die Beglückwünschungen in Matthäus 5,3–9 haben eine sachliche Parallele in Derech Erez Rabba 2 (19–24). Hier findet sich zwar nicht die Form der Beglückwünschung, aber der Sache nach geschieht dasselbe wie dort, indem auf die Anführung von positiven Verhaltensweisen jeweils ein verheißendes bzw. zusagendes Schriftwort folgt: „Über diejenigen, die nach der Rechtsnorm Urteile sprechen, die wahrheitsgemäß zurechtweisen, die in Reinheit handeln und die lauteren Herzens sind, sagt die Schrift: *Ja, gut zu Israel ist Gott, zu denen, die lauteren Herzens sind* (Psalm 73,1). Über diejenigen, die seufzen und stöhnen, die nach Hilfe ausschauen und klagen über Jerusalem, sagt die Schrift: *Den um Zion Klagenden zu ersetzen, dass ihnen gegeben wird Schmuck statt Schmutz* (Jesaja 61,3). Über diejenigen, die sich erbarmen, die Hungrige speisen, Durstigen zu trinken geben, Nackte bekleiden und Gerechtigkeitsabgaben zuteilen, sagt die Schrift: *Ein Gerechter, ja, er hat es gut* (Jesaja 3,10). Über diejenigen, die arm sind, schamhaft, demütig (,erniedrigten Geistes'), die sich öffentlich auferlegter Arbeit beugen und Meister des Gottvertrauens sind, sagt die Schrift: *Und du entscheidest eine Sache und sie hat Bestand für dich und über deinen Wegen scheint Licht* (Hiob 22,28). Über diejenigen, die sich um die Tora bemühen, die Tora um ihrer selbst willen lernen, die immer wieder auf Gebotserfüllungen zurückkommen und die wachen über den Tempelhallen (= Lehrhäusern), sagt die Schrift: *Glücklich der Mensch, der auf mich hört, zu wachen über meinen Türen Tag um Tag, zu bewachen die Pfosten meiner Eingänge* (Sprüche 8,34). Über diejenigen, die der Gerechtigkeitsnorm nachjagen, Frieden suchen für ihr Volk, sich betrüben mit der Gemeinschaft und mit ihr zusammenstehen in der Stunde der Bedrängnis, sagt die Schrift: *Gütig ist der Ewige; zur Zuflucht wird er am Tag der Drangsal und er kennt, die in ihm sich bergen* (Nahum 1,7)."

Die Scharnierfunktion von Vers 10 wurde schon beim Überblick über die matthäischen Beglückwünschungen besprochen. Mit der wörtlichen Wiederholung der Verheißung aus Vers 3 im Nachsatz werden die in den vorangehenden Vordersätzen angeführten Verhaltensweisen als eine Einheit zusammengeschlossen, und indem jetzt im Vordersatz ein Erleiden steht, wird eine Verbindung zu den Versen 11–12 hergestellt. „Glücklich die um der Gerechtigkeit willen Verfolgten: Ihnen gehört das Himmelreich!" Wer sich so verhält, wie es die vorangehenden Beglückwünschungen erwarten, darf nicht unbedingt mit allgemeinem Beifall rechnen. Wer Gerechtigkeit einklagt, muss auf den Widerspruch derer gefasst sein, die mit ungerechten Verhältnissen gut fahren. Das Erleiden, das jetzt in den Blick genommen wird, ist also eins, das sich ergeben kann, wenn das vorher angeführte Verhalten an den Tag gelegt wird. Dieses Verhalten bringt Matthäus auf den Begriff der Gerechtigkeit. „Gerechtigkeit ist die inhaltliche Bezeichnung des Reiches" (Girgensohn). Sich so zu verhalten, wie dort ausgeführt, ist gerecht und führt zur Gerechtigkeit, nämlich: in einer Situation, in der man niedergedrückt wird, sich nicht noch Schwächere suchen, die man seinerseits niederdrücken kann, sondern solidarisches Handeln einüben – das meint biblisch „Demut" –; sich nicht mit Unrecht und Elend in der Welt abfinden, sondern es in der Klage vor Gott bringen; sich nicht verhärten, sondern auf sozialen Ausgleich bedacht sein und so der Barmherzigkeit Raum geben; keine Winkelzüge machen, sondern aufrecht und geradeaus sein; Frieden zwischen zerstrittenen und verfeindeten Mitmenschen stiften. Wer so handelt und deshalb Anfeindungen erfährt, soll sich davon nicht irritieren lassen, sondern sich des eingeschlagenen Weges gewiss sein. Rabbi Abahu meinte: „Stets gehöre ein Mensch zu den Verfolgten, aber nie zu den Verfolgern!" (Babylonischer Talmud, Bava Qamma 93a) Und im Traktat Sanhedrin wird als sprichwörtliche Maxime überliefert: „Lass dich verfluchen, aber verfluche nicht andere!" (48b–49a) Solches Verhalten hat Verheißung. In ihm kommt Gottes Herrschaft zum Zug und wird auch zum Ziel kommen. Das fasst Matthäus in den Versen 3 und 10 mit dem Begriff Himmelreich zusammen und schlüsselt es in den dazwischen stehenden Nachsätzen auf mit den Verheißungen, getröstet und in jeder Hinsicht gesättigt zu werden, Erbarmen zu finden, das Land zu erben, als Gottes Kinder im unverstellten Gegenüber zu Gott zu stehen.

Mit Vers 11, in dem kein Verhalten angeführt wird, sondern ein Erleiden, lässt Matthäus Jesus die Schüler in der zweiten Person Plural ansprechen. Jetzt erhalten sie direkten Zuspruch. In dem, was Jesus hier als seine Schüler von außen treffend benennt, dürften sich negative Erfahrungen spiegeln, die die Gemeinde zur Zeit des Evangelisten macht: „Glücklich seid ihr, wenn man euch beschimpft und verfolgt und jedwedes Böse gegen euch sagt um meinetwillen." Vom Verfolgen war schon in Vers 10 die Rede; das wird nun aufgenommen und durch zwei weitere Wendungen erläutert. Diese Erläuterungen – „beschimpfen", „jedwedes Böse gegen euch sagen" – umschließen das „Verfolgen" und zeigen damit, wie es zu verstehen ist: Es sind offensichtlich verbale Attacken im Blick, allerdings kaum wohl ein bloß harmloses Geplänkel, sondern mit sozialer Ausgrenzung verbundene Diffamierungen. Sucht man hier im innerjüdischen Bereich in der Zeit nach 70

2. Die Beglückwünschungen (5,3–12)

nach einem konkreten Ort, dürfte es sich um die Einschätzung der an Jesus als Messias glaubenden Jüdinnen und Juden als Häretiker durch die Mehrheit handeln. Darauf weist die Begründung „um meinetwillen" in Vers 11 hin. Diese Einschätzung war mit sozialer Isolierung und wirtschaftlicher Boykottierung verbunden.

Diese Situation, in der sich die matthäische Gemeinde als kleine Minderheitsgruppe vorfindet, wird nun nicht mit Bedauern festgestellt, sondern sie steht gerade innerhalb einer Beglückwünschung. Wenn euch das widerfährt, lässt Matthäus Jesus über dessen Schüler zu seiner Gemeinde sagen, ist das kein Grund, bekümmert zu sein oder gar zu resignieren; im Gegenteil. Auch hier spielt er auf einen biblischen Text an, der seiner Leser- und Hörerschaft damit ins Bewusstsein gerufen wird, nämlich Jesaja 51,7, wo es in Gottesrede heißt: *Hört auf mich, die ihr Gerechtigkeit kennt, das Volk, das meine Tora im Herzen hat: Fürchtet nicht die Schmähung von Menschen und vor ihren Beschimpfungen erschreckt euch nicht!* Matthäus nimmt das so auf, dass er nicht negativ dazu auffordert, sich nicht zu fürchten, sondern positiv, sich sogar zu freuen, wenn er in Vers 12 fortfährt: „Freut euch und jubelt! Denn euer Lohn im Himmel ist groß. So nämlich hat man die Propheten vor euch verfolgt." Auch hier ist klar, dass der Grund der Beglückwünschung und der Aufforderung zu Jubel und Freude nicht in der beschriebenen Situation selbst liegt, sondern in der hier gegebenen Verheißung und der abschließend genannten Begründung.

Die Verheißung großen Lohnes im Himmel mag in doppelter Hinsicht als befremdlich erscheinen. Einmal könnte gefragt werden, ob es sich dabei nicht um billige Vertröstung handelt: Hier geht es euch schlecht; aber wartet nur ab, im Himmel wird es euch besser gehen. Aber diejenigen, die sich so verhalten, wie es die Vordersätze der Beglückwünschungen beschrieben haben, können kaum dessen bezichtigt werden, sie ließen sich *ver*trösten. Sie sind ja höchst aktiv im Hier und Jetzt. Aber sie werden sehr wohl *getröstet*: Was sie tun, ist nicht vergeblich. Sie, die von denen, die das Sagen haben, nichts Gutes erwarten können, dürfen dennoch hoffen. „Im Himmel" – und das heißt bei Gott – ist ihr Tun aufgehoben; von ihm haben sie etwas zu erwarten. Ihr Tun ist nicht umsonst. Zum anderen ist uns der Lohngedanke überhaupt suspekt geworden, besonders in protestantischer Tradition und noch einmal mehr in neuprotestantischer. Das Reden vom Lohn galt als „jüdisch" und damit als „unterchristlich". Natürlich ist im Judentum – wie auch an dieser neutestamentlichen Stelle und zahlreichen weiteren – viel vom Lohn durch Gott die Rede. Nach den Sprüchen der Väter 2,16 sagt z.B. Rabbi Tarfon: „Nicht liegt es an dir, die Arbeit zu vollenden. Aber es steht dir auch nicht frei, von ihr abzulassen. Wenn du viel Tora gelernt hast, gibt man (Gott) dir großen Lohn. Und zuverlässig ist der Herr deiner Arbeit, dass er dir den Lohn deines Tuns begleichen wird. Und wisse: Die Ausgabe des Lohns der Gerechten erfolgt in der Zukunft, die kommt." Daneben gibt es aber auch öfters die Rede vom „Tun der Tora um ihrer selbst willen" (z.B. babylonischer Talmud, Ta'anit 7b). Es ist immer zu beachten, welche Intention jeweils verfolgt wird. Einerseits soll das Tun der Tora nicht verzweckt werden. Gottes Gebote sind nicht in der Absicht zu befolgen, um für sich selbst etwas zu erreichen. Als Gottes Gebote sind sie in sich selbst gut und deshalb um ihrer selbst willen zu tun. Aber Gott wird dafür sorgen, dass denen, die Gutes tun, auch Gutes widerfährt; er ist nicht knauserig. Und so spricht auch Matthäus – nicht nur an dieser Stelle – vom Lohn, den Gott gibt.

Das Reden vom Lohn ist befremdlich geworden im Zusammenhang des Redens von Gott oder in allgemeinen ethischen Erörterungen. Ansonsten ist das Reden vom Lohn unserer Gesellschaft überhaupt nicht fremd. Weithin lebt sie geradezu von der Frage: „Was bringt's?" Gerade der Blick auf den „Gotteslohn" lenkt aber von der vordergründig zweckrational gestellten Frage „Was bringt's?" ab und macht dazu frei, Dinge wirklich um ihrer selbst willen oder für andere zu tun und das Handeln nicht vom eigenen Nutzen abhängig zu machen. Das zeigt für unser Empfinden ja schon das Wort vom „Gotteslohn" oder die Wendung „Vergelt's Gott!" Die Aussage, dass Gott Lohn gibt, hält fest, dass er der Richter ist, der das letzte Wort behält. Und sie hält damit zugleich die alte Hoffnung des Tun-Ergehens-Zusammenhangs fest, dass dem Täter des Guten seine Guttat doch auch zum Guten ausschlagen möge. Das ist ja jenseits aller Berechnung ein elementar wichtiger Gedanke, dass es sich schon „lohnt", Gutes zu tun. Wahrhaftig: „Vergelt's Gott!"

Die letzte Beglückwünschung und die mit ihr verbundene Aufforderung zu Jubel und Freude wird nicht nur mit der verheißenen Erfüllung dessen begründet, was noch aussteht und also unabgegolten ist – durch das Wort „Lohn" auf den Begriff gebracht –, sondern es folgt noch eine zweite Begründung: „So nämlich haben sie die Propheten vor euch verfolgt." „Die Verfolgung der Propheten" ist ein Topos, der im Judentum eine lange Tradition hat. Von vielen Propheten wurden Martyrien erzählt. Schon in der hebräischen Bibel findet sich dieser Topos vom schlimmen Geschick der Propheten in summarischer Weise, wenn es im 2. Chronikbuch 36,15–16 heißt:

2. Die Beglückwünschungen (5,3–12)

Und der Ewige, der Gott ihrer Väter, entsandte gegen sie durch seine Boten, von früh an sandte er; denn er hatte Mitleid mit seinem Volk und seiner Wohnung. Sie aber schmähten die Boten Gottes, verachteten ihre Worte und verhöhnten seine Propheten, bis der Zorn des Ewigen gegen sein Volk aufstieg und es keine Heilung mehr gab. An diese Erfahrungen der Propheten erinnert Matthäus in der abschließenden Beglückwünschung in der Weise, dass er sie zu den Erfahrungen seiner Leser- und Hörerschaft in Entsprechung setzt; und er stellt eine geradezu bis zur Identifizierung gehende Entsprechung her zwischen den gegenwärtigen Bedrängern und denen der Propheten. Die Geschmähten und Verleumdeten finden sich in einer illustren geschichtlichen Gesellschaft wieder. Die Propheten der Vergangenheit erfreuen sich jetzt ja allgemein eines hohen Ansehens. Das beruht darauf, dass sie recht behalten, dass sie die Wahrheit gesagt und trotz Anfeindungen an ihr festgehalten haben. Diese Erinnerung schärft ein: Nicht der unmittelbare Erfolg ist das Wichtigste; es geht auch nicht darum, um jeden Preis recht behalten zu wollen, sondern um das unbedingte Verpflichtetsein gegenüber dem, was als Wahrheit erkannt worden ist. Wer in der Gegenwart als Geschmähter in einer gesellschaftlich isolierten Minderheit steht, erhält in dieser Erinnerung eine geschichtliche Gemeinschaft, die ihn oder sie die eigene Situation aus- und durchhalten lassen kann. So fragwürdig die allgemeine Akzeptanz der einst Geschmähten auch sein mag, sie zeigt doch an, dass sie, die Niederlagen erlitten, Zukunft hatten und haben – im Gegensatz zu denen, die ihnen die Niederlagen zufügten.

Am Schluss der Auslegung der matthäischen Beglückwünschungen seien aus der riesigen Anzahl rabbinischer Beglückwünschungen – sie stehen an über 1600 Stellen – drei ausgewählt und hier angeführt, die die Spanne und Spannung von Indikativ und Imperativ deutlich machen können. Nach Mischna Joma 8,9 sagt Rabbi Akiva: „Glücklich ihr, Israel! Vor wem reinigt ihr euch und wer ist es, der euch reinigt? Euer Vater im Himmel. Denn es ist gesagt: *Ich habe über euch reines Wasser ausgegossen, sodass ihr rein werdet usw.* (Ezechiel 36,25). Und es heißt: *Das Reinigungsbad (mikwé – das Wort bedeutet „Hoffnung", bezeichnet aber auch das kultische Tauchbad) Israels ist der Ewige* (Jeremia 17,13). Wie ein Reinigungsbad die Unreinen reinigt, so reinigt auch der Heilige, gesegnet er, Israel." Der Text steht im Kontext des Versöhnungstages, also der Sündenvergebung. Diese Beglückwünschung enthält reinen Zuspruch. An der zweiten Stelle kommen Zuspruch und Anspruch in spannungsvoller Einheit zum Ausdruck: „Glücklich, wer nicht gesündigt hat, und wem, wenn er gesündigt hat, vergeben wird!" (z.B. Tosefta Sukka 4,2) Diese Beglückwünschung ist ja keineswegs so zu verstehen, dass es gleichgültig wäre, ob jemand sündigt oder nicht sündigt. Selbstverständlich soll Sünde nicht getan werden; und dazu mahnt der erste Teil dieser Beglückwünschung auf indirekte Weise. Aber wer vermag es schon, ohne Sünde zu sein? Und so tröstet der zweite Teil mit Gottes Vergebung. Als drittes Beispiel sei eine ganz und gar paränetische Beglückwünschung angeführt. Ich zitiere sie auch deshalb, weil das in ihr implizit gebrauchte Bild von der Waagschale – in der Parallele im babylonischen Talmud findet es sich explizit (Qidduschin 40a.b) – in christlicher Rezeption oft dazu gebraucht wurde, dem Judentum im Blick auf Gottes rettendes und richtendes Handeln ein bloßes Konstatieren zu unterstellen, ob die Gebotserfüllungen oder die Verbotsübertretungen überwiegen. In dieser Beglückwünschung wird deutlich, dass das Bild allein der paränetischen Intention dient und gar nicht „dogmatisch" ausgewertet werden kann. In Tosefta Qiddushin 1,13–14 heißt es: „Jedem, der ein einziges Gebot tut, erweist man (= Gott) Gutes und verlängert ihm seine Tage und er nimmt das Land in Besitz. Aber jedem, der eine einzige Übertretung begeht, erweist man Schlechtes und verkürzt ihm seine Tage und er nimmt das Land nicht in Besitz. […] Ein Mensch sehe sich halb gerecht und halb schuldig an. Hat er ein einziges Gebot getan, glücklich er! Denn er hat für sich selbst den Ausschlag zur Seite der Gerechtigkeit gegeben. Hat er eine einzige Übertretung begangen, wehe ihm! Denn er hat für sich selbst den Ausschlag zur Seite der Schuld gegeben. Rabbi Schimon ben Elasar sagt: ‚Da der Einzelne nach der Mehrheit seiner Taten gerichtet wird, wird die Welt nach der Mehrheit ihrer Taten gerichtet. Für die Welt sehe ein Mensch sich selbst halb gerecht und halb schuldig an. Hat er ein einziges Gebot getan, glücklich er! Denn er hat für sich selbst und für die Welt den Ausschlag zur Seite der Gerechtigkeit gegeben. Hat er eine einzige Übertretung begangen, wehe ihm! Denn er hat für sich selbst und für die Welt den Ausschlag zur Seite der Schuld gegeben.'" Wenn an jeder einzelnen Tat jedes einzelnen Menschen Wohl oder Wehe der Welt hängt, ist deutlich, dass sich diese Vorstellung schlechterdings nicht systematisieren lässt. Der Text gibt sich ja auch ausdrücklich als Fiktion: Jeder Mensch sehe sich so an, als ob … . Aber diese Fiktion hat einen klaren Sinn, nämlich in äußerster Dringlichkeit einzuschärfen, Gottes Gebot auch wirklich zu tun, weil nicht weniger daran hängt als die Rettung der Welt. Es ist nicht gleichgültig, was getan und gelassen wird.

3. Die Schüler als Salz und Licht (5,13–16)

¹³Ihr seid das Salz der Erde. Wenn aber das Salz fade wird, womit kann gesalzen werden? Zu nichts taugt es mehr, als hinausgeworfen und von den Leuten zertreten zu werden. ¹⁴Ihr seid das Licht der Welt. Eine Stadt, die oben auf einem Berg liegt, kann nicht ungesehen bleiben. ¹⁵Man zündet auch keine Leuchte an und stellt sie unter den Scheffel, sondern auf den Leuchter, sodass sie allen im Haus leuchtet. ¹⁶So soll euer Licht vor den Leuten leuchten, damit sie eure guten Taten sehen und euren Vater im Himmel loben.

3. Die Schüler als Salz und Licht (5,13–16)

Das Bildwort vom Salz in Vers 13 hat eine Parallele in Markus 9,50 und Lukas 14,34–35, das Bildwort vom Licht in Markus 4,21 sowie in Lukas 8,16 und 11,33. Ohne Parallele sind die Kennzeichnung der Schüler als Salz und Licht, das Bildwort von der Stadt auf dem Berg und die Aufforderung von Vers 16. Aus einem genauen Vergleich könnte man mehr oder weniger wahrscheinliche Hypothesen über die der Rezeption durch Matthäus vorangehende Überlieferungsgeschichte des Stoffes aufstellen. Da das jedoch für die Auslegung des matthäischen Textes nichts austrägt, sei darauf verzichtet. Relevant ist die sich aus den angeführten Daten ergebende Erkenntnis, dass Matthäus den jetzt vorliegenden Text bewusst zusammengestellt und gestaltet hat.

Am auffälligsten im Vergleich mit den parallelen Texten ist die direkte Anrede an die Schüler: „Ihr seid das Salz der Erde." „Ihr seid das Licht der Welt." Angesprochen werden wie im vorangehenden Abschnitt die Schüler Jesu, die dort beglückwünscht und zugleich mit bestimmten Verhaltensweisen konfrontiert worden waren. Angesprochen wird über sie die Gemeinde, die sich in den Beglückwünschungen wiedererkannt hat, die um der Gerechtigkeit willen verfolgte Gemeinde, der in ihrem Hunger und Durst nach Gerechtigkeit und in ihrer Bedrängnis doch schon das Himmelreich gehört. Aber wird hier nicht der Mund sehr voll genommen? Dieser kleine Haufe, den die matthäische Gemeinde bildet, auch wenn es ein paar mehr waren als die Schülerschaft Jesu, als „Salz der Erde" und „Licht der Welt"? Kann das wirklich gesagt werden? In Johannes 8,12 findet sich die zweite Aussage auf Jesus bezogen. Darf sie auch von seinen Schülern, von seiner Gemeinde gemacht werden? Wäre da nicht etwas mehr Bescheidenheit angebracht? Aber es geht hier nicht um mehr oder weniger Bescheidenheit, weil gar nicht zur Debatte steht, ob die Menschen in der Gemeinde großartige Leute sind oder nicht. Das sind sie natürlich nicht. Von Jesus her wird ihnen vielmehr eine Zusage gemacht. Nur deshalb gelten diese Aussagen, sind die Angeredeten schon wer und was. Das doch nicht ganz sein zu wollen, was ihnen von Jesus zugesagt, zugemutet wird, wäre falsche Bescheidenheit, wäre eine Bescheidenheit als Deckmantel für Ängstlichkeit und Faulheit, wäre der Versuch, nicht wahrhaben zu wollen und nicht wahr sein zu lassen, was Jesus zugesagt hat, hieße, von seiner Verheißung nicht gerade viel zu erwarten. Die hier von Jesus über die Schüler angesprochene Gemeinde erfährt – vor den ab Vers 21 gegebenen Einzelausführungen darüber, was sie tun soll – noch einmal Zuspruch und Mahnung in grundsätzlicher Weise. Es wird ihr vor Augen gehalten, *was* sie ist, und damit wird ihr zugleich deutlich gemacht, *wofür* und *wozu* sie es ist. Indem sie wirklich ist, was sie ist, wird sie zugleich ihrer Funktion gerecht, erfüllt sie ihre Aufgabe.

Was die Gemeinde ist, wird in zwei Bildworten ausgesagt: „Ihr seid das Salz der Erde." „Ihr seid das Licht der Welt." Beim Bildwort vom Licht kann man einen Rückbezug auf Matthäus 4,16 sehen. Dort war, auf Jesu Auftreten in Galiläa bezogen, Jesaja 9,1 zitiert worden: *Das Volk, das in Finsternis sitzt, sah ein großes Licht.* Der Auftrag Jesu setzt sich im Wirken seiner Schüler, seiner Gemeinde fort. Wenn hier für die Funktion der Gemeinde aufgenommen wird, was in Matthäus 4,16 nach dem Zitat aus Jesaja 9,1 Funktion Jesu ist, muss auch bedacht werden, dass dessen Verkündigung unmittelbar anschließend in 4,17 als das nahende Himmelreich zusammengefasst wird, also als Wirksamwerden der Herrschaft Gottes. Daher geht es nicht darum, dass Jesus oder die Gemeinde sich groß herausstellen. Aber sie dürfen *ihr* Licht auch nicht unter den Scheffel stellen, sondern in ihrem Wirken soll *Gott* so zum Leuchten kommen, dass er darin auch von anderen wahrgenommen werden kann. Das entspricht genau der Beschreibung Israels als Licht im Verhältnis zu Gott und den Völkern in einem mehrfach überlieferten rabbinischen Text. Ich zitiere ihn nach dem Midrasch Tanchuma, Ausgabe Buber; in ihm heißt es zu 4. Mose 8,2 in Beha'alotcha § 5: „*Wenn du die Lichter erhöhst* (= die Lampen auf den Armen der Menora anbringst). Das ist, was die Schrift sagte: *Denn du erleuchtest mein Licht usw.* (Psalm 18,29; die Fortsetzung des Verses lautet: *Der Ewige, mein Gott, erhellt meine Finsternis*). Die Israeliten sprachen vor dem Heiligen, gesegnet er: ‚Herr der Welt, Du sprichst, dass wir vor Dir leuchten sollen. Du selbst bist doch das Licht der Welt und das Licht wohnt bei Dir. Denn es steht geschrieben: *Er enthüllt die Tiefe und das Verborgene; er weiß, was in der Finsternis ist, und das Licht wohnt bei ihm* (Daniel 2,22) – und da sagst Du: *Zur Vorderseite der Menora hin sollen sie leuchten usw.* (4. Mose 8,2). Es sei doch gemäß dem: *Denn Du erleuchtest mein Licht!*' Der Heilige, gesegnet er, sprach zu ihnen: ‚Es ist ja nicht so, dass ich euer Leuchten nötig hätte. Aber ihr sollt mir leuchten, wie ich euch geleuchtet habe, um euch zu erhöhen vor allen Völkern, damit sie sagen: Seht, wie die Israeliten dem leuchten, der alles erleuchtet!'"

Die Genitive in den Bildworten streichen den universalen Bezugsrahmen der Gemeinde heraus. Die Schüler sind „das Salz der *Erde*" und „das Licht der *Welt*". So wenig die Gemeinde, wenn sie denn Gemeinde *ist*, eine tatenlos in sich ruhende sein kann, so wenig ist sie Gemeinde als betriebsam in sich selbst rotierende. Gemeinde ist nicht Gemeinde für sich selbst. Sie ist

3. Die Schüler als Salz und Licht (5,13–16)

kein hinterwäldlerischer Verein, sondern Gemeinde für die *Welt*. Wie das Salz mit seiner Würze alles durchdringt und das Licht allen im Hause leuchtet, so hat die Gemeinde in ihrem Tun weltweite Dimension und Perspektive.

Ich will diesen universalen Aspekt, den Bezug auf „die Erde" und „die Welt", noch einmal in anderer Weise bedenken, und zwar im Zusammenhang mit dem oben zitierten Midrasch zu 4. Mose 8,2. Dort sollen am hervorleuchtenden Verhalten Israels die Völker erkennen: „Seht, wie die Israeliten dem leuchten, der alles erleuchtet!" Matthäus dürfte die Schüler Jesu und also die Gemeinde als Licht der Welt und Salz der Erde an der ihm überlieferten Stelle Israels sehen. Aber dabei ist zu beachten, dass er sich und seine Gemeinde noch im Rahmen des Judentums stehend versteht. Für ihn ist die Gemeinde noch nicht die Kirche aus den Völkern. Wie können wir das dann heute aufnehmen, nachdem wir gelernt haben, dass jedwede Vorstellung einer Substitution Israels durch die Völkerkirche entschieden abgelehnt werden muss? Kann die durch Jesus erleuchtete Kirche aus den Völkern sich mit dem Platz bescheiden, den im Midrasch die Einsichtigen unter den Völkern einnehmen, wenn sie gegenüber den übrigen bekennen und darauf hinweisen: „Seht, wie die Israeliten dem leuchten, der alles erleuchtet!"?

Die Bildworte vom Salz und Licht heben auf die Funktion ab. Salz *ist* nur Salz, wenn und solange es auch als Salz *wirkt*; Licht *ist* nur Licht, wenn und solange es *leuchtet*. Das *Sein* gibt es hier also nicht losgelöst vom *Wirken*, sondern *Sein vollzieht sich im Tun*. Das gilt auch für die Schülerschaft Jesu. Das gilt auch für die Gemeinde. Dabei ist der konkrete Inhalt der Bildworte nicht gleichgültig. Das wird schlaglichtartig deutlich, wenn der religiöse Sozialist Leonhard Ragaz zum Salzwort schreibt: „Verstehet wohl: Es heißt nicht: ‚Ihr seid die *Butter* der Erde' oder ‚der *Zucker* der Erde', sondern ‚Ihr seid das Salz der Erde'." Jesu Gemeinde ist nicht dafür da, dass die Mechanismen der Welt wie geschmiert laufen; da hat sie eher Sand im Getriebe zu sein. Und sie ist auch nicht dafür da, das Leben etwas zu versüßen. Gewiss ist mit dem Salzwort auch nicht umgekehrt gemeint, es zu versalzen – wenngleich es gelegentlich schon wichtig wäre, das bei bestimmten Süppchen zu tun. Was aber ist positiv mit dem Bild des Salzes gemeint? In antiken Texten werden vor allem zwei Funktionen genannt, die das Salz hat. Einmal dient es der Erhaltung und Bewahrung. Nach Philon von Alexandria ist „das Salz Symbol der Dauer der ganzen Welt; denn – Speisen zugefügt – erhält es sie" (Über die Einzelgesetze I § 175). Zum anderen macht es Speisen genießbar und schmackhaft. So heißt es schon in Hiob 6,6: *Wird etwa*

Fades gegessen ohne Salz? Und ein rabbinischer Text stellt fest: „Salz macht das Fleisch schmackhaft" (Babylonischer Talmud, Brachot 5a).

Aber soll man denn nun sagen, die Gemeinde erhalte die Erde und mache die Welt genießbar? Im Sinne irgendeines unbescheidenen Triumphalismus ist die Zusage Jesu im Matthäusevangelium gewiss nicht verstanden. So kann die Kirche nicht triumphierend darauf hinweisen, welch weltweite Präsenz und öffentliche Bedeutung sie im Verlauf ihrer Geschichte aus unbedeutenden Anfängen heraus bis heute gewonnen hätte. Diese Größe hat sie allzu oft mit Gewalt unter Verletzung ihrer Bestimmung als Schülerschaft Jesu erreicht. Die Zusage Jesu entzieht sich selbst dem subtilen Triumph des wahrscheinlich am Ende des 2. Jahrhunderts geschriebenen Diognetbriefes. Im 6. Kapitel führt der Autor einen Vergleich durch, dessen Thema er in Vers 1 so angibt: „Genau das, was im Leib die Seele ist, das sind in der Welt die Christen." In Vers 7 heißt es dann: „Die Seele ist zwar im Leib eingeschlossen, sie aber hält den Leib zusammen. Auch die Christen werden zwar in der Welt wie in einem Gefängnis festgehalten, sie aber halten die Welt zusammen."

Dieser heimliche Triumphalismus, dass die Christen die Welt zusammenhalten, liegt Matthäus fern, ganz abgesehen davon, dass für ihn die Rede von „Christen" anachronistisch wäre. Was aber mit Fug und Recht im Blick auf das Salzwort im Kontext der Lehre auf dem Berg gesagt werden kann, ist dies: Die Erde wird nicht zugrunde gerichtet, sondern bewahrt, und die Welt wird nicht dem Teufel überlassen, sondern genießbar, wo sich Menschen so verhalten, wie es Jesus in dieser Lehre auf dem Berg gebietet. So ist es einleitend schon in den Beglückwünschungen deutlich geworden. In dem von ihnen intendierten Handeln und in den damit sich ergebenden Auseinandersetzungen sind Jesu Schüler Gemeinde für die Welt, sind sie „Salz der Erde" und „Licht der Welt". Dabei dürfte es beim Bild des Lichtes sowohl um die Möglichkeit der Orientierung gehen als auch darum, dass ans Licht gestellt wird, was „unter den Teppich gekehrt" worden ist. Hier wird deutlich, warum in der Lehre auf dem Berg nach den Schülern Jesu als zweiter Hörerkreis Volksmengen im Blick sind, die die Völker repräsentieren, und warum die Wendungen vom „Salz der Erde" und „Licht der Welt" keine Anmaßung bezeichnen. Es geht um etwas sehr Elementares: um die Bewahrung der Erde und die „Genießbarkeit" der Welt für alle. Die Gemeinde ist nicht die Gemeinde Jesu, wenn sie schiedlich-friedlich mit der Welt ihr Auskommen sucht und in steter Ausgewogenheit jede Auseinandersetzung vermeidet. So ist sie vielmehr fade und taugt zu nichts mehr. Luther meinte zu dieser Stel-

3. Die Schüler als Salz und Licht (5,13–16)

le: „Soll man salzen, so muss es beißen." Bald danach „verschärft" er noch: „Willst du das Evangelium predigen und den Leuten helfen, so musst du auch scharf sein und Salz in die Wunden reiben."

Diese unmögliche Möglichkeit des Verfehlens des eigenen Seins als Gemeinde wird in der erläuternden Fortsetzung der Bildworte ins Auge gefasst. So heißt es nach dem Bildwort vom Salz: „Wenn aber das Salz fade wird, womit kann gesalzen werden? Zu nichts taugt es mehr, als hinausgeworfen und von den Leuten zertreten zu werden." Aber ist hier nicht vielmehr eine Unmöglichkeit angesprochen? Kann denn Salz, wenn es Salz ist, überhaupt fade werden? Als Salz verliert es doch nicht seine Eigenschaft, sondern salzt. Dem entspricht eine Episode im babylonischen Talmud. In ihr werden Rabbi Jehoschua ben Chananja von römischen Weisen Nonsens-Fragen gestellt; er aber schlägt sich bravourös. An einer Stelle fragen sie ihn: „‚Wenn das Salz verdirbt, womit soll man salzen?' Er antwortete ihnen: ‚Mit der Nachgeburt einer Mauleselin.' ‚Hat denn eine Mauleselin eine Nachgeburt?' ‚Verdirbt denn Salz?'" (Bechorot 8b) Dass Salz verdirbt, gilt hier als genauso unmöglich, wie dass eine Mauleselin ein Junges wirft. Bei dem Satz: „Wenn das Salz verdirbt, womit soll man salzen?" handelt es sich wahrscheinlich um ein Sprichwort, das in der Frage an Rabbi Jehoschua aufgenommen wird. Der Sinn des Sprichworts dürfte sein: Wenn eine Sache oder Person das nicht bewirkt oder tut, wofür sie da ist, dann ist mit ihr nichts mehr anzufangen. Auf der Bildebene ist eine Unmöglichkeit im Blick: Salz verdirbt nicht; eine Mauleselin bekommt kein Junges. Aber als Sprichwort bezeichnet die Wendung eine unmögliche Möglichkeit, weil es eben doch vorkommt, dass Menschen das nicht ausführen, wofür sie da sind, das nicht „bringen", was eigentlich als selbstverständlich von ihnen zu erwarten wäre.

Genau diese unmögliche Möglichkeit wird auch in der Erläuterung des Salzwortes in Vers 13 ins Auge gefasst. Das zeigt schon die Wortwahl: „Wenn aber das Salz fade wird". Salz kann nicht „fade" werden. Aber die Schüler Jesu können „fade", können dumm werden. Das ist eine unmögliche Möglichkeit – wie wären sie dann noch Schüler Jesu? Aber es ist eben doch eine Möglichkeit: Sie können die Lehre Jesu vergessen, sie können vergessen, dass ihnen das Himmelreich verheißen ist. Sie können sich dumm stellen und sie können sich dumm anstellen – wo sie doch „listig wie die Schlangen, aber arglos wie die Tauben" sein sollen (Matthäus 10,16).

Indem Jesus nach Matthäus vom fade, vom „dumm" gewordenen Salz sagt, dass es hinausgeworfen und zertreten wird, lässt er den Gerichtsgedanken anklingen. Gemeinde ist nicht schon dem Gericht entnommen; sie kann ihren Beruf verfehlen im bloßen „Herr, Herr"-Sagen (7,21). Dem soll gewehrt werden. Deshalb steht hier – im Bild angedeutet – der Hinweis auf das Gericht. Aber das ist in diesem Zusammenhang ein Nebenaspekt, der beim zweiten Bildwort nicht noch einmal auftaucht. Bei dessen Erläuterung wird zunächst eine schlichte Unmöglichkeit genannt: „Eine Stadt, die oben auf einem Berg liegt, kann nicht ungesehen bleiben." Es bleibt hier aber nicht bei dieser einen Erläuterung. Bei der zweiten handelt es sich wieder um eine unmögliche Möglichkeit: „Man zündet auch keine Leuchte an und stellt sie unter den Scheffel, sondern auf den Leuchter, sodass sie allen im Haus leuchtet." Das wäre widersinnig, ein Öllämpchen anzuzünden und anschließend ein Hohlmaß darüber zu stülpen. Dann würde es nicht nur niemandem leuchten, sondern auch verlöschen. Dem würde es heute entsprechen, wenn man zuerst den Lichtschalter anknipste und danach die Lampe herausdrehte. Das wäre absurd – wie es absurd wäre, bei Jesus in die Lehre zu gehen und dann seine Lehre nicht zu beherzigen.

Worin sind die Schüler, worin ist die Gemeinde Salz und Licht? Jesus zieht am Schluss des Abschnitts in Vers 16 eine Folgerung, in der er an das Bildwort vom Licht anknüpft: „So soll euer Licht leuchten vor den Leuten, damit sie eure guten Taten sehen und euren Vater im Himmel preisen." Es wäre verfehlt, hier die Problematik der Rechtfertigungslehre einzutragen und dann entweder Matthäus „Werkgerechtigkeit" zu unterstellen oder zu behaupten, es ginge hier gar nicht um gute Taten, sondern um die eine grundlegende Tat des Glaubens. Um „Rechtfertigung aufgrund von Werken" geht es bei Matthäus nicht. Am Anfang steht die Zusage: „Ihr seid das Salz der Erde." „Ihr seid das Licht der Welt." Worum es aber sehr wohl geht, ist die im Sein als Gemeinde von vornherein mitgesetzte ethische Dimension. Wie Salz nur salzend Salz ist und Licht nur im Leuchten Licht sein kann, so ist Gemeinde nur Gemeinde im Vollzug, im Ereignis, in ihren Taten. Jesus hat seine Schüler sozusagen „unter Strom gesetzt" und so können sie gar nicht anders als zu „leuchten". Gemeinde – das sind nach Matthäus die zuvor beglückwünschten Schüler Jesu, denen das Himmelreich schon gehört, die jetzt schon unter der Herrschaft dessen stehen, der am Schluss des Evangeliums sagt: „Mir ist alle Macht im Himmel und auf der Erde gegeben" (28,18), und die deshalb jetzt schon dieser Herrschaft entsprechen wollen und so in ihren Taten „zuerst nach dem Reich Gottes und nach Gottes Gerechtigkeit" trachten (6,33). Daher meinen „die guten Taten" solche, die in den Beglückwünschungen angeklungen waren und die in den folgenden Mahnungen der Leh-

3. Die Schüler als Salz und Licht (5,13–16)

re auf dem Berg ausdrücklich genannt werden. Als Gemeinde des Weltherrschers Jesus *ist* also Gemeinde vom Himmelreich her zum Himmelreich hin, vom schon zugesprochenen zum verheißenen. Das kann sie nur sein, indem sie jetzt schon in ihrem Handeln und Verhalten Zeichen des Himmelreichs setzt.

Der Zuspruch, dass die Schüler Jesu Salz der Erde und Licht der Welt sind, ist nicht von der Kirchengeschichte eingelöst und eingeholt. Er bleibt ein Zuspruch – nicht nur gegen den Triumphalismus, sondern auch gegen alle Resignation, ein Zuspruch, der vom geglaubten und erhofften Himmelreich her gemacht wird, bestärkt von Erfahrungen gelungener Verwirklichungen, Erfahrungen des Trostes, des Sattwerdens und der Barmherzigkeit – um noch einmal Momente der Beglückwünschungen aufzunehmen. Dieser Zuspruch kann auch im guten Sinn des Wortes als Zumutung begriffen werden: Er mutet der Schülerschaft Jesu, er mutet der Gemeinde zu und macht ihr Mut, das auch wirklich zu leben, was sie ist.

Es bleibt zu diesem Abschnitt noch ein letzter Aspekt zu erwähnen. Bisher wurde dessen Schluss nicht bedacht, in dem Matthäus als Ziel dessen, dass die Schüler ihr Licht vor den Leuten leuchten lassen sollen, angibt, „damit sie eure guten Taten sehen und euren Vater im Himmel preisen". Hieraus ergibt sich noch einmal ausdrücklich, was ich vorher schon ständig vorausgesetzt habe, dass die Metaphern vom Licht und vom Leuchten auf das Tun der Schülerschaft, auf ihre „guten Taten" bezogen sind. Das ist auch in einer auf zwei verschiedene Rabbinen zurückgeführten Tradition der Fall, in der das Licht von 1. Mose 1 auf „die Taten der Gerechten" und die Finsternis auf „die Taten der Frevler" zurückgeführt werden (Breschit Rabba 2,5; 3,5). Zum anderen ist hier nun vollends klar, dass „die guten Taten" nicht im Sinne einer „Werkgerechtigkeit" zu verstehen sind. So sehr die Schüler ihr Licht leuchten lassen sollen, also Gemeinde nur in ihren *öffentlichen* Taten sein können, geht es dabei endlich und zuletzt nicht um ihre Bestätigung und Rechtfertigung. Das Tun der Schüler hat vielmehr zum Ziel das Preisen Gottes durch die Welt. *Soli Deo gloria!* Das impliziert, dass „die guten Taten" zwar ganz gewiss Taten der Schüler sind, aber sie handeln eben *als* Schüler, die vom Himmelreich her leben; und so sind ihre Taten zugleich Gottes Werke durch ihre Hände. Gott wird an dieser Stelle zum ersten Mal im Matthäusevangelium als „Vater im Himmel" bezeichnet. Darauf wird ausführlicher zu Matthäus 6,9 eingegangen werden. Hier sei nur angemerkt, dass damit der Aspekt der Nähe und Fürsorglichkeit Gottes gerade auch in bedrängenden Situationen zum Ausdruck gebracht wird. Entsprechend heißt es in Mischna Sota 9,5 nach der dreimaligen Aufzählung schlimmer Ereignisse jeweils am Schluss: „Auf wen sollen wir uns verlassen? Auf unseren Vater im Himmel!"

Dass das rechte Tun nicht der „Werkgerechtigkeit" dient, sondern der Ehre, dem Glanz des Namens Gottes in der Welt, ist auch in rabbinischen Texten ausgeführt. Auch an dieser Stelle profiliert Matthäus nicht „christliche" Theologie gegen „jüdische", sondern partizipiert einmal mehr an seiner jüdischen Tradition. Ich zitiere aus dem Midrasch Mechilta de Rabbi Jischmael zum 2. Buch Mose, HaSchira (Beschallach) 3: „*[...] der Gott meines Vaters – und ich will ihn erheben* (2. Mose 15,2): Rabbi Schimon ben Elasar sagt: ‚Wenn die Israeliten den Willen des Ortes (= Gottes) tun, dann wird sein Name in der Welt erhöht. Denn es ist gesagt: *Und es geschah, als alle Könige der Emoriter hörten usw.* (Josua 5,1). Und so sagte Rahab zu den Abgesandten Josuas: *Denn wir haben gehört, dass der Ewige trocken machte usw.* (Josua 2,10) und weiter: *Und wir hörten es; da schmolz unser Herz dahin und nicht mehr stand der Kampfgeist aufrecht in irgendeinem Mann vor euch. Denn der Ewige – er ist der Gott im Himmel oben* (Josua 2,11).' Und immer, wenn sie nicht seinen Willen tun, wird gleichsam sein Name in der Welt entweiht. Denn es ist gesagt: *Und man kam zu den Völkern, wo sie dort hinkamen, und sie entweihten meinen heiligen Namen* (Ezechiel 36,20); und weiter: *Und ich habe meinen großen Namen geheiligt, der unter den Völkern entweiht wurde* (Ezechiel 36,23)." Anzuführen ist hier auch die Geschichte von Schimon ben Schettach aus dem Jerusalemer Talmud, Traktat Bava Mezia 2,5. Dort wird erzählt, dass dieser Lehrer aus vorchristlicher Zeit sich mit der Flachsbearbeitung abmühte. Seine Schüler wollten ihm das Leben leichter machen und kauften ihm einen Esel von einem Sarazenen. Dann entdeckten sie, dass an dem Esel eine Perle hing und sagten ihrem Meister, dass er sich nun nicht mehr abzumühen bräuchte. Er fragte jedoch, ob der Verkäufer von der Perle gewusst hätte. Als sie verneinten, ließ er sie zurückbringen. Ihm war nämlich der bei Nichtjuden umgehende Ruf: „Gesegnet der Gott der Juden!" wichtiger als der Gewinn der ganzen Welt. Für diesen Ruf werden dann noch weitere solche Geschichten erzählt.

Damit ist der auf die Einleitung folgende erste Abschnitt der Lehre auf dem Berg abgeschlossen. In ihm werden die Schüler Jesu als Zeugen der Gerechtigkeit des Himmelreiches herausgestellt und zugleich erste Ansätze in der Charakterisierung dieser Gerechtigkeit geboten.

II. Gerechtigkeit nach Jesu Auslegung der Tora (5,17–48)

Im ersten Hauptteil von Jesu Lehre auf dem Berg hatte Matthäus Jesus seine Schüler so ansprechen lassen, dass deutlich wurde: Sie sind die Zeugen der Gerechtigkeit des Himmelreichs; als Jesu Schüler sind sie dafür qualifiziert. Sowohl in den Beglückwünschungen als auch in den Sprüchen vom Salz und Licht war deutlich geworden, dass das Sein der Schüler – und durch sie als Transparent: das Sein der Gemeinde – nicht für sich isoliert steht, sondern notwendig mit einem Tun verbunden ist, ja, dass sich ihr Sein im Tun vollzieht. In ihrem Tun ist Jesu Schülerschaft, ist die Gemeinde Zeugin der Gerechtigkeit des Himmelreichs. Was getan werden soll, ist indirekt in den Beglückwünschungen schon angeklungen, wird aber in der Fortführung der Lehre auf dem Berg direkt und ausführlich entfaltet. Für Matthäus bezeichnend ist es, dass er nicht einfach ihm überlieferte ethische Weisungen Jesu sammelt und redigiert, sondern dass er in einem ersten großen Teil Jesus als Ausleger der Tora vorstellt (5,17–48). Damit zeigt er einmal mehr seine jüdische Verwurzelung. Bei der Gerechtigkeit des Himmelreichs, für die Jesu Schülerschaft einstehen soll, kann es für Matthäus um nichts anderes gehen als um den Vollzug des Willens Gottes. Was Gott will, ist niedergelegt in der Weisung Gottes an sein Volk, in der Tora, die es für neue Situationen neu zu verstehen und also auszulegen gilt. In 5,17 begegnet zum ersten Mal im Matthäusevangelium das Wort *nómos*, das von Luther mit „Gesetz" wiedergegeben wurde, wie es weithin auch heute noch geschieht. Das griechische Wort hat auch primär diese Bedeutung. Im Neuen Testament ist mit *nómos* aber meistens gemeint, was in der jüdischen Bibel und Tradition auf Hebräisch als *toráh* bezeichnet wird. Das entspricht der Übersetzung von *toráh* mit *nómos* in der griechischen jüdischen Bibel. Aber damit ist *toráh* nicht hinreichend wiedergegeben. *toráh* ist viel mehr als „Gesetz". Der Wortbedeutung nach ist es „Weisung", Wegweisung. Als Bezeichnung der fünf Bücher Mose und der Bibel im Ganzen geht es aber noch weit darüber hinaus. Wird es im Deutschen mit „Gesetz" wiedergegeben, bedeutet das eine starke Verengung, noch einmal besonders in der protestantischen Tradition, weil hier unterschwellig ein Gegensatz zu „Evangelium" mitschwingt. *toráh* ist aber auch – das sei noch einmal betont – Evangelium. Wo *nómos* im Neuen Testament das meint, was auf Hebräisch mit *toráh* bezeichnet wird, gebe ich dieses Wort deshalb mit „Tora" wieder. Um deren Geltung – genauer wohl: über den Umfang ihrer Geltung – gab es zur Zeit des Matthäus in den messiasgläubigen Gemeinden Auseinandersetzungen. Deshalb lässt er Jesus nicht sofort als Ausleger der Tora auftreten, sondern klärt zunächst in dem Abschnitt 5,17–20 grundsätzlich die Stellung Jesu zur Tora. Dabei lässt er nicht den geringsten Zweifel an deren unbedingter Geltung aufkommen.

4. Jesu Stellung zur Tora (5,17–20)

[17]Meint nicht, dass ich gekommen bin, die Tora und die Propheten außer Geltung zu setzen. Ich bin nicht gekommen, um sie außer Geltung zu setzen, sondern um sie aufzurichten. [18]Ja, amen, ich sage euch: Bis dass Himmel und Erde vergeht, vergeht kein einziges Jota und kein einziges Strichlein von der Tora, bis dass alles geschieht. [19]Wer immer also ein einziges dieser kleinsten Gebote ungültig macht und die Leute so lehrt, wird der Kleinste im Himmelreich genannt werden. Wer sie aber tut und lehrt, der wird ein Großer im Himmelreich genannt werden. [20]Ich sage euch nämlich: Wenn eure Gerechtigkeit nicht in größerem Überfluss vorhanden ist als die der Schriftgelehrten und Pharisäer, werdet ihr nicht ins Himmelreich hineinkommen.

Auch bei diesem Text könnte nach einer möglichen Vorgeschichte gefragt werden. Die Sprüche in den vier Versen haben unterschiedliche Formen und zu Vers 18 gibt es – in anderer Formung – eine parallele Aussage in Lukas 16,17. Wie auch immer es sich jedoch mit dieser Vorgeschichte verhalte: Der jetzt vorliegende Text lässt sich als eine von Matthäus so gewollte und bewusst gestaltete Zusammenstellung verstehen. Mit ihr gibt er eine Leseanweisung für den folgenden großen Zusammenhang in 5,21–48. Er leitet damit dazu an, wie dieser Zusammenhang zu verstehen ist, vermittelt von vornherein als Vorverständnis, dass es dort in keiner Weise um ein Annullieren der Tora geht, sondern um ihr Aufrichten.

Das lässt er Jesus gleich in Vers 17 unmissverständlich feststellen: „Meint nicht, dass ich gekommen bin, die Tora und die Propheten außer Geltung zu setzen. Ich bin nicht gekommen, um sie außer Geltung zu setzen, sondern um sie aufzurichten." „Sieht man, daß 5,17 die erste eigentliche Selbstaussage Jesu darstellt [...], dann ist der programmatische Ton dieses Satzes unüberhörbar" (Kähler). „Die Tora und die Propheten" ist zusammen-

4. Jesu Stellung zur Tora (5,17–20)

fassende Bezeichnung dessen, was zur Zeit des Matthäus im Judentum als heilige Schrift galt, das, „was geschrieben steht" und „was gesagt worden ist" als grundlegender Bezugspunkt. In „Tora und Propheten" hat Gott seinen Willen kundgetan. So wird am Beginn der Gemeinderegel von Qumran den Mitgliedern ans Herz gelegt: „Gott zu suchen mit ganzem Herzen und mit aller Lebenskraft, zu tun, was gut und recht ist vor ihm, wie er es geboten hat durch Mose und durch alle seine Knechte, die Propheten" (1QS I 1–3). Wenn in Matthäus 5,17 zweimal so betont herausgestellt wird, dass das mit einer zusammenfassenden Formulierung bezeichnete Auftreten Jesu in keiner Weise das Ziel hat, „Tora und Propheten" zu annullieren, legt das die Annahme nahe, dass diese Ansicht nicht unumstritten war. Von anderen Teilen des Neuen Testaments her lässt sich das konkretisieren. Als durch die auf Jesus als Messias bezogene Verkündigung Menschen aus den Völkern dazukamen, stellte sich die Frage, ob sie in das Volk Israel zu integrieren und also, soweit es sich um Männer handelte, zu beschneiden waren, oder ob sie auch ohne solche Integration ganz dazugehörten. Die Entscheidung für Beschneidungsfreiheit (Galater 2,6; Apostelgeschichte 15,19) bedeutete für die Hinzugekommenen aus der Völkerwelt, dass nicht die ganze Tora für sie galt, wohl aber für die jüdischen Mitglieder der Gemeinden. Komplizierter war die Frage des gemeinsamen Lebens in Gemeinden mit jüdischen und nichtjüdischen Mitgliedern. Wurde unter nichtjüdischen Bedingungen zusammengelebt, hielten sich auch die jüdischen Mitglieder für die Zeit des Zusammenlebens nicht an die ganze Tora (Galater 2,14).

Dass es in Matthäus 5,17 sehr grundsätzlich um die Verneinung dessen geht, dass Jesus die Tora außer Kraft setze oder annulliere, zeigt der positive Gegenbegriff. Wörtlich übersetzt hieße es an dieser Stelle, Jesus sei gekommen, die Tora zu „erfüllen". Man darf sich durch dieses Wort nicht dazu verleiten lassen, in das christlich traditionell gewordene Schema von „Verheißung und Erfüllung" zu fallen. Davor ist bei der Auslegung des Neuen Testaments schon deshalb Zurückhaltung geboten, weil in ihm dieses Gegenüber terminologisch nur ein einziges Mal vorkommt (Apostelgeschichte 13,32–33). Aber ist nicht vorher im Matthäusevangelium mehrfach davon die Rede, dass etwas geschehen sei, „damit erfüllt werde, was gesagt worden ist", worauf ein biblisches Zitat folgt? Das ist der Fall in 1,22; 2,15; 4,14; ähnlich 2,17; 3,3. Diese Formulierung entspricht sehr genau einer Wendung, die im rabbinischen Schrifttum mehr als zweihundertmal begegnet: „um aufzurichten, was gesagt worden ist", worauf ein biblisches Zitat folgt. So wird z.B. in Bemidbar Rabba 10,5 zu 4. Mose 6,2 im Blick auf die Richter

13,5 angekündigte Geburt Simsons und dessen besonderes Leben gefragt: „Was heißt das: *von Mutterleib an*?" und unmittelbar anschließend geantwortet: „Um aufzurichten, was gesagt worden ist: *Bevor ich dich bildete im Mutterleib, kannte ich dich* (Jeremia 1,5)." Das hier mit „aufrichten" übersetzte hebräische Wort hat in der Grundform die Bedeutung „stehen". In dieser Wendung ist es in einem Intensivstamm gebraucht mit der Bedeutung „aufrichten", „zustande bringen", „ins Werk setzen", „verwirklichen". Hinzu kommt nun, dass es zu diesem „Aufrichten" im rabbinischen Schrifttum einen genauen Gegenbegriff gibt und so an vielen Stellen als einem Gegensatz vom „Aufrichten" und „Annullieren" der Tora gesprochen wird. In diesem Gegenüber gewinnt der positive Begriff auch die Bedeutung: „in Geltung setzen". Dem entspricht die Entgegenstellung in Matthäus 5,17 genau.

Ich gebe rabbinische Beispiele. In Mischna Avot 4,9 heißt es von Rabbi Jonatan: „Jeder, der die Tora aus Armut aufrichtet, wird sie schließlich aus Reichtum aufrichten. Jeder, der die Tora aus Reichtum außer Geltung setzt, wird sie schließlich aus Armut außer Geltung setzen." Im Midrasch Tanchuma wird im Abschnitt Ha'asinu 1,1 die Stelle 5. Mose 32,1 (*Höret, ihr Himmel!*) so ausgelegt: „Das ist, was die Schrift sagt: *Wenn man den Himmel oben messen und die Grundfesten der Erde unten erforschen könnte, dann würde auch ich die ganze Nachkommenschaft Israels verwerfen* (Jeremia 31,37). Wie sie für immer bestehen und Israel für immer besteht, so ist es ihre Bestimmung, Zeugen dafür zu sein, dass die Israeliten die Tora und die Gebote aufrichten. Und wenn – Gott behüte! – sie sie außer Geltung setzen, wird die Hand der Zeugen als erste gegen sie sein, um sie zu töten."

Besonders eindrücklich ist die Erzählung vom Ende Rabbi Akivas im babylonischen Talmud, Brachot 61b: „Einst hatte die frevelhafte Herrschaft den Erlass gegeben, dass sich die Israeliten nicht mit der Tora befassen dürften. Da kam Pappos ben Jehuda und traf Rabbi Akiva an, wie er öffentliche Versammlungen abhielt und sich mit der Tora befasste. Er sagte ihm: ‚Akiva, fürchtest du dich nicht vor der Herrschaft?' Er sagte ihm: ‚Ich will dir eine Geschichte erzählen, wem die Sache ähnlich ist. Ein Fuchs ging am Ufer des Flusses und sah Fische, die sich mal hier, mal dort versammelten. Er sprach zu ihnen: ‚Wovor flieht ihr?' Sie sagten ihm: ‚Vor den Netzen, die die Menschen über uns werfen.' Er sagte ihnen: ‚Wolltet ihr doch aufs Trockene heraufkommen, sodass wir, ich und ihr, zusammen wohnen, wie meine Vorfahren mit euren Vorfahren zusammen wohnten!' Sie sagten ihm: ‚Bist du der, von dem man sagt, er sei klug unter den Tieren? Du bist nicht klug, sondern dumm. Wenn wir uns schon am Ort unseres Lebens fürchten müssen, um wie viel mehr am Ort unseres Todes!' So auch wir: Wenn es schon jetzt so ist, da wir sitzen und uns mit der Tora befassen, in der doch geschrieben steht: *Ja, das (Gott zu lieben und auf seine Stimme zu hören) ist dein Leben und die Länge deiner Tage* (5. Mose 30,20), so erst recht, wenn wir hingehen und etwas von ihr außer Geltung setzen.'

4. Jesu Stellung zur Tora (5,17–20)

Man sagte: Es waren nur wenige Tage, bis man Rabbi Akiva festnahm und im Gefängnis einkerkerte. Und man nahm Pappos ben Jehuda fest und kerkerte ihn neben ihm ein. Er sagte ihm: ‚Pappos, wer hat dich hierher gebracht?' Er sagte ihm: ‚Glücklich du, Rabbi Akiva! Denn du bist wegen der Worte der Tora festgenommen worden. Wehe Pappos! Denn er ist wegen nichtiger Dinge festgenommen worden.' In der Stunde, da man Rabbi Akiva hinausbrachte, um ihn umzubringen, war die Zeit der Rezitation des Sch'ma (*Höre, Israel!* [5. Mose 6,5]). Und man kämmte sein Fleich mit eisernen Kämmen. Und er nahm das Joch der Himmelsherrschaft auf sich. Seine Schüler sagten ihm: ‚Unser Lehrer, bis dahin?' Er sagte ihnen: ‚Die ganze Zeit meines Lebens habe ich mich über diesen Vers abgequält: *mit deinem ganzen Leben* (Gott zu lieben: 5. Mose 6,6) – selbst wenn er dir deinen Lebensatem nimmt. Ich sagte: Wann wird es mir zu Händen kommen, dass ich ihn aufrichte? Und jetzt, da es mir zu Händen kommt, sollte ich ihn nicht aufrichten?' Er machte es lang bei *allein* (5. Mose 6,5: *Höre, Israel, der Ewige ist unser Gott, der Ewige allein*), bis sein Lebensatem bei *allein* ausging. Da kam eine Himmelsstimme hervor und sagte: ‚Glücklich du, Rabbi Akiva! Denn dein Lebensatem ging aus bei *allein*.' Die Dienstengel sagten vor dem Heiligen, gesegnet er: ‚Das ist die Tora und das ihr Lohn? *Vor den Leuten, Deine Hand, Ewiger, vor den Leuten usw.* (Psalm 17,14).' Er sagte ihnen: ‚*Sie haben Anteil am Leben*' (Psalm 17,14). Da kam eine Himmelsstimme hervor und sagte: ‚Glücklich du, Rabbi Akiva! Denn du bist bestimmt für das Leben der kommenden Welt.'"

In Breschit Rabba 61,3 zu 1. Mose 25,1 findet sich ein einziges Mal das hebräische Wort für „(er)füllen" in Verbindung mit Tora. Dort werden die Gelehrtenschüler aufgefordert: „Steht auf und erfüllt das ganze Land Israel mit Tora!" Im hebräischen Text steht keine Präposition, sondern die Nomina „Land Israel" und „Tora" folgen unmittelbar aufeinander. Sachlich ist gemeint, dass die Gelehrtenschüler Tora lehren sollen, damit sie getan wird. Genau darum, dass die Tora gelehrt und getan wird, geht es auch dem Evangelisten Matthäus, wie sich in Vers 19 ausdrücklich zeigen wird.

Das in Matthäus 5,17 gebrauchte positive griechische Verb, dessen erste Bedeutung „erfüllen" ist, ruft nicht in jedem Fall die Vorstellung von einem leeren Gefäß hervor, das gefüllt werden muss. Es kann sich – wie das deutsche Wort „vollbringen", das eine mögliche Bedeutung des griechischen Wortes wiedergeben kann – ganz davon lösen. Der Übergang zeigt sich sehr schön an einer Stelle bei Philon von Alexandria, an der, obwohl die Worte „leer" und „erfüllen" im Zusammenhang miteinander begegnen, die bildliche Vorstellung verblasst ist. In seiner Schrift „Über Belohnungen und Strafen" schreibt er in § 83: „Wer denn könnte nicht sagen – selbst von denen, die von Haus aus kritiksüchtig sind –, dass ein weises und ganz und gar verständiges Volk allein das ist, dem es nicht erlaubt war, die göttlichen Mahnungen leer und entblößt von den ihnen entsprechenden Handlungen zurückzulassen, sondern die Aufträge (Worte) mit lobenswerten Taten zu vollbringen (erfüllen)?" In 1. Makkabäer 2,55 wird über Josua gesagt, dass er „in Ausführung des Auftrags (im Erfüllen des Wortes) Richter in Israel wurde". Dabei ist die Rede Gottes an ihn in Josua 1,2–9 im Blick, in der in den Versen 7 und 8 als das, woran er sich zu halten hat, *die Tora des Mose* genannt wird.

In Vers 17 steht also Matthäus terminologisch und sachlich in vollständiger Übereinstimmung mit der rabbinischen Tradition. In deutlichster Betonung lässt er Jesus sagen, dass er die Tora nicht bricht und nicht außer Geltung setzt, sondern dass er sie aufrichtet und in ihrer Geltung bekräftigt. Luther stellt schlicht und treffend als von Jesus intendiertes Ziel fest, „dass er es (das Gesetz) recht lehre und bestätige". Er bestätigt nicht nur die Tora als ersten Teil der Schrift, sondern „Tora und Propheten", also die ganze Schrift. Jesus tut das im Folgenden so, dass er in ihrer Auslegung Lehre erteilt, die getan werden soll. Dass er hier als vollmächtiger Ausleger der Tora vorgestellt wird, heißt nicht, dass nach matthäischem Verständnis die Tora nur so weit und insofern gelte, als sie von Jesus ausgelegt wird. Dass die Auslegung Jesu für Matthäus und seine Gemeinde außerordentlich große Bedeutung hat und die entscheidende Richtschnur für das Handeln bietet, leidet keinen Zweifel. Aber was von Jesus an ethischen Weisungen überliefert ist und was Matthäus davon gesammelt hat und in seinem Evangelium bietet, deckt ja längst nicht alle Lebensbereiche ab. Es ist viel zu wenig, um damit wirklich leben zu können. Das wäre ja auch eine vollständige Überforderung eines Einzelnen – selbst wenn er der Messias ist. Auch die Christologie ist überfordert, wenn aus ihr die gesamte Ethik entwickelt werden sollte. Und so hat Matthäus sein Evangelium ja auch nicht geschrieben, um mit ihm das zu ersetzen, was in seiner Zeit als „Schrift" galt; und er hat es auch nicht geschrieben, um die mündliche Tora, die schriftgelehrte Auslegung der rabbinischen Weisen, zu ersetzen. Er versteht Jesu Auslegung nicht als überbietende Alternative der mündlichen Tora. Das wird bei der Besprechung von Vers 18 deutlich werden. Damit ergibt sich für das Verständnis von Vers 17: Die Aussage von der „Erfüllung", vom Aufrichten und Verwirklichen der Tora durch Jesus und die zweimal herausgestellte Verneinung, Jesus würde sie außer Geltung setzen, betrifft nicht nur die schriftliche Tora, sondern auch die mündliche.

4. Jesu Stellung zur Tora (5,17–20)

Luther betont in der Auslegung von Vers 17 sehr stark, Jesus wolle nicht „ein anderes oder neues Gesetz bringen, sondern eben die Schrift, die ihr habt, nehmen und recht herausstellen". „Denn das Gesetz ist an sich selbst so reich und vollkommen, dass man nichts dazu tun darf. […] Darum kann niemand, auch Christus selbst nicht, das Gesetz verbessern"; es gäbe nichts über das erste Gebot der Liebe zu Gott nach 5. Mose 6,5 hinaus. Zugleich zeigt sich hier dasselbe Schema wie bei seiner Paulusdeutung in der Auslegung des Galaterbriefes: Wie er gegen „die Papisten" streitet, so tut es Jesus – wie auch Paulus – gegen die Juden. Jesus sage: „Denn die Juden haben mit ihren Glossen das Gesetz verdreht und verdorben; daher bin ich gekommen, um es wieder zurechtzubringen – so wie wir die Lehre des Papstes angreifen mussten, die uns mit ihrem Gestank und Unflat die Schrift verdorben hat." So bringt Luther Paulus auch ausdrücklich in diesen Zusammenhang ein, dessen Absicht es nach Römer 3,31 gewesen sei, „den rechten Kern und Sinn zu zeigen, damit sie lernen, was das Gesetz ist und haben will, den Glossen der Pharisäer entgegen […]. Wie wir entsprechend zu unseren Päpstlichen sagen mögen: Wir wollen weder euer Evangelium aufheben noch anders predigen, sondern eben das läutern und polieren wie einen Spiegel, der durch euren Unflat verfinstert und verdorben ist". Am Ende seiner Auslegung zu Vers 19 meint Luther, dass Jesus hier nicht über „den hohen Hauptartikel" handle, „was er selbst sei und uns gebe, dass wir nämlich durch die Lehre des Gesetzes weder gerecht noch selig werden können". Vielmehr müssten wir „immer zu Christus kriechen, der alles aufs allerreinste und vollkommenste erfüllt hat und sich uns mit seiner Erfüllung schenkt, sodass wir durch ihn vor Gott bestehen." Allerdings gibt Luther das nicht als Auslegung des Textes der Berglehre aus, sondern sagt ganz offen, dass „davon anderswo genug gesagt ist".

Matthäus beginnt Vers 18 mit dem ins Griechische transkribierten hebräischen Wort *amén*. Es hat eine responsorische, eine bekräftigende Funktion. Mit ihm macht sich die Gemeinde das von einem Einzelnen gesprochene Gebet zu eigen. Die Grundbedeutung der mit diesen drei Konsonanten gebildeten Worte ist „verlässlich", „treu"; und was sich als verlässlich erwiesen, was sich „bewährt" hat, ist dann auch „wahr" und „wirklich". In der rabbinischen Tradition wird *amén* mit einem Satz gedeutet, der aus dessen drei Konsonanten als Anfangsbuchstaben gebildet ist: „Gott (ist ein) treuer König." Wird *amén* vom Sprecher eines Satzes selbst gesagt und dann noch an den Anfang gestellt, erfährt dieser Satz damit eine außerordentlich starke Betonung: „Ja, amen, ich sage euch: Bis dass Himmel und Erde vergeht, vergeht kein einziges Jota und kein einziges Strichlein von der Tora, bis dass alles geschieht." Die Aussage „bis dass Himmel und Erde vergeht" kann unterschiedlich verstanden werden. Ist ihre Intention, der Geltung der Tora eine zeitliche Grenze zu setzen, oder ist eine kräftige Unterstreichung der Gültigkeit der Tora gemeint? Im ersten Fall könnte ein Gegensatz zu Jesu

Aussage in Matthäus 24,35 erkannt werden: „Himmel und Erde werden vergehen, aber meine Worte werden nicht vergehen." Aber was sollte ein solcher Gegensatz für die Leser- und Hörerschaft des Evangelisten bedeuten? Für ihre Gegenwart wäre er jedenfalls irrelevant. Die den Vers 18 umgebenden Verse 17 und 19 unterstreichen, dass der erstgenannte Fall gilt; „eher muß der Himmel einstürzen und das ganze Weltgefüge durcheinandergeworfen werden, bevor die Festigkeit des Gesetzes ins Wanken gerät" (Calvin). Das zweite mit „bis" eingeleitete Glied am Ende des Verses – „bis dass alles geschieht" – passt sich dann am besten in den Kontext ein, wenn es auf den Vollzug des von der Tora Gebotenen abzielt. „Das zweite Glied betont also, dass die Tora solange gilt, wie ihre Gebote auf Erfüllung warten und schreibt damit die Aussage des ersten Gliedes fort: Die Tora hat Bestand und ist vollständig zu tun" (Vahrenhorst).

„Kein einziges Jota vergeht" von der Tora. Das griechische Jota und das hebräische Jod sind jeweils in ihrem Alphabet der kleinste Buchstabe. Nicht der kleinste Buchstabe in der Tora wird angerührt. Dazu bietet die rabbinische Tradition eine Sachparallele in einer Geschichte. Im Jerusalemer Talmud, Sanhedrin 2,6 heißt es: „Rabbi Schimon ben Jochaj lehrte: Das Buch Mischneh Tora (5. Mose) stieg hinauf, warf sich hin vor dem Heiligen, gesegnet er, und sprach vor ihm: ‚Herr der Welt, Du hast in Deiner Tora geschrieben: Jedes Testament, das teilweise ungültig ist, ist ganz ungültig. Und sieh doch, Salomo will ein Jod aus mir herausreißen!'" Gedacht ist hier an das Königsgesetz in 5. Mose 17,17, wo es vom König heißt, dass er sich nicht viele Frauen verschaffen solle (*jarbéh*); Salomo habe daraus gemacht: Ich will mir viele Frauen verschaffen (*arbéh*). „Der Heilige, gesegnet er, sagte zu ihm: ‚Salomo und 1000 wie er vergehen, aber von dir vergeht kein Wort.'" Im Hebräischen steht für „ungültig sein" und „vergehen" derselbe Wortstamm, der in den vorher gebrachten Texten mit „außer Geltung setzen" und „annullieren" wiedergegeben wurde.

Nach Matthäus 5,18 vergeht nicht nur „kein einziges Jota" von der Tora, sondern auch „kein einziges Strichlein". Dieses „Strichlein" lässt sich dann verstehen, wenn es die Zierstriche bezeichnen soll, die in Torarollen seit der Antike bis heute an bestimmten Buchstaben angebracht werden und für das Lesen ohne jede Funktion sind. In einer vielschichtigen Geschichte im babylonischen Talmud wird deutlich, dass diese Zierstriche metaphorisch für die mündliche Tora stehen. Im Traktat Menachot 29b heißt es: „In der Stunde, als Mose zur Höhe hinaufstieg, traf er den Heiligen, gesegnet er, an, wie er dasaß und Krönchen an die Buchstaben band (= die Zierstriche an-

4. Jesu Stellung zur Tora (5,17–20)

brachte). Er sagte vor ihm: ‚Herr der Welt, wer hindert Deine Hand?' Er sagte ihm: ‚Es gibt einen Menschen, Akiva ben Josef sein Name, der am Ende einer Reihe von Generationen dasein wird, der wird aus Häkchen um Häkchen Haufen über Haufen von Halachot (= die das Leben regelnden Weisungen der mündlichen Tora) erforschen.' Er sagte vor ihm: ‚Herr der Welt, zeige ihn mir!' Er sagte ihm: ‚Wende dich um!' Er ging und setzte sich ans Ende von acht Reihen (im Lehrhaus Rabbi Akivas) und verstand nicht, was sie sagten. Da schwand seine Kraft. Als er (Akiva) zu einer bestimmten Sache kam, sagten ihm seine Schüler: ‚Rabbi, woher hast du das?' Er sagte ihnen: ‚Es ist Halacha des Mose vom Sinai.' Da beruhigte sich sein (des Mose) Sinn. Er kehrte zurück und kam vor den Heiligen, gesegnet er. Er sagte vor ihm: ‚Herr der Welt, Du hast einen solchen Menschen und Du gibst Tora durch meine Hand?' Er sagte ihm: ‚Schweig! So habe ich es beschlossen.'" Durch diese Geschichte wird einmal die Notwendigkeit von Auslegung verdeutlicht. Dasselbe bleibt nicht dasselbe, wenn es in anderer Situation einfach nur wörtlich wiederholt wird. Es muss anders gesagt werden, um dasselbe bleiben zu können. Wäre Mose – so, wie er damals war – unter den Auslegern der durch ihn gegebenen Tora, er würde nichts verstehen. Und doch halten diese Ausleger daran fest, dass sie nichts anderes sind als treue Ausleger des Mose. Ja, mehr noch – und das ist der andere Aspekt dieser Geschichte: Indem in ihr Gott selbst es ist, der am Sinai die Zierstriche in der Tora anbringt und Akiva aus diesen Zierstrichen die Halachot entwickeln wird, bekommt damit die mündliche Tora dieselbe Würde wie die schriftliche; beide sind gleich ursprünglich. „Es ist Halacha des Mose vom Sinai." Dass diese Tradition Rabbi Akiva Halachot aus den Zierstrichen entwickeln lässt, kann noch einen weiteren Aspekt deutlich machen. Bei der Halacha – der verbindlichen Weisung für das konkret zu gestaltende Leben – muss es sich nicht einfach nur um Schriftauslegung handeln; „sie wird unabhängig vom biblischen Text und manchmal auch gegen ihn entwickelt" (Vahrenhorst). Dennoch gilt sie als Tora – hat doch Gott selbst die Zierstriche angebracht. So heißt es in Mischna Chagiga 1,8: „(Die Halachot über) die Lösung von Gelübden schweben in der Luft; sie haben nichts, auf das sie sich stützen könnten. Die Halachot über Schabbat, Festopfer und Veruntreuungen sind wie Berge, die an einem Haar hängen: wenig Bibel, viele Halachot. (Die Halachot über) Rechtssachen, den Tempeldienst, Reines und Unreines sowie illegitime Sexualität haben etwas, worauf sie sich stützen können." Abschließend heißt es auf alle bezogen: „Diese und jene sind wesentliche Bestandteile der Tora."

Setzt man dieses metaphorische Verständnis des „Strichleins" an der Tora als mündliche Tora für Matthäus 5,18 voraus, ergibt sich: Über die schriftliche Tora hinaus stellt der Evangelist auch für die mündliche Tora unbedingte Geltung fest. Diese Aussage ist für das Matthäusevangelium alles andere als abwegig. Nach 23,2 konstatiert Jesus: „Auf dem Lehrstuhl des Mose sitzen die Schriftgelehrten und die Pharisäer." Für Matthäus sind damit die rabbinischen Weisen seiner Zeit im Blick, die die Tora auslegen. Anschließend in Vers 3a lässt er Jesus dessen Hörerschaft, als die – wie in der Lehre auf dem Berg – in Vers 1 „die Volksmengen und die Schüler" genannt werden, auffordern: „Alles nun, was immer sie euch sagen, tut und haltet!" Da „die Schüler" im Matthäusevangelium transparent für die Gemeinde sind, heißt das, dass hier die mündliche Tora als verbindlich für die matthäische Gemeinde erklärt wird. Das wird durch die Fortsetzung der Rede Jesu in Vers 3b.4 nicht aufgehoben. Was Jesus dort angreift, ist die Diskrepanz zwischen Lehren und Tun, nicht aber das Lehren.

Obwohl diese Aussagen von wünschenswerter Klarheit sind, ist in der wissenschaftlichen Auslegung immer wieder die Auffassung vertreten, worden, Matthäus könne das so nicht gemeint haben. Er habe lediglich eine radikale „judenchristliche" Tradition mitgeschleppt, die er selbst in keiner Weise teile. Aber wer oder was sollte ihn gezwungen haben, eine Tradition zu bieten, die er selbst nicht vertritt – und dazu noch an einer hervorgehobenen Stelle, am Anfang einer langen Rede, die das Verstehen der Lesenden und Hörenden lenkt? Als Argument wurden andere Stellen im Matthäusevangelium angeführt, die zu diesen Aussagen im Widerspruch stünden. So wurde etwa auf die in Kapitel 23 folgenden Wehrufe gegen „Pharisäer und Schriftgelehrte" hingewiesen. Aber eine sorgfältige Untersuchung der die Auslegung der Tora betreffenden Wehrufe im Zusammenhang entsprechender rabbinischer Texte würde enge inhaltliche Entsprechungen und in dem einen Fall einer stärkeren Abweichung (23,16–22) eine radikale Position *innerhalb* des Judentums zeigen. Dass die Abschnitte 5,21–48 keinen Gegensatz zu 23,2.3a bilden, wird die folgende Auslegung zeigen.

Vers 19 schärft die unbedingte Geltung der Tora in einem weiteren Aspekt ein: „Wer immer also ein einziges dieser kleinsten Gebote ungültig macht und die Leute so lehrt, wird der Kleinste im Himmelreich genannt werden. Wer sie aber tut und lehrt, der wird ein Großer im Himmelreich genannt werden." Die Vorstellung von Rangstufen im Himmelreich findet sich bei Matthäus auch an anderen Stellen. Nach 20,21 möchten Johannes und Jakobus zugesagt bekommen, dass sie die Plätze zur Rechten und Linken Jesu als des messianischen Endzeitkönigs einnehmen werden. Sie erhalten diese Zusage nicht. Es wird aber auch nicht dementiert, dass es solche Plätze gebe. Nach 18,1.4 wird groß im Himmelreich sein, wer sich selbst erniedrigt.

In Matthäus 5,19 wird die Annullierung auch nur des kleinsten Gebotes sanktioniert, wenn auch relativ milde. Wer so handelt, wird nicht des Himmelreichs verwiesen. Daher ist wohl an Menschen gedacht, die grundsätzlich derselben Gruppe zugehören, also Messiasgläubige, die aber im Blick auf bestimmte Toragebote eine andere Praxis und Lehre haben. Dagegen erhält das Tun und Lehren auch der kleinsten Gebote eine Verheißung. Auch hier ist ein Blick auf Kapitel 23 hilfreich. Dort werden in Vers 23 das Verzehnten von Minze, Dill und Kümmel einerseits und das Recht, das Erbarmen und die Verlässlichkeit andererseits unterschiedlich gewichtet. Letztere gelten als „das Gewichtigere in der Tora". Diese Gewichtung entspricht ziemlich genau derjenigen, die nach Mischna Avot 1,18 Schimon ben Gamliel vorgenommen hat: „Auf drei Dingen steht die Welt: auf dem Recht, auf der Verlässlichkeit und auf dem Frieden." Diese höhere Gewichtung macht aber das Verzehnten von Minze, Dill und Kümmel nicht überflüssig. In Matthäus 23,23 heißt es abschließend: „Dies muss man tun, aber darf jenes nicht lassen." Also auch das Verzehnten von Minze, Dill und Kümmel ist verbindlich. Damit wird auch zugleich das zum „Strichlein" in Vers 18 Ausgeführte, es stehe für die mündliche Tora, gestützt. Denn das Verzehnten dieser Gartenkräuter ist nicht Gebot der schriftlichen, wohl aber der mündlichen Tora.

An der Intention der Verse 17–19 im Ganzen gibt es nichts zu deuten: Die Tora gilt unbedingt und ohne jeden Abstrich. Das wird auch durch Vers 20 nicht zurückgenommen: „Ich sage nämlich: Wenn eure Gerechtigkeit nicht in größerem Überfluss vorhanden ist als die der Schriftgelehrten und Pharisäer, werdet ihr nicht ins Himmelreich hineinkommen." In Luthers Übersetzung ist von einer Gerechtigkeit die Rede, die „besser" sein soll. Damit wird ein qualitativer Unterschied suggeriert. Der griechische Text enthält jedoch zwei eindeutig quantitative Begriffe: das Verb „über das gewöhnliche Maß hinaus" bzw. „im Überfluss vorhanden sein" und das Adjektiv „viel" im Komparativ: „mehr", „größer", „stärker", „weiter". Worum es geht, wird wiederum aus Kapitel 23 deutlich, wenn Matthäus nach der Aufforderung, alles zu tun und zu halten, was „die Schriftgelehrten und Pharisäer" sagen, in Vers 3b distanzierend fortfährt: „Gemäß ihren Taten handelt aber nicht! Sie sagen's nämlich nur, tun's aber nicht." Matthäus beobachtet offenbar auf der anderen Seite eine Diskrepanz zwischen Lehre und Handeln. Solche Diskrepanz kommt bei Menschen vor. Aber Matthäus lässt sie für seine Darstellung der anderen Seite die alles bestimmende Perspektive sein, weshalb er ihre führenden Vertreter in Kapitel 23 immer wieder als „Heuchler" abqualifiziert. Ihm liegt an der Einheit von Lehre und Handeln. Die Gerechtigkeit, die diejenige der anderen „weit übertrifft", wie auch übersetzt werden könnte, besteht also darin, dass wirklich getan wird, was gesagt worden ist. Durch die Formulierung im Komparativ lässt Matthäus im Übrigen erkennen, dass die Gerechtigkeit der Schriftgelehrten und Pharisäer „im Überfluss vorhanden ist" (Fiedler).

Selbstverständlich geht es auch dem rabbinischen Judentum darum, dass das, was gelehrt wird, getan wird. So wird etwa in Sifrej Dvarim § 48 gefragt, warum nach der Aussage in 5. Mose 11,22: *Wenn ihr haltet, ja haltet all dies Gebot* noch gesagt wird: *das ich euch gebiete, es zu tun*. In der Antwort wird die Möglichkeit abgewiesen, „dass ein Mensch die Worte der Tora (be)hält, sich hinsetzt und sie nicht tut". Die Fortsetzung des Textes zeigt: Das Lernen und Halten der Tora haben ihr Ziel im Tun, und zwar aus Liebe zu Gott – und nicht, um für sich selbst damit etwas zu erreichen.

Der Abschnitt Matthäus 5,17–20 dient als Einleitung für den großen Zusammenhang 5,21–48, in dem Jesus in sechs Abschnitten jeweils aus der Schrift zitiert und dann sagt, wie das zu verstehen ist. Diese Einleitung gibt dafür eine unmissverständliche Leseanweisung: Von ihr her können diese sechs Abschnitte schlechterdings nicht als „Antithesen zum Gesetz" verstanden werden. Von ihr her geben sie sich eindeutig als Auslegungen der Tora zu erkennen. Darauf wird gleich noch einzugehen sein. Doch zunächst sei das wesentliche Problem dieser Einleitung für heutige christliche Rezeption besprochen. Denn hier liegt in der Tat ein Problem vor. Dieses Problem hat es auch verhindert, dass man weithin den Text in seiner Schärfe nicht wahrgenommen, sondern sich seiner auf unterschiedliche Weise entledigt hat. Es besteht darin, dass Matthäus im Kontext der Aussage, dass Jesus nicht gekommen sei, Tora und Propheten außer Geltung zu setzen, sondern aufzurichten, die unbedingte Geltung der Tora bis zum kleinsten Gebot betont, ja sogar die Verbindlichkeit auch der mündlichen Tora herausstellt. Das aber bedeutet die Geltung der Tora nicht in einem vermeintlichen „eigentlichen" oder „ursprünglichen" Sinn, sondern sehr konkret die Geltung der Tora auch in ihrer aktuellen jüdischen Auslegung. Ist das historisch erledigt in einer Kirche, in der es keine Jüdinnen und Juden mehr gibt, die in ihr ihre jüdische Identität auch leben könnten? Matthäus dagegen versteht sich und seine Gemeinde als innerhalb des Judentums stehend. Ist das, wie man auch schon gemeint hat, ein „letztlich historisch und theologisch zum Scheitern verurteilter Versuch" (Pantle-Schieber) gewesen? Aber ist das nicht ein Urteil, das aus der Perspektive der groß und siegreich gewordenen Kirche aus den Völkern gesprochen wird? Diese Größe und dieser Sieg haben ihren Preis gehabt, nämlich Judenfeindschaft und Ursprungsvergessenheit. Selbstverständlich können wir nicht in die Situation des Matthäus zurückgehen, sondern müssen die inzwischen abgelaufene Geschichte und die in ihr gefallenen Entscheidungen ernstnehmen, aber auch die Schäden, die sie angerichtet haben. So stellt sich die Frage: Wie kann mit dem Text Matthäus 5,17–20 verantwortlich in einer Kirche umgegangen werden, die zur Kirche aus den Völkern geworden ist? Als Glieder dieser Kirche sind wir die Nachfahren derer aus den Völkern, die sich von Jesu – jüdischer! – Schülerschaft ins Mitlernen haben ziehen lassen (Matthäus 28,20). Wir sind ihre Nachfahren in einer Kirche, in der es anders als im 1. Jahrhundert schon lange kein gelebtes Judentum mehr gibt. Wir sind Erben einer Trennungsgeschichte, in der sich die Kirche als „wahres Israel" an Israels Stelle gesetzt hat. Diese Substitution ist als Sünde erkannt und bekannt worden; es ist wahrgenommen, dass Gott seinem Volk treu bleibt und das Volk seinerseits dem zu entsprechen sucht in der Orientierung an der Tora und ihrer weitergehenden Auslegung. Auf diesem Hintergrund können die Feststellungen des matthäischen Jesus über die unbedingte Geltung der Tora bis ins Kleinste und seine Forderung, auch das in der mündlichen Tora Gebotene zu tun und zu halten, als Aufforderung aufgenommen werden, mit Israel zu lernen, die Tora und ihre Auslegung im Gespräch mit Jüdinnen und Juden in Geschichte und Gegenwart wahrzunehmen. Das nicht, um das Judentum zu kopieren, sondern um die Tora, die als Teil des Alten Testament doch auch für uns kanonisch ist, besser zu verstehen und diesen reichen Schatz möglicher ethischer Urteilsbildung zu nutzen. Dabei wird es auch darum gehen, das für Israel spezifisch Gebotene zu respektieren und nicht verächtlich zu machen.

5. *Jesu Auslegung der Tora (5,21–48)*

Es war eine verbreitete Annahme in der christlichen Tradition, dass Jesus es verworfen habe, den bloßen Wortlaut der Tora als eine autoritative Größe anzuerkennen. Man sprach von einer *abrogatio legis* Jesu, von einer „Abschaffung des Gesetzes". Darin wurde eine *differentia specifica* Jesu erblickt, eine ihn unterscheidende Besonderheit, ja nicht nur eine Unterschiedenheit im oder vom Judentum, sondern geradezu dessen Transzendierung. Als ein wesentlicher Textbeleg für eine solche Sicht galt dieser Textzusammenhang der Lehre auf dem Berg. Das zeigte sich auch im Sprachgebrauch, indem man dessen sechs Abschnitte als „Antithesen" bezeichnete.

Wer das heute immer noch tut, sollte sich wenigstens bewusst sein, wo dieser Begriff seinen theologiegeschichtlichen Ursprung hat, nämlich im 2. Jahrhundert bei Markion. Er trennte den gerechten jüdischen Schöpfergott des Gesetzes radikal vom ausschließlich liebenden Gott des Evangeliums, den Jesus offenbart habe. Er begründete diesen Gegensatz und legte ihn dar in einem Werk, dem er den bezeichnenden Titel „Antithesen" gab. Unter den aus ihm erhaltenen Zitaten beziehen sich einige auf Abschnitte aus dem hier zu besprechenden Zusammenhang der Berglehre: „Im Gesetz heißt es: Auge um Auge und Zahn um Zahn; der Herr aber, der Gute, spricht im Evangelium: Wenn jemand dich auf den einen Backen schlägt, so biete ihm auch den andern dar!" „Der Schöpfer hat geboten, dass den Geschwistern gegeben werde, Christus aber, allen Bittenden; das ist neu und besonders." „Der Herr im Gesetz sagt: Du sollst den lieben, der dich liebt, und deinen Feind sollst du hassen. Unser Herr aber, weil er gütig ist, sagt: Liebt eure Feinde und betet für diejenigen, die euch verfolgen!" „Christus hindert die Scheidung, indem er sagt: Wer seine Frau entlässt usw. Mose aber erlaubt die Verstoßung im Deuteronomium: Wenn jemand eine Frau nimmt usw. Da siehst du den Unterschied von Gesetz und Evangelium, von Mose und Christus." (Alle Zitate nach Harnack)

Aber hat nicht das antithetische Verständnis der sechs Abschnitte in Matthäus 5,21–48 einen starken Anhalt an ihrer sprachlichen Form? In der Einleitung dessen, was Jesus jeweils nach dem Zitat sagt, heißt es: *egó de légo*. Das wird üblicherweise übersetzt mit: „Ich aber sage." In dieser Übersetzung wird die Partikel *de* adversativ verstanden („aber"); und das *egó* („ich") gilt als betont, weil im griechischen Text die Person schon mit dem Prädikat gegeben ist und also fehlen könnte, wenn sie nicht hervorgehoben werden sollte. Die Übersetzung „Ich aber sage" ist sprachlich möglich, aber sie ist keineswegs die einzige Möglichkeit.

Unter der exegetischen Begrifflichkeit in der rabbinischen Literatur begegnet zur Einführung eines Schriftzitates in einer außerordentlichen Häufigkeit die Wendung *sche'ne'emar* („denn es ist gesagt"). Deren mögliche griechische Übersetzung ist *erréthe*. Sie findet sich jeweils in den sechs Abschnitten von Matthäus 5,21–48. Diesem sechsmaligen „es ist gesagt worden" steht dort sechsmal gegenüber *egó de légo*. Da es sich bei *erréthe* um exegetische Terminologie handelt, könnte das auch bei *egó de légo* der Fall sein. Das wird offensichtlich, wenn man die Wendung ins Hebräische übersetzt: *va'aní omér*. Damit kann in der rabbinischen Literatur eine Auslegung eingeführt werden. Da oft behauptet wird, Rabbinen würden mit dieser

5. Jesu Auslegung der Tora (5,21–48)

Wendung ihre Auslegung der Auslegung eines anderen entgegensetzen, während Jesus mit *egó de légo* seine Aussage der Tora entgegensetze, ist es nötig, auf einen dieser Texte genauer einzugehen.

In Sifrej Dvarim § 31 wird die Anrede aus 5. Mose 6,4 („Höre, Israel!") mit der Aufforderung an Mose in 2. Mose 22,5 verbunden („Rede zu den Kindern Israels!") und festgestellt, dass nicht gesagt ist: „zu den Kindern Abrahams" oder „Isaaks". Der Grund dafür wird in Jakobs ängstlicher Sorge gesehen, dass nichts „Verworfenes" aus ihm hervorgehe, wie das bei seinen Vätern der Fall war. Das wird anschließend so ausgeführt: „Aus Abraham ging Ismael hervor, der Götzendienst trieb. Denn es ist gesagt: *Da sah Sara den Sohn Hagars, der Ägypterin* (1. Mose 21,9), dass er Götzendienst trieb; eine Auslegung Rabbi Akivas." Bemerkenswert ist hier, dass mit „denn es ist gesagt" zwar ein Schriftzitat eingeführt wird, dass aber dieses Schriftzitat übergangslos mit einer bestimmten Auslegung verbunden ist, deren Autor erst anschließend genannt wird. Der Text fährt fort: „Rabbi Schimon ben Jochaj sagt: ‚Vier Auslegungen hat Rabbi Akiva vorgetragen und ich (*va'aní*) trage sie vor; und meine Auslegungen sind einleuchtender als seine Auslegungen.'" Hierzu halte ich fest, dass mit *va'aní* („und ich") kein Gegensatz eingeführt wird. Rabbi Schimon ben Jochaj bringt weitere Auslegungen, die keine ausschließenden Alternativen zu denen Rabbi Akivas bilden, die er jedoch als einleuchtender bewertet. Als erstes Beispiel führt er dann an: „Passt auf! Er sagt: ‚*Da sah Sara den Sohn Hagars*, dass er Götzendienst trieb.' Und ich sage: ‚Sie waren lediglich Feinde in Bezug auf Felder und Weinberge. Denn als es ans Teilen ging, sagte Ismael zu ihm: Ich nehme zwei Teile, weil ich Erstgeborener bin. Ebenso sagte Sara zu Abraham: *Vertreibe diese Sklavin mit ihrem Sohn usw. (denn der Sohn dieser Sklavin soll nicht mit meinem Sohn erben, mit Isaak)* (1. Mose 21,10).' Und ich halte meine Auslegung für einleuchtender als seine." Der Bibeltext, jedoch schon mit einer Auslegung verbunden, war zunächst mit einer passiven Form von „sagen" eingeführt worden, in der Gott logisches Subjekt ist (*sche'ne'emar*). Gott „sagt"; aber was er sagt, wird gleich auslegend weitergesagt. Als Autor dieses Weitersagens erscheint Rabbi Akiva. Genau dasselbe Zitat mit sachlich derselben und wörtlich nur ganz unbedeutend variierten Weiterführung hat dann die Einführung: „Er (nämlich Rabbi Akiva) sagt." Mit demselben Wort „sagen" führt schließlich Rabbi Schimon ben Jochaj seine eigene Auslegung ein: „Und ich sage", was die Bedeutung hat: Und meine Auslegung lautet so. „Sagen" ist hier also ohne jeden Zweifel ein Auslegungsbegriff und *va'aní omér* eine bestimmte Form mit diesem Begriff. Im Text des Midrasch folgen noch drei weitere Beispiele.

Hier wird deutlich, dass in der genannten Wendung das „Ich" überhaupt nicht hervorgehoben ist. Da das Präsens im Hebräischen partizipial ausgedrückt wird – die Wendung lautet wörtlich übersetzt: „und ich sagend" –, muss das Personalpronomen stehen. Dieser hebräische Sprachhintergrund erklärt das im neutestamentlichen Griechisch häufige Phänomen, dass das im finiten Verb schon mit gesetzte und deshalb überflüssige Personalpronomen dennoch steht, obwohl der Kontext in keiner Weise erkennen lässt, dass eine Hervorhebung beabsichtigt sei. Im Matthäusevangelium erscheint, mit „sagen" und *de* verbunden, ein solches unbetontes „Ich" in 16,18. An dieser Stelle ist auch deutlich, dass *de* keinen Gegensatz einleitet. Überhaupt ist es im neutestamentlichen Griechisch auffällig, dass *kai* („und") häufig nicht anknüpfend, sondern leicht adversativ und *de* häufig nicht leicht adversativ, sondern anknüpfend gebraucht ist. Auch das versteht sich vom hebräischen Sprachhintergrund; denn beide, *kai* und *de*, stehen für hebräisches v^e, das beide Leistungen enthält. Welche jeweils erbracht wird, hängt vom Kontext ab. Ein zweifellos anknüpfendes, weiterführendes *de* findet sich in Matthäus 5,31 am Beginn: *erréthe de*. Wenn das die Elberfelder Übersetzung mit: „Es ist aber gesagt" wiedergibt, ist das schlicht sinnwidrig.

Neben der sprachlich möglichen Übersetzung von *egó de légo* mit „Ich aber sage" lässt die Beachtung des hebräischen Sprachhintergrundes eine andere Möglichkeit erkennen, nach der weder das Ich betont noch ein Gegensatz intendiert ist: „Und ich sage (dasselbe jetzt so)"; freier formuliert: „Ich lege das so aus." Was schon die matthäische Einleitung in 5,17–20 deutlich macht, wird von der formalen Struktur der Aussagen in den Versen 21–48 nicht in Frage gestellt. „Jesus gibt seiner Schülerschaft Weisung für die Gestaltung eines der Tora gemäßen Lebens. [...] Deshalb ist es nicht nur berechtigt, sondern auch notwendig, die irreführende Bezeichnung ‚Antithesen' aufzugeben" (Fiedler). Statt als Auslegungen der Tora können diese Stücke angemessen auch als „Kommentarworte" bezeichnet werden (Vahrenhorst). Dass es sich nicht um „Antithesen" handelt, lässt sich inhaltlich in allen sechs Fällen bestätigen, wenn man dazu die rabbinische Tradition heranzieht. In den Auslegungen Jesu findet sich nichts, was nicht auch in rabbinischer Überlieferung zu finden wäre oder stehen könnte. Hinsichtlich der Bezeichnung „Antithesen" hat Lapide im Blick auf die erste Einheit zu Recht gespottet, gegenüber dem Verbot zu morden müsste „die entsprechende Antithese" lauten: „Ich aber sage euch, bringt jeden um, der euch im Weg

5. Jesu Auslegung der Tora (5,21–48)

steht!" Schon Chrysostomus hatte gegenüber „denjenigen, die das Gesetz verwerfen", gefragt: „Ist denn das Verbot zu zürnen dem Verbot zu töten entgegengesetzt? Ist nicht vielmehr dieses die Vollendung und Bewerkstelligung von jenem?" (Matthäushomilien 16,5) und weiter gefolgert: „Also nicht zur Aufhebung des Gesetzes, sondern zu seinem besseren Schutz hat er diese Anordnungen gegeben. [...] Wenn er also dem Gesetz widerstreiten wollte, hätte er befehlen müssen zu morden. Denn das Morden ist dem Nichtmorden entgegengesetzt" (16,6).

Anlässlich der Auslegung von Matthäus 5,27 erinnert Calvin daran, er habe „oben schon gesagt, daß er (Christus) nicht als neuer Gesetzgeber gekommen ist, sondern als treuer Ausleger des einmal gegebenen Gesetzes." Im Zusammenhang der hier ins Auge gefassten Stelle hatte er dieses Auslegen Jesu ein paar Seiten vorher jedoch so zugespitzt: „Da aber das Gesetz durch die lügenhaften Einfälle verdorben und in weltlichen Sinn abgewandelt war, befreit es Christus von solcher Verderbtheit und zeigt seinen wahren Sinn, dem die Juden untreu geworden waren." An diesem Zitat kann deutlich werden, dass in eine antijüdische Falle tappt, wer meint, Jesus stelle in seinen Aussagen den „wahren" oder „ursprünglichen Sinn" der Schrift oder ihre „eigentliche Bedeutung" heraus. Denn explizit oder implizit erscheint damit die jüdische Auslegung notwendig als eine verfälschende. Denjenigen, die sich – manchmal geradezu mit Geifer – auf die Übersetzung von *egó de légo* in der „Bibel in gerechter Sprache" („Ich lege das heute so aus") gestürzt haben, ist offensichtlich nicht bewusst, in welcher Falle sie damit stecken – oder wollen nicht wahrhaben, dass es sich um eine Falle handelt.

Formale Beobachtungen weisen daraufhin, dass Matthäus die sechs Abschnitte in 5,21–48 in zwei Dreierblöcke gegliedert hat. Die ausführlichste Form der Zitateinleitung („Ihr habt gehört, dass zu den Alten gesagt worden ist") findet sich im ersten und vierten Abschnitt, wobei im vierten noch ein „wiederum" hinzugefügt worden ist. In den übrigen Abschnitten fehlt der Adressat („den Alten"), im dritten darüber hinaus auch die Anrede („ihr habt gehört"); er ist lediglich durch „weiter ist gesagt worden" mit dem zweiten verknüpft. Dieser relativ unmittelbare Anschluss erfolgte wohl wegen der sachlichen Nähe. Auffällig ist weiter, dass der erste und der letzte Abschnitt am längsten sind. Zusätzlich zeigt sich zwischen ihnen eine sachliche Entsprechung, insofern die Feindesliebe im letzten der Versöhnung mit dem Prozessgegner am Ende des ersten korrespondiert. Auch daran zeigt sich wieder, dass der Evangelist Matthäus bewusst gestaltet hat. Dabei hat er Tradition aufgenommen und verarbeitet. Zum dritten, fünften und sechsten Abschnitt gibt es parallele Aussagen in den beiden anderen synoptischen

Evangelien, zum dritten zusätzlich eine Parallele bei Paulus. Keine dieser Parallelen begegnet in der Form der Verbindung mit einem Schriftwort und den entsprechenden Einleitungen: „Es ist gesagt worden ..." und „Ich sage nun". Diese Form könnte also vom Evangelisten Matthäus gebildet worden sein. Dem entgegen wurde auch schon die These vertreten, er habe den gesamten Zusammenhang der Verse 21–48 als Tradition übernommen. Dafür wurde angeführt: Nach 5,17 zeigt sich als Intention des Matthäus, Jesus als Erfüller der Tora herauszustellen. Dann könne er nicht „Antithesen" gebildet haben, in denen Jesus sich über die Tora stelle. Aber wieso kann er sie übernommen haben? War er zu dumm, den Widerspruch zu bemerken? Nein, diese Erwägungen stellen vielmehr noch einmal das Verständnis der Verse 21–48 als „Antithesen" in Frage. Denkbar ist die öfters vertretene These, der erste, zweite und vierte Abschnitt hätten schon traditionell die jetzt vorliegende Form gehabt. Zum vierten gibt es allerdings eine Sachparallele ohne diese Form in Jakobus 5,12, die sich nicht einmal als Jesuswort ausgibt. Wenn man im Blick auf diese drei Abschnitte von „ursprünglichen", auf den „historischen" Jesus zurückzuführenden „Antithesen" gesprochen hat, wurde nicht bedacht, dass man sich ja dann im hebräisch-aramäischen Sprachbereich befände, in dem das Ich des Sprechers ganz offensichtlich nicht hervorgehoben ist. Wie immer man auch eine mögliche Vorgeschichte des jetzt vorliegenden Textes rekonstruieren mag, so zeigen doch alle Beobachtungen, dass er eine vom Evangelisten so gewollte Einheit ist und dann auch als diese Einheit in ihrem Kontext verstanden und interpretiert werden muss.

a) Dem Morden schon im Vorfeld einen Riegel vorschieben! (5,21–26)

[21]Ihr habt gehört, dass den Alten gesagt worden ist: *Du sollst nicht morden* (2. Mose 20,13; 5. Mose 5,17). Wer mordet, verfällt dem Gericht. [22]Ich nun sage euch: Jeder, der seinem Mitmenschen zürnt, verfällt dem Gericht. Wer zu seinem Mitmenschen sagt: ‚Raka!' („Hohlkopf!"), verfällt dem Synhedrium. Wer sagt: ‚Dummkopf!', verfällt dem Höllenfeuer. [23]Wenn du nun deine Gabe zum Altar bringst und dich dort erinnerst, dass dein Mitmensch etwas gegen dich hat, [24]lass deine Gabe vor dem Altar zurück und geh zuerst hin und versöhne dich mit deinem Mitmenschen! Danach komm und bring deine Gabe dar! [25]Verständige dich schleunigst mit deinem Prozessgegner, solange du mit ihm unterwegs (zum Gericht) bist, damit dich der Prozessgegner nicht dem Richter übergibt und der Richter dem Wach-

5. Jesu Auslegung der Tora (5,21–48)

mann und du ins Gefängnis geworfen wirst. ²⁶Amen, ich sage dir: Du kommst von dort nicht heraus, bis du den letzten Quadrans bezahlt hast.

Dieses Stück besteht deutlich aus drei Teilen: einer Toraauslegung (21–22), einer Mahnung zur Versöhnung im Blick auf eine beabsichtigte Opferhandlung (23–24) und einer Mahnung zur Versöhnung im Blick auf eine drohende Gerichtsverhandlung (25–26). Zum zweiten Teil gibt es eine zwar im Wortlaut und Vorstellungszusammenhang recht entfernte, aber in der Sache nahe Parallele in Markus 11,25: „Und wenn ihr euch zum Beten hinstellt, vergebt, wenn ihr etwas gegen jemanden habt, damit auch euer Vater im Himmel euch eure Übertretungen vergibt." Der dritte Teil hat in einem ganz anderen Zusammenhang eine Parallele in Lukas 12,58–59: „Solange du noch mit deinem Prozessgegner zum Gerichtsherrn unterwegs bist, gib dir Mühe, gütlich von ihm loszukommen, damit er dich nicht vor den Richter schleppe. Sonst wird dich der Richter dem Zwangsvollstrecker übergeben und der Zwangsvollstrecker dich ins Gefängnis werfen. Ich sage dir: Du kommst von dort nicht heraus, bis du auch den letzten Lepton bezahlt hast." Im lukanischen Kontext dient diese Szene als Beispiel entschlossenen Handelns angesichts des bevorstehenden Endes. Matthäus hat den dritten Teil dem zweiten angeglichen. Ihm geht es um die Bereitschaft zur Versöhnung, die auch an anderen Stellen seines Evangeliums eine Rolle spielt. Mit dieser Betonung konnte er positiv ausdeuten, was die Toraauslegung in negativer Form sagt, nämlich dem Mitmenschen nicht einmal zu zürnen, weil das eine Vorform des Tötens sein könnte. Wiederum zeigt sich also, dass Matthäus unterschiedliches Material aufnimmt, es redigiert und zu einer neuen Einheit zusammenstellt. Diese Einheit ist Gegenstand der Interpretation, nicht ein hypothetisch zu rekonstruierender „ursprünglicher" Text.

Das Stück beginnt mit der ausführlichen Zitationsformel: „Ihr habt gehört, dass den Alten gesagt worden ist." Der Wendung „es ist gesagt worden" entspricht im Hebräischen *ne'emár*. Das ist die häufigste Einleitung eines Wortes der Schrift in der rabbinischen Literatur. Sie begegnet wesentlich öfter als die Wendung „es steht geschrieben". Eine Ursache für diese Häufigkeit dürfte darin liegen, dass in der Antike laut gelesen wurde. Dem Sagen entspricht ein Hören. Logisches Subjekt im Passiv „es ist gesagt worden" ist Gott. Dem Reden Gottes entspricht das Hören des Volkes. Ursprünglich geredet worden ist „zu den Alten". In der rabbinischen Literatur entspricht ihnen die Bezeichnung *ha-rischoním* („die Ersten"), womit die

Sinaigeneration gemeint ist als der ursprüngliche Adressat der Weisung Gottes an sein Volk. Im Blick auf Gottes Reden am Sinai heißt es nicht: „Ihr habt *gelesen*, was den Alten gesagt worden ist", sondern: „Ihr habt *gehört* [...]". Darin ist nun noch etwas anderes und mehr enthalten, als dass in der Antike laut gelesen wurde: Was Gott am Sinai geredet hat, ist zwar verschriftlicht. Aber es kommt entscheidend darauf an, dass es immer wieder aus der starren Verschriftlichung gelöst und zum gesprochenen, heute anredenden Wort wird, dass das einst Gesagte heute gehört wird. Damit ist auch schon das Moment gegeben, dass das Überlieferte notwendig immer wieder interpretiert werden muss. Dem entspricht es, dass in Vers 21 auf die Zitationsformel zwar zunächst ein wörtliches Schriftzitat folgt, sich dann aber eine Fortsetzung findet, die kein Schriftzitat mehr ist, sondern sich nur von der weitergehenden interpretierenden Tradition her erklären lässt.

Was in Vers 21 als Schriftwort zitiert wird, ist das Dekaloggebot aus 2. Mose 20,13 und 5. Mose 5,17: *Du sollst nicht morden!* Möglich ist auch die Übersetzung: *Du wirst nicht morden.* Gleichsam als Basis steht in den „zehn Worten" ja als erstes voran: *Ich bin der Ewige, dein Gott, der ich dich aus dem Land Ägypten herausgeführt habe, aus dem Sklavenhaus.* Wer an Gott gebunden ist, der aus der Sklaverei befreit hat, wird nicht tun, was im Folgenden aufgezählt ist.

Es bleibt aber nicht bei diesem Zitat. Es folgt am Ende von Vers 21 eine Fortsetzung: „Wer mordet, verfällt dem Gericht." Warum wird in dieser Weise fortgefahren? Es klingen Bibelstellen an. Warum werden sie nicht zitiert? Folgende Stellen hätten angeführt werden können: *Wer Menschenblut vergießt, durch Menschen soll sein Blut vergossen werden* (1. Mose 9,6). *Wer einen Menschen schlägt, dass er stirbt, sterben, ja sterben soll der* (2. Mose 21,12). *Und ein Mensch, wenn er irgendein menschliches Wesen erschlägt, sterben, ja sterben soll er* (3. Mose 24,17). Auf Mord steht die Todesstrafe; das ist in der jüdischen Bibel ein klarer Fall. Davon ist die Formulierung am Ende von Matthäus 5,21 alles andere als eine prägnante Zusammenfassung, sondern sie bleibt demgegenüber auffällig blass und unbestimmt: „Wer mordet, verfällt dem Gericht." Diese Formulierung erklärt sich aus der Tendenz im pharisäisch-rabbinischen Judentum, Todesurteile unmöglich zu machen. So heißt es in Mischna Makkot 1,10: „Ein Sanhedrin (oberste jüdische Instanz), der einen in sieben Jahren tötet, wird terroristisch genannt. Rabbi Elasar ben Asarja sagt: ‚Einen in siebzig Jahren.' Rabbi Tarfon und Rabbi Akiva sagen: ‚Wenn wir im Sanhedrin gewesen wären, wäre niemals ein Mensch getötet worden.'" Anderer Meinung ist der an-

5. Jesu Auslegung der Tora (5,21–48)

schließend angeführte Rabban Schimon ben Gamliel, nach dem ohne die Todesstrafe die Mörder in Israel zunehmen würden. Für die Tendenz der Rabbinen, Todesurteile auszuschließen, sei auch auf die Auslegung von 5. Mose 21,18–21 hingewiesen. Nach diesem Bibeltext soll *ein ungehorsamer und widerspenstiger Sohn* gesteinigt werden. Die Rabbinen nehmen den Text so penibel genau, dass sie unüberwindliche prozessuale Hürden aufbauen und schließlich feststellen: „Einen ungehorsamen und widerspenstigen Sohn hat es nie gegeben und wird es nie geben" (z.B. babylonischer Talmud, Sanhedrin 71a). Die anschließend gestellte Frage: „Warum steht es dann geschrieben?" erhält die Antwort: „Forsche und empfange Lohn!" Das ist als Aufforderung zu eigenverantwortlicher Auslegung zu verstehen, die nicht an den Wortlaut der Tora gebunden ist, sondern ihm auch widersprechen kann, aber nichtsdestotrotz ihrerseits als Tora gilt.

Schon diese Verbindung des Bibelzitates mit der allgemeinen Fortführung, die ja auch noch unter der Einleitung „es ist gesagt worden" steht, zeigt die Seltsamkeit der Charakterisierung des ganzen Stückes als „Antithese". Denn unter der Voraussetzung, unter der man von „Antithese" spricht, läge schon innerhalb der These – noch vor dem „Ich sage" Jesu – eine Antithese vor: Gegen den klaren Wortlaut der Tora werden Todesurteile vermieden. Das aber wird nicht als „Antithese" verstanden, sondern als Auslegung. Gehört wird das in die Gegenwart hinein sprechende Wort, das doch als identisch mit dem Mose am Sinai gesagten gilt.

Diesem lebendigen Schriftwort fügt nun Jesus seinerseits in Vers 22 seine Auslegung an. Dabei nimmt er zunächst aus dem nach dem Dekaloggebot aus der Schrift „Gehörten" den Nachsatz wörtlich auf: „verfällt dem Gericht", stellt ihm aber einen anderen Vordersatz voran. Hatte es dort geheißen: „Wer mordet", so gilt jetzt: „Jeder, der seinem Mitmenschen zürnt". Für „Mitmensch" steht im griechischen Text das Wort für „Bruder". Matthäus denkt also – zumindest in erster Linie – an den Bruder und die Schwester als Mitglied der Gemeinde; das tritt in 18,15–17 besonders deutlich hervor. Für ihn ist daher „die Gemeinde der Raum", in dem diese Auslegung Jesu „in die Tat umgesetzt werden soll" (Fiedler). In 25,40 zeigt sich jedoch eine Tendenz des Begriffs „Bruder" auf den Menschen überhaupt, sodass die Übersetzung mit „Mitmensch" in 5,22–24 als gerechtfertigt erscheint. Schon das Zürnen wird also in 5,22 genauso sanktioniert wie das Morden. Das erschien vielen Abschreibern als zu pauschal und so fügten sie in den Handschriften ein: „Jeder, der seinem Mitmenschen grundlos zürnt". Es gibt berechtigten Zorn, wie die Bibel ja auch vom Zorn Gottes spricht. Aber bei dieser Einfügung ist vorausgesetzt, es müssten sozusagen immer dogmatisch einwandfreie Sätze formuliert werden. Hier aber wird in der Rechtssprache ein Überschritt in den nichtjustiziablen Bereich vollzogen, um gegen Vorformen des Mordens sensibel zu machen. Es ist ja nicht vorstellbar, dass das Zürnen, das äußerlich gar nicht sichtbar zu sein braucht, Gegenstand einer Gerichtsverhandlung sein könnte. Der Blick auf das schlimme Handeln wird auf dessen Vorfeld erweitert. Entsprechend heißt es in der ältesten überlieferten Kirchenordnung, der Didache, in 3,2: „Werde nicht zornig! Denn der Zorn führt zum Mord. Noch werde ein Eiferer, Streithals oder Hitzkopf! Denn von allen diesen Menschen werden Morde hervorgebracht."

Die nächste Parallele zu Matthäus 5,22a bietet Rabbi Elieser ben Hyrkanos, ein Zeitgenosse des Matthäus. Nach Derech Erez Rabba 11 sagt er: „Wer seinen Mitmenschen hasst, siehe, der gehört zu denen, die Blut vergießen", gilt also als Mörder. Er begründet diese Aussage mit 5. Mose 19,11: „Denn es ist gesagt: *Und wenn ein Mensch seinen Nächsten hasst und ihm auflauert und sich gegen ihn erhebt.*" Ganz ähnlich heißt es im Traktat Kalla Rabbati 8,4: „Die Rabbanan lehrten: Jeder, der jemanden hasst, ist wie einer, der ihn mordet." Das wird ebenfalls mit 5. Mose 19,11 begründet und dann fortgefahren: „Siehe, wenn er die Möglichkeit dazu in der Hand hat, mordet er ihn." Angesichts dieser Texte berührt es seltsam, wenn Luther in seiner Auslegung des Römerbriefs zu Kapitel 2,12 unter Heranziehung von Matthäus 5,20, sagt, „die Juden" behaupteten, „der Zorn im Herzen sei noch keine Sünde, sondern erst das Töten". Nach dem babylonischen Talmud, Bava Mezia 58b gilt: „Jeder, der seinen Mitmenschen in der Öffentlichkeit beschämt, ist wie jemand, der Blut vergießt." In der Fortsetzung gehört außer ihm zu den dreien, die in die Hölle hinab-, aber nicht wieder hinaufsteigen, auch, „wer seinen Mitmenschen mit einem schlimmen Beinamen benennt" – selbst wenn der schon daran gewöhnt ist. Es sei noch einmal betont: Weder Jesus im Matthäusevangelium noch die Rabbinen haben gemeint, das hier in Rechtssätzen Ausgesprochene auch als Recht zu exekutieren. Weder die auf Jesus bezogene Gemeinschaft noch das Volk Israel sind als Gruppen vorstellbar, in denen das hier Sanktionierte nicht auftrat und in denen dann Zürnende und Beschimpfende entsprechend behandelt worden wären. Dagegen hätte sich ja noch die schlimmste stalinistische Parteigruppierung mit ihrer Kritik und Selbstkritik als eine Versammlung von Lämmern ausgenommen. Dass es um einen Überschritt in den nichtjustiziablen Bereich geht, wird die Fortsetzung in Vers 22 noch deutlicher machen. Sowohl die auf Jesus bezogene Gemeinschaft als auch das Volk Israel sind Gruppen, die von

5. Jesu Auslegung der Tora (5,21–48)

der Wirklichkeit und Kraft der Versöhnung leben. Das wird sich im restlichen Teil dieser ersten Toraauslegung noch zeigen – und zeigte sich schon bei der Beglückwünschung der Friedensstifter.

Die radikalisierende Auslegung des selbst bereits weitergeführten Schriftzitates – nicht erst der vollzogene Mord, schon das Zürnen wird mit dem Gericht sanktioniert – setzt Jesus nach Matthäus 5,22b mit zwei in derselben Weise geformten Sätzen fort: „Wer zu seinem Bruder sagt: ‚Raka!‘, verfällt dem Synhedrium. Wer sagt: ‚Dummkopf!‘, verfällt dem Höllenfeuer." Es besteht hier eine auffällige Spannung zwischen den Vordersätzen und Nachsätzen. Doch sei zunächst gefragt, wie sich die drei Vordersätze in Vers 22 zueinander verhalten. Zunächst ist allgemein das Zürnen genannt; dann werden zwei recht harmlose Schimpfwörter angeführt. Letztere gelten demnach als Konkretionen des Zürnens. Bei *raka* handelt es sich um ein ins Griechische transkribiertes aramäisches Wort in syrischer Aussprache. Die Grundbedeutung des aramäischen *reka* und des hebräischen *rek* ist „leer". Als Schimpfwort gebraucht, würde dem im Deutschen am ehesten „Hohlkopf" entsprechen. Chrysostomos, der aus Syrien stammt und zum Teil auch dort lebte, sagt in seiner Auslegung zu dieser Stelle: „Dieses *Raka* drückt keine starke Beschimpfung aus, sondern vielmehr eine gewisse Verachtung und Geringschätzung – wie denn auch wir zu Sklaven oder niedriger Stehenden bei Anordnungen sagen: ‚Du da, geh weg, du da, sag dem und dem!‘ So sagen auch diejenigen, die Syrisch sprechen, *raka* statt ‚du da'" (Matthäushomilien 16,7). Im heute in Israel gesprochenen Iwrit wird das aramäische *reka* etwa im Sinne von „Nichtsnutz", „Tunichtgut" gebraucht.

Das im dritten Vordersatz von Vers 22 stehende griechische Wort hat die Bedeutung „dumm", „töricht", „einfältig". Als Schimpfwort gebraucht, würde dem im Deutschen „Dummkopf", „Tölpel" entsprechen. Das aber heißt: Die Aussagen in den drei Vordersätzen von Vers 22 liegen alle auf derselben Ebene; es gibt zwischen ihnen keine sachlichen Unterschiede. Versuche, durch freie Übersetzung oder durch Interpretation eine Steigerung oder auch das Gegenteil in sie hinein zu bringen, widersprechen nicht nur dem klaren Wortlaut des Textes, sondern wirken gezwungen bis komisch. Dagegen bieten die Nachsätze eine außerordentlich starke Steigerung: verfällt dem Gericht, dem Sanhedrin als der obersten jüdischen Distanz, dem Höllenfeuer als dem negativen Ergebnis des Gerichtes Gottes. Ist es schon im ersten gesetzten Fall so, dass hier in der Sprache des Rechts ein Überschritt in den nichtjustiziablen Bereich erfolgt, weil nicht im Ernst daran zu denken ist, dass das Zürnen Gegenstand eines Gerichtsverfahrens sein könnte, so gilt das umso mehr für die beiden anderen Fälle. Der Sanhedrin wird sich nicht damit befassen, wenn jemand einen anderen als „Hohlkopf" bezeichnet. Und man wird es auch Gott nicht unterstellen, dass er jemanden zur Hölle verurteilt, der seinen Mitmenschen einen „Dummkopf" nannte. Es liegt hier hyperbolische Redeweise vor, also bewusste Übertreibung, um den gemeinten Sachverhalt so scharf wie möglich herauszustellen. Nach Chrysostomus „behaupten einige, es sei vielmehr hyperbolisch gesagt" (Matthäushomilien 16,7); er selbst sieht es anders. Die Intention dieser Redeweise besteht darin, sensibel zu machen für alle denkbaren Vorstufen des Mordens. Dem Morden ist schon weit in seinem Vorfeld ein Riegel vorzuschieben. Nicht nur das Morden selbst wird untersagt, sondern auch schon alle emotionalen und verbalen Äußerungen, die Mitmenschen herabsetzen.

Für diese Intention lassen sich weitere rabbinische Aussagen anführen. Im Midrasch Sifra zum 3. Buch Mose wird betont, dass in 19,17 das Hassen des Mitmenschen *in deinem Herzen* untersagt wird, damit man nicht meine, es sei nur verboten, ihm zu fluchen, ihn zu schlagen, ihn zu ohrfeigen (Parascha Qedoschin, Perek 4). 5. Mose 19,11 wird in Sifrej Dvarim § 187 so ausgelegt: „Von da aus hat man gesagt: Wenn ein Mensch ein leichtes Gebot übertreten hat, wird er schließlich ein schweres Gebot übertreten. Hat er übertreten: *Du sollst deinen Nächsten lieben dir gleich* (3. Mose 19,18), wird er schließlich übertreten: *Du sollst dich nicht rächen und nicht nachtragen* (ebenda) und: *Du sollst deinen Bruder nicht hassen* (3. Mose 19,17) und: *dass dein Bruder neben dir leben kann* (Lev 25,36) – bis er dazu kommt, Blut zu vergießen." Angesichts dieser Parallelen ist es ausgesprochen abwegig, wenn in christlicher Auslegung behauptet wird, die Maßlosigkeiten der Auslegung Jesu drängten gebietend zur vollen Entfaltung des Lebens in der Liebe, während im Judentum das Erlaubte durch Verbote abgegrenzt worden sei.

Die Formulierungen, die nicht nur enthalten, dass Zorn und Hass zum Mord führen können, sondern die ja die Hassenden und Zürnenden ausdrücklich den Mördern gleichstellen, enthalten noch einen weiteren Aspekt. Denn mit solcher Aussage wird im Grunde jeder Mensch dem Mörder gleichgemacht. „Jeder, der zürnt", „wer immer hasst" – wer könnte sich da ausnehmen? So stehen alle Menschen unter Gottes Gericht (siehe auch Matthäus 12,36). Wenn es sich aber so verhält, gibt es faktisch keine „Gerechten", die sich von „den Sündern" abheben könnten. Unter der Perspektive des Gerichtes Gottes sind alle Menschen Sünder; niemand kann so tun, als beträfe ihn oder sie das Gericht Gottes nicht.

5. Jesu Auslegung der Tora (5,21–48)

Matthäus führt diese erste Toraauslegung Jesu fort, indem er in den Versen 23–26 zwei weitere Jesusworte hinzufügt, mit denen er den positiven Aspekt zwischenmenschlicher Versöhnung betont. Aus der impliziten Gleichheit der Nicht-Gerechten ergibt sich als positives Gebot das der unbedingten Versöhnungsbereitschaft. Matthäus erläutert es durch zwei fiktive Situationen. An markanten Fallbeispielen wird auch hier sehr zugespitzt geredet, im ersten, in den Versen 23–24, in dieser Weise: „Wenn du nun deine Gabe zum Altar bringst und dich dort erinnerst, dass dein Mitmensch etwas gegen dich hat, lass deine Gabe vor dem Altar zurück und geh zuerst hin und versöhne dich mit deinem Mitmenschen! Danach komm und bring deine Gabe dar!" Auch hier liegt wieder hyperbolische Redeweise vor, der es nicht um die konkrete Durchführbarkeit des Gesagten geht. Wenn von einem Opfer am Altar geredet wird, ist selbstverständlich ausschließlich an den Tempel in Jerusalem gedacht. Das war zwar für das Land Israel eine recht große Stadt, aber nichtsdestotrotz wohnte die Mehrzahl der jüdischen Bevölkerung nicht dort. Man stelle sich einen Menschen aus Galiläa vor – um von noch viel weiter entfernten Gebieten der Diaspora zu schweigen –, der zu einem Wallfahrtsfest nach Jerusalem gekommen ist und nun ein Opfer darbringen will, vielleicht auch, um ein Gelübde einzulösen. Am Altar fällt ihm ein, dass sein zuhause gebliebener Nachbar etwas gegen ihn hat. Ist es vorstellbar, dass er dann nach Hause umkehren, sich mit seinem Nachbarn versöhnen und wiederum nach Jerusalem zurückkehren könnte, um die unterbrochene Opferhandlung zu Ende zu bringen? In der faktischen Undurchführbarkeit der vorgestellten Situation tritt die Intention der Aussage umso deutlicher hervor. Das Opfer bezieht sich auf das Verhältnis des Menschen zu Gott; das wird zweitrangig, wenn das Verhältnis zwischen Mensch und Mitmensch gestört ist. Man kann und darf nicht Gottesdienst üben und dabei mit seinem konkreten Mitmenschen in Feindschaft leben.

Auch mit dieser Aussage steht Jesus, wie ihn das Matthäusevangelium schildert, ganz und gar in biblisch-jüdischer Tradition. Dass die Teilnahme am Tempelkult ein geordnetes mitmenschliches Miteinander voraussetzt, sagt schon Psalm 15, wenn er auf die Frage antwortet, wer zum Tempel hinaufziehen darf: *Wer in Schlichtheit sein Leben führt, recht handelt und verlässlich in seinem Herzen redet; wer nicht verleumdet hat mit seiner Zunge, seinem Mitmenschen nichts Böses getan und nicht Beschämung auf seinen Nächsten geladen hat (2–4).* Ganz ähnlich heißt es in Psalm 24,3–4. In diesen Zusammenhang gehört die auf Rabbi Elasar ben Asarja zurückgeführte Aussage in Mischna Joma 8,9: „Verfehlungen des Menschen gegen Gott sühnt der Versöhnungstag; Verfehlungen des Menschen gegen den Mitmenschen sühnt der Versöhnungstag nicht eher, bis dass er seinen Mitmenschen begütigt hat." Das findet seinen Niederschlag in der bis heute geübten Praxis, dass in den zehn ernsten Tagen zwischen dem Neujahrstag und dem Versöhnungstag Jüdinnen und Juden gehalten sind, sich über ihr Verhalten im abgelaufenen Jahr Rechenschaft abzulegen und vor allem mit denjenigen ins Reine zu kommen, an denen sie in irgendeiner Weise schuldig geworden sind.

Die zweite vorgestellte Situation in den Versen 24–25 betont ebenfalls, diejenigen zu begütigen, an denen man schuldig geworden ist. Der gebrachte Fall soll sicher in diesem weiten Sinn verstanden werden, auch wenn hier konkret das Verhältnis von Schuldner und Gläubiger in finanzieller Hinsicht im Blick ist: „Verständige dich schleunigst mit deinem Prozessgegner, solange du mit ihm unterwegs (zum Gericht) bist, damit dich der Prozessgegner nicht dem Richter übergibt und der Richter dem Wachmann und du ins Gefängnis geworfen wirst. Amen, ich sage dir: Du kommst von dort nicht heraus, bis du den letzten Quadrans bezahlt hast." Ein Schuldner, der nicht zahlen kann oder will, wird vom Gläubiger über Gericht in Schuldhaft genommen. Dort muss er entweder die Schuld abarbeiten oder die Verwandtschaft soll gezwungen werden, ihn auszulösen – bis „der letzte Quadrans" bezahlt ist. Der Quadrans ist die kleinste römische Münze. Er entspricht einem Viertel As; 16 As sind ein Denar. Die öffentliche Schuldhaft ist dem jüdischen Recht unbekannt, wurde jedoch im hellenistischen Bereich geübt. Ein Edikt des Tiberius Alexander, des Präfekten von Ägypten, aus dem Jahr 68 n.Chr. lässt die übliche Praxis erkennen, die von ihm jedoch durch dieses Edikt eingeschränkt wird. Als Tatbestand ist vorausgesetzt, dass Schuldner ins „Schuldgefängnis oder in andere Gefängnisse" geworfen wurden. Der Präfekt verbietet nun, dass man so mit freien Leuten verfahre. Nur ein „Übeltäter" darf in „irgendein Gefängnis" verbracht werden und unter ihnen auch nur, wer der kaiserlichen Kasse etwas schuldet.

Für eine ähnliche Situation, wie sie in Matthäus 5,25–26 geschildert ist, wird in Sprüche 6,1–5 folgender Rat gegeben: *Mein Sohn, hast du für deinen Nächsten gebürgt, hast den Handschlag für den Fremden gegeben, bist in den Reden deines Mundes verstrickt, in den Reden deines Mundes gefangen, tu dieses denn mein Sohn, dass du dich entreißest, wenn du in den Handschlag deines Nächsten kamst, geh, rackere dich ab und bestürme deinen Nächsten, gib deinen Augen keinen Schlaf, keinen Schlummer, entreiße dich, wie dem Griff die Gazelle, wie der Vogel dem Zugriff des Fallenstellers!*

5. Jesu Auslegung der Tora (5,21–48)

Dass es in dieser Welt nicht immer gelingt, dass ein Verschuldeter sich dem Gläubiger entreißen kann, zeigt die Erfahrung. Aber für die kommende Welt wird es gewiss erhofft. So heißt es in einer Auslegung zu dem Satz aus Jesaja 54,1, dass Gott das Gebiet Jerusalems zu Edelsteinen machen werde, in der Pesikta de Rav Kahana 18,6: „Einst wird das Gebiet von Jerusalem zwölf Meilen auf achtzehn Meilen voll sein von Edelsteinen und Perlen. Wenn in dieser Welt ein Mensch seinem Mitmenschen verschuldet ist und der zu ihm sagt: ‚Wir wollen gehen und beim Richter prozessieren!', ist es so, dass er mal Frieden macht zwischen ihnen und mal nicht Frieden macht zwischen ihnen. So ergibt es sich nicht, dass die beiden besänftigt herauskommen. Aber wenn in der kommenden Zeit ein Mensch seinem Mitmenschen verschuldet ist und der zu ihm sagt: ‚Wir wollen gehen und beim König Messias in Jerusalem prozessieren!', finden sie, sobald sie das Gebiet von Jerusalem erreichen, dieses voll von Edelsteinen und Perlen. Und er nimmt zwei von ihnen und sagt zu ihm: ‚Ist es mehr als diese, was ich dir schuldig bin?' Und der sagt: ‚Es ist nicht so viel nötig wie sie. Es sei dir annulliert, es sei dir erlassen.' Das meint, was geschrieben steht: *Der dein Gebiet zu Frieden macht* (Psalm 147,14). *Und alle deine Kinder sind Schüler des Ewigen und großen Frieden haben deine Kinder* (Jesaja 54,13)."

Zusammenfassend sei zu Matthäus 5,21–26 festgehalten: Was Jesus hier ausführt, lässt sich als Auslegung des Toragebots verstehen, nicht zu morden. Es ist nicht „Antithese" dazu, sondern Auslegung, die in hyperbolischer Redeweise in den nichtjustiziablen Bereich übergeht, um dem Morden schon weit im Vorfeld einen Riegel vorzuschieben. Der Vergleich mit anderen jüdischen Texten zeigt, dass Matthäus 5,21–26 zwar eine sehr prägnante Formulierung ist, aber sich inhaltlich keineswegs von ihnen unterscheidet.

b) Dem Ehebrechen schon im Vorfeld einen Riegel vorschieben! (5,27–30)

²⁷Ihr habt gehört, dass gesagt worden ist: *Du sollst nicht ehebrechen!* (2. Mose 20,14; 5. Mose 5,18). ²⁸Ich nun sage euch: Jeder, der eine Ehefrau ansieht, um sie zu begehren, hat schon in seinem Herzen mit ihr die Ehe gebrochen. ²⁹Wenn dein rechtes Auge dich verführt, reiß es heraus und wirf es von dir! Es nützt dir nämlich, dass eins deiner Glieder verloren geht und nicht dein ganzer Leib in die Hölle geworfen wird. ³⁰Und wenn deine rechte Hand dich verführt, hau sie ab und wirf sie von dir! Es nützt dir nämlich, dass eins deiner Glieder verloren geht und nicht dein ganzer Leib zur Hölle geht.

Die Verse 27–28 sind parallel zu den Versen 21–22 gestaltet. Allerdings sind die Ausführungen in allen Teilen kürzer. Die Einleitung erwähnt keine Adressaten. Das Zitat besteht nur aus dem Dekaloggebot. Die Auslegung wird nicht noch einmal in sich differenziert. Im hebräischen Bibeltext folgt das Verbot des Ehebruchs unmittelbar auf das Verbot zu morden. In der Septuaginta ist das Verbot zu stehlen dazwischen gestellt. In den Versen 29–30 folgen zwei genau parallel gebaute Sprüche: Erstens wird ein Fall gesetzt, dass ein rechtes Körperglied zu einem Fehlverhalten verleitet. Darauf folgen zweitens die Aufforderung, es zu entfernen, und drittens die Begründung, dass es nütze, ein Glied zu verlieren und nicht ganz zur Hölle zu gehen. Diese beiden Sprüche haben – in anderer Struktur, aber mit sachlich gleicher Aussage – eine Parallele in Markus 9,43.47, wobei sich dort in Vers 45 mit dem Fuß noch ein dritter analoger Spruch findet. Diese Beobachtungen weisen darauf hin, dass die in Matthäus 5,27–30 vorliegende Zusammenstellung vom Evangelisten als eine Einheit gestaltet worden ist. Dabei ist er, wie in der ersten Auslegung 5,21–26, von der Anrede in der zweiten Person Plural in den Einleitungen des Zitates und der Auslegung mit dem Dekaloggebot in die zweite Person Singular in den der unmittelbaren Auslegung folgenden Fallbeispielen übergegangen.

In der christlichen Auslegungsgeschichte dieses Abschnitts zeigt sich schon in der Antike in zwei Aspekten eine eigentümliche Verschärfung. Einmal wird unter der „Frau" nicht die Ehefrau eines anderen verstanden, sondern die Frau überhaupt und so wird das diesbezügliche Begehren zur Konkupiszenz als der Wurzel alles Bösen. Das ist besonders bei Augustin der Fall. Und zum anderen tritt seit Origenes an die Stelle des Begehrens die Lust. So wird das Lustvolle in den Bereich der Sünde verwiesen. Dafür sei ein bis in die Gegenwart wirkendes Schlaglicht genannt. Es kommt immer noch vor, dass in Gottesdiensten auch die dritte Strophe des Liedes „Gott ist gegenwärtig" von Gerhard Tersteegen gesungen wird. Dort heißt es nach der beherzigenswerten Aussage „Wir entsagen willig allen Eitelkeiten" weiter: „aller (!) Erdenlust und Freuden (!)". Für triste christliche Ehen, die Sexualität im wahrsten Sinn des Wortes tierisch ernst nehmen und sie nur lustlos auf die Zeugungsfunktion beziehen, sind dieser Text und weitere biblische Texte nicht verantwortlich zu machen.

Im Text wird das Dekaloggebot „Du sollst nicht ehebrechen!" zitiert. Es steht biblisch und auch noch zur Zeit des Matthäusevangeliums in einem patriarchal geprägten Recht. Der Mann kann die eigene Ehe nicht brechen, sondern nur die eines anderen Mannes, indem er mit dessen Frau schläft.

5. Jesu Auslegung der Tora (5,21–48)

Das heißt nicht, dass jede andere sexuelle Betätigung außerhalb der Ehe für den Mann erlaubt gewesen wäre. Aber sie galt nicht als Ehebruch, sondern als Hurerei. Auf Ehebruch steht nach biblischem Recht die Todesstrafe. In rabbinischen Rechtsdiskussionen wurde die Beweislast zugunsten des Angeklagten verschoben. Das steht im Zusammenhang der schon genannten Tendenz, Todesurteile zu verhindern. Dem faktischen Ungleichgewicht zwischen Männern und Frauen im geltenden Recht entspricht es, dass auch die Auslegung Jesu hier nur die Männer anspricht.

Das wurde von Chrysostomus als Problem empfunden. Er führt aus: „,Warum nun', wendet man ein, ‚spricht er nicht auch zu solchen (Frauen, die durch ihre Aufmachung Blicke auf sich ziehen)?' Weil er überall die Gesetze als alle zusammen angehend aufstellt, auch wenn es sich allein auf die Männer zu beziehen scheint" (Matthäushomilien 17,2). Dass das nicht im Sinne von Gleichberechtigung zu verstehen ist, zeigt die Fortsetzung: „Indem er nämlich zum Haupt spricht, richtet er die Ermahnung – alle angehend – an den gesamten Leib. Frau und Mann begreift er nämlich als ein einziges Lebewesen und macht nirgends einen Unterschied hinsichtlich des Geschlechts." Was in dieser Hinsicht für die Frauen gelten soll, führt er dann am Anfang von Abschnitt 3 unter Anführung von Jesaja 3,16 und 1. Timotheus 2,9 aus.

Wie bereits in der ersten Einheit wird in der Auslegung das Toragebot radikalisiert: „Jeder, der eine Ehefrau ansieht, um sie zu begehren, hat schon in seinem Herzen mit ihr die Ehe gebrochen." Auch hier erfolgt ein Überschritt in den nichtjustiziablen Bereich; denn „kein Gericht der Welt wird einen Prozess wegen begehrlicher Blicke annehmen" (Fiedler). Chrysostomus meinte zu dieser Stelle: „Denn Gott hat dir nicht dafür die Augen gemacht, damit du durch sie in den Ehebruch hineingezogen wirst, sondern damit du, wenn du seine Geschöpfe erblickst, den Schöpfer bewunderst" (Matthäushomilien 17,2). Dem Fehlverhalten des Ehebruchs soll weit im Vorfeld ein Riegel vorgeschoben werden: Die Entscheidung fällt im Herzen als dem Personzentrum des Menschen und tritt dann nach außen in der Tat. Auch hier kann eine gegen Selbstgerechtigkeit sich richtende Dimension mitschwingen. Denn welcher Mann kann dann noch zuversichtlich von sich behaupten, ganz und gar und niemals ein Ehebrecher zu sein?

Diese Auslegung des Gebotes, nicht die Ehe zu brechen, steht völlig im jüdischen Kontext und stimmt mit anderen Auslegungen überein. Im Testament Issachar 7,2 sagt der scheidende Patriarch von sich: „Außer meiner Frau erkannte ich keine andere; ich hurte nicht durch Erheben meiner Augen." In Psalm Salomos 4,4 heißt es vom Übeltäter: „Seine Augen sind ohne

Unterschied auf jede Frau gerichtet." Nach Sirach 23,4–5 wird gebetet: „Herr, du Vater und Gott meines Lebens, lass mich keine lüsternen Augen haben und wende die Begierde von mir ab!" Sachlich die nächste Parallele stammt zwar aus späterer Zeit, zeigt aber, dass dieselbe Aussage im rabbinischen Judentum möglich war. Im Midrasch Wajikra Rabba 23,12 wird zu 3. Mose 18,3 der Vers Hiob 24,15 zitiert: *Und das Auge des Ehebrechers wartet auf die Dämmerung; er sagt sich: ,Mich wird kein Auge erblicken.' Und einen Schleier legt er sich an.* Dazu sagt Resch Lakisch: „Damit du nicht sagst, dass nur derjenige, der es mit seinem Leib tut, ein Ehebrecher genannt wird. Wer mit seinen Augen die Ehe bricht, wird ein Ehebrecher genannt." In der Gemeinderegel von Qumran werden „Verstocktheit des Herzens" und „Augen der Unzucht" nebeneinander gestellt (1QS I 6). Positiv wird von Abba Chilkija, einem Chassiden, erzählt, dass ihm, wenn er abends von der Feldarbeit heimkehrte, seine Frau entgegenkam. Als er nach dem Grund gefragt wurde, sagte er: „[...] damit ich meine Augen nicht auf eine fremde Frau werfe" (babylonischer Talmud, Ta'anit 23b).

Auch in der ältesten christlichen Kirchenordnung, der Didache, wird wie beim Verbot zu morden auch hier ins Vorfeld gegangen, um den Ehebruch zu verhindern: „Mein Kind, werde nicht begehrlich! Denn die Begehrlichkeit führt zur Hurerei. Noch werde ein Zotenredner oder habe lüsterne Augen! Denn von allen diesen Menschen werden Ehebrüche fabriziert" (3,3). Im zweiten Klemensbrief, einer anderen altchristlichen Schrift, wird in 12,5 zunächst ein apokryphes Evangelienzitat gebracht: „Und das Männliche wie das Weibliche; weder Männliches noch Weibliches" und dann interpretierend fortgefahren: „Dass ein Bruder beim Anblick einer Schwester in keiner Weise an sie als Frau denkt, noch sie an ihn als Mann denkt." Nach dem Kontext und nach dem Gesamtcharakter dieser Schrift ist das nicht als völlige Geschlechtsaskese zu deuten. Viel näher liegt es, hier eine Sachparallele zu Matthäus 5,28 zu erblicken. Als Fazit ist festzuhalten, dass die Auslegung Jesu ganz in ihrem jüdischen Kontext steht; kein anderer jüdischer Lehrer hätte ihm in dieser Sache widersprochen.

Es ist immer wieder versucht worden, auch hier eine Besonderheit Jesu festzustellen. Da sie im Text nicht zu finden ist, wurde sie in einem behaupteten Verhalten Jesu gegenüber Frauen gesucht, das dem von Rabbinen kontrastiert wurde, die unnötigen Kontakt zu Frauen mieden. Aber das ist ein sehr einseitiges Bild. Im babylonischen Talmud, Avoda Sara 20a.b heißt es: „Eine Geschichte über Rabban Schimon ben Gamliel, als er sich auf einer Stufe am Tempelberg befand: Da sah er eine außerordentlich schöne Götzendienerin. Er sagte: *Wie groß sind Deine Werke, Ewiger!*

5. Jesu Auslegung der Tora (5,21–48)

(Psalm 104,24) Auch Rabbi Akiva sah die Frau des Tyrannos Rufus, des Frevlers; er spuckte aus, lächelte und weinte. Er spuckte aus, weil sie aus einem stinkenden Tropfen hervorgekommen war. Er lächelte, weil sie später zum Judentum übertreten werden und er sie dann heiraten würde. Er weinte, weil diese Schönheit zu Staub verwelkt. Er brachte nur einen Dank aus; denn der Meister sagte: ‚Wer schöne Menschen sieht, spricht: Gesegnet, wer so etwas in seiner Welt geschaffen hat!' Darf man denn betrachten? *Und du sollst dich hüten vor allem Bösen!* (5. Mose 23,10) Dass nicht ein Mann eine schöne Frau betrachte, selbst wenn sie ledig ist, nicht eine verheiratete Frau, selbst wenn sie hässlich ist, und nicht die bunten Kleider einer Frau, auch nicht Esel und Eselin, noch Eber und Sau, noch Vögel, wenn sie einander beiwohnen, selbst wenn man voll von Augen ist wie der Todesengel." In der christlichen Auslegung wird in der Regel nur der zweite Teil dieser Tradition zitiert, angefangen bei der Frage: „Darf man denn betrachten?" Aber dieser zweite Teil hebt den ersten nicht auf, in dem außerordentlich bedeutende Rabbinen angeführt werden. Außerdem ist im zweiten Teil klar, dass es um ein solches Betrachten geht, das sich aufgeilt. Auch die Rabbinen waren natürlich als Kinder ihrer Zeit weitgehend patriarchal geprägt, aber in ihrer großen Mehrheit waren sie gewiss nicht verklemmt. So heißt es etwa im babylonischen Talmud, Brachot 57b: „Drei Dinge machen den Sinn des Mannes weit, nämlich: eine schöne Wohnung, eine schöne Frau und schöne Geräte." Kurz vorher heißt es auf derselben Seite: „Drei Dinge sind Ausfluss der kommenden Welt: der Sabbat, die Sonne und der Beischlaf."

Jesus sagt also in Matthäus 5,28 nichts Revolutionäres, nichts aufregend Fortschrittliches, sondern mit den religiösen Autoritäten seiner Zeit und nach ihm im Judentum etwas sehr Schlichtes, aber ebenso Beherzigenswertes und Förderliches: nicht die Ehe zu brechen und dem Ehebruch auch da schon nicht Raum zu geben, wo er entsteht: im Herzen.

Luther hält es für die beste Gegenwehr, „wenn es jeder lernte, sein Gemahl nach Gottes Wort recht anzusehen als den teuersten Schatz und schönsten Schmuck, den man an einem Mann oder einer Frau finden kann, und sich darin spiegelte; dann würde er sein Gemahl wohl lieb haben und wert halten wie ein göttliches Geschenk und Kleinod und, wenn er eine andere sieht, auch wenn sie schöner wäre als die seine, so denken: Ist sie schön, so ist sie doch nicht allzu schön, und selbst wenn sie die allerschönste auf Erden wäre, so habe ich doch daheim an meinem Gemahl einen viel schöneren Schmuck, den mir Gott gegeben und mit seinem Wort vor allen anderen ausgezeichnet hat, auch wenn sie vom Ansehen nicht schön oder sonst gebrechlich wäre. Denn wenn ich alle Frauen in der Welt ansehe, so finde ich keine, von der ich rühmen könnte, wie ich es von meiner mit fröhlichem Gewissen sagen kann: Diese hat mir Gott selbst geschenkt und in die Arme gegeben; und ich weiß, dass es ihm samt allen Engeln herzlich wohlgefällt, wenn ich in Liebe und Treuen zu ihr halte. Warum sollte ich denn ein solch köstliches göttliches Geschenk verachten und mich an eine andere hängen, an der ich einen solchen Schatz und Schmuck nicht finde?"

Der Doppelspruch in den Versen 29–30 bringt radikale Entschlossenheit zum Ausdruck: „Wenn dein rechtes Auge dich verführt, reiß es heraus und wirf es von dir! Es nützt dir nämlich, dass eins deiner Glieder verloren geht und nicht dein ganzer Leib in die Hölle geworfen wird. Und wenn deine rechte Hand dich verführt, haue sie ab und wirf sie von dir! Es nützt dir nämlich, dass eins deiner Glieder verloren geht und nicht dein ganzer Leib zur Hölle geht." Weder als möglicherweise für sich überlieferte Tradition vor ihrer Aufnahme durch Matthäus noch im jetzigen Zusammenhang des Evangeliums kann dieser Spruch in wörtlichem Sinn verstanden sein, als solle man sich tatsächlich ein Auge ausreißen oder eine Hand abhacken. Wiederum liegt hyperbolische Redeweise vor. Das ist besonders deutlich im Falle des Auges: Als könne ein gesunder Mensch mit dem rechten Auge etwas sehen, was das linke nicht sieht. Als könne ein Auge lüstern gieren, während das andere nüchtern betrachtet. Und weiter: Es ist auch nicht so, dass ein Einäugiger nicht geil blicken und ein Einhändiger mit der verbliebenen Hand nicht übel handeln könnte. Es liegen äußerst zugespitzte Aussagen vor, die dazu auffordern, gegen alle Hindernisse radikal anzugehen, die der Teilnahme an der Praxis des Reiches Gottes entgegen stehen und die in einem selbst liegen. Indem Matthäus diesen Doppelspruch mit der zweiten Toraauslegung verbindet, gibt er ihm einen spezifischen Sinn. Die in den ersten beiden Auslegungen implizierte Gleichmacherei, dass unter den hier genannten Bedingungen alle Mörder und alle Männer Ehebrecher sind, bedeutet keine Resignation gegenüber dem Fehlverhalten, sondern im Gegenteil dessen entschlossene Bekämpfung. Die Erweiterungen in den ersten beiden Toraauslegungen ergänzen sich dabei in schöner Weise: Während nach der zweiten unnachgiebige Härte gegen sich selbst zu richten ist, gilt nach der ersten gegenüber dem anderen unbedingte Versöhnungsbereitschaft.

c) Nur aus triftigem Grund aus der Ehe entlassen! (5,31–32)

³¹Es ist gesagt worden: Wer seine Frau entlässt, soll ihr einen Scheidebrief geben (vgl. 5. Mose 24,1–3). ³²Ich nun sage euch: Jeder, der seine Frau entlässt – ausgenommen im Fall von Ehebruch –, bewirkt es, dass die Ehe mit ihr gebrochen wird, und wer eine Entlassene heiratet, treibt Ehebruch.

5. Jesu Auslegung der Tora (5,21–48)

Dieser Abschnitt ist der kürzeste innerhalb der Toraauslegungen in 5,21–48. Er bringt eine als Schriftzitat eingeführte Aussage, die 5. Mose 24,1–3 einspielt, und eine Auslegung in der Form von 5,22.28. Hier „wird eine durch die Tora gegebene spezifische Rechtspraxis auf einen genau definierten Fall eingegrenzt, ohne jede paränetische Entfaltung" (Niebuhr). Zu dieser Auslegung findet sich im Neuen Testament eine Reihe von Parallelen. Die engste steht in Lukas 16,18. Ohne Verbindung mit einem Schriftzitat heißt es dort: „Jeder, der seine Frau entlässt und eine andere heiratet, bricht die Ehe, und jeder, der eine von einem Mann Entlassene heiratet, bricht die Ehe." In Markus 10,2–12 und Matthäus 19,3–9 steht zur selben Thematik ein Lehrgespräch Jesu mit anderen und anschließend mit seinen Schülern, das an die Bestimmung von 5. Mose 24,1–3 anschließt, einer Frau bei ihrer Entlassung aus der Ehe einen Scheidebrief auszuhändigen. In 1. Korinther 7,10–16 diskutiert Paulus das Problem, wobei er an ein überliefertes Jesuswort anknüpft.

Aus den hier angeführten Stellen seien einige bemerkenswerte Aspekte hervorgehoben. Bereits Paulus beruft sich auf ein überliefertes Jesuswort als Autorität: „Den Verheirateten gebiete ich – nicht ich, sondern der Herr." Aber diese Anweisung hat recht unterschiedliche Formen. In Lukas 16,18 und den beiden Stellen bei Matthäus sind jüdische Rechtsverhältnisse vorausgesetzt, nach denen in der Regel nur der Mann die Frau aus der Ehe entlassen kann, während die Frau lediglich unter sehr eingeschränkten Bedingungen die Möglichkeit zur Auflösung der Ehe hat. Paulus (1. Korinther 7,10b.11) und Markus (10,11–12) formulieren gemäß hellenistisch-römischem Recht in gleicher Weise von der Frau und vom Mann aus. Matthäus bietet kein striktes Entlassungsverbot; er nennt ausdrücklich einen triftigen Grund, der die Entlassung der Frau aus der Ehe rechtfertigt (5,32; 19,9). Obwohl Paulus ein autoritatives Jesuswort zitiert, das allerdings seinerseits schon anderen Rechtsverhältnissen angepasst worden ist, stellt er doch auch eigene weitergehende Überlegungen an. In 1. Korinther 7,8 hatte er sich an die Unverheirateten und Witwen gewandt, in den Versen 10–11 mit der Autorität Jesu als „des Herrn" den Verheirateten eine Anweisung gegeben. Andere kann es in dieser Frage nicht geben, allenfalls Geschiedene, aber es soll ja nicht geschieden werden. Dennoch fährt er in Vers 12 fort: „Den Übrigen sage ich, nicht der Herr" – und bei diesen „Übrigen" hat er Verheiratete im Blick, zu denen „der Herr" doch schon das Nötige gesagt hatte. Aber offenbar gibt es besonders gelagerte Fälle, auf die Paulus das vom Herrn Gesagte nicht beziehen und also das strikte Scheidungsverbot nicht angewandt wissen will. Er sieht sich vielmehr herausgefordert, selbst weiter nachzudenken. Er hat hier solche Ehen im Blick, in denen ein Gemeindeglied mit einer außenstehenden Person verheiratet ist, und macht die Fortführung der Ehe vom Willen der außenstehenden Person abhängig. Will sie die Scheidung, soll sie vollzogen werden. „Unter solchen Bedingungen ist der Bruder oder die Schwester nicht gebunden. In Frieden hat euch Gott berufen" (1. Korinther 7,15). Andauernder Kriegszustand wäre keine Basis, um eine Ehe aufrecht zu erhalten. Darüber hinaus hatte Paulus schon beim Zitieren des Gebotes Jesu den gegenteiligen Fall als Möglichkeit gesetzt und dafür eine Anweisung gegeben: „Eine Frau soll sich von ihrem Mann nicht trennen – wenn sie sich aber doch trennt, soll sie unverheiratet bleiben oder sich mit ihrem Mann versöhnen – und ein Mann soll seine Frau nicht entlassen" (1. Korinther 7,10b.11). Das auch an den anderen Stellen begegnende Verbot einer erneuten Heirat mit einer anderen Person ist hier darin begründet, dass es die Möglichkeit offen hält, sich mit der Person zu versöhnen, von der man sich getrennt hat. Das kann eher gelingen im Umfeld einer solidarisch miteinander lebenden Gemeinschaft, wie Paulus sie in der Gemeinde gegeben sieht.

Dieser Überblick hat gezeigt, dass die Aussage des in der dritten Toraauslegung begegnenden Jesuswortes nicht eine ein für allemal feststehende ist. Das Jesuswort wird nicht einfach nur zitiert, sondern immer schon interpretierend aufgenommen und weitergegeben. Den Wortlaut dessen, was Jesus tatsächlich dazu einmal gesagt habe, aus den vorliegenden Texten rekonstruieren zu wollen, kann versucht werden und dieser Versuch kann zu einem hypothetischen Ergebnis führen. Das aber wäre völlig irrelevant. Es würde nicht der Notwendigkeit heutiger verantwortlicher Interpretation entheben und dafür über die vorliegenden Texte hinaus, die gerade in ihrer Unterschiedlichkeit hilfreich sind, auch keinen zusätzlichen Gewinn bringen.
Die als Schriftzitat eingeführte Aussage von Matthäus 5,31: „Wer seine Frau entlässt, soll ihr einen Scheidebrief geben" ist kein wörtliches Zitat, aber eine deutliche Anspielung auf 5. Mose 24,1–3. Dort, einschließlich Vers 4, ist allerdings das Ausstellen eines Scheidebriefes nicht das Thema, sondern eine selbstverständliche Voraussetzung. Worum es vielmehr geht, ist Folgendes: Eine von ihrem Mann entlassene und mit einem Scheidebrief ausgestatte Frau, die anschließend einen anderen Mann geheiratet hat und von ihm ebenfalls entlassen worden oder dadurch frei geworden ist, dass dieser Mann starb, darf danach nicht wieder ihren ersten Mann heiraten. Dieses Problem spielt in der Rezeption des Bibeltextes in Matthäus 5,31 keine Rolle. Es wird lediglich das dort als selbstverständlich vorausgesetzte Verfahren aufge-

5. Jesu Auslegung der Tora (5,21–48)

nommen, einer Frau bei Entlassung aus der Ehe einen Scheidebrief auszustellen. Dieser Scheidebrief gab der Frau die Möglichkeit, sich legitim wieder zu verheiraten. Das war in sozialer und wirtschaftlicher Hinsicht gegenüber der sonst anstehenden Rückkehr in das Haus des Vaters allemal die bessere Alternative.

Dass unter Ausstellung eines Scheidebriefes eine Frau aus der Ehe entlassen werden konnte, war in der pharisäisch-rabbinischen Tradition keine Frage. Gestritten wurde jedoch darum, aus welchem Grund das geschehen konnte. Dazu heißt es in Mischna Gittin 9,10: „Die vom Haus Schammaj sagen: ‚Ein Mann darf seine Frau nur entlassen, wenn er an ihr etwas Schandbares gefunden hat. Denn es ist gesagt: *Wenn er etwas Schandbares an ihr gefunden hat* (Dtn 24,1).' Aber die vom Haus Hillel sagen: ‚Selbst wenn sie sein Essen hat anbrennen lassen. Denn es ist gesagt: *Wenn er ein schandbares Etwas an ihr gefunden hat* (Dtn 24,1).' Rabbi Akiva sagt: ‚Selbst wenn er eine andere gefunden hat, die schöner ist als sie. Denn es ist gesagt: *Und wenn sie kein Gefallen findet in seinen Augen* (Dtn 24,1).'" Zunächst sei festgehalten, dass die Schule Schammajs die Entlassung der Frau auf den Fall von Ehebruch einschränkt und keine anderen Gründe akzeptiert. Dafür betont sie aus der Verbindung zweier Wörter in 5. Mose 24,1 das Wort „Schandbares". Die Schule Hillels dagegen betont das andere Wort: „etwas"/„Sache". Ihr geht es darum, die Möglichkeit zur Entlassung nicht auf den einzigen Tatbestand des Ehebruchs einzuschränken, sondern sie auch für andere Tatbestände offen zu halten. Christliche Auslegung hat sich über die beiden von der Schule Hillels genannten Gründe empört und sie als frivol empfunden. Sie hat dabei übersehen, dass es hier nicht um die Angabe tatsächlicher Entlassungsgründe geht, sondern um äußerste Zuspitzungen, die allein die Funktion haben, es deutlich zu machen, dass die Entlassung auch aus anderen Gründen als dem des Ehebruchs erfolgen kann. Das zeigt die Diskussion dieser Mischna sowohl im babylonischen Talmud (Gittin 90a) als auch in Sifrej Dvarim § 269. An der Talmudstelle wird die Aussage Akivas ausdrücklich als Plädoyer dafür verstanden, dass eine Entlassung nicht nur aufgrund von Ehebruch erfolgen kann. Außer um die Öffnung auf weitere Tatbestände hin geht es den Hilleliten darum, was besonders die Sifrejstelle deutlich macht, dass auch eine wegen Ehebruchs entlassene Frau sich wieder verheiraten kann. Am Ende der genannten Diskussion im Talmud wird der Anfang von Maleachi 2,16 zitiert, der unterschiedlich verstanden werden kann, nach Rabbi Jochanan so: „Verhasst (bei Gott) ist der (die Frau aus der Ehe) Fortschickende." Dafür wird Rabbi Elasar angeführt:

„Über jeden, der seine erste Frau entlässt, vergießt sogar der Altar Tränen", was er mit Maleachi 2,13–14 begründet.

Dass im Übrigen auch Rabbi Akiva in Ehefragen nicht der Frivolität geziehen werden kann, sei an zwei Punkten aufgezeigt. Einmal hat er in seiner eigenen Ehe mit seiner Frau Rachel nicht entfernt an Scheidung gedacht. Nach der Überlieferung im babylonischen Talmud, Nedarim 50a und Avot de Rabbi Natan (A) 6,4 war diese Ehe von großer wechselseitiger Hochachtung und Liebe geprägt. Zum anderen hat er in seiner Funktion als Rabbi eine fremde Ehe keineswegs leichtfertig aufgelöst, sondern das Interesse der Frau im Auge gehabt: „Eine Geschichte über jemanden, der gelobt hatte, sich des Genusses von seiner Frau zu enthalten (was faktisch die Einleitung zu ihrer Entlassung war). Ihre Hochzeitsverschreibung (die im Fall der Entlassung an die Frau zu ihrer Absicherung zu zahlen war) betrug 400 Denare. Er kam vor Rabbi Akiva; der verpflichtete ihn, ihr ihre Hochzeitsverschreibung zu geben. Da sagte er zu ihm: ‚Rabbi, 800 Denare hat mein Vater hinterlassen; 400 hat mein Bruder genommen und 400 ich. Ist es nicht genug für sie, dass sie 200 nimmt und ich 200?' Rabbi Akiva sagte ihm: ‚Selbst wenn du das Haar deines Kopfes verkaufen müsstest, du gibst ihr ihre Hochzeitsverschreibung.' Er sagte ihm: ‚Wenn ich gewusst hätte, dass es sich so verhält, hätte ich nicht gelobt.' Da löste ihm Rabbi Akiva das Gelübde auf" (Mischna Nedarim 9,5).

Differenzierte Positionen zeigen sich in der folgenden Tradition im babylonischen Talmud, Ketubbot 77a: „Rav sagte: ‚Wer sagt: Ich ernähre (meine Frau) nicht und versorge (sie) nicht, entlässt sie und gibt ihr die Hochzeitsverschreibung.' Rabbi Elasar ging und trug diese Lehre Schmu'el vor. Der sagte: ‚Gebt Elasar Gerste zu kauen! Statt ihn zu zwingen, sie zu entlassen, soll man ihn zwingen, sie zu ernähren.' Und Rav? ‚Niemand kann mit einer Schlange in einem Korb wohnen.' Als Rabbi Sera hinaufkam (ins Land Israel), traf er Rabbi Binjamin bar Jafet, als er saß und das im Namen Rabbi Jochanans vortrug. Er sprach zu ihm: ‚Deswegen ließ man in Babylon den Elasar Gerste kauen.'"

Auf diesem Hintergrund ist deutlich zu erkennen, dass die Stellungnahme Jesu, wie er sie zu dieser Frage im Matthäusevangelium abgibt, innerhalb eines Diskurses erfolgt, wie er auch zwischen den Rabbinen geführt wurde. Das tritt besonders klar hervor in dem Abschnitt Matthäus 19,3–9. Schon die Formulierung der Frage, die Matthäus von Pharisäern an Jesus in Vers 3 gerichtet sein lässt, zeigt das: „Ist es einem Mann erlaubt, seine Frau aus jedem beliebigen Grund zu entlassen?" In Markus 10,2 dagegen wird grund-

5. Jesu Auslegung der Tora (5,21–48)

sätzlich gefragt: „Ist es einem Mann erlaubt, seine Frau zu entlassen?" Dass entlassen werden kann, ist bei Matthäus selbstverständlich vorausgesetzt; es stellt sich jedoch die Frage nach dem zureichenden Grund. Entsprechend kennt die Antwort Jesu in Vers 9 einen solchen Grund, beschränkt die Möglichkeit der Entlassung aber auf diesen einen mit ihm gegebenen Fall: „Wer seine Frau entlässt – außer aufgrund von Ehebruch – und eine andere heiratet, bricht die Ehe." Jesus, wie ihn Matthäus hier sprechen lässt, vertritt damit die schammaitische Position, dass eine Frau nur im Fall des Ehebruchs entlassen werden darf.

Nach der Frage, ob aus jedem beliebigen Grund entlassen werden dürfe, hatte Jesus zunächst in den Versen 4–6 eine Argumentation mit der Schrift gebracht, die für ein prinzipielles Verbot der Entlassung stehen kann. Er verbindet an dieser Stelle, wie auch in Markus 10,6–9, 1. Mose 1,27, dass Gott als Schöpfer *sie als Mann und Frau geschaffen hat*, mit 1. Mose 2,24, dass *deshalb ein Mann Vater und Mutter verlassen und seiner Frau anhängen wird, sodass die zwei eine leibliche Gemeinschaft bilden.* Daraus folgert er: „Was nun Gott zusammengebunden hat, darf kein Mensch trennen." Eine ähnliche Argumentation findet sich in den Qumrantexten. Dort werden 1. Mose 1,27 und die Aufforderung von 1. Mose 6,19–20, dass von allen Arten je zwei, *männlich und weiblich*, mit in die Arche genommen werden sollen, miteinander verbunden. In der Damaskusschrift wird gegen Männer polemisiert, die „zwei Frauen zu ihren Lebzeiten nehmen", und dann fortgefahren: „Aber Grundlage der Schöpfung ist: *Als Mann und Frau hat er sie geschaffen* (1. Mose 1,27). Und die in die Arche hineingingen, sind je zwei und zwei in die Arche gegangen. Und über den Fürsten steht geschrieben: *Er soll nicht viele Frauen haben* (5. Mose 17,17)" (CD IV 20–V 2). In der Tempelrolle heißt es über den König: „Er darf keine Frau heiraten von all den Töchtern der Völker, sondern nur aus seinem Vaterhaus soll er sich eine Frau nehmen, aus der Sippe seines Vaters; und er darf zu ihr keine andere Frau hinzunehmen, sondern sie allein soll mit ihm sein alle Tage ihres Lebens, und wenn sie stirbt, heirate er eine andere aus seinem Vaterhaus, aus seiner Sippe" (11Q 19 LVII 15–19).

Das Institut des Scheidebriefes, das sich ebenfalls auf die Schrift gründet, interpretiert Jesus als Konzession des Mose an menschliche Herzenshärte, an die Sünde von Menschen in ihrem fehlgeleiteten Wollen und Trachten. Die Erinnerung daran, dass es „von Anfang an nicht so war", wird zur Hoffnung, dass es auch jetzt anders sein könnte. Das Fazit Jesu in diesem matthäischen Text, Entlassung der Frau nur „aufgrund von Ehebruch", steht auch angesichts der zuvor betonten prinzipiellen Tendenz, Eheleute nicht zu trennen, dazu nicht im Widerspruch, wenn und weil der Ehebruch bereits als Zerstörung der Ehe angesehen wird.

Ich komme zurück auf die Auslegung Jesu in Matthäus 5,32, nach deren Logik noch einmal genauer zu fragen ist. Im ersten Teil heißt es: „Jeder, der seine Frau entlässt – ausgenommen im Fall von Ehebruch –, bewirkt es, dass die Ehe mit ihr gebrochen wird." Wieso bewirkt eine Entlassung der Frau aus einem anderen Grund als dem des Ehebruchs, dass mit ihr die Ehe gebrochen wird? Gemeint sein muss hier, dass die Entlassene eine andere Ehe eingeht, womit ihre erste Ehe gebrochen wird. Im Falle des Ehebruchs gilt sie als schon zerstört. Dabei ist unter Ehebruch „jede Art von offensichtlich torawidriger sexueller Beziehung" verstanden (Bockmuehl). Die Nacherzählung von 1. Mose 12,14–17, die Verbringung von Abrahams Frau Sara in den Harem Pharaos und das daraufhin erfolgende Geplagtwerden Pharaos durch Gott, bei Philon (Über Abraham § 98) und besonders im Genesisapokryphon von Qumran (1QapGen XX 12–18) bieten „ein klares vorrabbinisches Zeugnis für die halachische Vorstellung, dass jeder sexuelle Einbruch in eine bestehende Ehe einen Status der Unreinheit hervorruft, der eine Wiederaufnahme dieser Ehe ausschließt" (Bockmuehl). In anderen Fällen als dem des Ehebruchs würde nicht schon die Entlassung als endgültige Zerstörung der Ehe gelten, sondern erst die Wiederheirat.

Entsprechend lautet der zweite Teil von Matthäus 5,32: „Wer eine Entlassene heiratet, bricht die Ehe", nämlich die Ehe der Entlassenen mit ihrem ersten Mann, die mit der Wiederheirat endgültig zerstört wäre. Man muss das deutlich sagen: Das Verbot, eine aus der Ehe entlassene Frau zu heiraten, ist unter den sozialen und wirtschaftlichen Bedingungen des 1. Jahrhunderts alles andere als frauenfreundlich. Es müssten dann schon in den Gemeinden Bedingungen gegeben sein, die die schwerwiegenden Nachteile für entlassene Frauen aufheben. Die hillelitische Position, die auch für eine wegen Ehebruchs entlassene Frau die Möglichkeit der Wiederheirat vertritt, erscheint mir jedenfalls als die humanere. Das gilt m.E. auch für deren Scheidungspraxis überhaupt gegenüber einer starren Behauptung von der „Unauflöslichkeit der Ehe". Luther hatte zu Matthäus 5,31–32 gemeint: „Wie aber jetzt bei uns in Ehesachen und mit Scheidungen umzugehen sei, dazu habe ich gesagt, dass man es den Juristen anvertrauen soll, und es dem weltlichen Regiment unterstellt, weil der Ehestand eine weltliche, äußerliche Angelegenheit ist." Aber natürlich gilt nach ihm, „dass diejenigen, die Christen sein wollen, sich nicht scheiden sollen, sondern jeder soll sein Gemahl behalten,

5. Jesu Auslegung der Tora (5,21–48)

Gutes und Böses mit ihm teilen und tragen, auch wenn es wunderlich, seltsam und gebrechlich ist." Beide Aussagen wiederholt er noch einmal: „Denn weder befehlen wir solches Scheiden noch wehren wir ihm, sondern vertrauen es der Obrigkeit an, darin zu handeln, und lassen es demnach gehen, was weltliches Recht hierin anordnet. Doch um denen, die Christen sein wollen, zu raten: Es wäre viel besser, beide Teile zu ermahnen und dazu anzuhalten, dass sie beieinander blieben und dass das unschuldige Gemahl sich mit dem schuldigen (wenn es sich demütigt und bessern will) versöhnen ließe und ihm aus christlicher Liebe vergäbe." Die angeführten neutestamentlichen Texte insgesamt zeigen, dass sie unterschiedlichen Rechtsverhältnissen angepasst wurden und dass insbesondere Paulus weitergedacht hat. Er hat nicht ein striktes Prinzip vertreten, sondern die überlieferte Weisung Jesu sowohl unter dem Gesichtspunkt der Versöhnung, aber auch unter dem des Zuträglichen fortgeschrieben und so einen Ausweg aus verfahrenen Situationen eröffnet. Darin steht er der hillelitischen Position nahe. Das heißt nicht, es solle nicht gelten, was nach Matthäus 19,8 und Markus 10,6 „von Anfang an" vorgesehen war. Aber das ist nicht als Prinzip zu exekutieren, sondern als Hoffnung festzuhalten, dass es so sein möge und so sein kann.

d) Eindeutig reden! (5,33–37)

[33]Wiederum habt ihr gehört, dass den Alten gesagt worden ist: *Du sollst keinen geschworenen Eid brechen, vielmehr dem Ewigen Deine Eidschwüre erstatten* (3. Mose 19,12; 4. Mose 30,3; 5. Mose 23,22). [34]Ich nun sage euch, überhaupt nicht zu schwören: weder beim Himmel, denn er ist Gottes Thron, [35]noch bei der Erde, denn sie ist seiner Füße Schemel, noch bei Jerusalem, denn sie ist die Stadt des großen Königs; [36]noch sollst du bei deinem Haupt schwören, denn du kannst kein einziges Haar weiß oder schwarz machen. [37]Bei eurem Reden soll ein Ja ein Ja sein und ein Nein ein Nein; was darüber hinausgeht, ist vom Übel.

Mit dieser Auslegung beginnt die zweite Dreiergruppe. An einer Stelle zeigt sich in formaler Hinsicht gegenüber der ersten ein Unterschied. Darauf sei zunächst eingegangen: In den ersten drei Abschnitten hatte die Auslegung Jesu jeweils die Form eines Rechtssatzes. Im vierten und fünften Abschnitt steht an dieser Stelle ein verneinter Infinitiv, der imperativische Bedeutung hat, im sechsten ein Imperativ. Da aber die erste Dreiergruppe in ihrer Aussageintention nicht anders ist als die zweite, ergibt sich auch von hier aus, dass Matthäus alle Toraauslegungen paränetisch versteht. Dass er in den ersten beiden Abschnitten trotz der Formulierung in Rechtssätzen nicht an die Aufrichtung eines neuen Rechts dachte, hatte sich auch an der hyperbolischen Redeweise gezeigt.

Der Aufbau dieses Stückes ist klar. Das, was den Alten gesagt worden ist, wird zunächst mit dem als Imperativ verstandenen verneinten Infinitiv ausgelegt. Der erfährt anschließend eine vierfache Entfaltung, jeweils mit einer Verneinung eingeführt, worauf jedes Mal eine Begründung folgt. Die Frage ist, wie sich der Imperativ als Obersatz und die vier Entfaltungen zueinander verhalten. Nach der vierten Auslegungsregel von Rabbi Jischmael gilt, wenn auf das Allgemeine das Besondere folgt, nur letzteres. In diesem Fall wäre hier das Schwören nur bei den konkret genannten Dingen verboten. Das ist aber ausgeschlossen, weil es im Obersatz betont heißt, *„überhaupt* nicht zu schwören". Daher müssen die folgenden Entfaltungen exemplarisch verstanden werden. Auf die vierfache exemplarische Erläuterung mit jeweiliger Begründung folgt in Vers 37 ein positiver Imperativ mit abschließender Wertung.

Zu diesem Abschnitt gibt es eine enge sachliche und auch weitgehend terminologische Parallele in Jakobus 5,12: „Vor allem aber, meine Geschwister, schwört nicht – auch nicht beim Himmel, auch nicht bei der Erde, überhaupt keinen Eid! Es soll aber euer Ja ein Ja sein und euer Nein ein Nein, damit ihr nicht unter das Gericht fallt." Diese Aussage wird hier weder als Jesuswort eingeführt noch gibt sie sich als Auslegung eines Schriftwortes.

Was „den Alten" nach Matthäus 5,33 gesagt worden ist, steht in dieser Form weder in der hebräischen noch in der griechischen Bibel. Der erste Teil ist im Dekalogstil formuliert: „Du sollst keinen geschworenen Eid brechen!" Das hier gebrauchte griechische Verb (*epiorkéo*) begegnet in der Septuaginta nur zweimal, und zwar an solchen Stellen, die keine hebräische Vorlage haben. Sachlich hat dieses Verbot jedoch biblischen Anhalt. So heißt es in 3. Mose 19,12 in Gottesrede: *Ihr sollt nicht in meinem Namen zur Lüge schwören, damit du nicht den Namen deines Gottes entweihst!* Verboten wird, falsch zu schwören, einen Meineid abzulegen. Den Namen Gottes für eine Lüge in Anspruch zu nehmen, wäre nicht nur Missbrauch, sondern geradezu Entheiligung des Namens Gottes. Sachlich gehört hierher auch das Dekaloggebot: *Du sollst den Namen des Ewigen, deines Gottes, nicht lügenhaft gebrauchen!* (2. Mose 20,7; 5. Mose 5,11) Es wird noch darzulegen sein, dass Philon von Alexandria dieses Gebot im Zusammenhang des Themas Schwö-

5. Jesu Auslegung der Tora (5,21–48)

ren auslegt. Der zweite Teil von Vers 33: „Du sollst dem Ewigen deine Eidschwüre erstatten!" hat Anhalt an Psalm 50,14: *Opfere Gott Dank und erstatte dem Höchsten deine Gelübde!* Die unbedingte Verpflichtung einem Gelübde oder Eid gegenüber wird auch in 4. Mose 30,3 betont: *Wenn jemand dem Ewigen ein Gelübde gelobt oder einen Schwur schwört, um sich ein Enthaltungsgelübde aufzuerlegen, darf er sein Wort nicht brechen; wie er es aus seinem Mund gehen ließ, so muss er es tun.* In Sacharja 8,16–17 heißt es: *Das ist's, was ihr tun sollt: Redet verlässlich miteinander! Sprecht verlässlich und gedeihlich Recht in euren Toren! Ersinnt nichts Böses gegen andere in eurem Herzen! Falschen Schwur liebt nicht! Denn all das ist's, was ich hasse, Spruch des Ewigen.* In Matthäus 5,33 liegt also kein wörtliches Zitat vor, sondern eine sinngemäße Anknüpfung an mehrere Schriftstellen, die sich im Kopf des Zitierenden zu einer neuen Einheit verbanden. Die Intention dieser Stellen und dieser neuen Zusammenstellung ist jedenfalls deutlich zu erkennen: Beim Gelübde, Eid oder Schwur wird in irgendeiner Weise Gott angerufen; er kommt hier ins Spiel und da kann und darf es keine Lüge geben. Damit würde Gottes Name, ja Gott als der Heilige schlechthin entheiligt.

In solcher Weise äußert sich Philon von Alexandria mehrfach. In § 86 seiner Auslegung des Dekalogs formuliert er: „Ein Zeugnis Gottes nämlich über umstrittene Dinge ist der Eid. Gott jedoch als Zeugen für eine Lüge anzurufen, ist überaus frevelhaft." In der Einzelauslegung der Gesetze fasst er einschlägige Ausführungen gleichsam unter der Überschrift zusammen: „Darüber, dass man nicht meineidig sein oder überhaupt nicht leichtsinnig schwören darf" (II § 224). Eine solche Mahnung findet sich auch in der ältesten christlichen Kirchenordnung: „Du sollst keinen geschworenen Eid brechen! Du sollst kein falsches Zeugnis ablegen!" (Didache 2,3) An dieser Stelle sei nebenbei festgehalten: Da der Verfasser der Didache das Matthäusevangelium kannte, nimmt er hier positiv auf, was „den Alten" gesagt ist; er kann daher die folgende Aussage Jesu nicht als Antithese gelesen haben. Sehr aufschlussreich ist die in diesen Zusammenhang gehörende Mahnung in dem jüdisch-hellenistischen Lehrgedicht Pseudo-Phokilides 16: „Schwöre keinen Meineid, weder unwissentlich noch vorsätzlich!" Diese Formulierung ist deshalb aufschlussreich, weil sich die Frage stellt, wie man sich davor hüten kann, unwissentlich einen Meineid zu schwören. Das wäre ja nur so möglich, dass man überhaupt nicht schwört.

Das ist die Zuspitzung, die Jesus nach Matthäus in seiner Auslegung gibt: „Ich nun sage euch, überhaupt nicht zu schwören." Eine solche Aussage ist in der antiken Welt keine völlige Neuheit. Sie begegnet im Griechentum, besonders in der pythagoreischen Tradition. Dort ist sie anthropologisch motiviert. Der Schwur ist eines freien Mannes unwürdig; sein Wort muss auch so gelten. In der jüdischen Bibel gibt es nur an einer Stelle ein Schwurverbot. In Hosea 4,15 heißt es: *Kommt nicht nach Gilgal und geht nicht hinauf nach Bet-Awen und schwört nicht: „So wahr der Ewige lebt"!* Sirach 23,9–12 richtet sich nicht grundsätzlich gegen das Schwören, sondern gegen seinen inflationären Gebrauch: „An einen Eid gewöhne nicht deinen Mund und den Namen des Heiligen zu nennen, sei dir nicht geläufig!" (Vers 9) Ein Hintergrund des Schwurverbots von Matthäus 5,34 ist sicher die Neigung, im Alltag alle möglichen Äußerungen mit einem Schwur zu bekräftigen. Demgegenüber verlangen alle ernsthaften Menschen in allen jüdischen Gruppen mehr Besonnenheit. Dabei zeigt sich bisweilen auch die Tendenz zu einem generellen Schwurverbot. So berichtet Josephus von den Essenern: „Alles, was sie sagen, ist gewisser als ein Eid; zu schwören aber lehnen sie ab, da sie es für schlimmer halten als den Meineid. Denn es sei schon verurteilt, wer unglaubwürdig ist, auch ohne Anrufung Gottes" (Jüdischer Krieg II 135). Gemeint ist hier das Schwören im Alltag. Denn etwas weiter im Text teilt Josephus mit, dass die Essener beim Eintritt in ihre Gemeinschaft einen Eid ablegten (139), und essenische Texte kennen den Eid im Rechtswesen (CD IX 8–12; XV 1–4). Nach einer weiteren Angabe bei Josephus waren die Essener vom Treueid auf Herodes befreit (Jüdische Altertümer XV 371). Im Paragraphen davor erwähnt er noch andere, die nicht den Schwur auf Herodes leisten wollten: „Er wollte aber auch die Leute um Pollion, den Pharisäer, und Sameas sowie die meisten ihrer Schüler zum Schwören veranlassen. Die jedoch zeigten sich weder nachgiebig, noch wurden sie gleich denen bestraft, die sich verweigert hatten – aus Rücksicht auf Pollion."

Die rabbinische Tradition kennt Eide vor Gericht. So soll der Zeugnisschwur, wie das auch bei anderen Arten des Eides der Fall ist, „nur dazu dienen, jemandem zu seinem Recht zu verhelfen, der einen Schaden erlitten hat" (Vahrenhorst). Dennoch finden sich Aussagen, die vor dem Schwören warnen, es sogar verbieten. In der Mechilta de Rabbi Jischmael heißt es in Jitro (Bachodesch) 7: *„Nicht sollst du erheben (den Namen des Ewigen, deines Gottes, zu Nichtigem)* (2. Mose 20,7). Warum ist das gesagt? Sie (die Schrift) sagt ja schon: *Nicht sollt ihr bei meinem Namen zur Lüge schwören* (3. Mose 19,12). Da ergibt sich mir nur, dass man nicht schwört. Woraus (ist es zu entnehmen), dass man es nicht auf sich nimmt zu schwören? Die Belehrung (der Schrift) sagt: *Nicht sollst du erheben den Namen des Ewigen,*

5. Jesu Auslegung der Tora (5,21–48)

deines Gottes! Solange du es nicht auf dich genommen hast zu schwören, siehe, da bin ich dir Gott; sobald du es auf dich genommen hast zu schwören, siehe, da werde ich dir zum Richter. Denn es ist gesagt: *Denn der Ewige lässt nicht ungestraft, wer seinen Namen zu Nichtigem erhebt* (2. Mose 20,7)." Die Gefahr, unwissentlich falsch zu schwören, wird in einer mehrfach überlieferten Erzählung durch die Schilderung schlimmster Konsequenzen drastisch ausgeführt. An ihrem Schluss steht als sprichwörtliche Weisheit: „Du magst schuldig oder unschuldig sein: Lass dich ja nicht auf einen Schwur ein!" (Jerusalemer Talmud, Schvuot 6,6; Wajikra Rabba 6,3 zu 3. Mose 5,1) In Tanchuma mattot 1 heißt es unter Bezug auf Jeremia 4,2: „Der Heilige, gesegnet er, sagte zu ihnen, zu Israel: ‚Ihr dürft nicht meinen, dass es euch erlaubt wäre, bei meinem Namen zu schwören; ihr seid nicht einmal befugt, wahrheitsgemäß bei meinem Namen zu schwören." Dieselbe Tradition findet sich in Bemidbar Rabba 22,1 unter Bezug auf 4. Mose 30,2. An beiden biblischen Stellen ist in selbstverständlicher Weise vom Schwören die Rede. Nach Sifrej Dvarim § 265 zitiert Rabbi Meïr Prediger 5,4: *Besser ist, dass du nicht gelobst, als dass du gelobst und nicht hältst* und fährt dann selbst fort: „Besser als dieses und jenes (geloben und halten; geloben und nicht halten) ist es, dass du überhaupt nicht gelobst." Ihm wird allerdings von Rabbi Jehuda widersprochen: „Besser als dieses und jenes (nicht geloben; geloben und nicht halten) ist es, zu geloben und zu halten." Diese Kontroverse ist mehrfach überliefert, auch mit unterschiedlicher Zuordnung der Aussagen an die Gesprächsteilnehmer. Für das tatsächlich praktizierte Schwören kennt die rabbinische Tradition Ersatzformeln, die jedoch einen Bezug auf Gott haben müssen, damit der Schwur gültig ist. „Aber dennoch schafft eine Ersatzformel Distanz zum Eigentlichen und schützt den Namen Gottes vor der Entweihung. Damit ist zugleich der Sprecher vor den Folgen dieser Entweihung geschützt" (Vahrenhorst). Aber wegen des nötigen Gottesbezugs führen die Ersatzformeln nicht aus der grundsätzlichen Problematik des Schwörens heraus.

Analoges findet sich bei Philon von Alexandria, auf den noch einmal eingegangen sei. Er sagt: „Gar nicht zu schwören, ist am besten, lebensdienstlichsten und einem vernünftigen Wesen angemessen, das belehrt ist, bei jeder Gelegenheit wahr zu reden, sodass die Worte für Eide gehalten werden können" (Über den Dekalog § 84). „Wenn aber irgendeine Notwendigkeit (zum Schwören) zwingt" (§ 85) – auch für Philon ist das im Rechtswesen der Fall, damit Menschen ihr Recht bekommen –, empfiehlt er als das Zweitbeste, „recht zu schwören" (§ 84) und dabei größte Zurückhaltung und

Sorgfalt an den Tag zu legen (§§ 84–95). Wenn ein Eid nötig sei, solle man nicht gleich bei Gott, der höchsten und letzten Ursache, schwören, sondern bei den Eltern als den Abbildern göttlicher Schöpfungsmacht, die sie als Erzeuger seien, oder bei „Erde, Sonne, Sternen, Himmel oder dem ganzen Weltall" (Einzelgesetze II 2.5). Das sind Ersatzformeln, die einerseits Distanz zu Gott schaffen, aber andererseits doch den Bezug zu ihm wahren. An anderer Stelle setzt Philon den Akzent etwas anders: Niemand könne bei Gott selbst schwören, „weil niemand genaue Erkenntnis über sein Wesen erlangen kann" (Allegorische Auslegung der Gesetze III 207). Deshalb sei bei „seinem Namen" zu schwören, den Philon als Dolmetscher Gottes interpretiert und mit dem „Wort" (*lógos*) identifiziert.

Worin für die apodiktische Aufforderung Jesu in Matthäus 5,34 die Begründung liegt, überhaupt nicht zu schwören, zeigen die folgenden Erläuterungen. Die formal übereinstimmenden ersten drei hängen auch darin eng zusammen, dass sie sich an Schriftworte anlehnen. Die ersten beiden lauten: „Weder beim Himmel, denn er ist Thron Gottes, noch bei der Erde, denn sie ist seiner Füße Schemel." Das entspricht Jesaja 66,1, wo es in Gottesrede heißt: *Der Himmel ist mein Thron und die Erde der Schemel meiner Füße.* Die dritte Erläuterung – „noch bei Jerusalem, denn sie ist die Stadt des großen Königs" – bezieht sich auf Psalm 48,3, wo Jerusalem *die Stadt des großen Königs*, nämlich Gottes, genannt wird. Die Logik dieser Erläuterungen besteht also darin: Gleichgültig, bei was man schwört, man bekommt es immer mit Gott selbst zu tun. Die Ersatzformeln leisten also nicht, „was sie erreichen wollen: Indem sie den notwendigen Bezug zum Eigentlichen wahren, vermögen sie die Heiligkeit Gottes nicht zu schützen" (Vahrenhorst). Darin ist aber positiv impliziert: Bei allem, wozu der Mensch beim Schwören greifen könnte, ist Gott schon präsent. Die in umfassender Weise vorauszusetzende Präsenz Gottes verlangt es, in allen Aussagen wahr und eindeutig zu sein. Diese positive Folgerung wird am Schluss ausdrücklich gezogen. Das Schwurverbot wird hier also nicht wie im Griechentum anthropologisch von der Würde des freien Mannes her begründet, sondern theologisch vom heiligen Gott her.

Dass dessen Präsenz umfassend gedacht ist, zeigt die vierte Erläuterung in Vers 36: „Auch bei deinem Haupt sollst du nicht schwören, denn du vermagst kein einziges Haar weiß oder schwarz zu machen." Mit dem Schwören „beim Haupt" ist der Schwur beim eigenen Leben gemeint. „Bei seinem/deinem Leben", „beim Leben meines/deines Hauptes" sind beliebte Schwurformeln.

5. Jesu Auslegung der Tora (5,21–48)

Dazu sei eine kleine Geschichte aus dem babylonischen Talmud, Brachot 3a angeführt: Rabbi Josse ist auf Reisen; er kommt ins zerstörte Jerusalem und tritt zum Beten in eine Ruine ein. Als er wieder herauskommt, begegnet ihm Elija, der ihn fragt, ob er nicht beim Beten eine Stimme gehört und was die ihm gesagt habe. Rabbi Josse antwortet, die Stimme wie folgt vernommen zu haben: „Wehe, dass ich mein Haus zerstört, meinen Tempel verbrannt und meine Kinder unter die Völker exiliert habe!" Darauf sagt Elija zu Rabbi Josse: „Bei deinem Leben, beim Leben deines Hauptes: Nicht allein in dieser Stunde spricht sie (die Stimme) so, sondern dreimal täglich."

Die Begründung für das Schwurverbot beim Haupt, dass man kein Haar weiß oder schwarz machen könne, impliziert nicht, dass man sich in der Antike noch nicht auf die Kunst des Haarfärbens verstanden hätte; das konnte man sehr wohl. Nach Josephus geben Gefolterte als Aussage des Herodessohnes Alexander an, sein Vater habe „sich schon überlebt und verdecke sein fortgeschrittenes Greisenalter damit, dass er seine Haare schwärze und so den Beweis seines Lebensalters unterschlage" (Jüdische Altertümer XVI 233). Gemeint ist in Matthäus 5,36, dass niemand sein Haar so oder so wachsen lassen kann. Und vom Beispiel des Herodes wird darüber hinaus deutlich: Der Mensch verfügt nicht über sein Leben und seine Lebenszeit; auch die stehen in der Souveränität Gottes. Als Schöpfer und Erhalter des Lebens ist Gott auch in diesem Bereich immer schon präsent.

Aus der umfassend vorausgesetzten Präsenz Gottes, die sich nicht auf besondere Situationen einschränken lässt, zieht Vers 37 die Folgerung: „Bei eurem Reden soll ein Ja ein Ja sein und ein Nein ein Nein; was darüber hinausgeht, ist vom Übel." In diesem Sinn von Jakobus 5,12 muss das im Text stehende doppelte „Ja" und doppelte „Nein" verstanden sein und nicht in der Weise, als dürfe nur „ja" oder „nein" gesagt werden – und schon gar nicht sind darin doch erlaubte Schwurformeln zu erblicken. Einen schönen Versuch der Deutung hat Calvin unternommen: „Durch die Wiederholung des Ja wie des Nein sollen wir gezwungen werden, zu unserem Wort zu stehen, damit sich darin unser ehrlicher Wille zeige." Auch dazu gibt es sachliche Parallelen. So sagt Philon: „Denn das Wort des Ernsthaften, heißt es, soll ein Eid sein: zuverlässig, ohne Schwanken, ohne jeden Trug, gestützt auf Wahrheit" (Einzelgesetze II 2). Alles Reden soll also die Qualität eines Eides haben. Das ist genau wie in Matthäus 5,33–37 die positive Entsprechung zu dem, was Philon als beste Möglichkeit ansieht, nämlich auf das Schwören ganz zu verzichten.

Sehr nahe kommt der Aussage von Matthäus 5,37 eine Ausführung im babylonischen Talmud, Bava Mezia 49a: „Rabbi Josse ben Jehuda sagte: ‚Wozu heißt es (in 3. Mose 19,36) *richtiges Hin* (= 1 Sechstel Efa), Hin ist ja in Efa inbegriffen (das im selben Vers auch genannt wird)? Allein, dies lehrt dich, dass dein Ja (*hen*) aufrichtig sein muss und dein Nein aufrichtig sein muss.' Abbaje erwiderte: ‚Dies besagt, dass man nicht so mit dem Mund und anders im Herzen reden darf.'"

Die bisherigen Ausführungen haben gezeigt, dass das Schwurverbot in Vers 34a, seine Erläuterungen in den Versen 34b–36 und die positive Konsequenz in Vers 37 im Rahmen des Judentums verstanden werden können. Dabei ist zuzugestehen, dass – soweit es die Quellen erkennen lassen – ein generelles Schwurverbot in dieser Klarheit nur hier vorliegt. Die Essener kennen immerhin den Eid beim Eintritt in ihre Gemeinschaft und bei Gericht. Philon gesteht pragmatisch die zweitbeste Möglichkeit zu, mit dem Schwören zurückhaltend zu sein. Rabbi Meïr spricht nur komparativisch davon, es sei besser, nicht zu geloben. Rabbinische Stellen über ein Schwurverbot stehen neben solchen einer geregelten Schwurpraxis. Bei der Einräumung des Eides durch Philon, die Essener und die Rabbinen sollte allerdings auch beachtet werden, dass er als ein Instrument zur Durchsetzung des Rechts gilt.

In der christlichen Auslegung ist das generelle Schwurverbot Jesu oft als Aufhebung eines Gebotes, als ein Stück „Abrogation des Gesetzes" behauptet worden. Allerdings „gibt es in der Tora [...] kein Schwur*gebot*. Der Schwur ist jeweils eine mögliche Option, die unter Umständen wählbar ist" (Vahrenhorst). Was das in diesem Zusammenhang gewöhnlich als „Pflichtgebot" behauptete Verfahren in 4. Mose 5,19–22 angeht, ist darauf hinzuweisen, dass es von Rabban Jochanan ben Sakkaj abgeschafft worden ist (Mischna Sota 4,1). Solche „Abrogation" gab es also auch im rabbinischen Judentum. Wichtiger aber ist: Es geht hier um Paränese, nicht um die Statuierung von Rechtssätzen. In der positiven Intention trifft sich diese neutestamentliche Stelle mit den vorher genannten jüdischen Aussagen: Was der Eid bewirken will – klares, eindeutiges und wahrhaftiges Reden angesichts Gottes –, das wird hier auf alles Reden ausgedehnt. In dieser Ausdehnung liegt die Radikalisierung und Verschärfung. Das aber ist ziemlich genau das Gegenteil von Aufhebung und „Abrogation" dessen, was die Tora in dieser Hinsicht fordert. So liegt auch in diesem vierten Stück keine „Antithese zum Gesetz" vor, sondern eine Auslegung der Tora. Natürlich kommt der Eid selbst in Wegfall, wenn seine Intention umfassend zum Zuge gebracht wird.

5. Jesu Auslegung der Tora (5,21–48)

Aber es muss betont werden, dass das nicht gegen den Eid geschieht, sondern intentional mit ihm.

Die Stelle gehört sachlich mit der ersten Bitte des Unservater zusammen: „Geheiligt werde Dein Name!" Sie ist die positive Entsprechung zu dem schon in diesem Zusammenhang genannten Dekalogwort, den Namen Gottes nicht frevelhaft zu gebrauchen. Weil es bei der Aufforderung, überhaupt nicht zu schwören, um die konsequente Heiligung des Namens Gottes geht, kann bei ihm nicht von Abrogation, von Aufhebung der Tora die Rede sein. Was Eide, Schwüre und Gelübde bewirken sollen, wird nicht auf bestimmte Lebenssituationen beschränkt, sondern soll umfassend alles Reden bestimmen. Die Präsenz Gottes verlangt, auch im Reden seiner Heiligkeit zu entsprechen. Nach Eichholz verbietet Jesus hier „die mit dem Eid leicht entstehende doppelte Währung – doppelte Währung unseres menschlichen Wortes. [...] denn sie gefährdet das tägliche Miteinander von Mensch und Mensch, die Wahrhaftigkeit der Begegnung, die Redlichkeit der Sprache, die Offenheit für den anderen."

Man hat diese Stelle immer wieder als Mahnung zu unbedingter Wahrhaftigkeit und Ehrlichkeit ausgelegt. Persönliche Ehrlichkeit und Wahrhaftigkeit als absoluter Wert ist allerdings eine ambivalente Sache. Wenn gegen Ende der Naziherrschaft in Deutschland jemand gefragt wurde, ob der Nachbar einen „Feindsender" gehört habe, und der Gefragte wusste, dass der Nachbar gehört hatte, dann war das Sagen solcher „Wahrheit", dann war solche „Ehrlichkeit" für den Nachbarn tödlich. Ganz entsprechend verhielt es sich im Blick auf die Frage: „Sind in diesem Haus Juden versteckt?" Es geht in dieser Toraauslegung Jesu nicht um absolute – und das heißt ja: aus der konkreten Beziehung losgelöste, für sich stehende – Wahrhaftigkeit und Ehrlichkeit, sondern um ein Reden angesichts des präsenten Gottes, der sich mit meinem Nächsten verbindet. Im Dekalog gibt es kein Gebot: „Du sollst nicht lügen!", sondern dort heißt es: „Du sollst kein lügenhaftes Zeugnis gegen deinen Nächsten ablegen!" In einer Situation, die strukturell von Lüge und Unrecht bestimmt ist, wird ein vermeintlich wahres Zeugnis zum falschen, weil es den Nächsten tötet. Nicht abstrakte Wahrhaftigkeit ist gefragt, sondern Eindeutigkeit des Redens angesichts des präsenten Gottes. Unsere Situation ist weder die einer Diktatur noch die, dass durch eine Inflation von Schwurformeln die Klarheit des Redens verschleiert wird. Der erste Bundeskanzler der Bundesrepublik Deutschland, Adenauer, hat einmal zwischen der Wahrheit, der ganzen Wahrheit und der reinen Wahrheit unterschieden. Das ist lange her. Aber das Werfen sprachlicher Nebelkerzen als ein Ausdruck politischer Unkultur dürfte seitdem eher zugenommen haben. Was den kirchlichen Bereich angeht, kann gefragt werden, ob es nicht das immer wieder geübte Bemühen um Ausgewogenheit ist, das Klarheit und Eindeutigkeit des Redens verhindert und in die Unverbindlichkeit führt. Und warum eigentlich muss es im Raum der Kirche Formen des Eides geben?

e) Auch in der Erfahrung von Unrecht und Ohnmacht
nach Handlungsmöglichkeiten suchen! (5,38–42)

38Ihr habt gehört, dass gesagt worden ist: *ein Auge anstatt eines Auges* **und** *ein Zahn anstatt eines Zahnes* **(2. Mose 21,24–25; 3. Mose 24,20; 5. Mose 19,21). 39Ich nun sage euch, sich nicht dem Bösen zu widersetzen. Nein, wer dich auf die rechte Backe schlägt, dem halte auch die andere hin! 40Und dem, der mit dir sogar um dein Hemd prozessieren will: Lass ihm auch den Mantel! 41Und wer dir eine Meile Fron abzwingt, mit dem geh zwei! 42Dem, der dich bittet, gib! Und von dem, der von dir borgen will, wende dich nicht ab!**

Dem Schriftzitat folgt in der Auslegung wie im vorangehenden Stück ein imperativisch verstandener verneinter Indikativ. Dieses Verbot wird anschließend positiv in fünf Imperativen in der 2. Person Singular entfaltet, denen jeweils eine Situationsangabe vorangestellt ist, auf die sie bezogen sind. Die erste und dritte Situationsangabe sind in einem Relativsatz formuliert, die übrigen im griechischen Text partizipial, was im Deutschen nicht gut nachgemacht werden kann. Es wird also zunächst abgewechselt, am Schluss aber dieselbe Form unmittelbar anschließend wiederholt. Der zweite, dritte und fünfte Imperativ werden mit „und" angeschlossen. Damit sind die Imperative insgesamt noch einmal in zwei Gruppen unterteilt, in die Verse 39b–41 einerseits und Vers 42 andererseits. Aus dieser Gliederung ist auf eine bewusst vollzogene Gestaltung zu schließen. Zu Vers 39b.40 gibt es eine Parallele in Lukas 6,29 mit kleinen, aber bezeichnenden Unterschieden. Darauf wird bei der Auslegung zu achten sein.

Was in Vers 38 als Schriftzitat geboten wird, hat in der Übersetzung „Auge um Auge, Zahn um Zahn" bis heute eine Wirkungsgeschichte solcher Art, dass es als typischer Ausdruck „alttestamentarisch-jüdischer Vergeltung" gilt, von dem sich das Christentum als Religion der Liebe positiv abhebe. „Auge um Auge, Zahn um Zahn", das ist archaisch-barbarisch, das primitive „Wie du mir, so ich dir". Aber ein Blick in die biblischen Texte, denen das Zitat entnommen ist, kann eines Besseren belehren und erst recht

5. Jesu Auslegung der Tora (5,21–48)

tut das die rabbinische Auslegung dieser Texte. Der Blick in die Textzusammenhänge ist deshalb geboten, weil jüdisches Zitieren in der Regel ein Anzitieren ist. Es wird vorausgesetzt, dass den Hörenden und Lesenden die Kontexte bewusst sind. Oft verhält es sich sogar so, dass der entscheidende Bezugstext gar nicht mit zitiert wird, sondern von den Hörenden und Lesenden aus dem Kontext des Anzitierten eingebracht werden muss.

Zunächst sei aber auf das mit „um" übersetzte Wort in dieser Wendung eingegangen. Das hier gebrauchte griechische Wort und das entsprechende hebräische Wort haben die primäre Bedeutung „anstatt". So nimmt Abraham nach 1. Mose 22,13 den im Gebüsch verfangenen Widder und bringt ihn *zum Brandopfer dar anstatt seines Sohnes*. Und nach 1. Mose 44,33 bietet sich Juda gegenüber dem noch nicht erkannten Josef als Geisel an *anstatt seines Bruders Benjamin*. Mit dem Wort wird also ein Ersatz bezeichnet. Das ist auch der Sinn der Wendungen *ein Auge anstatt eines Auges, ein Zahn anstatt eines Zahnes* in den biblischen Belegstellen. Buber übersetzt deshalb geradezu: „Augersatz für Auge, Zahnersatz für Zahn". Der Schädiger soll also dem Geschädigten eine Erstattung in der Höhe geben, die dem Schaden entspricht. Das unterstreichen die Texte im Ganzen. Im unmittelbaren Kontext von 2. Mose 21,23–25 ist handfester Streit zwischen Männern im Blick. Dazu heißt es in den genannten Versen: *Und geschieht ein Unglücksfall, so sollst du geben Leben anstatt Leben, ein Auge anstatt eines Auges, einen Zahn anstatt eines Zahnes, eine Hand anstatt einer Hand, einen Fuß anstatt eines Fußes, eine Brandwunde anstatt einer Brandwunde, eine Verletzung anstatt einer Verletzung, eine Beule anstatt einer Beule.* Als erstes ist hier festzuhalten: Der Schädiger ist angesprochen, nicht der Geschädigte. Es heißt eben nicht, dass der Geschädigte das Recht habe, nun seinerseits dem Schädiger denselben Schaden zuzufügen. Wenn aber der Schädiger angesprochen ist, kann es sich auch nicht gut um eine Aufforderung zur Selbstverstümmelung handeln. Das würde auch nicht zu dem gebrauchten Verb passen. Der Schädiger soll „geben". Risse er sich ein Auge aus und gäbe es demjenigen, dem er ein Auge zerstört hat, wäre das eine ebenso nutzlose wie unsinnige Handlung, in den Fällen von Brandwunde, Verletzung und Beule hinsichtlich des „Gebens" zudem völlig unvorstellbar. So kann nur an eine Ersatzleistung gedacht sein, die zu dem angerichteten Schaden in Entsprechung steht. Das Geben einer Ersatzleistung liegt weder im freien Ermessen des Geschädigten noch des Schädigers. Er soll vielmehr *geben durch Schiedsspruch* (2. Mose 21,22). Entsprechend lautet die Überschrift des gesamten Abschnitts in 21,1: *Das sind die Rechtsvorschriften.* Das „Auge um

Auge, Zahn um Zahn" ist also nicht Erlaubnis zu privater Rache, sondern ein Rechtssatz für Richter, die dem Schädiger eine entsprechende Ersatzleistung auferlegen. Dieses Verständnis erzwingt auch der vorangehende und folgende Kontext. In 2. Mose 21,12–17 werden Fälle für die Todesstrafe genannt. Dann aber heißt es in den Versen 18–19, dass nicht in dieser Weise bestraft werden soll, wer einen anderen so zusammenschlägt, dass er zwar nicht stirbt, aber zum Krüppel wird. In diesem Fall hat er das Arztgeld zu bezahlen und eine finanzielle Ersatzleistung zu erbringen. Es steht nicht da, dass er nun seinerseits zum Krüppel zu schlagen wäre. Im folgenden Kontext, in den Versen 26–27, wird geregelt, wenn Versklavte von den sie Besitzenden körperlich geschädigt worden sind. Wird ihnen ein Auge oder Zahn ausgeschlagen, so sind sie freizulassen. Das ist in diesen Fällen die Weise der Wiedergutmachung.

Betrachtet man die zweite Bibelstelle, an der das „Auge um Auge, Zahn um Zahn" begegnet, 3. Mose 24,19–20, für sich isoliert, könnte man sie anders verstehen: *Wenn jemand seinem Mitmenschen einen (körperlichen) Schaden zugefügt hat: Wie er getan hat, so soll ihm getan werden: ein Bruch anstatt eines Bruches, ein Auge anstatt eines Auges, ein Zahn anstatt eines Zahnes. Wie er einem anderen Menschen (körperlichen) Schaden zugefügt hat, so soll ihm zugefügt werden.* Diese Aussage mag widerspiegeln, dass es einmal lange vorher ein Vergeltungsrecht gab. Dann wäre hier geregelt, dass die Vergeltung ihr Maß vom angerichteten Schaden erhält und nicht doppelt oder gar mehrfach sein darf. Aber es ist unwahrscheinlich, dass die Aussage in ihrem jetzt vorliegenden Kontext so verstanden wurde. Unmittelbar vorher heißt es in Vers 18: *Wer ein lebendes Vieh erschlagen hat, soll es bezahlen.* Hier ist klar, dass nun nicht auch ihm ein Stück Vieh erschlagen wird, sondern dass er Ersatz im Wert des erschlagenen Lebens zu leisten hat. Von daher wird das Verstehen der folgenden Aussage so gelenkt, dass bei körperlicher Schädigung von Menschen nicht anders verfahren wird.

In der dritten Stelle, 5. Mose 19,21, wird der Richter angesprochen: *Nicht soll dein Auge ihn schonen: Leben um Leben, Auge um Auge, Zahn um Zahn, Hand um Hand, Fuß um Fuß.* Es geht dabei um die Aufdeckung von Meineiden. Der Richter soll den meineidigen Zeugen in dem Maß verurteilen, in dem er mit seinem Meineid den anderen schädigen wollte. Auch hier ist es offensichtlich, dass finanzielle Ersatzleistungen im Blick sind.

Bei den Rabbinen findet sich im Blick auf diese biblischen Stellen eine sehr differenzierte Auslegung. In Mischna Bava Qamma 8,1 heißt es: „Wer seinen Mitmenschen (körperlich) verletzt, ist in Hinsicht auf fünf Dinge (zur

5. Jesu Auslegung der Tora (5,21–48)

Zahlung) verpflichtet: im Blick auf den Schaden, den Schmerz, die Heilung, den Arbeitsausfall und die Beschämung. Wie (ist das Verfahren hinsichtlich des) Schadens? Wenn jemand einem ein Auge geblendet, eine Hand abgehauen oder einen Fuß gebrochen hat, so betrachte man den Geschädigten, als wäre er ein Sklave, der auf dem Markt verkauft werden soll, und man schätze ab, wie viel er wert war und wie viel er jetzt wert ist. (Das Verfahren hinsichtlich des) Schmerz(es): Wenn jemand einen mit Bratspieß oder Nagel verbrannt hat – und sei es nur am Fingernagel, einer Stelle, an der keine Narbe bleibt –, schätze man, wie viel ein Mensch seiner Konstitution nehmen würde, wenn er sich einem solchen Schmerz unterzöge. (Das Verfahren hinsichtlich der) Heilung: Wenn jemand einen geschlagen hat, ist er verpflichtet, ihn heilen zu lassen. Wenn an ihm infolge des Schlages Geschwüre aufgetreten sind, ist er verpflichtet; wenn nicht infolge des Schlages, ist er frei. Wenn (die Wunde) gesund wird und wieder aufbricht, gesund wird und wieder aufbricht, ist er verpflichtet, ihn heilen zu lassen. Ist sie ganz und gar gesund geworden, ist er nicht verpflichtet, ihn heilen zu lassen. (Das Verfahren hinsichtlich des) Arbeitsausfall(es): Man betrachte den Geschädigten, als wäre er ein Gurkenwächter; denn den Wert seiner Hand oder seines Fußes hat ihm der Schädiger schon gegeben. (Das Verfahren hinsichtlich der) Beschämung: alles gemäß (der Stellung) des Beschämenden und des Beschämten." Wer körperlich geschädigt worden ist, soll davor bewahrt werden, infolge dieser Schädigung nun in ökonomischer und sozialer Hinsicht ins Nichts zu fallen. So wird die Entschädigung fünffach aufgeschlüsselt. An erster Stelle steht der Schadensersatz. Er wird pragmatisch geregelt, indem der Geschädigte fiktiv als Sklave angesehen wird und die Differenz zwischen dem hypothetischen Verkaufserlös als Gesunder und als Beschädigter die Höhe des Schadensersatzes angibt. Die Höhe des an zweiter Stelle stehenden Schmerzensgeldes wird genauso pragmatisch durch eine entsprechende Fiktion ermittelt. Bei den Heilkosten an dritter Stelle werden auch Folgekosten eingerechnet. Aber es darf nicht als Folgekosten behauptet werden, was mit der Schädigung nichts zu tun hat. Der an vierter Stelle gebrachte Arbeitsausfall wird nicht sehr hoch angesetzt: Ein Gurkenfeld kann auch jemand mit körperlichen Beeinträchtigungen bewachen. Das zuletzt genannte Beschämungsgeld zieht die soziale Situation der Betroffenen in Betracht. Ein reicher Schädiger soll dabei sozusagen nicht einfach nur in die Portokasse zu greifen brauchen und ein armer Schädiger soll nicht ruiniert, ein armer Geschädigter aber auch nicht reich gemacht werden. Bedenkt man, seit wann erst es in Deutschland ein Invaliditätsrecht gibt, ist es erstaunlich, was es in dieser Hinsicht bereits in der jüdischen Antike gab – und das auf der Grundlage des oft so abschätzig beurteilten „Auge um Auge, Zahn um Zahn"!

Diese Mischna wird im babylonischen Talmud breit erörtert (Bava Qamma 83b–86a). Gleich zu Anfang heißt es: „Wie kann das sein: *Auge anstatt eines Auge*, sagt der Barmherzige? Soll ich sagen: ein wirkliches Auge? Das meinst du doch nicht (im Ernst)? Denn es wird gelehrt: Man könnte meinen, wenn jemand einem ein Auge blind gemacht hat, mache man ihm ein Auge blind, eine Hand abgehauen, haue man ihm eine Hand ab, einen Fuß gebrochen, breche man ihm einen Fuß. Die Belehrung (der Schrift) sagt: *Wer einen Menschen schlägt* (3. Mose 24,21) und: *Wer ein Stück Vieh schlägt* (3. Mose 24,18). Wie, wer ein Stück Vieh schlägt, zu Ersatzzahlungen (verpflichtet ist), so ist auch, wer einen Menschen schlägt, zu Ersatzzahlungen (verpflichtet). Und wenn du einzuwenden begehrst: Siehe, sie (die Schrift) sagt: *Ihr dürft nicht Lösegeld nehmen für das Leben eines Mörders, der des Todes schuldig ist* (4. Mose 35,31), für das Leben eines Mörders darfst du kein Lösegeld nehmen, aber du darfst Lösegeld nehmen für vorstehende Glieder, die nicht nachwachsen." Für ein Verständnis im Sinne von Ersatzzahlungen werden viele Autoren beigebracht, die unterschiedliche Begründungen bieten. Auf Rabbi Schimon ben Jochaj wird folgende Argumentation zurückgeführt: „*Auge anstatt eines Auges*: Geld! Du sagst: Geld? Oder kein Geld, sondern ein wirkliches Auge? Sieh doch, wenn ein Blinder jemanden blind machte, ein Verstümmelter jemanden verstümmelte, ein Lahmer jemanden lahm machte – wie kann ich dann damit in Geltung lassen: *Auge anstatt eines Auges*? Und die Tora sprach doch: *Ein Recht soll für euch sein* (3. Mose 24,22; 4. Mose 15,16)." Unter den vielen Ausführungen, die in diese Richtung gehen, gibt es eine abweichende: „Es wird gelehrt: Rabbi Elieser sagte: ‚*Auge anstatt eines Auges*, wörtlich'" (84a). Im Gesamtkontext nimmt er eine schriftgelehrte Außenseiterposition ein, die kaum tatsächlich geübte Praxis widerspiegelt. An der genannten Stelle wird unmittelbar anschließend fortgefahren: „Wörtlich meinst du? Kümmert sich Rabbi Elieser nicht um all die anderen Auslegungen?" Abweichend vom bisher Dargestellten ist auch eine Angabe bei Josephus. Er referiert im Kontext „Gesetze des Mose" und sagt dann: „Wer jemanden verletzt hat, soll in gleicher Weise geschädigt werden; wessen er einen anderen beraubt hat, dessen soll er beraubt werden, außer der Verletzte wäre damit einverstanden, Geld zu bekommen. Die Tora bevollmächtigt nämlich den Geschädigten, den ihm widerfahrenen Schaden abzuschätzen, und gestattet es, wenn er sich nicht härter zeigen will" (Jüdische Altertümer IV 280).

5. Jesu Auslegung der Tora (5,21–48)

Die biblischen Texte in ihren jetzigen Kontexten und die pharisäisch-rabbinische Tradition sind eindeutig: Es geht um finanzielle Ersatzleistungen im Falle von Körperverletzungen. Da sich an den bisher besprochenen Texten der Lehre auf dem Berg immer wieder eine starke Nähe zum pharisäisch-rabbinischen Judentum gezeigt hat, dürfte Matthäus auch hier das biblische Zitat kaum im Sinne eines Vergeltungsrechtes, sondern wie seine pharisäisch-rabbinischen Zeitgenossen als Formulierung eines Rechtsanspruches bei Körperverletzungen verstanden haben. Wie lässt er nun seinerseits das so begriffene Bibelwort von Jesus auslegen? Ist das Jesuswort überhaupt als Auslegung verstehbar oder liegt hier doch eine Entgegenstellung, eine Antithese vor?

Die als Jesuswort auf das Schriftzitat in Vers 39a zunächst folgende Aufforderung, „sich nicht dem Bösen zu widersetzen", klingt wie eine ganz allgemeine Maxime. Aber als solche ergibt sie keinen Sinn. Weder kann unter dem Bösen entsprechend der Versuchungsgeschichte (4,1–11) der Böse schlechthin, der Teufel, verstanden werden noch das Böse überhaupt, das zur Sünde führt und in ihr besteht. Wie sollte Jesus, der sich selbst dem Teufel widersetzt hat und der den Sünden des Mordes und des Ehebruchs schon im Vorfeld einen Riegel vorgeschoben sehen will, dazu aufgefordert haben können, sich dem einen oder dem anderen nicht zu widersetzen? Die Aufforderung von Vers 39a ist also auf Erläuterung angewiesen, die dann ja auch im folgenden Kontext gegeben wird. Das Zitat in Vers 38 hatte die Sphäre des Rechts im Blick. Das ist auch bei den ersten drei zusammengehörigen Situationsangaben in den Versen 39b–41 der Fall. Von ihnen sind die ersten beiden auch im Lukasevangelium überliefert (6,29); dort aber fehlt der rechtliche Aspekt. Ihn hat wahrscheinlich erst Matthäus hineingebracht. Gegenüber dem Schriftzitat findet in der matthäischen Weiterführung ein stillschweigender Perspektivenwechsel statt. War dort der Schädiger Adressat der Forderung nach Ersatzleistung, ist hier nun der Geschädigte angesprochen. Er hätte einen Rechtsanspruch auf Wiedergutmachung; doch den formuliert der matthäische Jesus gerade nicht. Matthäus und seine Gemeinde erfahren sich offenbar in einer Situation, in der die Schädiger, wie sie hier im Text in den Blick kommen, nicht auf das Recht ansprechbar sind, sondern es für sich instrumentalisiert haben. Unter „dem Bösen" ist also der in den Beglückwünschungen ständig mitgedachte Gegenbegriff zu den Demütigen, Gewaltfreien, nach Gerechtigkeit Hungernden und Dürstenden zu verstehen: der „Frevler", der gewalttätige Mächtige. Er hat den Schein des Rechts für sich und kann es für sich einsetzen. Er wirkt im Rahmen der Legalität. Ihm gegenüber den Rechtsweg einzuschlagen, ist aussichtslos. Der Perspektivenwechsel gegenüber dem biblischen Text erfolgt also, weil sich die angesprochenen Geschädigten in einer Situation des Unrechts und der Ohnmacht befinden. Dennoch ist die Aufforderung, „sich nicht dem Bösen zu widersetzen", keine zur Passivität, zu resigniertem Rechtsverzicht. Wie die Erläuterungen zeigen, ist eine eigenartige Aktivität intendiert. Ragaz schlägt ein wörtliches Verständnis des griechischen Verbs vor: „Du sollst dem Bösen nicht auf der gleichen Ebene entgegenstehen" und fährt dann fort: „sondern sollst ihm von einer höheren Ebene her begegnen, sollst ihm *überlegen* sein."

Im ersten angegeben Fall in Vers 39b – „wer dich auf die rechte Backe schlägt" – geht es nicht einfach um eine Ohrfeige wie in Lukas 6,29 („dem, der dich auf die Backe haut"), wo als Situation eine Rauferei vorausgesetzt ist. Bei Matthäus ist von der *rechten* Backe die Rede. Wenn ein Rechtshänder einen anderen auf die rechte Backe schlägt, kann er das nur mit dem Handrücken tun. Dazu vermerkt die rabbinische Tradition: „Wer seinen Nächsten gestoßen hat, gibt ihm einen Sela (= 4 Denare). Rabbi Jehuda sagte im Namen des Rabbi Josse des Galiläers: eine Mine (= 100 Denare). Hat er ihn mit der flachen Hand geschlagen, gibt er ihm 200 Sus (1 Sus = 1 Denar); für den Schlag mit dem Handrücken gibt er ihm 400 Sus" (Mischna Bava Qamma 8,6). An anderer Stelle wird die Verdoppelung der Zahlung beim Schlag mit dem Handrücken so erklärt: „[…] nicht weil es ein schmerzhafter Schlag ist, sondern weil es ein verächtlicher Schlag ist" (Tosefta Bava Qamma 9,31). Dass die Rabbinen bei diesen Festsetzungen auch die Wiederherstellung menschlicher Beziehungen im Blick hatten, zeigt der Beginn des darauf folgenden Abschnitts in der Mischna: „Obwohl er ihm (eine Entschädigung) gegeben hat, wird ihm nicht verziehen, bis dass er es von ihm erbittet" (8,7).

Indem Matthäus vom Schlag auf die *rechte* Backe spricht, zeichnet er die Situation einer Beleidigung, die grundsätzlich auf dem Rechtsweg geahndet werden kann. Stattdessen wird hier aber geboten, nicht nur Rechtsverzicht zu leisten, sondern auch noch die andere Backe hinzuhalten, also dem Beleidiger Gelegenheit zu weiterer Tätlichkeit zu bieten. So entsteht eine absurde Situation, die die Absurdität der beleidigenden Handlung bloßstellt. Wie es die beiden nächsten Fälle nahelegen, ist wahrscheinlich eine Situation vorgestellt, in der das Beschreiten des Rechtsweges keine Aussicht auf Erfolg hat. In dieser Situation wird jedoch nicht resignativ zu nur passivem Erdulden geraten, sondern zu einem aktiven Gegenhandeln aufgefor-

5. Jesu Auslegung der Tora (5,21–48)

dert, das in der dem Gedemütigten verbliebenen Möglichkeit besteht, in der Bereitschaft zu weiterer Hinnahme von Beleidigung das beleidigende Handeln bloßzustellen.

Dass es bei der Aufforderung, „die andere Wange hinzuhalten", nicht um die Angabe eines Rezeptes geht, das dazu noch in jedem Fall Erfolg verspräche, zeigt sehr schön ein Gedicht von Walter Toman: „Halt ihm die andere Wange hin". Es spielt durch, was zu tun ist, wenn der andere tatsächlich wieder zuschlägt. Dann sei wiederum die erste Wange hinzuhalten, lächelnd, in überlegener Souveränität. Und wenn er wieder zuschlägt „und wenn dein Bruder dich weiter schlagen wird / wie ein Hündlein, / dann leg ihn hin, deinen Bruder, / mit einem Schlag auf das Kinn" – wiederum souverän lächelnd: „Ganz gütig lächeln mußt du dabei". Zu erinnern ist auch an die kleine Erzählung „Gutes Wort, böse Tat" von Johann Peter Hebel aus dem Jahr 1810: „In einem edelmännischen Dorf trifft ein Bauer den Herrn Schulmeister im Felde an. ‚Ist's noch Euer Ernst, Schulmeister, was Ihr gestern den Kindern zergliedert habt: So dich jemand schlägt auf deinen rechten Backen, dem biete den andern auch dar?' Der Herr Schulmeister sagt: ‚Ich kann nichts davon und nichts dazu tun. Es steht im Evangelium.' Also gab ihm der Bauer eine Ohrfeige, und die andere auch, denn er hatte schon lang einen Verdruß auf ihn. Indem reitet in einiger Entfernung der Edelmann vorbei und sein Jäger: ‚Schau doch nach, Joseph, was die zwei dort miteinander haben.' Als der Joseph kommt, gibt der Schulmeister, der ein starker Mann war, dem Bauer auch zwei Ohrfeigen, und sagte: ‚Es steht auch geschrieben: ‚Mit welcherlei Maß ihr messet, wird euch wieder gemessen werden. Ein voll gerüttelt und überflüssig Maß wird man in euren Schoß geben''; und zu dem letzten Sprüchlein gab er ihm noch ein halbes Dutzend drein. Da kam der Joseph zu seinem Herrn zurück, und sagte: ‚Es hat nichts zu bedeuten, gnädiger Herr; *sie legen einander nur die Heilige Schrift aus.*' Merke: Man muß die Heilige Schrift nicht auslegen, wenn man's nicht versteht, am allerwenigsten so. Denn der Edelmann ließ den Bauren noch selbige Nacht in den Turm werfen auf 6 Tage, und dem Herrn Schulmeister, der mehr Verstand und Respekt vor der Bibel hätte haben sollen, gab er, als die Winterschule ein Ende hatte, den Abschied."

Die zweite Szene ist in Lukas 6,29b die eines Raubes: „Dem, der dir den Mantel wegnimmt …" Auch hier bewegt sich die bei Matthäus dargestellte Situation im Bereich des Rechts: „Dem, der mit dir sogar um dein Hemd prozessieren will: Lass ihm auch den Mantel!" Bei Lukas ist Gegenstand des Raubs das Obergewand, nicht das Untergewand. Das ist in doppelter Hinsicht näherliegend: das Obergewand ist eher zu ergreifen und außerdem wertvoller. Wenn nach Matthäus um das weniger wertvolle Untergewand und nicht um das Obergewand prozessiert wird, mag das auf den ersten Blick als seltsam erscheinen, ergibt sich aber notwendig vom biblisch-jüdischen Recht her. Denn der Mantel ist nicht justiziabel. Nach 2. Mose 22,25–26 muss ein als Pfand genommener Mantel vor Sonnenuntergang zurückgegeben werden. *Denn er allein ist seine Hülle, er sein Mantel für seine Haut; worin soll er schlafen? Und wenn er zu mir schreit, werde ich es erhören; denn ich bin gnädig* (ähnlich 5. Mose 24,10–13). Nach einer rabbinischen Auslegung hört Gott auf den zu ihm Schreienden, weil er sagt: „Ich bin ein Mensch und er ist ein Mensch; er liegt auf seinem Bett, aber ich habe nichts, worauf ich liegen kann" (Tanchuma Buber, Mischpatim § 9).

In der in Matthäus 5,40 vorausgesetzten Situation geht es also um einen Schuldprozess, in dem ein Gläubiger einem Verschuldeten „das letzte Hemd" auszieht. Gedacht sein kann an einen Kleinbauern, der aus unterschiedlichen Gründen in wirtschaftliche Not gekommen ist und von einem Großgrundbesitzer einen Kredit zum Kauf von Saatgut aufgenommen hat, diesen aber nicht zurückbezahlen kann – wegen erneuter Missernte oder nicht genügend erwirtschafteten Gewinns, wozu der Großgrundbesitzer durch Drücken der Preise für das vom Kleinbauern Erzeugte beigetragen haben mag. Der Großgrundbesitzer kann also im Prozess den Kleinbauern völlig legal „ausziehen". Er muss ihm nur „den Mantel" lassen. Die für diese Situation gegebene Forderung, den Mantel noch dazu zu geben, ist wiederum die letzte Möglichkeit eigenen Handelns auf Seiten des vom Recht Bedrängten, das sich „der Böse" zu Diensten macht – ein Stück absurdes Theater, in dem die nackte Gewalt im wahrsten Sinn des Wortes bloßgestellt wird.

Das für die Darstellung der dritten Situation in Vers 41 gebrauchte Verb zeigt, dass eine Zwangsverpflichtung durch einen Soldaten zum Transport- oder Geleitdienst im Blick ist. So wird nach Matthäus 27,33 und Markus 15,21 Simon von Kyrene zwangsverpflichtet, das Kreuz Jesu zu tragen. Es geht also in Vers 41 nicht um ein harmloses Begleiten, sondern: „Wer dir eine Meile Fron abzwingt". Solche Frondienste waren im gesamten römischen Imperium verbreitet. So wird in der jüdischen Tradition zu regeln versucht, was rechtens zu tun ist, wenn jemand einen Esel gemietet hat, der dann aber requiriert wird (Mischna Bava Mezia 6,3; Tosefta Bava Mezia 7,7).

Ein anschauliches Beispiel bietet Apuleius in den Metamorphosen (IX 39,2–5). Es wird aus der Perspektive eines Menschen erzählt, der durch Zauberei in einen Esel verwandelt worden ist und zum Zeitpunkt dieser Episode einem Gärtner gehört: „Es begegnete uns so ein langer Mensch, aus Tracht und Betragen zu schließen ein Legionssoldat. In herrischem und anmaßendem Ton fragt er, wohin es mit dem unbe-

5. Jesu Auslegung der Tora (5,21–48)

packten Esel gehe. Aber mein Alter, noch vor Gram durcheinander und übrigens ohne Kenntnis des Lateinischen, zog schweigend weiter. Der Soldat konnte seine frechen Manieren nicht meistern; vielmehr nimmt er das Schweigen als Beleidigung, schlägt dem Mann erbost mit seinem Korporalstock eins über und schubst ihn von meinem Rücken herunter. Da antwortete der Gärtner untertänig, er verstehe die Sprache nicht und könne nicht wissen, was der andere meine. Also versetzte der Soldat auf Griechisch: ‚Nach wo führst du den Esel da?' Der Gärtner antwortete, er wolle zur nächsten Stadt. ‚Nun', hieß es, ‚ich habe Arbeit für ihn. Er muss mit anderen Packtieren von der nächsten Ortschaft das Gepäck unseres Gouverneurs holen.' Und er fasst gleich zu, packt mich am Leitriemen und beginnt mich fortzuzerren." Die anschließend erzählte handgreifliche Verweigerung des Gärtners, die zunächst den Erfolg hat, dass er mit seinem Esel die Stadt erreicht, endet für ihn schließlich nach einer dort durchgeführten Razzia tödlich.

Der Philosoph Epiktet sagt in einem Vergleich: „Deinen ganzen Körper musst du so haben wie ein gesatteltes Eselchen, solange es möglich ist, solange es dir gegeben ist. Wenn aber eine Zwangsverpflichtung kommt und ein Soldat danach greift, lass es! Widersetze dich nicht und murre nicht! Andernfalls bekommst du Schläge und verlierst nichtsdestoweniger auch das Eselchen" (Dissertationen IV 79). Anders als Epiktet rät Jesus bei Matthäus nicht zu passiver Ergebung aus Einsicht in die Notwendigkeit. Er gebietet in der gegebenen Gewaltsituation ein dem der Gewalt Unterworfenen noch mögliches Handeln, das wiederum sehr eigenartig anmutet: freiwillige Verdoppelung des abgepressten Dienstes. Das lässt sich in Analogie zum Verhalten „des braven Soldaten Schwejk" von Jaroslav Hašek verstehen: Subversion durch Übererfüllung.

Die drei kleinen Szenen in den Versen 39b–41 sind deutlich parallele Erläuterungen der ihnen überschriftartig vorangestellten Aufforderung, „sich nicht dem Bösen zu widersetzen". Es sind asymmetrische Verhältnisse vorausgesetzt. Der in den Imperativen der 2. Person Singular dreimal Angesprochene ist immer in der Position des Unterlegenen gesehen: Er wird beleidigend geschlagen; er wird vor Gericht gezerrt und angeklagt; er wird zwangsverpflichtet. Dabei kann auch in dieser Weise eine bewusst gestaltete Abfolge vorliegen: persönliches Verhalten untereinander, das in die Sphäre des Rechts hinein geholt werden kann; Rechtsverhalten im innerjüdischen Bereich; Rechtsverhalten gegenüber der Besatzungsmacht. Das Gegenüber ist jeweils in der Position des Stärkeren und braucht das Recht nicht zu fürchten, ja darf es auf seiner Seite wissen. Das ist am deutlichsten in der letzten Szene: Die Zwangsverpflichtung ist natürlich „Recht", Besatzungsrecht. Dennoch gilt derjenige, der sie ausübt, der also dieses „Recht" in Anspruch nimmt, im Text als eine Erscheinungsform des „Bösen", des mächtigen Gewalttäters. Für die zweite Szene darf man wohl annehmen, dass, wer jemanden vor Gericht bringt, um ihm „das letzte Hemd" auszuziehen, kaum als einer aus derselben sozialen Schicht gedacht ist, sondern als ein Reicher, der gegenüber einem Verarmten seine Macht brutal ausnutzt und das Recht für sich instrumentalisiert. Von daher wird dann solche Asymmetrie auch für die erste Szene anzunehmen sein. Das Gegenüber wird klar als das benannt, was es ist: böse, mag es auch den Schein des Rechts für sich haben. Jesus gebietet, sich diesem Bösen in seinen verschiedenen Erscheinungsformen nicht zu widersetzen. Durch die drei Szenen macht er aber deutlich, dass er nicht bloße Hinnahme des Unrecht-Rechts meint. Er fordert auch nicht dazu auf, der Gewalt nun auch Gewalt entgegenzusetzen. Zu dieser Möglichkeit merkt Luther an: „Das ist die verkehrte Weisheit der Welt, die mit goldenen Netzen fischet, da die Kosten größer sind als der Gewinn." Er verlangt vielmehr situationsbezogene Phantasie jenseits des Pochens aufs Recht und jenseits der Gewalt, eine Phantasie, die eine noch mögliche eigene Aktivität findet, die das Unrecht-Recht bloßstellt, eine Aktivität, die etwas hintergründig Subversives hat. Im babylonischen Talmud, Bava Qamma 92b heißt es: „Nennt dich dein Mitmensch einen Esel, so lege dir einen Sattel auf!"

Wie verhalten sich die Aussagen der Verse 39–41 zu dem vorangestellten Schriftzitat in Vers 38? Es war deutlich geworden, dass die hinter dem Zitat stehenden Texte der hebräischen Bibel und ihre jüdisch-rabbinische Auslegung einen Rechtsgrundsatz formulieren und ausführen, nach dem im Falle von Körperverletzungen der Schädiger gegenüber dem geschädigten Ersatzleistungen zu erbringen hat. Der Evangelist Matthäus steht in jüdischer Tradition. Er dürfte diesen Sachverhalt kennen und sein Zitat daher nicht als Maxime für Vergeltung verstehen. Dem im Zitat zum Ausdruck kommenden Rechtsgrundsatz geht es darum, dass das verletzte Recht wiederhergestellt wird, dass der Geschädigte wieder zu seinem Recht kommt. Vorausgesetzt ist dabei, dass Geschädigter und Schädiger grundsätzlich in gesellschaftlich symmetrischen Verhältnissen zueinander stehen, dass prinzipielle Rechtsgleichheit besteht und dass es unparteiische Richter gibt. Was aber ist, wenn das alles nicht gegeben ist, wenn in einer Situation gesellschaftlicher Asymmetrie das Recht von den Mächtigen für ihre Interessen instrumentalisiert wird, wenn also bei Rechtsverletzungen die Herstellung wirklichen Rechts gar nicht erreichbar erscheint? Genau für diese Situation formuliert Matthäus die in den Versen 39–41 aufgenommene Jesusüberlieferung neu. Damit wird das im Schriftzitat festgehaltene Recht der Tora nicht aufgehoben, sondern

5. Jesu Auslegung der Tora (5,21–48)

für eine bestimmte Situation interpretiert. Wiederum liegt keine „Antithese" vor, sondern Auslegung der Tora.

Wie aber ist in diesem Zusammenhang Vers 42 zu verstehen? Er fordert zum Geben und Borgen auf: „Dem, der dich bittet, gib! Und von dem, der von dir borgen will, wende dich nicht ab!" Die jetzt angeschlagene Thematik unterscheidet sich deutlich von den drei vorangehenden Szenen und ihrem gemeinsamen Obersatz. Es ist auch an die formale Beobachtung zu erinnern, dass Matthäus mit Vers 42 einen Neueinsatz markiert, indem er ihn nicht mit „und" anschließt. Sodann ist festzuhalten: Wer hier in der 2. Person Singular angeredet wird, kann niemand anders sein als die in Vers 39a mit der 2. Person Plural und in den drei Szenen von Vers 39b–41 mit der 2. Person Singular Gemeinten. Auf der Ebene der Erzählung sind primär die Schüler Jesu angesprochen, auf der Ebene des Evangelisten die Menschen in seiner Gemeinde. Schließlich ist herauszustellen, dass das in Vers 42 angegebene Gegenüber nicht identisch sein kann mit dem Gegenüber in den drei vorangehenden Szenen. Es kann keine Erscheinungsform des in Vers 39a genannten Bösen sein. Das ergibt sich zwingend aus folgenden Erwägungen: In Vers 42 ist das Gegenüber dadurch charakterisiert, dass es bittet und dass es leihen will. „Der Böse" aber bittet nicht und will nicht leihen, sondern schlägt, prozessiert und erzwingt. Mit „bitten" und „leihen wollen" ist vielmehr der Arme, der Bedürftige charakterisiert. Ihm soll gegeben, ihm soll nichts abgeschlagen werden.

Das steht ganz und gar in biblisch-jüdischer Tradition. Dass dem Armen gegeben und geliehen werden muss, wird als Recht schon 5. Mose 15,7–11 eingeschärft: *[...] und leihen, leihen sollst du ihm genug für seinen Mangel, woran es ihm mangelt* (Vers 8). *Geben, geben sollst du ihm und nicht soll dein Herz verdrießlich sein, wenn du ihm gibst* (Vers 10). Besonders hingewiesen sei noch auf Vers 9, weil dort davor gewarnt wird, beim Herannahen des siebten Jahres, des Erlassjahres, vom Geben abzusehen, weil man befürchten muss, wegen des dann eintretenden Schuldenerlasses nichts zurück zu bekommen.

Aus der rabbinischen Auslegung dieses Textes seien zwei Stellen erwähnt. In Sifrej Dvarim § 116 wird versucht, eine Rangfolge aufzustellen, wem Hilfe zu leisten ist: eher dem Bruder väterlicherseits als dem mütterlicherseits, eher einem Bewohner derselben Stadt als dem einer anderen, eher dem Bewohner des Landes als dem Ausländer. Das ist eine Art Subsidiaritätsprinzip; Nähe verpflichtet. „Wenn er am selben Ort wohnt, bist du verpflichtet, ihn zu versorgen; ist er aber ein ortsfremder Bettler, bist du ihm zu nichts verpflichtet." In dem Fall ist die Armenkasse der Gemeinde pflichtgemäß zuständig. Aus der Angabe in 5. Mose 15,8: *genug für seinen Mangel, woran es ihm mangelt* wird gefolgert: „Du bist nicht gehalten, ihn reich zu machen." Er soll aber genug zum Leben haben. Nach dem babylonischen Talmud, Ketubbot 67b nennt Rabbi Jehuda jemanden, „der nichts hat und sich nicht versorgen lassen will", weil er sich schämt. Für ihn soll gelten, „dass man ihm als Darlehen gibt, seine Meinung ändert und ihm als Geschenk gibt". Dann nennt er jemanden, „der dazu in der Lage ist und sich nicht versorgen will" und aus Geiz hungert. Für ihn soll gelten, „dass man ihm als Geschenk gibt, seine Meinung ändert und es sich nach seinem Tod bezahlen lässt", nämlich aus seinem Nachlass. Für diesen Fall meinten allerdings „die Weisen" zu Recht, dass man sich um so einen nicht kümmern solle.

Die Aussage von Matthäus 5,42 entspricht also einschlägigen Weisungen der jüdischen Bibel und ihren rabbinischen Auslegungen. Matthäus lässt hier Jesus nichts anderes sagen, als was auch dort gesagt wird; und genau das soll getan werden. Auch diese Beobachtung spricht entschieden gegen ein Verständnis als „Antithese". Aber wie fügt sich diese Aussage von Vers 42 in den Gesamtzusammenhang des Stückes 5,38–42 ein? In den Versen 39–41 war die Situation gesellschaftlicher Asymmetrie vorausgesetzt, in der die mächtigen Gewalttäter das Recht auf ihre Seite zu bringen wissen. Sie bildeten das Gegenüber in den drei kleinen Szenen. In Vers 42 wechselt das Gegenüber. Jetzt kommen diejenigen in den Blick, die in der Unrechtssituation ebenso und noch mehr leiden als die hier Angesprochenen. Da gilt die ebenso schlichte wie unbedingte Hilfe; da gilt es zu teilen. Matthäus gibt also seiner Gemeinde in dieser Toraauslegung Jesu für die gekennzeichnete Situation eine doppelte Handlungsanweisung dafür, wie dem verletzten Recht zur Geltung verholfen werden könnte: einerseits phantasievolle, subversive Bloßstellung des Unrechts und andererseits solidarische Hilfe untereinander der unter dem Unrecht Leidenden. Versteht man so, kann der in formaler Hinsicht deutlich als Einheit gestaltete Abschnitt 5,38–42 auch inhaltlich als Einheit begriffen werden und gewinnt gerade auch der abschließende Vers 42 ein klares Profil.

5. Jesu Auslegung der Tora (5,21–48)

f) Feindschaft überwinden! (5,43–48)

⁴³Ihr habt gehört, dass gesagt worden ist: *Du sollst deinen Nächsten lieben* (3. Mose 19,18), aber deinen Feind du sollst hassen. ⁴⁴Ich nun sage euch: Liebt eure Feinde und betet für diejenigen, die euch verfolgen, ⁴⁵damit ihr Kinder eures Vaters im Himmel werdet. Er lässt nämlich seine Sonne aufgehen über Böse und Gute und lässt regnen über Gerechte und Ungerechte. ⁴⁶Wenn ihr nämlich diejenigen liebt, die euch lieben, welchen Lohn habt ihr? Tun nicht eben das sogar die Zöllner? ⁴⁷Und wenn ihr nur eure Geschwister grüßt, was tut ihr Besonderes? Tun nicht eben das sogar die Menschen aus den Völkern? ⁴⁸Ihr also: Seid vollkommen, wie euer himmlischer Vater vollkommen ist!

Das „den Alten" Gesagte ist hier in zwei Gliedern im Dekalogstil formuliert (Vers 43). Das wird von Jesus in Vers 44 zunächst mit zwei Imperativen in der 2. Person Plural ausgelegt. Daran schließt sich in Vers 45 eine Zielangabe mit Begründung an. Die in den Imperativen gebotene Feindesliebe erfährt in den Versen 46–47 eine Erläuterung, indem herausgestellt wird, es sei nichts Besonderes, in der Kumpanei der eigenen Gruppe zu bleiben. Der gesamte Zusammenhang wird in Vers 48 mit einem weiteren Imperativ in der 2. Person Plural abgeschlossen, der inhaltlich die Zielangabe aus Vers 45 mitsamt ihrer Begründung aufnimmt. An diesem Aufbau zeigt sich einmal mehr, dass ein bewusst gestaltetes Stück vorliegt. Es hat eine Parallele in Lukas 6,27–28.32–36. Aus dem Vergleich könnte hypothetisch eine mögliche Vorgeschichte des Textes erschlossen werden. Das würde jedoch für das Verstehen des jetzt vorliegenden matthäischen Textes nichts austragen. Es reicht, diesen Text als eine vom Evangelisten gestaltete Einheit erkannt zu haben. Als solche Einheit ist er auch zu interpretieren.

Doch sei zunächst ein kurzer Blick auf einen Aspekt der Wirkungsgeschichte dieses Textes geworfen. Das Gebot, die Feinde zu lieben, galt und gilt immer wieder als *das* Proprium Jesu, *das* Proprium des Christentums. Dass schon in der frühen Alten Kirche dieses Gebot als Neuheit angesehen wurde, zeigt die Art und Weise, wie es Justin in seiner ersten Apologie ins Spiel bringt (15,9). Als Einleitung dieses Zusammenhangs formuliert er: „Betreffs dessen, dass alle zu lieben sind, hat er (Jesus) Folgendes gelehrt." Nebenbei sei angemerkt, dass mit der Wendung, „alle" seien zu lieben, das griechische Ideal allgemeiner Menschenliebe aufgenommen ist, das im deutschen Idealismus weiterwirkte und in Schillers Ode an die Freude geradezu klassischen Ausdruck fand: „Seid umschlungen, Millionen! Diesen Kuss der ganzen

Welt." Im Überschwang innerer Erhebung, getragen von Beethovens Musik, Millionen zu umschlingen und die ganze Welt zu küssen, ist offenbar sehr viel leichter, als mit dem ganz und gar nicht liebenswerten Nachbarn auszukommen. Nach der genannten Einleitung bringt Justin als Jesuswort in Aufnahme von Lukas 6,32 und Matthäus 5,46 zunächst: „Wenn ihr liebt, die euch lieben" und fährt dann abweichend vom Text der Evangelien fort: „was tut ihr Neues?" Das täten auch „die Hurenböcke". Danach zitiert er, mit „ich nun sage euch" eingeleitet, Lukas 6,27–28 mit leichten Varianten. Damit ist klar: Das Gebot, die Feinde zu lieben, gilt ihm als „neu". Zu beachten ist, dass diese Betonung in einer apologetischen Schrift gegeben wird. Darin ist Justin nicht singulär. Dieser betonte Rückgriff darauf, dass es den Christen geboten sei, sogar die Feinde zu lieben, dürfte vor allem deshalb erfolgen, weil in der nichtjüdischen Welt außerhalb der christlichen Gemeinden schon früh der Vorwurf auftaucht, die Christen seien durch „eine hasserfüllte Einstellung auf das Menschengeschlecht" gekennzeichnet. So formuliert es Tacitus in den Annalen XV 44,4. Dieser Vorwurf mag befremdlich erscheinen. Er ergab sich deshalb, weil die Christen in ihrer Lebensweise vielfach von dem abwichen, was sonst üblich war, und vor allem nicht an Ereignissen teilnahmen, bei denen so gut wie alle voll Freude mitmachten, wie Tempelfesten und Feierlichkeiten zum Geburtstag des Kaisers und zum Jubiläumstag seines Amtsantritts. Die Betonung des Motivs der Feindesliebe bei den Apologeten ist also *apologetisch* bestimmt und nicht unbedingt in einer alles überragenden Praxis in dieser Hinsicht begründet. Dass es in der Praxis durchaus Probleme gab, zeigt eine andere frühchristliche Schrift. Der Verfasser des 2. Klemensbriefes zitiert in 13,2–4 zunächst Jesaja 52,5, dass der Name Gottes *euretwegen* unter den Völkern verlästert werde, und wendet dann dieses Zitat auf seine Adressaten an: „Wodurch wird er verlästert? Dadurch dass wir nicht tun, was wir sagen. Wenn die Völkermenschen nämlich aus unserem Mund hören, wie schön und gewichtig die Worte Gottes sind, bewundern sie diese; wenn sie danach bemerken, dass unsere Taten nicht den Worten entsprechen, die wir reden, wenden sie sich davon ab und der Lästerung zu und sagen, es handle sich nur um irgendwelche Fabelei und Irrtum. Wenn sie nämlich von uns hören, dass Gott sagt: Ihr habt keinen Dank zu erwarten, wenn ihr die liebt, die euch lieben, sondern ihr habt Dank zu erwarten, wenn ihr liebt, die euch feind sind und die euch hassen – wenn sie das hören, bewundern sie das Übermaß an Güte. Wenn sie aber sehen, dass wir nicht nur die nicht lieben, die uns hassen, sondern nicht einmal die, die uns lieben, verspotten sie uns; und folglich wird der Name verlästert." Hier ist zu beachten, dass es sich um einen ermahnenden Text handelt, um Paränese. So wenig aus den apologetischen Texten geschlossen werden darf, die christlichen Gemeinden seien von Feindesliebe nur so durchglüht gewesen, so wenig darf man aus diesem paränetischen schließen, die Liebe habe in ihnen völlig darniedergelegen.

Was nach Matthäus 5,43 „den Alten gesagt worden ist", besteht im ersten Teil aus einem wörtlichen Zitat aus 3. Mose 19,18: *Du sollst deinen Nächs-*

5. Jesu Auslegung der Tora (5,21–48)

ten lieben. Das ist allerdings nur ein kleiner Ausschnitt. Sachlich Dazugehöriges geht in den Versen 17–18a voran und es folgt noch: *wie dich selbst.* Diese Wendung könnte nach dem hebräischen Text auch wiedergegeben und verstanden werden mit *dir gleich* im Sinne von: *denn er ist wie du.* Auf 3. Mose 19,17–18 und die jüdische Auslegung dieser Stelle wird noch einzugehen sein. Zuvor ist festzuhalten, das der zweite Teil des Zitates in Matthäus 5,43 – „aber deinen Feind sollst du hassen" –, der ebenfalls im Dekalogstil gehalten ist, nirgends in der jüdischen Bibel steht, weder im hebräischen Text noch in der griechischen Übersetzung. Er könnte eine vulgärethische Maxime wiedergeben. Sie ist in der Bibel in 2. Samuel 19,7 aufgenommen, aber natürlich nicht als Gebot. Dort wirft Joab, der Feldhauptmann Davids, dem König nach dem Tod Absaloms vor, er hasse, die ihn lieben, und liebe, die ihn hassen. Das hier vorausgesetzte „natürliche" Verhalten ist also, die zu lieben, von denen man Liebe erfährt, und denen mit Hass zu begegnen, die einen hassen. Der Hass gegen andere wird ausdrücklich angesprochen und in bestimmter Weise auch geboten an einer Stelle in den Qumranschriften. In der Gemeinderegel werden zu Beginn die grundlegenden Dinge genannt, an die sich die Mitglieder zu halten haben. An erster Stelle steht eine Anspielung auf 5. Mose 6,5: „Gott zu suchen mit ganzem Herzen und mit ganzer Lebenskraft". Es folgt: „zu tun, was gut und recht ist vor ihm, wie er es durch Mose und durch alle seine Knechte, die Propheten, geboten hat, alles zu lieben, was er erwählt, aber alles zu hassen, was er verworfen hat" (1QS I 1–4). Am Ende dieses Abschnitts wird gesagt, „alle Kinder des Lichts zu lieben, jedes gemäß seinem Los in Gottes Ratsversammlung, aber alle Kinder der Finsternis zu hassen, jedes gemäß seiner Schuld beim vergeltenden Gericht Gottes" (9–11). Diese Aussagen finden sich bei Josephus in der Weise, es gehöre zu den beim Eintritt in die Gemeinschaft zu leistenden Eiden, „die Ungerechten immer zu hassen, aber zusammen mit den Gerechten zu kämpfen" (Jüdischer Krieg II 139). Wenn sich das Lieben der „Kinder des Lichts" nach dem jeweiligen „Los in Gottes Ratsversammlung" richten soll, nach dem Platz und Rang, der jeweils innerhalb der Gemeinschaft eingenommen wird, gewinnt es die Bedeutung von „achten". Auf der Gegenseite ist dann das Hassen als „verabscheuen" zu verstehen. Dieser Abscheu trifft das jeweilige „Kind der Finsternis", insofern es finster gehandelt, insofern es sich Schuld zugezogen hat, für die Gottes Gericht zuständig ist. Das zeigt – wie auch der gesamte Kontext –, dass die Unterscheidung zwischen „den Kindern des Lichts" und „den Kindern der Finsternis" ethisch bestimmt ist. Allerdings ist deutlich, dass „die Kinder des Lichts" und „die Ratsversammlung Gottes" in der eigenen Gruppe bestehen. Das hat zumindest die Tendenz auf ein elitäres Selbstverständnis. Aber die wesentliche Intention des Textes ist eine paränetische. „Die Kinder des Lichts" müssen sich als solche immer auch erst noch und wieder erweisen. Dass mit dem Hassen der „Kinder der Finsternis" kein prinzipieller Hass gegen Außenstehende gemeint ist, zeigt dieselbe Schrift an späterer Stelle: „Niemandem will ich seine böse Tat zurückgeben, mit Gutem will ich hinter einer Person her sein. Denn bei Gott ist das Gericht über alles Lebendige und er vergilt dem Menschen seine Tat" (X 17–18). Hiernach wird also das Gericht Gottes in keiner Weise durch eigenen Hass vorweggenommen.

Es bleibt also festzuhalten, dass zwar der Hass auf die Feinde der Vulgärethik entspricht, dass es sich dabei aber ganz und gar nicht um ein biblisches Gebot handelt. Matthäus gestaltet das Gebot in 5,43 jedoch so, als wäre das der Fall. Wie kommt er dazu?

Nach Hofius sind „die Worte ‚aber deinen Feind sollst du hassen'" als „eine *Deutung* der Worte ‚wie dich selbst'" aus dem Bibeltext zu verstehen; „sie sollen in der Wiedergabe des Tora-Gebotes diese Worte ganz bewußt ersetzen". Ob man so zuspitzen darf, sei dahingestellt. Aber der von ihm angeführte Text aus Avot de Rabbi Natan (A) 16 ist für die Fassung des Bibelzitates in Matthäus 5,43 aufschlussreich. In diesem Abschnitt wird der Ausspruch Rabbi Jehoschuas aus Mischna Avot 2,11 ausgelegt, dass „drei Dinge den Menschen aus der Welt bringen", nämlich neben dem bösen Auge (= Neid, Missgunst) und dem bösen Trieb auch „der Hass auf die Geschöpfe" (= Menschen). Zum letzten Punkt heißt es in Abschnitt 30 der Fassung B lediglich: „Denn jeden, der seinen Mitmenschen hasst, reißt der Ort (= Gott) aus der Welt aus", wofür „die Menschen von Sodom" als Beispiel angeführt werden. Am Ende des Abschnitts 16 der Fassung A wird ausführlich und differenziert mit der Wendung vom „Hass auf die Geschöpfe" umgegangen: „Auf welche Weise (ist das zu verstehen)? Es lehrt dich, dass ein Mensch nicht sagen darf, die Weisen zu lieben, aber die Schüler zu hassen, die Schüler zu lieben, aber die Ungebildeten zu hassen. Nein, sie alle sind zu lieben." Anschließend jedoch wird fortgefahren: „Aber zu hassen sind die Häretiker, die Abtrünnigen und die Denunzianten." Das wird mit Psalm 139,21–22 begründet, wo es von David heißt, dass er die hassen will, die Gott hassen. Es wird aber gleich wieder problematisiert durch Zitierung des Liebesgebots von 3. Mose 19,18, das ausdrücklich mit dem Schlusssatz von Jesaja 45,8, einem Gotteswort, seinen Grund erhält: *Ich habe ihn geschaffen*, wobei „ihn" in diesem Zusammenhang auf den Nächsten bezogen ist. Hass auf „die Geschöpfe" (= Menschen) ist also verboten und Liebe zum Nächsten geboten, weil Gott ihr und sein Schöpfer ist. Die Fortsetzung des Textes führt jedoch wieder eine einschränkende Bedingung ein: „Wenn er das Werk deines Volkes tut, sollst du ihn lieben, wenn aber nicht, sollst du ihn nicht lieben." Damit wären die vorher erwähnten Häretiker,

5. Jesu Auslegung der Tora (5,21–48)

Abtrünnigen und Denunzianten wieder aus der Liebe ausgeschlossen. Doch ist der Text an dieser Stelle immer noch nicht beendet. Rabbi Schimon ben Elasar führt noch einmal das Liebesgebot aus 3. Mose 19,18 und den Schlusssatz von Jesaja 45,8 in Verbindung miteinander an, gewichtig eingeleitet mit der Wendung: „Mit einem großen Schwur ist dieses Wort gesagt" und kommentiert mit der als Gotteswort gefassten Aussage: „Wenn du ihn (den Nächsten) liebst, bin ich treu, dir guten Lohn zu begleichen, wenn aber nicht, bin ich Richter um einzufordern." Diese Tradition reflektiert das Problem, dass nicht mit allen in gleicher Weise umgegangen werden kann. Wie soll das Handeln gegenüber Häretikern und Denunzianten aussehen? Muss es nicht anders sein als gegenüber denen, die sich gemeinschaftsgemäß verhalten? Aber auch im Blick auf sie bleibt doch in Geltung, dass sie von Gott geschaffen sind. Damit ist ein Widerlager gegeben, sodass immer wieder neu nach dem in konkreter Situation gebotenen Handeln gefragt werden muss. Wenn es nun Erfahrung des Matthäus und seiner Gemeinde war, innerhalb des Judentums ihrer Zeit von der Mehrheit als häretisch angesehen und entsprechend negativ behandelt worden zu sein, begründet mit Überlegungen, wie sie sich in der zitierten Tradition niedergeschlagen haben, lässt es sich verstehen, dass er das Gebot, den Nächsten zu lieben, mit dem anderen verbindet, den Feind zu hassen.

Die Formulierung des Zitates in Matthäus 5,43 erfolgte daher nicht als bösartige Diffamierung durch den Evangelisten, sondern ergab sich aus einer Situation, in der er mit der auf Jesus bezogenen Gemeinschaft als häretisch behandelt wurde und sich so von der anderen Seite als aus der Liebe ausgeschlossen und mit Hass belegt sah. Dennoch bleibt diese Formulierung des Zitates problematisch. Sie bedeutet eine Verengung, die dem Judentum im Ganzen nicht entspricht. Sowohl dort als auch im biblischen Text selbst zeigt sich eine sehr viel größere Offenheit. Darauf sei zunächst eingegangen.

Für das Verständnis von 3. Mose 19,17–18 ist das Vorzeichen zu beachten, das dem ganzen Kapitel in Vers 2 gegeben wird, wo es in Gottesrede an das Volk Israel heißt: *Ihr sollt heilig sein; denn ich bin heilig, der Ewige, euer Gott.* Dieses Vorzeichen wird im Kapitel immer wieder aufgenommen, wenn es am Ende einzelner Weisungen und so auch am Schluss von Vers 18 heißt: *Ich bin der Ewige.* Der Heiligkeit Gottes wird und soll das Volk in seinem Verhalten entsprechen. Dazu gehört nach den Versen 17–18: *Du sollst deinen Bruder oder deine Schwester nicht in deinem Herzen hassen; zurechtweisen, ja zurechtweisen sollst du deinen Mitmenschen und sollst seinetwegen nicht Sündenschuld tragen. Nicht sollst du vergelten und nicht nachtragen den Kindern deines Volkes und du sollst deinen Nächsten lieben dir gleich! Ich bin der Ewige.* Dieser Textzusammenhang macht es eindeutig klar, dass der Nächste das Mitglied des eigenen Volkes meint. Aber dem ist zweierlei hinzuzufügen: 1. Auch innerhalb des eigenen Volkes gibt es Freunde und Feinde; der Nächste kommt als der konkrete Nächste in den Blick, der durchaus Anlass zum Hass geben könnte. Es ist aufschlussreich, dass hier im unmittelbaren Zusammenhang mit dem Liebesgebot das Hassen des anderen ausdrücklich verboten wird. 2. Im selben Kapitel wird der Fremde in das Liebesgebot einbezogen; in den Versen 33–34 heißt es: *Und wenn ein Fremder bei dir wohnt in eurem Land, sollt ihr ihn nicht bedrücken. Wie ein Bürger von euch soll euch der Fremde gelten, der bei euch wohnt, und du sollst ihn lieben dir gleich! Denn Fremde seid ihr gewesen im Land Ägypten; ich bin der Ewige, euer Gott.* Israel weiß aus geschichtlicher Erfahrung, was Fremdlingschaft ist. Es hat in Ägypten Bewahrung erfahren und es hat dort Bedrückung erfahren und weiß so, was ihm gut und was ihm nicht gut getan hat. Dass es nicht um Fremde überhaupt, sondern um im Land begegnende Fremde geht, hat wieder mit der Konkretheit der Mahnung zu tun. Es wird keine letztlich im Unverbindlichen bleibende allgemeine Menschenliebe propagiert, sondern die tatsächlich begegnenden Menschen sind im Blick. Dabei wird den Fremden im Land das zugestanden, was auch den Einheimischen gilt.

Ein anderer Text der jüdischen Bibel, der zwar terminologisch nicht von der Feindesliebe spricht, enthält aber doch faktisch entsprechendes Verhalten. In Sprüche 25,21–22 heißt es: *Hungern Menschen, die dich hassen, speise sie mit Brot, und wenn es sie dürstet, gib ihnen Wasser zu trinken! Denn feurige Kohlen wirst du auf ihr Haupt häufen und der Ewige wird es dir vergelten.* Diese Stelle wird von Paulus in Römer 12,20 zitiert innerhalb des Abschnitts 12,17–20, der ebenfalls von konkreter Feindesliebe handelt. Schließlich sei aus der jüdischen Bibel noch 2. Mose 23,4–5 angeführt: *Wenn du auf ein streunendes Rind oder einen streunenden Esel deines Feindes triffst, sollst du sie ja zu ihm zurückbringen. Wenn du den Esel dessen, der dich hasst, unter seiner Last liegen siehst, darfst du ihn unter keinen Umständen im Stich lassen. Helfen sollst du ihm!* Hier wird keine allgemeine Maxime ausgegeben, sondern an sehr konkreten Fällen gezeigt, wie liebendes Handeln aussieht. Dabei ist auch deutlich, dass das hier gemeinte Lieben nicht in die Kategorie des Empfindens, sondern in die des Tuns gehört.

Bei der Anführung rabbinischer Stellen wird in der christlichen Auslegung oft sehr stark betont, dass dort mit dem Nächsten nur der Angehörige des eigenen Volkes gemeint sei. Dass es solche Interpretationen gibt, ist nicht zu bestreiten. Aber sich nur an sie zu halten, ist nicht angemessen. In der Mechilta de Rabbi Jischmael finden sich zu der Wendung *das Rind dei-*

5. Jesu Auslegung der Tora (5,21–48) 131

nes Feindes aus 2. Mose 23,4 verschiedene Bestimmungen dessen, wer denn der Feind sei, durch namentlich genannte Rabbinen: nach Rabbi Joschija der Nichtjude, der Götzendiener, nach Rabbi Elieser der Proselyt, der wieder in die alte Art zurückgefallen ist, nach Rabbi Jizchak der abtrünnige Israelit, nach Rabbi Natan der Israelit (Abschnitt Mischpatim 20). Es zeigt sich also ein breites Spektrum. Nach altem Recht steht den Armen bei der Ernte das Einsammeln der Nachlese und von Vergessenem zu sowie die nicht vom Besitzer abzuerntende Ackerecke. Mischna Gittin 5,8 bestimmt, dass das auch den Armen der Völker nicht verwehrt werden darf. Wenn es dort abschließend heißt „um des Friedens willen", ist das nicht resignativ zu verstehen, sondern gibt das positive Ziel gedeihlichen Zusammenlebens an.

In Tanchuma Buber, Mischpatim 1 wird folgende Szene geschildert: „Zwei Eseltreiber gingen auf dem Wege; sie waren miteinander verfeindet. Der Esel des einen von ihnen legte sich nieder. Sein Kollege sah ihn und ging vorüber. Nachdem er vorübergegangen war, sagte er: ‚Es steht geschrieben: *Wenn du den Esel deines Feindes siehst* (2. Mose 23,5).' Sofort kehrte er um und lud mit ihm auf. Der begann in seinem Herzen zu sagen: ‚So liebte dieser Mensch mich und ich wusste es nicht!' Sie gingen in eine Herberge und aßen und tranken zusammen. Wer verursachte es ihnen, dass sie miteinander Frieden schlossen? Weil dieser in die Tora geguckt hatte." An anderer Stelle wird auf die Frage, wer ein Großer sei, u.a. geantwortet: „Derjenige, der jemanden, der ihn hasst, zu jemandem macht, der ihn liebt" (Avot de Rabbi Natan [A] 23,1).

Luther meinte, Jesus wende sich in diesem Abschnitt „wider die pharisäischen Heiligen, dass alles nichtige Bubenstücke seien, was sie von der Liebe lehren". Unter Verweis auf 2. Mose 23,4–5 sagt er weiter: „Darin sollten sie ja gefunden haben, dass sie auch verpflichtet wären, ihre Feinde zu lieben, wenn sie den Text angesehen hätten und nicht darüber hin geflattert wären, wie jetzt unsere blinden Lehrer über die Schrift flattern." Er selbst legt dann diesen Text über den Feind so aus: „Du sollst nicht begehren, dass er Schaden nimmt, sondern sollst ihn verhüten, wo du kannst, ihm zum Guten verhelfen und ihn fördern usw. Damit kannst du ihn schließlich bewegen und ihn mit Guttun überwinden und erweichen, dass er seinerseits dich lieb gewinnen muss, weil er nichts Böses von dir sieht und erfährt, sondern nur Liebe und alles Gute." Über „der Juden Lehre und Leben" aber bemerkt er bald danach, sie seien „beides: unvollkommen und unrecht, weil sie lehren, nur ihre Freunde zu lieben, und auch dementsprechend leben".

Die in diesem Zusammenhang wichtigste rabbinische Überlieferung findet sich in zwei Varianten an drei Stellen. Ich zitiere sie nach Breschit Rabba

24,7. Dort wird an das Zitat aus 1. Mose 5,1: *Dies ist das Buch der Generationen des Menschen. Am Tage, da Gott den Menschen schuf, machte er ihn in der Ähnlichkeit Gottes* angeschlossen: „Ben Asaj sagt: ‚*Dies ist das Buch der Generationen des Menschen* – das ist eine Hauptregel in der Tora.' Rabbi Akiva sagt: ‚*Du sollst deinen Nächsten lieben dir gleich* – das ist eine umfassendere Hauptregel als jene, damit du nicht sagst: Weil ich verachtet werde, soll auch mein Mitmensch verachtet werden.' Rabbi Tanchuma sagte: ‚Wenn du so handelst, dann sei dir im Klaren, wen du verachtest: *In der Ähnlichkeit Gottes machte er ihn.*'" Diese Überlieferung ist vielleicht beim ersten Lesen oder Hören nicht unbedingt verständlich. Zunächst ist klarzustellen: Wenn Ben Asaj aus 1. Mose 5,1 zitiert: *Dies ist das Buch der Generationen des Menschen* und das als eine Hauptregel in der Tora erklärt, dann meint er nicht nur den zitierten Satz, sondern den ganzen Vers und dabei ist ihm am wichtigsten die Aussage von der Gottähnlichkeit des Menschen. Sie soll das Verhalten der Menschen zueinander begründen und bestimmen. Jeder Mensch hat den Mitmenschen in der Perspektive zu betrachten und zu behandeln, dass auch der und die andere Ebenbild Gottes ist – wie Jakob nach 1. Mose 33,10 gegenüber Esau bei ihrer Wiederbegegnung formuliert: *Ich habe dein Angesicht angesehen, wie man Gottes Angesicht ansieht.* Wenn Rabbi Akiva 3. Mose 19,18 als größere Hauptregel anführt, will er damit ausschließen, dass schlechtes Verhalten vonseiten des Mitmenschen das Verhalten ihm gegenüber bestimmt. Das „Wie du mir, so ich dir" soll keine Chance haben. Das Votum von Rabbi Tanchuma lenkt auf die Hauptregel Ben Asajs zurück. Was Akiva will, ist dort schon eingeschlossen. Denn da der Mensch Ebenbild Gottes ist, träfe eine schlechte Behandlung des Mitmenschen, auch wenn sie als Revanche erfolgt, allemal Gott selbst.

Die angeführten Stellen zeigen: Die Behauptung des Matthäus über das, was „den Alten gesagt worden ist", nämlich den Nächsten zu lieben und den Feind zu hassen, mag zwar aus der eigenen Erfahrung heraus formuliert worden sein und der Vulgärethik entsprechen, es entspricht jedoch nicht dem, was sich an ausgeführter Ethik in jüdischen Texten findet. Diese Stellen machen vielmehr deutlich, dass die Auslegung des Liebesgebotes als Gebot der Feindesliebe eine jüdische Möglichkeit ist. Auch wenn dieses Gebot terminologisch im Judentum so nicht begegnet, ist es der Sache nach doch da.

Ein kurzer Seitenblick sei auf zwei außerjüdische und außerchristliche Stellen geworfen, die gerne in diesem Zusammenhang angeführt werden. Sie stammen aus

5. Jesu Auslegung der Tora (5,21–48)

stoischer Tradition. Epiktet sagt über den wahren Kyniker: „Er muss sich schlagen lassen wie ein Esel; und wenn er geschlagen wird, muss er den Schlagenden lieben wie den Vater aller, wie einen Bruder" (Dissertationen III 22,54). Das ist ohne Zweifel eine starke und respektable Aussage. Doch geht es Epiktet dabei in erster Linie um die Bewahrung innerer Freiheit. Der Kyniker lässt sich in seinem innersten Wesen durch nichts gefangen nehmen, auch nicht durch ihm zugefügte Schläge vom Pathos des Hasses. Die andere Stelle steht in den Selbstbetrachtungen Kaiser Mark Aurels: „Morgens früh zu sich sagen: Zusammentreffen werde ich mit einem Vorwitzigen, einem Undankbaren, einem Frechen, einem Hinterlistigen, einem Verleumderischen, einem Unverträglichen. All das ergibt sich jenen wegen der Unkenntnis dessen, was gut und schlecht ist. Da ich jedoch meinerseits die Natur des Guten erfasst habe, dass es edel ist, und des Bösen, dass es schändlich ist, sowie auch die Natur dessen, der sich daneben benimmt, dass er mir verwandt ist – nicht, weil er dasselbe Blut oder dieselbe Abkunft, wohl aber Vernunft und göttlichen Anteil mit mir gemeinsam hat –, kann ich weder von irgendeinem dieser Menschen geschädigt werden – in Schändliches wird mich niemand verwickeln –, noch kann ich dem Verwandten zürnen oder mich mit ihm verfeinden. Sind wir doch zum Zusammenwirken geboren. [...] Einander entgegen zu handeln, ist daher wider die Natur; zum Entgegenhandeln aber gehört, zu zürnen und sich abzuwenden" (II 1). Der in der allgemeinen Teilhabe an der Vernunft begründete stoische Gleichheitsgedanke ist hier von der gesellschaftlichen Spitze, dem Kaiser, so rezipiert, dass er sich in herablassender Milde äußert. Ihm kann ja keiner. Er kann es sich leisten, nicht zu zürnen. Er ist in (fast) jeder Hinsicht souverän.

Wie Matthäus in Vers 44 das Gebot der Feindesliebe formuliert, lässt erkennen, dass er damit nicht eine allgemeine Menschheitsliebe meint, sondern dass er es sehr konkret versteht: „Liebt eure Feinde und betet für diejenigen, die euch verfolgen!" Er hat seine bedrängte Gemeinde im Blick. Die sie treffende Feindschaft soll auf ihrer Seite nicht zum Hass führen, sondern zum fürbittenden Gebet. Das ist die hier mögliche Konkretion der Liebe. Mit ihr ist nicht ein Gefühl gemeint, sondern konkretes Handeln. In der ins Auge gefassten Situation ist das fürbittende Gebet wohl die einzig verbliebene Möglichkeit positiven Handelns für die Feinde. Inhalt und Ziel dieses Gebetes kann nur sein, dass der Feind sich nicht mehr feindlich verhalten möge und also aufhöre, Feind zu sein. Mit diesem Liebesgebot gegenüber dem Feind wird das Feindschaftsverhältnis von einer Seite aus grundsätzlich instabil gehalten.

Zum fürbittenden Gebet für konkrete Feinde wird im babylonischen Talmud, Brachot 10a erzählt: „In der Nachbarschaft des Rabbi Meïr wohnten Straßenräuber, die ihn sehr schikanierten. Rabbi Meïr flehte ihretwegen, dass sie stürben. Da sagte seine Frau Brurja zu ihm: ‚Weshalb meinst du das? Weil geschrieben stünde: *Sünder sollen verschwinden* (Psalm 104,35)? Steht denn geschrieben: *Sünder*? *Sünden* steht geschrieben! (Der hebräische nur aus Konsonanten bestehende Text kann unterschiedlich vokalisiert werden. Brurja plädiert hier entschieden für eine Vokalisation, nach der sich als Bedeutung des Wortes „Sünden" und nicht „Sünder" ergibt.) Und geh auch bis ans Ende des Verses: *Und Gewalttätige gibt es nicht mehr.* Wenn Sünden verschwunden sind, gibt es auch keine Gewalttätigen mehr. Flehe vielmehr ihretwegen, dass sie Umkehr vollziehen, *und Gewalttätige gibt es nicht mehr.*‘ Da flehte er ihretwegen und sie vollzogen Umkehr." Eine weitere sachliche und auch formale Parallele zu Matthäus 5,44 findet sich im babylonischen Talmud, Schabbat 88b: „Die Rabbanan lehrten: Die bedrückt werden und nicht bedrücken, die ihre Schmähung hören und sie nicht erwidern, die aus Liebe handeln und sich in Leiden freuen – über die sagt die Schrift: *Und die ihn lieben, sind wie der Aufgang der Sonne in ihrer Kraft* (Richter 5,1)." Diese Tradition wird noch an einer Reihe anderer Stellen überliefert.

Dem Gebot, die Feinde zu lieben, wird in Matthäus 5,45 ein Ziel gegeben: „damit ihr Kinder eures Vaters im Himmel werdet". Kindschaft zeigt sich hiernach in der Entsprechung zu Gott als Vater. Wie sich dieser Vater verhält, erläutert die Fortsetzung des Verses: „Er lässt nämlich seine Sonne aufgehen über Böse und Gute und lässt regnen über Gerechte und Ungerechte." Das Motiv der Gotteskindschaft hat in Israel Tradition. Dazu wurden bereits oben zu Matthäus 5,9 Texte angeführt, zuletzt die unterschiedliche Auslegung von 5. Mose 14,1: *Kinder seid ihr des Ewigen, eures Gottes* durch zwei Rabbinen im babylonischen Talmud. In Sifrej Dvarim § 96 wird diese Tradition so wiedergegeben: „Rabbi Jehuda sagt: ‚Wenn ihr euch so wie Kinder verhaltet, ja, dann seid ihr Kinder, wenn aber nicht, dann seid ihr keine Kinder.' Rabbi Meïr sagt: ‚So oder so: *Kinder seid ihr des Ewigen, eures Gottes.*'" Der Unterschied zwischen beiden Rabbinen ist nicht der, dass es Rabbi Meïr gleichgültig wäre, ob sich Gotteskindschaft in Entsprechung äußert oder nicht. Er betont jedoch, dass Israels Gotteskindschaft auch unabhängig vom Verhalten des Volkes gilt, weil sie in Gottes Verheißung gründet, wie das gleich anschließend von ihm gebrachte Zitat aus Hosea 2,1 zeigt. Beide Auslegungen sind nicht alternativ zu verstehen; sie setzen unterschiedliche Akzente. Einmal geht es um Ermahnung, zum anderen um Vergewisserung. Wie die „Vergeltung" von Bösem mit Gutem im Handeln Gottes begründet wird, zeigt eine auf Rabbi Meïr zurückgeführte Tradition in Schmot Rabba 26,2 zu 2. Mose 17,8, wo es in Gottesrede heißt: „Sei mir

5. Jesu Auslegung der Tora (5,21–48)

gleich! Wie ich Gutes anstelle von Bösem erstatte, so erstatte auch du Gutes anstelle von Bösem! Denn es ist gesagt: *Wer ist ein Gott wie Du, der Schuld trägt und über Vergehen hinweggeht?*" (Micha 7,18)

Auch nach Matthäus 5,45 erweist sich Gotteskindschaft in der Entsprechung zum Handeln Gottes, das als bedingungslos generös beschrieben wird und so als Begründung der Feindesliebe dienen kann. Wie hier wird Gottes Generosität an einer späten rabbinischen Stelle beschrieben; dort wird in Auslegung von Psalm 145,9 (*Gut ist der Ewige zu allen, sein Erbarmen erstreckt sich über alle seine Werke*) ausgeführt: „Rabbi Jehoschua der Priester sagte im Namen Rabbi Nechemjas: ‚Hast du je in deinem Leben gesehen, dass der Regen auf das Feld des und des Frommen niederging, aber nicht auf das Feld des und des Gewalttäters? Vielmehr: Die Sonne geht auf über Israel als Gerechten und über den Gewalttätigen. Der Ewige lässt die Sonne aufgehen über Israel und den Völkern" (Pesikta Rabbati, Hosafa 1). Nach Rabbi Abbahu ist ein Regentag größer als die Belebung der Toten; denn die eine ist nur für die Gerechten, der andere aber für Gerechte und Gewalttätige (babylonischer Talmud, Ta'anit 7a). Entsprechende Generosität wird von den Kindern Gottes erwartet, die sich nach Matthäus 5,44 in der Feindesliebe konkretisiert.

Eine Tradition im babylonischen Talmud, Sanhedrin 111a.b zeigt sehr schön, dass man selbst zu den „Bösen" gehören kann, die auf Gottes Güte angewiesen sind: „Als Mose zur Höhe hinaufstieg, traf er den Heiligen, gesegnet er, an, wie er dasaß und ‚Langmut' schrieb. Er sagte vor ihm: ‚Herr der Welt, Langmut für die Gerechten.' Er sagte ihm: ‚Auch für die Frevler.' Er sagte ihm: ‚Die Frevler sollen umkommen.' Er sagte ihm: ‚Bald wirst du sehen, was du dir gewünscht hast.' Als die Israeliten gesündigt hatten (mit der Errichtung des goldenen Kalbs), sagte er (Gott) zu ihm: ‚Hast du nicht so gesprochen: Langmut für die Gerechten?' Er sagte vor ihm: ‚Herr der Welt, aber hast du nicht so zu mir gesprochen: Auch für die Frevler?'"

In den Versen 46–47 folgt eine erläuternde Begründung des Gebots der Feindesliebe, indem herausgestellt wird, dass es nichts Lohnenswertes und Besonderes sei, den Mitgliedern der eigenen Gruppe freundlich zu begegnen; Gruppenkumpanei finde sich auch bei Zöllnern und Nichtjuden. Zollstellen wurden gegen Vorkasse verpachtet; die darüber hinaus gehenden Einnahmen bildeten den Gewinn. Dieses System verleitete zum Betrug, um den Gewinn möglichst hoch zu treiben. Zöllner waren also in ethischer Hinsicht nicht besonders angesehen. Das galt auch für Nichtjuden. Hier zeigt sich deutlich das jüdische Selbstverständnis des Evangelisten Matthäus; in der Parallele Lukas 6,32–33 stehen an diesen Stellen beide Male „die Sünder". Diesen etwas abschätzigen Blick auf Zöllner und Nichtjuden teilt Matthäus mit denen, die er an anderen Stellen heftig angreift: „Schriftgelehrte und Pharisäer", also die rabbinischen Weisen seiner Zeit. Anders als in 5,20 und in Kapitel 23, wo es um den Widerspruch von Lehren und Tun geht, erscheinen sie hier nicht als Kontrast. Ihnen gesteht er damit implizit eine Ethik zu, die anders ist als die Zöllnern und Nichtjuden zugeschriebene – wie sich ja auch sachlich entsprechende rabbinische Aussagen anführen ließen.

„Wenn ihr diejenigen liebt, die euch lieben, welchen Lohn habt ihr?" Der Lohn derer, die sich so verhalten, wird sein, dass sie „im eigenen Saft schmoren", dass sich Abgrenzungen und Trennungen verhärten. Das „Besondere", das über das übliche Maß Hinausgehende, was die Schülerschaft Jesu tun soll, ist darin begründet, dass sie den Vater im Himmel nicht nur haben, sondern ihn auch kennen und sie so ihre Kindschaft in Entsprechung zu diesem Vater sich auch ereignen lassen können. So wird nicht nur der persönliche Egoismus aufgesprengt, sondern auch der der Gruppe. Feindesliebe greift weiter; sie ist Grenzüberschreitung. In der hier gegebenen Konkretion, dem fürbittenden Gebet, stellt sie die Betenden und diejenigen, für die gebetet wird, gemeinsam vor das Forum Gottes. So entsteht eine erste und grundlegende Form der Gemeinschaft. Das macht noch nicht, dass aus Feinden Freunde werden. Aber es hindert, dass die Betenden auch ihrerseits ihren Feinden – Feinde bleiben. Indem so das Feindschaftsverhältnis nur von einer Seite her aufrecht erhalten werden kann, bleibt es grundsätzlich labil, kann es nicht zu einem alles bestimmenden Faktor werden.

Vers 48 fasst die vorangehenden Ausführungen dieser sechsten und letzten Toraauslegung in einer abschließenden Mahnung zusammen, die zugleich noch einmal den Grund der Mahnung deutlich macht: „Ihr also: Seid vollkommen, wie euer himmlischer Vater vollkommen ist!" In der jüdischen Bibel wird eine solche Entsprechung mit dem Begriff „heilig" formuliert. An anderer Stelle wurde bereits 3. Mose 19,2 zitiert: *Heilig sollt ihr sein; denn heilig bin ich, der Ewige, euer Gott.* Begrifflich näher kommt 5. Mose 18,13, wo das Volk angesprochen wird: *Vollkommen sollst du sein mit dem Ewigen, deinem Gott.* Die Septuaginta hat das hier begegnende hebräische Wort *tamim* mit demselben griechischen Wort wiedergegeben, das Matthäus in Vers 48 gebraucht. Die Grundbedeutung des hebräischen Wortes ist „vollständig", hat von daher die Bedeutung „vollkommen", aber auch „einwandfrei", „redlich", „fromm", „integer". Urbild solcher Vollkommenheit ist

5. Jesu Auslegung der Tora (5,21–48)

in der jüdischen Tradition Abraham, zu dem Gott nach 1. Mose 17,1 sagt: *Ich bin El Schaddaj, die machtvolle Gottheit; führe dein Leben vor meinem Angesicht und werde vollkommen!* In Tosefta Bava Qamma 7,7 wird 5. Mose 27,6 (*Aus ganzen Steinen sollst du den Altar des Ewigen, deines Gottes, bauen*) so ausgelegt: „Steine, die Ganzheit (= Frieden) stiften. Ergibt das nicht einen Schluss vom Leichten aufs Schwere? Wenn schon über Steine, die weder sehen noch hören noch reden, aber Frieden stiften zwischen den Israeliten und ihrem Vater im Himmel, der Ort (= Gott) sagt: ‚Sie sollen ganz (= vollkommen) vor mir sein', um wie viel mehr gilt das für die Kinder der Tora, die Ganzheit (= Frieden) in der Welt sind, dass sie ganz (= vollkommen) vor dem Ort (= Gott) sein sollen." Schließlich sei noch eine allgemeine Aussage aus der Mechilta de Rabbi Jischmael, Beschallach (Schira) 3 zu 2. Mose 15,2 zitiert: „Abba Scha'ul sagt: ‚Ich soll ihm (Gott) gleichen: Wie er barmherzig und gnädig ist, so sei auch du barmherzig und gnädig!'" Genau um solche Entsprechung geht es Matthäus am Schluss der von ihm gestalteten letzten Toraauslegung Jesu. Gotteskindschaft ermächtigt und verpflichtet zu einem entsprechenden Tun. Dabei hat Matthäus hier nicht eine besondere Gruppe in der Gemeinde im Blick, die sich der Vollkommenheitsforderung stellt, während die Übrigen sich mit weniger begnügen könnten. Der ganzen Gemeinde ist die Gotteskindschaft zugesprochen; so ist auch die ganze Gemeinde von ihr in Anspruch genommen, sich als Kinder Gottes zu erweisen.

III. Das Trachten nach dem Himmelreich und nach Gottes Gerechtigkeit (6,1–7,12)

Die Aufforderung in 6,33, Gottes Reich und Gottes Gerechtigkeit zu erstreben, kann als das diesen Teil bestimmende Thema betrachtet werden. Im ersten Abschnitt (6,1–18) geht es um die Frömmigkeitsübungen Almosengeben, Beten und Fasten, die Matthäus bezeichnenderweise unter den Begriff „Gerechtigkeit" stellt. Der zweite Abschnitt (6,19–34) mahnt, das Leben nicht durch Anhäufen von Geld absichern zu wollen, sondern in der Freiheit von der Sorge und im Vertrauen auf die Fürsorglichkeit Gottes eine dem Reich Gottes entsprechende Praxis einzuüben. Der dritte Abschnitt (7,1–11) behandelt das Verhalten gegenüber den Mitmenschen, zunächst nach innen gegenüber den anderen Gemeindegliedern unter dem Aspekt von Kritik und Selbstkritik (7,1–5), dann nach außen in doppelter Hinsicht, negativ und positiv, sich den anderen nicht aufzudrängen (7,6), sondern ihnen in einer Haltung des Bittens, Suchens und Anklopfens zu begegnen (7,7–11). Zusammenfassend schließt Matthäus den gesamten Teil mit der goldenen Regel ab (7,12).

6. Das vor der Öffentlichkeit zu verbergende Tun der Gerechtigkeit (6,1–18)

In diesem Abschnitt stellt Matthäus Aussagen über Almosen, Beten und Fasten zusammen. Es handelt sich dabei um die drei wichtigsten jüdischen Frömmigkeitsübungen. Nach einer Textvariante von Tobit 12,8 ist das Gebet mit dem Fasten verbunden und daneben steht das Almosen: „Ein Gebet mit Fasten sowie Barmherzigkeit und Gerechtigkeit (= Almosen) – das ist gut. Besser ist wenig mit Gerechtigkeit als viel mit Unrecht. Besser ist es, Barmherzigkeit zu üben (= Almosen zu geben), als Gold zu häufen." Die andere Textvariante lautet: „Ein Gebet in Wahrhaftigkeit und Barmherzigkeit in Gerechtigkeit (= Almosen) – das ist um vieles besser als Reichtum in Unrecht. Viel besser ist es, Barmherzigkeit zu üben (= Almosen zu geben), als Gold zu häufen." In einer frühchristlichen Schrift, dem 2. Klemensbrief, begegnen alle drei Frömmigkeitsübungen zusammen: „Barmherzigkeit (= Almosen) ist so gut wie Buße für Sünde; besser ist Fasten als Gebet, Barm-

6. Das zu verbergende Tun der Gerechtigkeit (6,1–18)

herzigkeit aber ist besser als beide" (16,4). In Didache 8 sind Fasten und Beten zusammengestellt, in 15,4 Beten und Almosen.

Der Abschnitt ist so aufgebaut, dass Vers 1 zunächst eine übergreifende Mahnung gibt, die alle drei Frömmigkeitsübungen betrifft und sie unter dem Begriff „Gerechtigkeit" zusammenfasst. Dabei wird als Generallinie vorgegeben: Was hier zu tun ist, soll nicht geschehen, um den Leuten zu imponieren; andernfalls gibt es keinen Lohn bei Gott. Gemäß dieser Überschrift werden die einzelnen Bereiche im selben Schema abgehandelt, und zwar jeweils in zwei Teilen. Dabei wird zunächst negativ gesagt, wie nicht vorgegangen, dann positiv, wie gehandelt werden soll. Auch im Einzelnen wird ein genaues Schema befolgt. Das sieht im negativen Teil so aus: 1. In einem temporalen Bedingungssatz wird die Frömmigkeitsübung genannt. 2. Darauf bezogen wird gesagt, was man nicht tun soll. 3. Das verneinte Tun wird an dem veranschaulicht, was „die Heuchler" praktizieren. 4. Ein mit „Amen, ich sage euch" eingeleiteter Satz stellt fest, dass sie damit ihren Lohn schon haben. Auch die jeweils folgende positive Aussage ist vierteilig: 1. Wieder wird zuerst die jeweilige Frömmigkeitsübung benannt, dabei aber eine Form der 2. Person Singular vorangestellt und damit die Anrede betont. 2. Das gewünschte Verhalten wird beschrieben. 3. Ein Finalsatz gibt als Ziel des Verhaltens an, dass es im Verborgenen geschehen soll. Beim Beten ist dieses Ziel allerdings in die Beschreibung des Verhaltens integriert. 4. Ein jeweils nur leicht variierter Schlusssatz benennt die Vergeltung des „Vaters, der im Verborgenen sieht".

Dieses dreimal durchgeführte Schema umfasst die Verse 2–4.5–6.16–18. Sie haben keine Parallele in anderen Evangelien. Der das Beten betreffende zweite Abschnitt hat gegenüber diesem Schema eine beträchtliche Erweiterung in den Versen 7–15. Auch sie hat einen negativ abgrenzenden und einen positiv darstellenden Teil. Die Abgrenzung erfolgt jetzt gegenüber den Menschen aus den Völkern (7–8). Auch dazu gibt es keine Parallele. Im positiven Teil bietet Matthäus das Unservater, das eine Parallele in Lukas 11,2–4 hat. Gegenüber der lukanischen Fassung bietet die matthäische mehr Text. Schließlich steht in den Versen 14–15 noch eine Mahnung zur Vergebungsbereitschaft. Sie hat eine sachliche Parallele in Markus 11,25; der Spruch wird auch dort im Zusammenhang des Themas Gebet gebracht. Was bei Markus in 11,20–25 steht, findet sich bei Matthäus in 21,20–22, aber ohne diesen Spruch – doch wohl deshalb, weil Matthäus sich bewusst war, ihn schon vorher geboten zu haben. Das alles spricht wiederum dafür, dass der gesamte jetzt vorliegende Zusammenhang Matthäus 6,1–18 bewusst vom

Evangelisten gestaltet worden ist, woher auch immer ihm einzelne Teile überkommen sind.

a) Angabe des Themas (6,1)

¹Achtet darauf, dass ihr eure Gerechtigkeit nicht vor den Leuten praktiziert, um sich ihnen zur Schau zu stellen! Andernfalls habt ihr keinen Lohn bei eurem Vater im Himmel.

Diese einleitende Mahnung stellt auch diesen Abschnitt unter den Begriff der Gerechtigkeit. Er war vorher schon begegnet in den Beglückwünschungen (5,6.10) und in der Einführung zu den Toraauslegungen Jesu (5,20). Die Gerechtigkeit, die zu tun ist, hat offensichtlich unterschiedliche Aspekte und Matthäus weiß sehr wohl, wo sie jeweils hingehören. In 5,13–16 hatte er den Öffentlichkeitscharakter des Tuns der Gemeinde stark betont. In die Öffentlichkeit gehören „eure guten Taten" (5,16), nämlich dasjenige Wirken der Gemeinde, das aus dem Hunger und Durst nach Gerechtigkeit hervorgeht, gehören Vergebungsbereitschaft und geschwisterliche und verantwortliche Lebensführung, Eindeutigkeit und Verbindlichkeit der Rede sowie kreatives Suchen nach Handlungsmöglichkeiten auch in Situationen von Ohnmacht und Unrecht. Nicht in die Öffentlichkeit aber gehört nach Matthäus die Pflege der persönlichen Frömmigkeit. Die in den einzelnen Abschnitten jeweils gegebene Begründung, warum die Ausübung der Frömmigkeit im Verborgenen und nicht in der Öffentlichkeit stattfinden soll, wird am Schluss von Vers 1 schon knapp zusammengefasst: „Andernfalls habt ihr keinen Lohn bei eurem Vater im Himmel." Dass Gott gutes Tun lohnen wird, dazu sei auf die zu 5,12 gemachten entsprechenden Ausführungen verwiesen. Den Leuten imponieren oder „Gotteslohn" erhalten – diese Alternative stellt Matthäus hier auf. Auch die Taten persönlicher Frömmigkeit sollen nicht egoistisch verzweckt, sondern um ihrer selbst willen getan werden. Das zeigt sehr anschaulich auch eine kleine Geschichte über Jochanan ben Sakkaj im babylonischen Talmud, Bava Batra 10a. Er sieht im Traum, dass seine Schwestersöhne 700 Denare Verlust haben werden. Er beredet sie, ihm diese Summe für wohltätige Zwecke zu geben. Sie haben danach noch 17 Denare. Zu Beginn des folgenden Jahres kommen kaiserliche Beamte und konfiszieren ihr Geld. Rabban Jochanan sagt ihnen, dass er dies schon wusste, und vergewissert sie, dass weiter nichts geschehen wird. Auf ihre Frage, woher er das wisse, erzählt er ihnen seinen Traum. Sie fragen, warum er ihnen das nicht schon vorher erzählt habe. Darauf antwortet er: „Ich wollte, dass ihr das

6. Das zu verbergende Tun der Gerechtigkeit (6,1–18)

Gebot (zur Wohltätigkeit) um seiner selbst willen tun solltet." Diese Aussage hätte Rabban Jochanan nicht als Gegensatz zu der anderen verstanden, dass Gott Lohn geben wird.

b) Almosengeben (6,2-4)

²Wann immer du Barmherzigkeit übst (= Almosen gibst), sollst du es nicht vor dir her ausposaunen, wie es die Heuchler in den Synagogen und auf den Gassen tun, damit sie von den Leuten geehrt werden. Amen, ich sage euch: Sie haben ihren Lohn quitt. ³Du jedoch, wann immer du Barmherzigkeit übst: Nicht soll deine Linke wissen, was deine Rechte tut, ⁴damit deine Barmherzigkeit im Verborgenen geschehe; und dein Vater, der im Verborgenen sieht, wird dir vergelten.

Almosen spielte und spielt im Judentum eine wichtige Rolle. Für sein Verständnis ist schon der dafür gebrauchte Begriff außerordentlich bezeichnend. „Unser" Begriff „Almosen" kommt von dem griechischen Wort, das die Bedeutung „Barmherzigkeit", „Erbarmen" hat (*ele'emosýne*), und mit ihm wird auch im griechischen Sprachbereich bezeichnet, was wir „Almosen" nennen. Gedacht wird dabei von den Gebenden her; an ihr Mitleid, an ihr Erbarmen wird appelliert, damit sie etwas abgeben. Entsprechend treten Mangel Leidende auch möglichst erbarmungswürdig auf, um das Mitleid potentieller Gebender hervorzurufen und sie damit zum Geben zu veranlassen. Im Judentum ist von der Antike bis heute der entsprechende Begriff nicht „Barmherzigkeit", sondern „Gerechtigkeit" (*zdakáh*). Hier wird von den Empfangenden her gedacht. Sie haben gleichsam einen Rechtsanspruch darauf, dass ihnen geholfen werde. Es geht nicht um eine huldvoll von oben gewährte „milde Gabe", sondern um die Herstellung von Gerechtigkeit. Entsprechend treten auch diejenigen, die Mangel leiden, nicht unterwürfig und Mitleid heischend auf. Ich werde nie vergessen, wie mir 1991 in Jerusalem, als ich über einen längeren Zeitraum dort war und offenbar nicht mehr wie ein Tourist wirkte, eine Bettlerin die offene Hand fordernd entgegenstreckte und ebenso fordernd sagte: *zdakáh!* Diese Sicht hat Tradition von der Bibel an. 3. Mose 25,35 heißt es: *Wenn dein Bruder herunterkommt und sich neben dir nicht halten kann, sollst du ihn stützen, (auch) den Fremden und Beisassen, sodass er neben dir leben kann.* Jesaja 58,7 wird gemahnt: *Brich dem Hungrigen dein Brot! Diejenigen, die im Elend ohne Obdach sind, führe in dein Haus! Wenn du einen nackt siehst, so kleide ihn und entzieh dich nicht deinem Fleisch und Blut!* Nach Sprüche 14,31 gilt: *Wer den Schwa-*

chen niederdrückt, schmäht den, der ihn gemacht hat; ihn ehrt, wer sich des Armen erbarmt. Auf der Basis dieser und vieler anderer biblischer Stellen ist schon im antiken Judentum ein für die damalige Zeit erstaunlich ausgeprägtes soziales Bewusstsein ausgebildet und eine ihm entsprechende Praxis aufgebaut worden. Ein System kommunaler Armenpflege beruhte auf eigens dafür eingezogenen Steuern, die gemäß der Leistungsfähigkeit aufzubringen waren. Daneben gab es freiwillige private Spenden. Der große jüdische Religionsphilosoph des Mittelalters, Maimonides (gestorben 1204), unterschied acht Stufen solchen Gerechtigkeitsdienstes. Als höchste galt ihm die Hilfe zur Selbsthilfe durch eine entsprechende Gabe an den Verarmten, durch Darlehen, durch Genossenschaft mit ihm oder durch Arbeitsbeschaffung, „um seine Hand stark zu machen, bis dass er es nicht mehr nötig hat, Menschen (um Hilfe) zu fragen" (Mischneh Tora, Hilchot mattenot anijim 10,7).

Für Matthäus ist es nun bezeichnend, dass er zwar – da er ja griechisch schreibt – den im Griechischen üblichen Begriff für „Almosen" aufnimmt, nämlich „Barmherzigkeit", dass er ihn aber durch die Überschrift in Vers 1 unter den Begriff „Gerechtigkeit" stellt und ihn so damit verbindet. Für ihn gehören beide zusammen: Gerechtigkeit und Barmherzigkeit. Analoges zeigte sich ja im oben gebrachten Zitat aus Tobit 12,8, wo in beiden Varianten die Barmherzigkeit mit der Gerechtigkeit zusammengestellt wird.

Wenn also Matthäus von „Barmherzigkeit", von „Almosen" spricht, ist eine Einrichtung im Blick, die im Judentum einen hohen Stellenwert hat. Es werden dann aber gleich „die Heuchler" genannt, an deren Verhalten man sich nicht orientieren soll. Dieses Verhalten besteht im „Ausposaunen" „in den Synagogen und auf den Gassen". An was ist dabei gedacht? Aus einer Reihe von Stellen lässt sich erschließen, dass in der Synagoge die Abgabe von Almosen angekündigt werden konnte. Nur eine Stelle sei zitiert, aus der zugleich hervorgeht, dass dieses Verfahren umstritten war: „Rabbi Schimon ben Elasar pflegte zu sagen: ‚Man setzt keine Gerechtigkeit(sabgabe = ‚Almosen') für die Armen in der Synagoge fest. […] Aber das Haus Hillels erlaubt es" (Tosefta Schabbat 16,22). Bei solchen Ankündigungen von Almosen konnte es vorkommen, dass gemachte Versprechen nicht eingehalten wurden. Das wurde selbstverständlich von den jüdischen Lehrern kritisiert. Aber nicht erst solcher Wortbruch gilt bei Matthäus als Heuchelei, sondern schon die öffentliche Ankündigung als solche. Parallel zu den Synagogen werden die Gassen als Orte des „Ausposaunens" genannt. Dafür gibt es sonst keine Belege. Es ist jedoch denkbar, dass das Gespräch auf offener Straße, wenn es auf das Thema „Almosen" kommt, zum „Angeben" im doppelten

6. Das zu verbergende Tun der Gerechtigkeit (6,1–18)

Sinn des Wortes verführt. „Die Heuchler" werden hier nicht mit einer bestimmten Gruppe identifiziert. Mit diesem negativen Begriff wird qualifiziert, wer sich in der beschriebenen Weise verhält.

Diejenigen, die ihre Wohltätigkeit ausposaunen, tun das, fährt Vers 2 fort, „damit sie von den Menschen geehrt werden". Diese Formulierung erinnert an 5,16. Nach der dort gegebenen Aufforderung sollten Jesu Schüler ihr Licht vor den Leuten leuchten lassen, „damit sie eure guten Taten sehen und euren Vater im Himmel ehren". Selbst von den Leuten geehrt zu werden oder die Leute zu veranlassen, Gott die Ehre zu geben – diese Alternative wird damit aufgestellt. Wer sich durch in die Öffentlichkeit getragene Wohltätigkeit Ansehen erwirbt, hat seinen Lohn schon erhalten, wie in Vers 2 abschließend festgestellt wird, ist schon „quitt". Das im griechischen Text gebrauchte Verb ist ein technischer Begriff des Bankwesens und heißt etwas empfangen und „quittieren". Diejenigen, die so handelten, haben die gute Tat nicht um ihrer selbst willen getan. Sie wollten damit Ehre erlangen. Die haben sie bekommen. Sie sind „quitt".

In den Versen 3–4a folgt die positive Gegenmahnung. Das Almosen soll „im Verborgenen" gegeben werden. Dabei wird äußerst zugespitzt formuliert: Die linke Hand soll nicht wissen, was die rechte tut. Das ist einmal mehr hyperbolische Redeweise, die nicht wörtlich genommen werden kann. Aber was damit intendiert ist, liegt klar auf der Hand: Wohltätigkeit darf nicht an die große Glocke gehängt werden, sondern hat im Stillen zu erfolgen, geradezu in Selbstvergessenheit. „Der Zuschauer soll entfernt werden – bis dahin, daß *ich mir selbst nicht mehr zuschaue.*" Es geht um „die entschlossene *Zuwendung zum Nächsten*, über der ich, wenn ich mich ihm zuwende, mich selbst vergessen *darf*" (Eichholz). Und das hat seinen guten Sinn. In der auf Jesus als Messias bezogenen Gemeinschaft, die im ersten Jahrhundert Teil des Judentums war, ist analog zum übrigen Judentum ein eigenes Sozialsystem aufgebaut worden. Eine eingehendere Beschreibung dieser Praxis haben wir erst aus dem zweiten Jahrhundert von Justin. Aber sie dürfte weit zurück reichen. Gegen Ende der Darstellung der sonntäglichen Versammlung schreibt Justin: „Von denjenigen, denen es gut geht und die es wollen, gibt ein jeder nach seinem Entschluss, was er will; und das Eingesammelte wird beim Vorsteher verwahrt. Der unterstützt damit Waisen und Witwen sowie diejenigen, die wegen einer Krankheit oder wegen einer anderen Ursache Mangel leiden, auch die, die im Gefängnis sind, und die anwesenden Fremden, ja, er wird schlechterdings für alle Bedürftigen zum Versorger" (Apologie I 67,6–7). Die Mahnung in Matthäus 6,3–4, im Verborgenen zu geben, ist nicht zuletzt deshalb weise, weil bei einem solchen System die Gefahr besteht, dass diejenigen, die am meisten spenden, auch den größten Einfluss gewinnen und so in der Gemeinde eine Finanzhierarchie entsteht. Weder soll, wer empfängt, wissen, wo die Hilfe herkommt, noch soll, wer gibt, erfahren, wem die Gabe unmittelbar zugutekommt.

Dieselbe Intention findet sich in jüdisch-rabbinischen Texten. Wiederholt wird dabei davon gesprochen, dass der Empfänger nicht beschämt werden soll. Von Rabbi Abba wird erzählt: Er „wickelte Geld in ein Schweißtuch, nahm es über den Rücken und ging zu den Armen (wobei er das Geld herausfallen ließ); er schielte jedoch nach der Seite wegen der Betrüger" (babylonischer Talmud, Ketubbot 67b). Das war gewiss kein sehr effektives Verfahren. In Sifrej Dvarim § 117 wird aus dem Satz aus 5. Mose 15,10: *Geben, ja geben sollst du ihm!* das „Ihm" so ausgelegt: „Zwischen dir und ihm (= unter vier Augen). Von da aus hat man gesagt: Eine Kasse der Diskretion (wörtlich: eine Kammer der Verschwiegenen) gab es in Jerusalem." Über diese „Kasse der Diskretion" im Tempel heißt es in Mischna Schekalim 5,6: „Sündenscheue legen (ihre Geldspenden) diskret in sie ein; und Arme, Leute guter Herkunft, werden diskret aus ihr versorgt." Von Rabbi Elasar wird überliefert: „Wer Gerechtigkeit im Verborgenen übt (= Almosen gibt), ist größer als Mose, unser Lehrer" (babylonischer Talmud, Bava Batra 9b). Das wird im Folgenden aus der Schrift begründet. Mit der Gerechtigkeitsgabe, so heißt es etwas weiter im Text dieses Traktats, ist am besten so umzugehen: „Wer sie gibt, weiß nicht, wem er sie gibt; wer sie nimmt, weiß nicht, von wem er sie nimmt." Die Frage, wie man das macht, erhält die Antwort: „Man gebe sie in die Gerechtigkeitskasse" (10b.) Im Namen Rabbi Schimons ben Jochaj wird die Aussage überliefert: „Es wäre besser für einen Menschen, sich selbst in einen Feuerofen auszuliefern, als das Angesicht seines Mitmenschen in der Öffentlichkeit zu beschämen" (babylonischer Talmud, Ketubbot 67b). Im Traktat Chagiga wird ganz entsprechend erzählt: „Als Rabbi Jannaj jemanden sah, wie er einem Armen öffentlich einen Sus gab, sprach er zu ihm: ‚Es wäre besser gewesen, du hättest ihm nichts gegeben, als ihm zu geben und ihn zu beschämen'" (5a).

Der Schluss von Vers 4 verweist darauf, dass Gott seinerseits nicht vergesslich und knauserig sein wird. Der gütige Gott hat das letzte Wort: „Und dein Vater, der im Verborgenen sieht, wird dir vergelten." Das hier mit „vergelten" übersetzte Verb bedeutet wörtlich: „wiedergeben", „erstatten". Eine sachliche Parallele hat die Aussage der Verse 3–4 im Ganzen in dem Diktum Rabbi Elasars: „Die Gerechtigkeitsgabe wird ausschließlich gemäß der Freundlichkeit vergolten, die in ihr steckt" (babylonischer Talmud, Sukka 49b). Die Freundlichkeit ist das Maß, an dem sich das Urteil Gottes orientiert, nicht die Höhe der geleisteten Abgabe.

6. Das zu verbergende Tun der Gerechtigkeit (6,1–18) 145

c) Beten (6,5–15)

⁵Und wann immer ihr betet, sollt ihr euch nicht wie die Heuchler verhalten. Denn sie lieben es, in den Synagogen und an den Straßenecken zu stehen und zu beten, damit sie sich den Leuten zeigen. Amen, ich sage euch: Sie haben ihren Lohn quitt. ⁶Du jedoch, wann immer du betest, geh in deinen innersten Raum, verschließe die Tür und bete zu deinem Vater, der im Verborgenen ist. Und dein Vater, der im Verborgenen sieht, wird dir vergelten. ⁷Wann immer ihr betet, sollt ihr auch nicht plappern wie die Menschen aus den Völkern. Sie meinen nämlich, sie würden durch ihre Vielrederei erhört. ⁸Macht euch also ihnen nicht gleich! Euer Vater weiß doch, was ihr braucht, schon bevor ihr ihn gebeten habt. ⁹So also sollt ihr beten: Unser Vater im Himmel: Geheiligt werde Dein Name! ¹⁰ Es komme Dein Reich! Es geschehe Dein Wille – wie im Himmel, so auf der Erde! ¹¹Unser Brot für morgen gib uns heute! ¹²Und erlass uns unsere Schulden, wie auch wir unseren Schuldnern erlassen haben! ¹³Und führe uns nicht in Anfechtung, sondern beschütze uns vor dem Bösen! ¹⁴Wenn ihr nämlich den Leuten ihre Übertretungen erlasst, wird euer himmlischer Vater auch euch erlassen. ¹⁵Wenn ihr jedoch den Leuten nicht erlasst, wird euer himmlischer Vater auch eure Übertretungen nicht erlassen.

Wie schon beim Überblick über den Gesamttext von 6,1–18 herausgestellt, ist dieser mittlere Abschnitt über das Beten gegenüber den beiden anderen über Almosengeben und Fasten kräftig erweitert. Nach der Abgrenzung gegenüber „den Heuchlern" (5–6) weist er eine zweite Abgrenzung gegenüber den Menschen aus den Völkern auf, die zugleich als Einleitung für das in diesem Zusammenhang gebrachte Unservater dient (7–13). Daran anschließend wird das Thema von dessen fünfter Bitte noch einmal eigens aufgenommen und in der Form eines Rechtssatzes die Mahnung zur Vergebungsbereitschaft unterstrichen (14–15).

In den Versen 5–6 wird das Schema, das im Abschnitt über Almosengeben begegnete, genauso beim Thema Beten durchgeführt. Wieder ist deutlich, dass auch hier jüdische Verhältnisse vorausgesetzt werden, wenn vom Beten „in den Synagogen" die Rede ist. Bei Philon und Josephus wird die Synagoge geradezu mit dem Wort für „Gebet" (*proseuchē*) bezeichnet, das damit die Bedeutung „Gebetsstätte", „Bethaus" gewinnt (so auch in Apostelgeschichte 16,13). Die Synagoge gilt nicht deshalb als ein vorzüglicher

Ort des Gebets, weil sie etwa als ein „heiliger" Raum gälte, sondern weil sie Ort der Versammlung ist. Das griechische Wort *synagogé* meint primär das „Versammeln" und die bis heute übliche hebräische Bezeichnung für Synagoge: *bejt ha-knesset* bedeutet schlicht das „Versammlungshaus". Unter Bezug auf in dieser Weise deutbare Psalmenstellen wird von Rabbinen dem Gebet in der Synagoge darum besondere Kraft zuerkannt, weil es von vielen herkommt oder in der Gegenwart vieler gesprochen wird. In der Zeit vor dem jüdischen Krieg ist selbstverständlich auch der Tempel in Jerusalem ein hervorragender Ort des Gebets. So erzählt die Geschichte vom Pharisäer und Zöllner davon, dass „zwei Menschen hinaufstiegen zum Heiligtum um zu beten" (Lukas 18,10). Sirach 50,16–21 bezeugt schon für das 2. Jahrhundert v.Chr., dass die täglichen Opfer in Anwesenheit einer feiernden und betenden Gemeinde dargebracht wurden. Dass der Text in Matthäus 6,5 den Tempel nicht erwähnt, dürfte darin begründet sein, dass er entweder fernab von Jerusalem formuliert wurde oder zu einer Zeit, als es den Tempel nicht mehr gab.

Neben den Synagogen werden als Gebetsort die „Straßenecken" genannt. Zum Verständnis dieser Angabe ist daran zu erinnern, dass es im Judentum neben der Pflicht, morgens und abends das „Höre, Israel!" zu rezitieren, auch die zum Beten des Achtzehngebets gibt, bis etwa 100 n.Chr. als Morgen- und Mittagsgebet, seitdem auch als Abendgebet. Die Gebetszeiten sind nicht exakt fixiert; es wird den Einzelnen ein zeitlicher Spielraum gelassen, innerhalb dessen der Pflicht genügt werden kann. In Matthäus 6,5 sind solche Menschen im Blick, die bewusst belebte Stellen der Öffentlichkeit aufsuchen, um dort das Gebet zu verrichten.

Die Pflicht zum mehrmaligen täglichen Gebet ist im entstehenden Christentum übernommen worden. In Didache 8,2–3 heißt es: „Betet auch nicht wie die Heuchler, sondern wie es der Herr im Evangelium geboten hat, so betet!" Anschließend wird das Unservater – mit geringfügigen Varianten – in der Fassung des Matthäusevangeliums zitiert und danach gemahnt: „Dreimal am Tag betet so!" Dreimal am Tag beten Juden das Achtzehngebet; sie erscheinen hier pauschal als „Heuchler". Christen sollen nicht weniger oft beten, aber auf keinen Fall dasselbe. Hier geschieht das Seltsame, dass das von seinem Ursprung und Inhalt her durch und durch jüdische Unservater zum Merkmal christlicher Identität in Abgrenzung vom und im Gegensatz zum Judentum wird.

Jüdische Texte zeigen, dass das Verrichten des Gebets irgendwo in der Öffentlichkeit als selbstverständlich vorausgesetzt wurde. So heißt es in Mischna Brachot 5,1: „Man steht um zu beten nur mit Ernst. Die frühen Frommen pflegten eine Stunde im

6. Das zu verbergende Tun der Gerechtigkeit (6,1–18) 147

Gebet zu verweilen, um ihr Herz auf den Ort (= Gott) auszurichten. Selbst wenn der König ihm seinen Gruß entböte, würde er ihn nicht erwidern; selbst wenn sich eine Schlange um seine Ferse wände, würde er nicht unterbrechen." In der Auslegung dieser Mischna schließt sich eine Geschichte über Chanina ben Dossa an, den beim Beten „eine Giftschlange biss; er aber unterbrach (sein Gebet) nicht. Seine Schüler gingen (nach Beendigung des Gebets) hin und fanden sie tot an der Öffnung ihres Loches. Da sprachen sie: ‚Wehe dem Menschen, den eine Giftschlange gebissen hat! Wehe der Giftschlange, die ben Dossa gebissen hat!'" (so in Tosefta Brachot 3,20 und in Variation an anderen Stellen) Nach dem babylonischen Talmud, Brachot 3a berichtet Rabbi Josse: „Einmal war ich auf der Reise unterwegs und trat in eine der Ruinen Jerusalems ein um zu beten. Da kam Elija, sein Andenken zum Guten!, und erwartete mich am Eingang. Er wartete auf mich, bis ich mein Gebet beendet hatte. Nachdem ich mein Gebet beendet hatte, sagte er zu mir: ‚Friede über dich, Rabbi!' Und ich sagte zu ihm: ‚Friede über dich, mein Rabbi und mein Lehrer!' Er sagte zu mir: ‚Mein Sohn, warum bist du in diese Ruine eingetreten?' Ich sagte zu ihm: ‚Um zu beten.' Er sagte zu mir: ‚Du hättest auf der Straße beten können.' Ich sagte zu ihm: ‚Ich befürchtete, dass die Vorübergehenden mich zum Unterbrechen veranlasst hätten.' Er sagte zu mir: ‚Du hättest ein kurzes Gebet beten können.' In jener Stunde habe ich von ihm drei Dinge gelernt: Ich habe gelernt, dass man in keine Ruine eintrete; ich habe gelernt, dass man auf der Straße beten darf; ich habe gelernt, dass, wer auf der Straße betet, ein kurzes Gebet betet." Für dieses kurze Gebet wurde aus dem umfangreichen Achtzehngebet ein Auszug gemacht. Nach Brachot 29a im babylonischen Talmud wird der folgende Auszug auf Schmu'el den Kleinen zurückgeführt, der in der Anfangszeit des Lehrhauses in Javne unmittelbar nach dem ersten jüdisch-römischen Krieg wirkte: „Mache uns verständig, Ewiger, unser Gott, Deine Wege zu erkennen! Beschneide unsre Herzen, um vor Dir Ehrfurcht zu haben! Vergib uns, um Erlöste zu sein! Entferne uns von unseren Schmerzen! Weide uns auf den Auen Deines Landes! Unsre Verstreuten sammle aus den vier Weltenden! Die Irrenden richte man nach Deinem Sinn! Über den Gewalttätigen schwinge Deine Hand! Die Gerechten mögen sich freuen am Bau Deiner Stadt, an der Wiederherstellung Deines Tempels, am Sprossen eines Horns für David, Deinen Knecht, und am Aufrichten der Leuchte für den Sohn Isais, Deinen Gesalbten. Ehe wir rufen, wirst Du antworten. Gesegnet Du, Ewiger, der das Gebet erhört!" Noch kürzer ist das Gebet, das Rabbi Jehoschua nach Mischna Brachot 4,4 formuliert: „Wer an einem gefährlichen Ort unterwegs ist, bete ein kurzes Gebet; er sage: ‚Hilf doch, Ewiger, deinem Volk Israel! An jeder Wegscheide sei vor Dir, was sie brauchen! Gesegnet Du, Ewiger, der das Gebet erhört!" In der Besprechung dieser Stelle im babylonischen Talmud, Brachot 29b wird – auf unterschiedliche Rabbinen zurückgeführt – eine ganze Reihe solcher kurzer Gebete angeführt.

Das an vielen Stellen vorausgesetzte öffentliche Beten wird anders als in Matthäus 6,5 nirgends problematisiert. Es könnte sein, dass hier schlicht eine

Analogiebildung zu den Abschnitten über Almosengeben und Fasten vorliegt. Nachdem in Vers 5 die Praxis öffentlichen Betens negativ qualifiziert worden ist, wird in Vers 6 das Beten im sprichwörtlich gewordenen „(stillen) Kämmerlein" geboten. Mit „Kämmerlein" hat Luther das hier gebrauchte griechische Wort übersetzt. Es muss damit ein nicht leicht zugänglicher innerer Raum gemeint sein. Als Intention dieser Anweisung ergibt sich: Das Gebet des Einzelnen soll auch wirklich in der Vereinzelung erfolgen, um es von allen möglichen Nebengedanken zu befreien, vielleicht auch von dem, sich einer Pflicht entledigt zu haben. An diesem Punkt würde sich dann eine Übereinstimmung mit einer Aussage Rabbi Eliesers zeigen: „Wer sein Gebet zu einer bloßen Pflichterfüllung macht, dessen Gebet ist kein Flehen" (Mischna Brachot 4,4).

Das Gebet des Einzelnen „im stillen Kämmerlein" ist nicht gegen das Gebet in der Öffentlichkeit des Gottesdienstes auszuspielen. Es sei nur an die Fürbittengebete in der Bekennenden Kirche in Nazideutschland erinnert für namentlich genannte Inhaftierte – Gebete, die eine eminent wichtige öffentliche Funktion hatten.

In den Versen 7–8 folgt eine Abgrenzung gegenüber einer Gebetspraxis bei Menschen aus den Völkern. Sie wird durch ein lautmalerisches Verb charakterisiert, das in seinem Sinn durch die anschließend genannte „Vielrederei" als „plappern" oder „quasseln" bestimmt wird. „Wann immer ihr betet, sollt ihr auch nicht plappern wie die Menschen aus den Völkern. Sie meinen nämlich, sie würden durch ihre Vielrederei erhört." Konkret könnte an lange Litaneien gedacht sein, die auch aneinander gereihte unverständliche Zauberworte enthielten. Langes Beten sollte die Chancen für die Erhörung steigern. In philosophischer Tradition konnte Kritik an solch langem Beten geübt werden. So heißt es in Mark Aurels „Wegen zu sich selbst": „Gebet der Athener: ‚Regne, regne, o lieber Zeus, über die Felder der Athener und ihre Wiesen!' Man soll entweder überhaupt nicht beten oder so: schlicht und freimütig" (V 7). Eine in diesem Zusammenhang gern zitierte Aussage Senecas zeigt, dass dabei das Bild vom autonomen Menschen leitend ist: „[...] und überhaupt: für einen Mann, der Beträchtliches vollbracht hat, ist es schmählich, immer noch den Göttern zuzusetzen. Was bedarf es der Bitten? Mache dich selbst glücklich!" (Briefe 31,5) Auch in der weisheitlichen Tradition des Judentums findet sich die Mahnung zum kurzen Gebet. So heißt es Sirach 7,41: „Wenn du betest, so mache nicht viel Worte!" Und der Prediger meint in Bezug auf das Gebet: *Lass deiner Worte wenig sein!* (5,1) Im rabbinischen Judentum gibt es hierzu keine einheitliche

6. Das zu verbergende Tun der Gerechtigkeit (6,1–18)

Meinung. Nach Rabbi Elieser hängt das von den Umständen ab. Er bemerkt zu der in 2. Mose 14,15 geschilderten Szene, wo Gott zu Mose am Schilfmeer sagt: *Was schreist du zu mir? Sage den Israeliten, dass sie weiterziehen!*: „Der Heilige, gesegnet er, sprach zu Mose: ‚Mose, meine Kinder sind in Bedrängnis hingegeben, das Meer versperrt (den Weg), der Feind verfolgt, und du stehst da und machst es lang mit dem Gebet. *Was schreist du zu mir?* Denn er hatte gesagt: Es gibt eine Zeit, es kurz, und es gibt eine Zeit, es lang zu machen" (Mechilta de Rabbi Jischmael, Beschallach [Wajehi] 3).

Entscheidend geht es bei all dem jedoch nicht um Länge oder Kürze an sich, sondern um die Frage der Erhörung. So heißt es ja auch am Schluss von Matthäus 5,7, die Menschen aus den Völkern meinten, „sie würden durch ihre Vielrederei erhört". Die in Vers 8 gegebene Begründung dafür, warum man sich ihnen nicht gleich machen soll, dass der himmlische Vater doch schon weiß, was die Bittenden brauchen, bevor sie ihn gebeten haben, soll nicht vom Bitten abhalten. Es wird damit vielmehr auf ein offenes Ohr bei Gott hingewiesen und also zum Bitten ermuntert, weil es nicht vergeblich sein wird. Auch das hat eine lange Tradition im Judentum. In Jesaja 65,24 heißt es in Gottesrede im Blick auf die künftige Neuschöpfung: *Und es wird sein: Bevor sie rufen, werde ich antworten; während sie noch reden, werde ich sie erhören.* Diese Stelle ist aufgenommen im oben zitierten Auszug aus dem Achtzehngebet, auch dort auf die messianische Zeit bezogen. In einem Midrasch wird die zukünftige Gebetserhörung zu gegenwärtiger Gebetserhörung in Beziehung gesetzt: „Und was hört der Heilige, gesegnet er, wenn ein Mensch dasteht und nachdenkt im Gebet? Es ist ja gesagt: *Ja, Gott hat gehört, hat aufgemerkt auf die Stimme meines Gebets* (Psalm 66,19). Und nicht nur das, sondern wenn zwei Menschen dasitzen und sich mit der Tora beschäftigen, merkt der Heilige, gesegnet er, auf und hört sie. Es ist ja gesagt: *Da besprachen sich, die Ehrfurcht vor dem Ewigen haben, ein jeder mit seinem Mitmenschen; und der Ewige merkte auf und hörte* (Maleachi 3,16). Der Heilige, gesegnet er, sprach: ‚Um der Tora willen, mit der ihr euch befasst, merke ich auf und höre eure Gebete. Aber in der kommenden Welt gilt: Bevor ihr ein Gebet vor mir sprechen und vor mir rufen werdet, höre ich euch. Es ist ja gesagt: *Und es wird sein: Ehe sie rufen, werde ich antworten; während sie noch sprechen, werde ich sie erhören* (Jesaja 65,24)'" (Tanchuma Buber, Emor § 23). Ähnlich heißt es im Abschnitt Mischpatim § 9: „Der Heilige, gesegnet er, sprach: ‚In dieser Welt pflegte ein Einzelner zu mir zu schreien und ich höre auf ihn. Aber in der kommenden Welt schreit ihr zu mir und ich werde euch sofort antworten.' Es sprach der Prophet:

Gnädig, gnädig wird er dir sein auf die Stimme deines Schreiens hin. Noch während er hört, antwortet er dir schon (Jesaja 30,19)."

Nachdem also Jesus nach Matthäus 6,7–8 den Wortschwall beim Beten, der Erhörung sichern soll, abgelehnt hat, leitet er in Vers 9a mit der Wendung: „So also sollt ihr beten" zum Zitat des Unservater in den Versen 9b–13 über. Die matthäische Fassung dieses Gebets hat einen klaren Aufbau. Auf die Anrede Gottes als des Vaters im Himmel folgen zwei Gruppen von Bitten, die formal und inhaltlich voneinander unterschieden sind. Man hat die erste Gruppe „Du-Bitten" genannt und die zweite „Wir-Bitten". Die drei „Du-Bitten" – „*dein* Name", „*dein* Reich", „*dein* Wille" – sind unter verschiedenen Aspekten auf das endzeitliche Kommen Gottes ausgerichtet: auf das offenbare Hervortreten seiner Herrlichkeit, die umfassende Aufrichtung und Durchsetzung seiner Herrschaft, den Vollzug seines Willens allüberall. Calvin sah den sachlichen Zusammenhang dieser drei Bitten so gegeben: „[...] die Heiligung seines Namens ist immer mit seiner Herrschaft verbunden, und diese Herrschaft kommt besonders dann zur Geltung, wenn sein Wille geschieht". Nach der bei uns üblich gewordenen Zählung enthält die zweite Gruppe vier Bitten. Nach dem Verständnis des Matthäus könnte aber auch hier eine Dreiergruppe vorliegen, da die abschließende Bitte um die Befreiung vom Bösen lediglich die positive Entsprechung der vorangehenden negativen ist, nicht in Anfechtung geführt zu werden. Nachdem die erste Gruppe streng auf Gott blickte, ist in der zweiten Gruppe das Leben der Betenden im Blick: die materiellen Voraussetzungen ihres Lebens, das gedeihliche Zusammenleben und die Befreiung aus schlimmer Bedrängnis.

Sieht man diese klare und abgerundete Form der matthäischen Fassung, verwundert es nicht, dass sie die im kirchlichen Gebrauch üblich geworden ist. Die Parallele in Lukas 11,2–4 zeigt auffällige Unterschiede. Hier sei jetzt nur auf den Umstand hingewiesen, dass Lukas weniger Text hat: Am Ende der „Du-Bitten" findet sich nicht die um den Vollzug des Willens Gottes und am Ende der „Wir-Bitten" nicht die um die Befreiung vom Bösen. Dass die bei Matthäus zusätzlichen Aussagen jeweils am Schluss der Teile stehen, kann darauf hinweisen, dass sie in der Überlieferung zugewachsen sind. Auf die Unterschiede im gemeinsamen Stoff bei Matthäus und Lukas wird jeweils bei der Einzelbesprechung eingegangen.

Im frühchristlichen Schrifttum ist das Unservater in Didache 8,2 überliefert. Die hier vorliegende Fassung entspricht weitgehend der des Matthäusevangeliums. Es finden sich lediglich vier Abweichungen. Sie sind von solcher Art, wie sie bei der Überlieferung eines Textes als Varianten entstehen können. Es lässt sich wahrscheinlich

6. Das zu verbergende Tun der Gerechtigkeit (6,1–18)

machen, dass der Verfasser der Didache das Matthäusevangelium benutzt hat. Hinsichtlich des Unservater ist die letzte Abweichung am auffälligsten, insofern in der Didache am Schluss eine zweigliedrige Doxologie steht: „Denn Dein ist die Kraft und die Herrlichkeit in Ewigkeit." Das Matthäusevangelium hat an dieser Stelle nach Ausweis der besten Handschriften ursprünglich keine Doxologie. In vielen Handschriften ist eine hinzugefügt worden, am häufigsten die auch uns geläufige dreigliedrige: „Denn Dein ist das Reich und die Kraft und die Herrlichkeit in Ewigkeit", wobei in der Regel auch noch das „Amen" ergänzt wurde.

Vor der Einzelauslegung seien zwei jüdische Gebete zitiert, um dadurch kenntlich zu machen, wie sehr das geradezu zu einem christlichen Identitätsmerkmal gewordene Unservater im Kontext jüdischer Gebete steht. So kommt es auch vor, dass Jüdinnen und Juden, die aus irgendeinem Grund an einer christlichen gottesdienstlichen Feier teilnehmen, das Unservater mitbeten. Ich habe es bei solchen Feiern erlebt, dass ein orthodoxer Jude es mitsprach, während eine liberale Jüdin schwieg. Beides ist begründet: das Mitsprechen im Inhalt des Unservater, das nichts enthält, was nicht auch jüdisch gebetet werden könnte, das Nicht-Mitsprechen in dem Umstand, dass das Unservater zu dem christlichen Gebet schlechthin geworden ist.

An anderer Stelle hatte ich schon die Kurzfassung des Achtzehngebets nach dem babylonischen Talmud zitiert. Nach dem Jerusalemer Talmud hat diese auf Schmuel zurückgeführte Kurzfassung folgenden Wortlaut: „Mache uns verständig! Lass Dir unsere Umkehr gefallen! Vergib uns! Erlöse uns! Heile unsere Krankheiten! Segne unsere Jahre!" (Brachot 4,3) Dem ersten Teil des Unservater ganz nahe ist das Kaddisch, ein auf aramäisch abgefasstes Gebet, das bis heute im Synagogengottesdienst und als „Kaddisch der Trauernden" seinen Ort hat. Nach der heute gebrauchten Fassung lautet es übersetzt: „Groß gemacht und geheiligt werde sein großer Name in der Welt, die er nach seinem Willen erschaffen hat. Er richte sein Reich auf in eurem Leben und in euren Tagen und im Leben des ganzen Hauses Israel alsbald und in naher Zeit! Darauf spricht: Amen. Sein großer Name sei gesegnet für immer und alle Zeit. Gesegnet und gepriesen, verherrlicht und erhoben, erhöht und gerühmt, gerühmt und hochgelobt sei der Name des Heiligen, gesegnet er, der hocherhaben! Darauf spricht: Amen. Reicher Friede komme vom Himmel und Leben auf uns und auf ganz Israel. Darauf spricht: Amen. Der Frieden macht in seinen Höhen: Er mache Frieden über uns und über ganz Israel. Darauf spricht: Amen."

Wie Gott am Beginn des Gebetes in Matthäus 6,9 angeredet wird, entspricht einer im rabbinischen Judentum oft gebrauchten Bezeichnung Gottes: „unser Vater im Himmel". Die dreimal in Mischna Sota 9,15 gestellte rhetorische Frage, auf wen man sich denn stützen könne, wenn nicht „auf unseren Vater im Himmel", wurde schon angeführt. Darüber hinaus sei nur Weniges genannt. Dass es eine enge Beziehung zwischen dem einzelnen Menschen in Israel sowie den Israeliten insgesamt „und seinem" bzw. „ihrem Vater im

Himmel" gibt, wird unter unterschiedlichen Aspekten öfter gesagt (z.B. Mechilta de Rabbi Jischmael, Bachodesch 6; Tosefta Schekalim 1,6). Die Israeliten befinden sich „unter den Flügeln ihres Vaters im Himmel" (Mechilta de Rabbi Jischmael, Amalek 2); sie „richten ihre Herzen auf ihren Vater im Himmel aus" und „unterwerfen" sie ihm (Mischna Rosch HaSchanah 3,8). In der Bibel – und auch in der jüdischen Tradition – „ist mit der Metapher ,Vater' stets Nähe, Fürsorge, Barmherzigkeit, Liebe u.a. assoziiert" (Frankemölle). Für Matthäus bestimmt sich der ihm hier wichtige Aspekt der Vateranrede Gottes vom vorangehenden Kontext her: Es ist die Güte Gottes, der vor allem Bitten schon weiß, was die Bittenden brauchen. Wie das Gebet in seinem zweiten Teil zeigt, erwartet die Schülerschaft Jesu von dem als Vater angeredeten Gott – „Vater" ist ja keineswegs das höchstmögliche Epitheton – nicht Partizipation an Machtfülle, sondern die Gewährung dessen, was Überleben möglich und gemeinsames Leben erträglich macht.

In seiner Bibelübersetzung hat Luther die Anrede im Gebet Jesu so wiedergegeben: „Unser Vater in dem Himmel!" Im Kleinen Katechismus von 1529 lautet sie jedoch: „Vater unser, der du bist im Himmel." In der Schrift „Kurze Form, die zehn Gebote, Glauben und Vater-Unser zu betrachten" von 1520 zeigt sich im Abschnitt über die Anrede im Gebet Jesu ein eigenartiges Schwanken in der Stellung des Possessivpronomens. Im Teil „Kurze Form, wie das Vater-Unser zu beten" bietet Luther das Zitat der Anrede so wie später im Kleinen Katechismus. In der anschließenden „Meinung" (= Bedeutung) sagt er dann aber im dritten Absatz: „Du willst auch, dass wir nicht allein ,Vater', sondern dich insgemein „unser Vater" anrufen und also einträchtig alle zusammen bitten. Darum gib uns eine einmütige, brüderliche Liebe, dass wir uns alle zusammen als wahrhafte Brüder und Schwestern erkennen und achten und dich einen gemeinsamen unsern lieben Vater für alle und jedermann bitten, wie es ein Kind für das andere gegenüber seinem Vater tut." Auch im nächsten Absatz heißt es noch einmal: „[...] und also einmütig nicht sagen mögen ,mein Vater', sondern ,unser Vater'". Am Schluss dieses Teils formuliert er dann aber wieder: „[...] dass wir mit rechtem wahrem Grunde sagen mögen: O himmlischer Vater unser, und wir wahrhaftig deine himmlischen Kinder seien." Diese im heutigen Deutsch völlig unübliche Stellung des Possessivpronomens war auch zu Luthers Zeiten ungewöhnlich, wie seine Bibelübersetzung zeigt. Dass er im Katechismus die Wortfolge „Vater unser" bietet, wird in der Weimarer Ausgabe von Luthers Schriften, Bd. 30 I, S. 369 Anm. 4 so erklärt: Diese Wortstellung ist „nicht buchstäbliche Übertragung aus dem Lat(einischen), sondern gemäß dem alten deutschen Sprachgebrauch, das Fürwort im Vokativ hinter das Hauptwort zu stellen". Sie „ist aus der überlieferten Gebetspraxis beibehalten". Luther wurde für seine Übersetzung von

6. Das zu verbergende Tun der Gerechtigkeit (6,1–18)

Matthäus 6,9 getadelt, weil er nicht, wie „wir Deutschen länger als tausend Jahre gebetet haben, Vater Unser [...] übersetzt" hat. In der reformierten Tradition hat man sich an die allgemein gesprochene Sprache gehalten. So lautet die Anrede im Gebet Jesu nach der Frage 119 des Heidelberger Katechismus: „Unser Vater, der du bist in den Himmeln."

Die lukanische Fassung hat in 11,2 in der Anrede schlicht nur „Vater". In Markus 14,36 steht das aramäische Wort *abba* in griechischer Transkription neben dem griechischen Wort für „Vater" in einem Gebet Jesu (*abba ho patér*). Dieselbe Zusammenstellung begegnet zweimal in Briefen des Paulus (Römer 8,15; Galater 4,6). Besonders der Kontext der Römerstelle macht deutlich, dass es sich dabei um einen als inspiriert geltenden, in der Versammlung ausgebrachten Ruf handelt, mit dem die Gemeinde der ihr geschenkten und im geschwisterlichen Miteinander erfahrenen Gotteskindschaft Ausdruck gibt. In der matthäischen Fassung des Unservater wird sich noch ein starker Hinweis dafür finden, dass es ursprünglich auf Aramäisch abgefasst war. So wird die Anrede zunächst *abba* gelautet haben. Dieses aramäische Wort hat wie das hebräische *av* schlicht die Bedeutung „Vater". Mit *abba* redeten Kinder den Vater an, auch wenn sie erwachsen geworden waren, als im Judentum aramäisch gesprochen wurde. *abba* ist kein Wort der kindlichen Lallsprache, das mit „Papa" oder „Papi" zu übersetzen wäre. Die immer wieder auftretende gegenteilige Behauptung ist durch nichts zu begründen; sie ist falsch. Die Anrede Gottes als Vater wurde in der christlichen Auslegung als Ausdruck eines ganz besonderen Gottesverhältnisses Jesu interpretiert; diese Anrede sei im Judentum völlig neu und unerhört gewesen. Schon in Jesaja 63,16 und 1. Chronik 29,10 wird Gott als „unser Vater" angeredet, mit einem schlichten „Vater" in Weisheit Salomos 14,3 und 3. Makkabäer 6,3.8, im Apokryphon des Josef aus Qumran mit „mein Vater und mein Gott" (4Q372, Fragment 1,16).

Die übliche Anrede an Gott in rabbinischen Texten ist: „Herr der Welt". Im babylonischen Talmud, Ta'anit 25b wird als ein Gebet Rabbi Akivas überliefert: „Unser Vater, unser König, wir haben keinen König, nur Dich allein. Unser Vater, unser König, um Deinetwillen habe Erbarmen mit uns!" Diese Anrede begegnet öfter in Gebeten und wurde zur Bezeichnung eines weiter ausgearbeiteten Gebetes. Im selben Traktat wird 23b folgende Geschichte, auf Aramäisch abgefasst, erzählt: „Chanan der Verborgene war ein Sohn der Tochter Chonis des Kreisziehers. Wenn die Welt Regen brauchte, sandten die Rabbanan die Schulkinder zu ihm und sie ergriffen ihn am Saum seines Mantels und sagten ihm: ‚Vater, Vater (*abba, abba*), gib uns Regen!' Er sagte vor dem Heiligen, gesegnet er: ‚Herr der Welt, tue es um dieser willen, die nicht zu unterscheiden wissen zwischen einem Vater (*abba*), der Regen gibt, und einem Vater (*abba*), der nicht Regen gibt!'" Die Anrede Gottes als Vater durch Jesus hat ihre Voraussetzung im Reden von Gott und im Beten zu ihm als Vater im Judentum seiner Zeit. Diese Anrede trennt ihn nicht von seinem Volk, sondern verbindet ihn mit ihm.

Die erste Bitte betrifft die Heiligung des Namens Gottes. Da zuvor Gott angeredet wurde, er also Adressat der Bitte ist, muss er auch als Subjekt in dem Passiv „es werde geheiligt" gedacht werden. Hier wird kein Wunsch an Menschen herangetragen, sondern eine Bitte an Gott ausgesprochen. Es geht nicht in erster Linie gleichsam um eine Aufforderung der Betenden an sich selbst; es handelt sich primär um eine Bitte an Gott. Er soll handeln. Der Name steht für die Person. Diese Bitte um die Heiligung des Namens Gottes bittet Gott darum, er möge doch in seiner Heiligkeit hervortreten, in seiner Herrlichkeit aller Welt sichtbar werden und sich so selbst den geschuldeten Respekt verschaffen. Es ist die Bitte um Gottes endzeitliches Offenbarwerden, sein endliches und letztgültiges Kommen. Dass „Gott selbst seinen Namen heiligt", wird schon in der jüdischen Bibel ausgesagt (z.B. Ezechiel 36,23). „Dies geschieht dadurch, daß Gott sich in der Geschichte als der Mächtige erweist" (Frankemölle). Wenn Gott so seinen Namen heiligt, wird die Heiligung dieses Namens durch die Menschen als Anerkenntnis Gottes in der Befolgung seiner Weisungen – im Zusammenhang des Matthäusevangeliums heißt das vor allem: der von Jesus ausgelegten Tora – die selbstverständliche Folge sein. Dass um solche Heiligung des Namens Gottes nur von solchen ernsthaft gebetet werden kann, die willens sind, ihrerseits den Namen Gottes zu heiligen, soweit sie es nur irgend vermögen, versteht sich von selbst. Insofern ist das Aussprechen der Bitte für die Betenden zugleich auch eine Selbstverpflichtung. Als eine Entsprechung zu dieser Bitte sei der Anfang des Kaddisch in Erinnerung gerufen: „Groß gemacht und geheiligt werde sein großer Name in der Welt, die er nach seinem Willen erschaffen hat."

Die zweite Bitte geht auf das Kommen des Reiches, der Herrschaft Gottes. Wenn im Gebet zu Gott gesagt wird: „Es komme Dein Reich!", dann ist wiederum Gott als Subjekt angesprochen, der seine Herrschaft vollziehen, sein Reich kommen lassen soll. Das hier gebrauchte griechische Wort (*basileía*) als auch das dahinter stehende hebräische (*malchút*) basieren auf dem Wort für „König". Wenn ein König herrscht, gewinnt er Raum; wie weit seine Herrschaft reicht, geht sein „Reich". Das in der zweiten Bitte mit „Reich" übersetzte Wort umfasst somit beide Aspekte: Herrschaft und Reich. Gott wird in ihr gebeten, seine Herrschaft in der Welt offenkundig anzutreten und durchzusetzen und so in der Welt sein Reich aufzurichten. Wenn Gott um das Kommen seines Reiches gebeten wird, lässt das drei Abgrenzungen vornehmen: 1. Das Bitten um das Kommen des Reiches bedeutet, dass es noch nicht da ist, jedenfalls nicht in seiner Fülle. Punktuell wird es Ereignis, wo sich schon vollzieht, was von ihm erwartet wird. 2. Die an

6. Das zu verbergende Tun der Gerechtigkeit (6,1–18)

Gott gerichtete Bitte um das Kommen des Reiches bedeutet weiter, dass er allein es ist, der es – jedenfalls in seiner Fülle – bringen kann, dass es also nicht von Menschen gemacht wird. Ansonsten müssten sie nicht dazu aufgefordert werden, Gott um dessen Herbeibringen zu bitten. 3. Die Bitte lautet nicht: „Versetze uns in den Himmel!" Vielmehr soll Gottes Reich kommen. Es geht also nicht darum, dass die Betenden aus der Welt herausgenommen werden und in ein besseres Jenseits gelangen, sondern es geht um die Verwandlung des Lebens auf der Erde. Dieses Leben soll sich so gestalten, dass in ihm Gott zum Zuge kommt, dass er herrscht. Wie es ein Implikat der ersten Bitte war, dass die Betenden sich mit dieser Bitte zugleich selbst verpflichten, ihrerseits den Namen Gottes zu heiligen, so ist es Implikat der zweiten Bitte, dass sie in ihrer Praxis jetzt schon dem erhofften Reich Gottes zu entsprechen suchen.

Dass Gottes Reich, Gottes Herrschaft nahe gekommen ist, was den Ruf zur Umkehr begründete, war im vorangehenden Text des Evangeliums schon die zentrale Botschaft Johannes des Täufers (3,2) und wortgleich die zentrale Botschaft Jesu (4,17), dann auch die der Schüler (10,7). So wird das endliche Kommen dieser Herrschaft, dieses Reiches erfleht. Gott soll herrschen, damit alles, was einem gedeihlichen Zusammenleben aller Menschen entgegensteht, beseitigt wird. Indem Gott *sein* Recht aufrichtet, entstehen Verhältnisse, die alle Menschen zu *ihrem* Recht kommen lassen. Dem entsprechen die Konkretisierungen des Himmelreichs in den Nachsätzen der Beglückwünschungen in 5,4–9. So ist deutlich, dass Matthäus auch das Beten unter die Überschrift „Gerechtigkeit" stellen kann.

Als eine Entsprechung zur Bitte um das Kommen des Reiches sei wieder an das Kaddisch erinnert. Dort wird unmittelbar im Anschluss an die Bitte um die Heiligung und Erhebung des göttlichen Namens weiter gebetet: „Er richte sein Reich auf in eurem Leben und in euren Tagen und im Leben des ganzen Hauses Israel alsbald und in naher Zeit!" Die elfte Bitte des Achtzehngebetes, wie sie bis heute gebetet wird, lautet: „Bringe unsere Richter zurück wie zuerst und unsere Ratsherren wie am Anfang! Entferne von uns Kummer und Schmerz! Herrsche über uns, Du allein, Ewiger, in Gnade und Erbarmen und rechtfertige uns im Gericht! Gesegnet Du, Ewiger, König, der Recht und Gerechtigkeit liebt." Am Schluss des Alejnu-Gebets, das in das 3. Jahrhundert zurückreicht und bis heute gebetet wird, heißt es: „Einsehen und erkennen mögen alle Bewohner des Erdkreises, dass Dir sich beugen wird jedes Knie, dir geloben wird jede Zunge. Vor Dir, Ewiger, unser Gott, werden sie sich beugen und niederfallen und der Herrlichkeit Deines Namens Preis bringen; und alle werden sie das Joch Deiner Herrschaft empfangen. Und Du wirst bald über sie herrschen für immer und ewig. Denn dein ist die Herrschaft und für immer wirst Du in Herrlichkeit herrschen."

Die dritte Bitte bringt sachlich nichts Neues. Sie ist Umschreibung des bisher schon Ausgeführten mit anderen Worten: „Dein Wille geschehe, wie im Himmel, so auf der Erde!" Gottes Wille geschieht, wo er befolgt wird. Er wird da befolgt, wo man sich an seine Weisung hält, nach matthäischem Verständnis also vor allem an die von Jesus ausgelegte Tora. Wieder ist zuerst zu betonen, dass auch hier eine Bitte an Gott vorliegt, dass als Subjekt er angesprochen ist, der doch seinen Willen, dem im Himmel schon entsprochen wird, so durchsetzen möge, dass ihm auch auf der Erde Folge geleistet wird. Und wieder ist selbstverständlich impliziert, dass die so Bittenden damit eine Selbstverpflichtung eingehen, ihrerseits dem Willen Gottes zu folgen. Dieser Aspekt wird von Chrysostomus – auch bei der ersten und zweiten Bitte – stark herausgestellt. Nach ihm „sollen wir uns einstweilen, während wir noch hier verweilen, bemühen, denselben Lebenswandel an den Tag zu legen, wie er denen oben entspricht. Denn man muss zwar, sagt er, nach dem Himmel verlangen haben und nach dem, was im Himmel ist; aber er hat auch befohlen, vor dem Himmel die Erde zum Himmel zu machen und auf ihr sich so zu verhalten, als wären wir schon dort Bürger" (Matthäushomilien 19,5). Die Formulierung des am Anfang dieser Bitte stehenden Hauptsatzes – „Dein Wille geschehe" – wird von Matthäus wörtlich so aufgenommen in dem Gebet, das Jesus vor seiner Gefangennahme in Getsemani spricht (26,42). Das Gebet um das Geschehen des Willens Gottes hat hier zugleich die Funktion, dass sich der Beter dem als Willen Gottes fügt, was sich ihm als unumgänglich aufdrängt.

Als eine sachliche Parallele zu dieser Bitte kann angeführt werden, was Rabbi Elieser als „kurzes Gebet" formuliert: „Was Dein Wille im Himmel oben ist, soll getan werden! Gib denen Zufriedenheit, die Ehrfurcht vor Dir haben! Was gut in Deinen Augen ist, tu! Gesegnet, der das Gebet erhört!" (Tosefta Brachot 3,7/11)

Mit der vierten Bitte beginnen die „Wir-Bitten", die das zum Inhalt haben, was „wir" brauchen. Dabei geht es zunächst um das zum Leben und Überleben fundamental Wichtige, das „Brot", die Nahrung. Diese Bitte ums Brot weist eine sprachliche Schwierigkeit auf. Luther hatte übersetzt: „Unser tägliches Brot gib uns heute!" Das von ihm mit „täglich" wiedergegebene zusammengesetzte griechische Wort ist unabhängig von dieser Stelle nicht belegt. Unterschiedliche Erklärungen sind versucht worden: 1. Es wurde mit

6. Das zu verbergende Tun der Gerechtigkeit (6,1–18)

dem Wort für „Sein", „Wesen" in Zusammenhang gebracht, im Sinne von „Existenz" verstanden. Dann ginge die Bitte auf das für die Sicherung der Existenz nötige Brot, auf das für die Lebenserhaltung Notwendige. Das wäre eine sehr gut passende Deutung. Dagegen spricht allerdings entscheidend, dass dann die sprachliche Form des zusammengesetzten Wortes an einer Stelle anders aussehen müsste. Außerdem lägen bei dieser Bedeutung zwei andere griechische Worte ungleich näher. 2. Dieselben beiden Argumente sprechen gegen den Versuch, dieses Wort aus der Wendung „für den seienden (= gegenwärtigen Tag)" abgeleitet zu verstehen. Die im kirchlichen Gebrauch des Unservater üblich gewordene Bedeutung „tägliches Brot" ist also sprachlich nicht möglich. 3. Die sprachliche Form des Wortes erklärt sich nur, wenn es von einem Verb abgeleitet ist, das die Bedeutung „herannahen", „herankommen" hat. Dabei ist einmal ein Zusammenhang mit dem Begriff „das Herankommende" (= die Zukunft) gesehen worden. Dann ginge es in dieser Bitte um das zukünftige Brot im Reiche Gottes. Dagegen sperrt sich aber das am Schluss stehende Wort „heute". Es läge dann eine verkappte Bitte um das Kommen des Reiches Gottes vor, um das doch schon in der zweiten Bitte gebetet worden war. 4. Mehrfach belegt ist die Wendung „der herankommende (Tag)". Auch von daher lässt sich das zusammengesetzte griechische Wort verstehen. Als wörtliche Übersetzung ergäbe sich dann: „Unser Brot für den kommenden (Tag) gib uns heute!" Dieses Verständnis hat auch das aramäisch geschriebene Nazaräerevangelium aus der ersten Hälfte des 2. Jahrhunderts. Dazu schreibt Hieronymus in seinem Kommentar zum Matthäusevangelium: „Im Evangelium, das ‚nach den Hebräern' bezeichnet wird, habe ich für ‚zum Dasein notwendig' (so versteht Hieronymus selbst das Wort) gefunden: *machár*, das meint ‚morgig', sodass der Sinn ist: ‚Unser morgiges – das heißt zukünftiges – Brot gib uns heute!'" Das dürfte in der Tat den Sinn dieser Bitte treffen.

„Unser Brot für morgen gib uns heute!" Hier wird nicht um Reichtümer gebetet, sondern um das Lebensnotwendige. Das, was morgen zum Überleben gebraucht wird, möge heute schon da sein! Wem diese Bitte erfüllt wird, kann ruhig schlafen; das Denken und Trachten nach dem Aufwachen muss sich nicht sofort oder gar allein darauf richten, wie wohl das für den Tag Nötige zusammengebracht werden kann.

Chrysostomus merkt zu dieser Stelle an: „Denn weder um Vermögen gebot er, die Bitte vorzubringen, noch um Luxus noch um kostspielige Kleidung noch um irgendetwas sonst dergleichen, sondern allein um Brot, und zwar um das tägliche Brot, sodass man sich nicht um den morgigen Tag sorgen muss." Das „Heute" wird von ihm so zugespitzt: „sodass wir uns nicht mehr selbst aufreiben mit der Sorge um den kommenden Tag. Ob du ihn noch sehen wirst, weißt du ja gar nicht; weshalb unterziehst du dich der Sorge?" (Matthäushomilien 19,5)

Es ist sicher nicht zufällig, dass die Bitte um das für den nächsten Tag Lebensnotwendige bei den „Wir-Bitten" an erster Stelle steht. Die materielle Bedürfnisbefriedigung ist der erste und fundamentale Aspekt des Reiches Gottes. Die Brotbitte als Bestandteil des Unservater entspricht damit sachlich der Beglückwünschung der Bettelarmen in Lukas 6,20–21. Diese Bitte entstammt deutlich einem von Armut geprägten Kontext; es geht um das fürs Überleben elementar Notwendige. „Die starke Verwurzelung dieser Bitte in der Situation des Armen läßt natürlich fragen, wie denn überhaupt ein sozial gesicherter Bewohner einer Industrienation sie mitbeten kann. Meine Antwort: Eher so, daß er sie zur ‚fremden' Bitte macht und in ihr sich mit den wirklich Armen identifiziert, als so, daß er sie textfremd auf andere Bedürfnisse ausweitet" (Luz). Es müsste hier demnach etwas Analoges zu dem geschehen, was Matthäus bei der Beglückwünschung der Hungernden getan hat, dass also diese Bitte zu einem Beten für diejenigen wird, denen das Lebensnotwendige abgeht. Und kann diese Bitte mit gutem Gewissen gesprochen werden, ohne zugleich mit dafür zu sorgen, dass es genug „Brot für die Welt" gibt?

Calvin nimmt als einen möglichen Einwurf auf: „Sicherlich habe Christus allen Frommen eine gemeinsame Regel zum Gebet gegeben. Unter ihnen sei aber eine Anzahl von Reichen, die sich eine Ersparnis zurücklegen konnten; wie könne er jenen befehlen, um Dinge zu bitten, die sie besitzen, und jedesmal für den Tag zu erflehen, was ihnen im Überfluß auf Monate hinaus zu Gebote steht. Die Antwort ist einfach: Wir werden nämlich durch diese Worte erinnert, daß es überhaupt keine Vorräte gäbe, wenn uns Gott nicht täglich ernährte. [...] Wenn jemand fragt, warum wir das Brot, das wir schon *unser* nennen, noch für uns erbitten, antworte ich: wir nennen es so, nicht weil es uns von Rechts wegen zustände, sondern weil Gott es in seinem väterlichen Wohlwollen zu unserem Gebrauch bestimmt hat. So wird es von selbst zu dem unsrigen, weil der himmlische Vater es uns unverdientermaßen schenkt, damit es unseren Bedürfnissen nicht fehle. Freilich sollen wir die Äcker bebauen, im Schweiß unseres Angesichts die Früchte des Feldes ernten und alle uns der Mühe unseres Berufs unterziehen und sie ertragen, um unseren Lebensunterhalt zu gewinnen; das schließt nicht aus, daß wir durch die unverdiente Güte Gottes ernährt werden, ohne die sich die Menschen vergeblich an ihrer Arbeit aufreiben würden. So müssen wir lernen, von ihm anzunehmen, was anscheinend unser Fleiß hervorgebracht hat." In dieser Weise versteht die Bitte auch Eichholz, wenn er „bei der *wörtlichen* Auslegung" als „ein *geistliches* Anliegen" erkennt, „auch unsere

6. Das zu verbergende Tun der Gerechtigkeit (6,1–18)   159

leibhafte Wirklichkeit als von der Barmherzigkeit Gottes *abhängig* zu verstehen und auf sein tägliches Schenken und Geben *angewiesen* zu erkennen."

Luther ist bei der Auslegung der Brotbitte im Katechismus einen anderen Weg gegangen. Er hat diese Bitte auf weitergehende Bedürfnisse gehen lassen. Dabei denkt er vom besitzenden Mann aus, wenn er im Kleinen Katechismus formuliert: „Alles, was zur Leibsnahrung und -notdurft gehört als Essen, Trinken, Kleider Schuch, Haus, Hof, Acker, Viehe, Geld, Gut, frumm Gemahl, frumme Kinder, frumm Gesinde, frumme und treue Öberherren, gut Regiment, gut Wetter, Friede, Gesundheit, Zucht, Ehre, gute Freunde, getreue Nachbarn und desgleichen." Mein Großvater väterlicherseits war Knecht, meine Großmütter waren, bevor sie heirateten, Mägde, gehörten also zum „Gesinde" – wovon das Wort „Gesindel" eine sehr nahe Ableitung ist. Als ich gerne gewusst hätte, was sie gedacht und empfunden haben, als sie diese Auslegung im Konfirmandenunterricht lernen mussten und danach jedes Jahr bei der Konfirmandenprüfung im Gottesdienst wieder hörten, konnte ich sie nicht mehr fragen.

In der jüdischen Bibel, im Alten Testament findet sich die Bitte um ausreichende Nahrung in Sprüche 30,8: *Armut und Reichtum gib mir nicht! Lass mich das mir zukommende Brot genießen!* Wörtlich übersetzt lautet die Wendung vom zukommenden Brot: *das Brot meines Maßes*. Nach einer Auslegung im babylonischen Talmud gilt diese Bibelstelle als ein Beleg dafür, dass das Wort „Maß" die Bedeutung „Nahrungsbedarf" hat (Beza 16a). Unter den in Tosefta Brachot 3,7/11 angeführten kurzen Gebeten findet sich auch: „Die Bedürftigkeit Deines Volkes ist groß und ihre Einsicht ist gering. Es sei von Dir gewollt, Ewiger, unser Gott, dass Du jedem Einzelnen alles gibst, wessen er bedarf, und jedem Leib, woran er Mangel hat!" In der Mechilta de Rabbi Jischmael stehen im Abschnitt Beschallach (Wajassa) 2 zu 2. Mose 16,4 zwei unterschiedliche Auslegungen nebeneinander. Sie beziehen sich auf die Wendung *die Sache eines Tages an ihrem Tag* innerhalb der Erzählung von der Gabe des Manna während der Wüstenwanderung: „Rabbi Jehoschua sagt: ‚Damit ein Mensch sammle von heute für morgen wie vom Rüsttag für den Schabbat.' Rabbi Elasar aus Modeïn sagt: ‚Damit ein Mensch nicht sammle von heute für morgen wie vom Rüsttag für den Schabbat. Denn es ist gesagt: *Die Sache eines Tages an ihrem Tag*. Der den Tag geschaffen hat, hat auch seinen Unterhalt geschaffen.' Von hier aus pflegte Rabbi Elasar aus Modeïn zu sagen: ‚Jeder, der da hat, was er heute essen wird, und sagt: ‚Was ist das Essen für morgen?', siehe, dem mangelt es an Vertrauen."

Die fünfte Bitte in Vers 12 hat das gedeihliche Zusammenleben innerhalb der Schülerschaft Jesu, innerhalb der Gemeinde und dann auch darüber hinaus mit anderen Menschen im Blick. Dieses Zusammenleben ist immer wieder dadurch gefährdet und wird verletzt, dass Menschen aneinander schuldig werden und sich etwas schuldig bleiben. „Und erlass uns unsere Schulden, wie auch wir unseren Schuldnern erlassen haben!" Mit „Schulden" gebraucht Matthäus hier ein Wort, das im Griechischen die Bedeutung „Geldschulden" hat. Lukas hat in 11,4 an dieser Stelle „Verfehlungen", „Sünden". Aber auch Matthäus versteht das von ihm gebrauchte Wort in dieser Weise, wie sich in den Versen 14–15 zeigt, wo er es mit dem Begriff „Übertretungen" aufnimmt. Der eigenartige Wortgebrauch in Vers 12 erklärt sich vom Aramäischen her. Dort hat das Wort *chová* die Bedeutung von „Schuld" sowohl im finanziellen als auch im ethischen Sinn. Vom Sprachlichen her schwingen beide Bedeutungen auch bei Matthäus mit. Diese Beobachtung ist zugleich ein starker Hinweis darauf, dass das Unservater ursprünglich auf Aramäisch abgefasst war.

Im Blick auf jüdisches Beten sei in diesem Zusammenhang an das schon zu Matthäus 5,23–24 gebrachte Zitat aus Mischna Joma 8,9 erinnert, dass der Versöhnungstag die Sünden des Menschen gegen Gott sühnt, die Sünden des Menschen gegen seinen Mitmenschen aber nur, wenn er ihn zuvor begütigt hat. In einer schon zitierten Kurzfassung des Achtzehngebets heißt es ganz knapp: „Vergib uns!" Im Achtzehngebet selbst lautet die sechste Bitte in der heute gesprochenen Fassung: „Vergib uns, unser Vater! Denn wir haben gesündigt. Verzeih uns, unser König! Denn wir haben uns vergangen. Fürwahr: Du verzeihst und vergibst. Gesegnet Du, Ewiger, reich an Gnade, um zu vergeben!" Im Avinu-Malkenu-Gebet wird in dieser Hinsicht formuliert: „Verzeih und vergib uns alle unsre Sünden! Unser Vater, unser König, lösche aus und lasse weggehen aus Deinen Augen unsere Verfehlungen und Vergehen! Unser Vater, unser König, durch Deine große Barmherzigkeit streiche aus alle unsere Schuldscheine! Unser Vater, unser König, lass uns zurückkehren vor Dein Angesicht in vollkommener Umkehr!"

Die Bitte um Vergebung in Matthäus 6,12 ist auf ein genau entsprechendes eigenes Verhalten der Bittenden bezogen. Die in unserem kirchlichen Gebrauch übliche Fassung des zweiten Satzes dieser Bitte orientiert sich an der Lesart der Masse späterer Handschriften, die mit dem lukanischen Text übereinstimmt: „wie wir vergeben unseren Schuldigern". Die besten Textzeugen bieten jedoch die Vergangenheitsform: „wir wir vergeben haben". Die eigene Vergebung gegenüber anderen, die den Bittenden etwas schulden, gilt damit beim Beten dieser Bitte als schon vollzogen. Die Bitte an Gott um Vergebung der Schuld – an Gott, dessen väterliche Güte die Be-

6. Das zu verbergende Tun der Gerechtigkeit (6,1–18)

tenden kennen und dessen Vergebung sie gewiss erhoffen – können sie gar nichts anders aussprechen, als damit ihrerseits denen schon vergeben zu haben, die ihnen gegenüber schuldig geworden sind. Wie dieses Verhalten völlig verfehlt werden kann, zeigt die Gleichniserzählung vom unbarmherzigen Knecht in Matthäus 18,23–35.

Die sechste Bitte liegt in Matthäus 6,13 als Doppelbitte vor: „Und führe uns nicht in Anfechtung, sondern beschütze uns vor dem Bösen!" Gegenüber denjenigen, die „diese Bitte in zwei auf(teilen), obwohl aus der Sache selbst hervorgeht, daß es ein und dieselbe ist", stellt Calvin aus der „Verbindung der Worte" ihren Zusammenhang so dar: „Erlöse uns von dem Bösen, damit wir nicht in Versuchung geführt werden." Wieder ist zu betonen, dass sich *beide* Teilbitten an Gott richten. Er ist also auch als der im Blick, der in Anfechtung führen *kann*. Das Unservater hat kein dualistisches Weltbild. Gott selbst ist der letzte Souverän. Dass er in Anfechtung führen, dass er hart auf die Probe stellen kann, hat in der Bibel eine lange Tradition. Es sei hier nur an die Geschichte von der Bindung Isaaks in 1. Mose 22 erinnert. In Jakobus 1,2–3 heißt es: „Haltet es, meine Geschwister, für lauter Freude, wenn ihr in mancherlei Anfechtung geratet (oder: vielfach hart auf die Probe gestellt werdet). Ihr wisst ja, dass die Bewährung eures Glaubens Standhaftigkeit bewirkt." Allerdings bestreitet es der Verfasser des Jakobusbriefes in Vers 13, dass es Gott sei, der einen Menschen einer solchen Bewährungsprobe aussetze. Die sechste Bitte hat bedrängende Situationen im Blick, verursacht durch Krankheit, unglückliche Umstände, böswillige Mitmenschen, eigene Unzulänglichkeit. Solche Situationen werden nicht herbeigewünscht. Aber sie kommen im Alltag vor. In dieser Bitte wird darum gebetet, davon verschont zu werden. In solchem Zusammenhang wird die Wendung „vom Bösen", vor dem man beschützt werden möchte, neutrisch verstanden sein. So gibt Luther als Ziel an, „dass er uns schließlich aus allem Unglück ganz und gar helfe". Mit der Bitte, nicht in Anfechtung geführt, nicht hart auf die Probe gestellt, sondern vor dem Bösen, vor schlimmen Erfahrungen beschützt zu werden, wehrt das Unservater jedwedem frommen Heroismus; von Martyriumssehnsucht ist es weit entfernt. Die eigenen Möglichkeiten der Betenden werden nüchtern eingeschätzt. Die schlimmen Erfahrungen, die sie machen müssen, werden nicht glorifiziert. Es möge sie vielmehr nicht geben: Dinge, die das Leben schwer machen und es verdüstern.

Auch diese Doppelbitte hat Sachparallelen in Gebeten der jüdischen Tradition. Im babylonischen Talmud, Brachot 60b heißt es in einem Abendgebet: „Führe mich nicht in Sünde noch in Verfehlung noch in Versuchung noch in Schmach! Es möge über mich herrschen der gute Trieb und nicht möge der böse Trieb über mich herrschen! Beschütze mich vor schlimmer Plage und schlimmen Krankheiten!" Auf derselben Seite steht ähnlich in einem Morgengebet: „Führe mich nicht in Sünde noch in Verfehlung noch in Versuchung noch in Schmach! Beuge meinen Trieb, sich Dir zu unterwerfen! Halte mich fern von einem bösen Menschen und von böser Gesellschaft!" Die siebte Bitte des Achtzehngebets lautet: „Sieh doch auf unser Elend (unsere Demütigung) und kämpfe unseren Kampf! Befreie uns alsbald um Deines Namens willen! Denn ein starker Befreier bist Du. Gesegnet Du, Ewiger, der Befreier Israels!" Nach dem babylonischen Talmud, Brachot 16b pflegte Rabbi an das Achtzehngebet anzuschließen: „Es sei von dir gewollt, Ewiger, unser Gott und Gott unserer Väter, dass Du uns beschützest vor Frechen und vor Frechheit, vor einem bösen Menschen und vor einer schlimmen Plage, vor dem bösen Trieb, vor schlimmer Gesellschaft, vor einem bösen Nachbarn und vor Satan, dem Verderber, vor einem harten Gericht und vor einem harten Prozessgegner, sei er ein Sohn des Bundes oder sei er kein Sohn des Bundes."

Bevor Matthäus zur dritten Frömmigkeitspraxis übergeht, hebt er einen Aspekt aus dem Unservater hervor, an dem ihm offenbar besonders liegt. Er tut es in der Form eines doppelten Rechtssatzes, positiv und negativ formuliert, wobei sich Vordersatz und Nachsatz jeweils terminologisch genau entsprechen: „Wenn ihr nämlich den Leuten ihre Übertretungen erlasst, wird euer himmlischer Vater auch euch erlassen. Wenn ihr jedoch den Leuten nicht erlasst, wird euer himmlischer Vater auch eure Übertretungen nicht erlassen." Wie schon im Unservater geschehen, wird hier das Erlassen, die Vergebung vonseiten Gottes mit menschlichem Erlassen und Vergeben untereinander zusammengebunden. Wieder bietet die Gleichniserzählung vom unbarmherzigen Knecht in Matthäus 18,23–35 eine Anschauung dessen, was der Evangelist hier meint. Von daher ist auch deutlich, dass menschliches Vergeben nicht Vorbedingung für das Handeln Gottes ist. Wohl aber kann menschliche Verweigerung von Vergebung die schon erfahrene Vergebung Gottes verwirken. „Gott vergibt nicht, damit wir dann ungestört in unserer alten Hartherzigkeit, Rachsucht und unserem Vergeltungsdrang bleiben und dabei noch den Frieden mit Gott genießen wollen" (Girgensohn). Luther unterscheidet die von Gott kommende Vergebung und die selbst zu vollziehende als innere und äußere und setzt sie so zueinander in Beziehung, dass „die äußere Vergebung, die ich mit der Tat erweise, ein sicheres Zeichen (ist), dass ich Vergebung der Sünde bei Gott habe. Wo sich das andererseits gegenüber dem Nächsten nicht erweist, habe ich ein sicheres Zeichen, dass auch ich keine Vergebung der Sünde bei Gott habe, sondern noch im Unglauben stecke. Siehe, das sind die zwei Arten von Vergebung: eine innen im Herzen, die allein an Gottes Wort hängt, und eine außen, die herausbricht und uns gewiss macht, dass wir die innere haben." Erfahrene Vergebung verlangt gleichsam ihre Weitergabe. Darin wirkt sie sich aus und gewinnt Wirklichkeit. Diese Weitergabe von Vergebung richtet sich nicht nur an die Mitglieder der eigenen Gruppe. Es ist bemerkenswert, dass im Text der Verse 14–15 nicht von „den Geschwistern" die Rede ist, sondern von „den Leuten", wörtlich: „den Menschen". Erfahrene Vergebung drängt über die Grenze der eigenen Gruppe hinaus, kann andere nicht ausschließen.

Der Zusammenhang von menschlicher Vergebung und göttlicher Vergebung findet sich immer wieder in jüdischen Texten. Schon in Sirach 28,2–3 heißt es: „Vergib das Unrecht deinem Nächsten! Dann werden dir, wenn du darum bittest, auch deine Sünden vergeben werden. Wenn ein Mensch seinem Mitmenschen gegenüber Zorn bewahrt, wer wird ihm seine Sünde sühnen?" In Tosefta Bava Kamma 9,30 wird eine Auslegung von 5. Mose 13,18 durch Rabban Gamliel geboten. Der ausgelegte Bibeltext lautet: *Und er (der Ewige) wird dir Erbarmen geben und wird sich deiner erbarmen und dich zahlreich machen.* Die erste Aussage wird nun so verstanden, dass Gott es dem Menschen gibt, dass er sich über andere Menschen erbarmt; und so deutet Rabban Gamliel: „Das sei ein Zeichen in deiner Hand: Immer wenn du barmherzig bist, wird sich der Barmherzige über dich erbarmen." Im Midrasch Dvarim § 96 erscheint diese Aussage in einer Form, die an die Beglückwünschung in Matthäus 5,7 erinnert: „Immer wenn du dich über die Menschen erbarmst, erbarmt man sich über dich vom Himmel her. Wenn du dich nicht über die Menschen erbarmst, erbarmt man sich nicht über dich vom Himmel her."

d) Fasten (6,16–18)

¹⁶Wenn ihr fastet, setzt keine saure Miene auf wie die Heuchler! Sie entstellen nämlich ihr Gesicht, damit die Leute merken, dass sie fasten. Amen, ich sage euch: Sie haben ihren Lohn quitt. ¹⁷Du jedoch, wann immer du fastest, salbe dein Haupt und wasche dein Gesicht, ¹⁸damit die Leute nicht merken, dass du fastest; wohl aber merkt es dein Vater, der im Verborgenen ist. Und dein Vater, der im Verborgenen sieht, wird dir vergelten.

Hinsichtlich des Fastens ist im Judentum ein öffentliches und allgemein verbindliches Fasten vom privaten Fasten zu unterscheiden. Am strengsten und am verbreitetesten eingehalten wird das Fasten am Versöhnungstag. Es erstreckt sich über 25 Stunden und gebietet die Enthaltung von Essen und Trinken. Selbstverständlich sind aus der Pflicht zum Fasten solche Menschen ausgenommen, bei denen es gesundheitliche Schäden hervorrufen würde. Daneben gibt es Halbfastentage wie den 9. Av, den Gedenktag an die Zerstörung des ersten und des zweiten Tempels. In der Antike gab es auch ein allgemein ausgerufenes Fasten in Notzeiten, besonders bei ausbleibendem Regen. So heißt es in Mischna Ta'anit 1,4–5: „Ist der 17. Cheschvan (etwa Ende Oktober) gekommen und noch kein Regen gefallen, begannen einzelne zu fasten. Man isst und trinkt von der Dunkelheit an; erlaubt sind Arbeit, Baden, Salben, Ausziehen der Sandale, Gebrauch des (Ehe)bettes (= Beischlaf). Ist der 1. Kislev (etwa Anfang November) gekommen und noch kein Regen gefallen, verordnet der Gerichtshof ein Fasten von drei Tagen (an den folgenden Montagen und Donnerstagen) für die Allgemeinheit." Es gilt dasselbe wie bei dem vorangehenden freiwilligen Fasten einzelner. Für den Fall, dass der Regen weiter ausfällt, werden nach Abschnitt 6 Verschärfungen der Fastenpraxis angeordnet.

Daneben gab und gibt es ein privates Fasten. Um das geht es in Matthäus 6,16–18. Die frühesten Belege für ein regelmäßiges privates Fasten im Judentum an zwei Wochentagen finden sich im Lukasevangelium und in der Didache, der ältesten christlichen Kirchenordnung. Nach Lukas 18,12 sagt ein Pharisäer: „Ich faste zweimal in der Woche." In Didache 8,1 heißt es: „Eure Fasttage sollen nicht mit den Heuchlern gemeinsam sein! Sie fasten nämlich am zweiten (Montag) und fünften Wochentag (Donnerstag); ihr aber sollt am vierten (Mittwoch) und am Rüsttag (Freitag) fasten!" Montag und Donnerstag sind die jüdischen Fasttage; Juden werden hier also pauschal als „Heuchler" disqualifiziert. Man soll nicht weniger fasten als sie, aber keinesfalls an denselben Tagen. Wie bei den Anweisungen zum Beten nach Didache 8,2–3 zeigt sich hier christliche Identitätsbildung in rituellen Vollzügen in sich abgrenzender Antithese zum Judentum. Montag und Donnerstag waren im Judentum schon die Fasttage für das allgemein verbindliche Fasten in Notzeiten. Sie wurden dann auch die Fasttage für das freiwillige private Fasten. Diese Angaben von Lukas 18,12 und Didache 8,1 werden durch spätere rabbinische bestätigt. Der Sinn des Fastens ist die Ausrichtung des ganzen Menschen auf Gott und dient dabei insbesondere der Unterstützung des Gebets.

Luther hatte ein mögliches allgemeines geistliches Fasten in den Blick genommen, das „wir Christen halten sollten; und das wäre ja auch schön, dass man noch einige Tage vor Ostern, ebenso vor Pfingsten und Weihnachten ein allgemeines Fasten hielte und so das Fasten aufs Jahr verteilte. Aber das sollte wahrhaftig nicht darum geschehen, dass man einen Gottesdienst daraus machte, um damit etwas zu verdienen oder Gott zu versöhnen, sondern als eine äußere christliche Zucht und Übung für das junge und einfältige Volk, dass sie es einübten, sich durchs ganze Jahr nach der Zeit zu richten und sie zu unterscheiden. [...] So hätte ich es auch gern, dass man auf diese Weise während des ganzen Jahres jeden Freitagabend fastete, der damit als ein besonderer Tag herausgehoben wäre. Aber weder kann ich noch will ich ein solches Fasten einrichten, es sei denn zuvor einmütig angenommen." Dazu sind die reformatorischen Kirchen auch nach 500 Jahren noch nicht gekommen. Mit dem Thema „Gerechtigkeit", unter das Matthäus auch das Fasten stellt (6,1), könnte es so zusammenhängen, dass es sensibel für diejenigen und solidarisch mit ihnen macht, die Mangel leiden.

Den Anweisungen in Matthäus 6,16–18 geht es darum, das freiwillige private Fasten in keiner Weise öffentlich zu machen. Es soll ganz und gar eine auf Gott bezogene Angelegenheit sein und nicht dazu dienen, anderen Menschen zu imponieren. Wer beim Fasten eine saure Miene aufsetzt, gilt als Heuchler. Mit seinem entstellten Gesicht will er die Leute merken lassen, dass er fastet. Wer sich so verhält, hat dann auch in diesem Fall mit dem damit erworbenen Renommee seinen „Lohn quitt". Wer fastet, soll das geradezu perfekt tarnen. „Das Verbergen soll so vollkommen sein, dass der Eindruck vermittelt wird, es werde *nicht* gefastet" (Syreeni). Beim Salben des Hauptes und Waschen des Gesichts ist hier kaum an die tägliche Körperpflege gedacht, sondern an die Vorbereitung für ein festliches Ereignis. So geht man zum Gastmahl, bei dem es Gutes zu essen und zu trinken die Fülle gibt. Auch hier dürfte wieder hyperbolische Redeweise vorliegen, der es nicht um wörtliche Befolgung geht. Aber die Intention ist umso klarer: Das private Fasten ist eine Angelegenheit zwischen dem Menschen und Gott und darf nicht dazu dienen, anderen Menschen damit zu imponieren.

7. *Das Tun der Gerechtigkeit in Freiheit von der Sorge (6,19–34)*

Matthäus hat diesen Teil als eine thematische Einheit verstanden. Das wird deutlich durch die jeweils alternativen Imperative am Anfang und am Schluss: Nicht Schätze auf der Erde aufhäufen, sondern im Himmel (19–20); nicht sich von der Sorge um den Lebensunterhalt verzehren lassen, sondern auf Gottes Reich aus sein (25.31.33). Gottes Reich und Gottes Gerechtigkeit sollen zum Zuge kommen in dem hier angesprochenen Bereich des Besitzes und des Lebensunterhaltes.

Die Worte vom Aufhäufen von Schätzen und vom Sorgen um den Lebensunterhalt haben eine Parallele in Lukas 12,22–31.33–34, allerdings in umgekehrter Reihenfolge. Lukas bietet vorher in den Versen 16–21 das Gleichnis vom reichen Kornbauern. An das ließ sich das Wort vom Sorgen besser anschließen als das Wort vom Aufhäufen von Schätzen, das er danach, mit einer neuen Einleitung versehen („Verkauft euren Besitz und gebt Almosen!") zu einer Abschlussbildung ausbaut.

Zwischen die Worte vom Aufhäufen von Schätzen und vom Sorgen hat Matthäus zwei weitere Worte eingefügt, die sich bei Lukas an unterschiedlichen Stellen finden: das Wort vom Auge (22–23) und das Wort vom Doppeldienst (24). Das eine hat eine Parallele in Lukas 11,34–36, das andere in Lukas 16,13. Wenn Matthäus diese beiden Worte einfügt, muss er sie als Erläuterung verstanden haben. Somit ergibt sich folgender Aufbau des gesamten Stückes: a) Mahnung, nicht Schätze auf der Erde aufzuhäufen, sondern im Himmel (19–21); b) Erläuterung der Mahnung durch die Bildworte vom Auge und vom Doppeldienst (22–24); c) Konkretion der Mahnung: Freiheit von der Sorge und Trachten nach dem Reich Gottes (25–34). Dieser Aufbau als auch der jeweilige Umfang zeigen, dass das Gewicht auf dem letzten Abschnitt liegt.

a) Mahnung, nicht Schätze auf der Erde aufzuhäufen,
sondern im Himmel (6,19–21)

[19]Häuft euch nicht Schätze auf der Erde an, wo Motte und Wurmfraß vernichten und Diebe einbrechen und stehlen! [20]Häuft euch Schätze im Himmel an, wo weder Motte noch Wurmfraß vernichten und wo Diebe nicht einbrechen und auch nicht stehlen! [21]Wo nämlich dein Schatz ist, da wird auch dein Herz sein.

Dieser Abschnitt hat einen Anklang an ein Motiv des vorangehenden Zusammenhangs. Bei den in 6,1–18 verhandelten drei Frömmigkeitsübungen – im Verständnis des Matthäus das vor der Öffentlichkeit zu verbergende Tun der Gerechtigkeit – standen sich das Ansehen bei den Menschen und der Lohn bei Gott alternativ gegenüber. Diese Gegenüberstellung klingt jetzt an in der Alternative zwischen den Schätzen auf der Erde und denen im Himmel. Nun aber geht es nicht mehr um ein verborgenes Tun, sondern um die

7. Das von Sorge freie Tun der Gerechtigkeit (6,19–34)

öffentlich zu bewährende Alternative zwischen Gott und Geld. Das wird am deutlichsten angesprochen in der zweiten Erläuterung, es bestimmt aber auch schon die einleitende Mahnung.

Deren Aufbau ist streng durchgeführt. Ein verneinter Imperativ in der 2. Person Plural wird anschließend wortgleich positiv aufgenommen; im griechischen Text – im Deutschen nicht nachahmbar – gehören Prädikat und Objekt zum selben Stamm. Auf das Objekt folgt jeweils eine Ortsangabe, wobei sich Erde und Himmel antithetisch gegenüberstehen. Diese Ortsangaben werden ebenfalls in wortgleichen Sätzen erläutert – mit dem einzigen Unterschied, dass der zweite Satz verneint ist. Es liegt also in den Versen 19–20 ein genau durchgeführter Parallelismus vor. Er wird als ganzer – auf beide Imperative bezogen – in Vers 21 erläutert. Aus der Beobachtung, dass jetzt die 2. Person Singular steht, muss nicht geschlossen werden, es liege ein ursprünglich selbständiges Jesuswort vor. Solcher Wechsel lässt sich in den Evangelien und in jüdischem Spruchgut häufig feststellen und begegnete auch schon an früheren Stellen in dieser Lehre auf dem Berg. Inhaltlich passt diese Schlussbemerkung sehr gut in den Zusammenhang und gibt ihm große Prägnanz. Bei der einleitenden negativen Mahnung, keine Schätze auf der Erde aufzuhäufen, ist es vom folgenden Kontext her klar, dass sie sich gegen das Anhäufen von Geld und Gut zur Absicherung des eigenen Lebens richtet, gegen das Horten von Reichtum, der Lebensfülle garantieren soll. Die Näherbestimmung der Erde als eines Ortes, wo Motte und Wurmfraß vernichten und wo Diebe einbrechen und stehlen, enthält implizit eine erste Begründung dieser Mahnung. Doch zuvor sei auf die hier gebrauchten Begriffe und Vorstellungen eingegangen.

Beim Vernichten durch Motten ist selbstverständlich an Kleidung und anderes aus Textilstoffen Hergestelltes gedacht. Kostbare Kleider und Teppiche in großer Zahl zu besitzen, war und ist ein Zeichen von Reichtum. Im Griechischen sehr ungewöhnlich ist der sich hier findende Gebrauch des parallel zu „Motte" stehenden Wortes. Im eigentlichen Sinn bezeichnet es „das Essen" oder „die Speise". Nur im griechisch sprechenden Judentum kann es etwas zu „Motte" Analoges bezeichnen. So wird in Maleachi 3,1 die Heuschrecke als „der Fresser" bezeichnet und in der Septuaginta mit diesem Wort für „Essen"/„Speise" wiedergegeben. Hinter diesem Wort in Matthäus 6,19 dürfte eher das aramäische Wort *ma'achólet* stehen, das den „Holzwurm" bezeichnet, aber auch die „Laus" oder allgemein „Wurmfraß" bedeutet. Neben der Motte, die Kleidung zerstört, dürfte am ehesten an den Holzwurm gedacht sein, dem kostbare Möbel zum Opfer fallen. Besonders für

Luxustische aus Zitrusholz wurden horrende Preise bezahlt (Plinius der Ältere, Naturkunde XIII 91–102). Als erster Aspekt wird also herausgestellt, dass gehortetes Gut dem Verderben durch Ungeziefer ausgesetzt ist. Daneben wird betont, dass Diebe es stehlen. Vor dem Stehlen ist wörtlich vom „Durchgraben" die Rede – ein häufiger Weg für Diebe zur Beute in der Antike. Aber das Wort war längst schon zum technischen Begriff für „einbrechen" geworden, auch wo dazu nicht „durchgegraben" werden musste.

Diese Näherbestimmung der Örtlichkeit „Erde" enthält ein Argument aus weisheitlicher Tradition, die allgemein zugängliche Lebenseinsichten formuliert: Was hat es denn für einen Sinn, Reichtümer aufzuhäufen angesichts dessen, dass sie dem Fraß durch Schädlinge ausgesetzt sind und zudem doch nur Diebe anlocken? So konnten Ausleger diese Verse als einen Appell an den gesunden Menschenverstand verstehen, dass es sich nicht lohne, Schätze zu sammeln. Aber solche Einsichten der Lebenserfahrung sind nicht durchschlagend. Menschenverstand weiß sich zu helfen, etwa mit Mottenkugeln und dem Einbau von Warnanlagen. Unerbetene Werbung für letztere, die „Ihr Haus in eine gegen Einbrecher befestigte Burg" verwandeln sollen, flattert leicht ins Haus.

Das implizite Argument von der Gefährdung der Schätze ist für Matthäus nicht das entscheidende. Das zeigt schon der Aufbau des Stückes: Die zusammenfassende Begründung folgt erst in Vers 21. Zuvor bietet Matthäus in Vers 20 die positive Mahnung, Schätze im Himmel zu sammeln, wo sie nicht der Gefährdung durch Schädlinge und Diebe ausgesetzt sind. Diese Ortsangabe macht deutlich: Die dort gesammelten Schätze sind radikal der Vergänglichkeit und dem unbefugten Zugriff entzogen. Sie haben Bestand. Die Vorstellung von einem Schatz im Himmel ist im Judentum der Zeit verbreitet. In Tobit 4,8–10 ermahnt der Vater den Sohn: „Wie du hast, gib davon der Fülle entsprechend Almosen; wenn du wenig hast, scheue dich nicht, dem Wenigen entsprechend Almosen zu geben. Guten Lohn nämlich sammelst du dir auf den Tag der Not. Denn Almosen errettet vom Tod und lässt nicht in die Finsternis eingehen." In den Psalmen Salomos heißt es: „Wer Gerechtigkeit tut, häuft für sich selbst Leben beim Ewigen an" (9,5). Der Verfasser des 2. Baruchbuches formuliert: „Denn die Gerechten haben gute Hoffnung auf das Ende und gehen ohne Furcht aus diesem Wohnsitz, weil sie bei Dir einen Schatz von guten Taten haben, der in der Vorratskammer aufbewahrt wird." Der zusammen mit seiner Mutter Helena und seinem Bruder Izates um 50 n.Chr. zum Judentum übergetretene König Monobazos von Adiabene, der in einer Hungersnot seine Schätze an die Armen verteilte und

7. Das von Sorge freie Tun der Gerechtigkeit (6,19–34)

dem daraufhin von seinen Brüdern vorgeworfen wurde, das von den Vätern gesammelte Vermögen zu verschleudern, antwortete ihnen: „Meine Väter haben Schätze für unten aufbewahrt, aber ich habe (sie) für oben aufbewahrt. Denn es ist gesagt: *Treue wird von der Erde aufsprossen* (Psalm 85,12). Meine Väter haben Schätze aufbewahrt an einem Ort, an dem die Hand Macht hat, aber ich habe (sie) aufbewahrt an einem Ort, an dem keine Hand Macht hat. Denn es ist gesagt: *Gerechtigkeit und Recht ist der Grund Deines Throns* (Psalm 89,15)" (Tosefta Pea 4,18). Der Text bringt anschließend weitere Gegenüberstellungen dieser Art. Er enthält darin noch eine besondere Nuance, dass das für „aufbewahren" gebrauchte Wort auch die Bedeutung hat: „dem öffentlichen Gebrauch entziehen". Das von den Vätern Aufbewahrte ist dem öffentlichen Gebrauch entzogen. Monobazos dagegen ist sich gewiss: Dadurch dass er dieses Aufbewahrte dem öffentlichen Gebrauch zugänglich macht unter dem Gesichtspunkt, dass Menschen zu ihrem elementaren Recht kommen, bewahrt er es an einem Ort auf, wo es jedem menschlichen Zugriff entzogen ist.

Die Vorstellung von den Schätzen im Himmel besagt also, dass die guten Taten der Gerechten im Himmel registriert werden und beim Endgericht so in die Waagschale fallen, dass es für ihre Täter zum Guten ausschlägt. Man sollte das nicht als „Werkgerechtigkeit" abtun. Es geht darum zu betonen, dass es nicht gleichgültig – gleich gültig – ist, was getan wird. Am Ende steht nicht das große Vergessen, das alles beliebig macht, sondern Gott ist da, der dafür einsteht, dass Gutes nicht vergeblich getan ist, sondern auch positiv auf die zurückfällt, die es getan haben. Wie in den zitierten Texten meint auch Matthäus mit den Schätzen im Himmel „die guten Taten", von denen er ausdrücklich in 5,16 gesprochen hat. Er denkt dabei an das, was implizit an Mahnung zu bestimmten Verhaltensweisen in den Beglückwünschungen angeklungen war, was die Toraauslegungen Jesu verlangten, an die verborgen zu praktizierenden Frömmigkeitsübungen. All das fasst er dann in 6,33 zusammen mit der Aufforderung, auf Gottes Reich und Gottes Gerechtigkeit aus zu sein. Das also ist die Alternative, wie Matthäus sie hier sieht: nicht egoistisches Anhäufen von Reichtum zur eigenen Lebensabsicherung, sondern Taten, die dem Hunger und Durst nach Gerechtigkeit entspringen, die sich nicht mit dem Elend und dem Unrecht in der Welt abfinden, sondern der Gerechtigkeit und dem Frieden Raum verschaffen. Dass solche Taten Verheißung haben und nicht ins Leere hinein erfolgen, nicht ein bodenloser Unsinn sind – das allerdings bringt die Redeweise von den Schätzen im Himmel zum Ausdruck.

Die doppelte Mahnung der Verse 19–20 wird in Vers 21 lapidar begründet: „Wo nämlich dein Schatz ist, da wird auch dein Herz sein." „Das Herz" darf hier nicht als Teil des Menschen verstanden werden. In der biblisch-jüdischen Anthropologie ist es der Mensch selbst in seinem Trachten und Wollen, der Mensch selbst im Zentrum seines Personseins (siehe oben zu 5,8). Was er will und tut, woran er sein Herz hängt, da *ist* er auch, da hat er seinen Ort, davon ist er in seiner ganzen Person bestimmt. Calvin sieht hier „die Grunderfahrung" ausgedrückt, „daß die Menschen dorthin gekettet sind, wo immer sie ihr höchstes Gut wähnen". Luther führt das so aus: „Das ist ebenso geredet, wie wir Deutschen von einem Geizwanst sagen: ‚Geld ist sein Herz'. Das meint, wenn er nur Geld hat, dann ist das seine Freude und sein Trost, alles in allem: sein Gott. Wenn er andererseits nichts hat, dann ist das sein Tod; da gibt es weder Herz noch Freude noch Trost. Darum meint er (Christus) es so: Seht euch vor und prüft euer eigenes Herz und ihr sollt ganz bestimmt wissen, dass euer Herz genau an dem Ort sein wird, wo euer Schatz ist. Wie man auch sonst zu sagen pflegt: Was dem Menschen lieb ist, das ist sein Gott; denn dorthin trägt ihn sein Herz, geht damit Tag und Nacht um, es sei Geld oder Gott, Lust oder Ehre usw. Darum sieh nur auf dein eigenes Herz, so wirst du bald finden, was darin steckt und wo dein Schatz ist." Wer Reichtümer aufhäuft und hortet, dem diktiert das Geld seine eigenen Gesetze, den legt es fest auf ein unerbittliches Mehr-haben-Wollen, ja Mehr-haben-Müssen, der wird davon absorbiert, wie er das Gewonnene gegen Schädigung und Verlust sichert, der wird von einer Finanzkrise in panischen Schrecken versetzt. Er wird zum Diener des eigenen Vermögens. Wenn demgegenüber der Schatz im Himmel sich daraus ergibt, dass nach Gottes Reich und Gerechtigkeit getrachtet wird, dann wird den entsprechend Handelnden mit der Begründung von Vers 21 verheißen, dass sie in ihrer Person nicht zerstört werden können, dass sie an einem sicheren Ort sind: „Ein feste Burg ist unser Gott"! Wer Schätze im Himmel sammelt und also sein Herz bei Gott hat, kreist damit gerade nicht um sich selbst, sondern stellt sein Tun und in und mit seinem Tun und Wollen sich selbst getrost Gott anheim. Vers 21 ist insofern eine Begründung für die vorangehenden Imperative, dass der Mensch es doch nicht wollen kann, Sklave des selbst Herbeigeschafften oder gar Herbeigerafften zu sein und so sich selbst entfremdet zu werden, dass er vielmehr frei sein will. Der Text verspricht solche Freiheit in einem guten Tun, das dem erwarteten Reich Gottes und Gottes Gerechtigkeit entspricht, ein Tun, das nicht vergeblich, sondern bei Gott aufgehoben ist. Die in den antithetischen Imperativen aufgerichtete Alternative wird im folgenden Abschnitt in Bildworten entfaltet.

b) Erläuterung der Mahnung durch die Bildworte
vom Auge und vom Doppeldienst (6,22–24)

²²Die Leuchte des Leibes ist das Auge. Wenn nun dein Auge lauter ist, wird dein ganzer Leib voller Licht sein. ²³Wenn aber dein Auge missgünstig ist, wird dein ganzer Leib finster sein. Wenn nun das Licht in dir Finsternis ist, wie groß ist dann die Finsternis! ²⁴Niemand kann zwei Herren dienen. Entweder nämlich wird er den einen hassen und den anderen lieben oder einem anhängen und den anderen verachten. Ihr könnt nicht Gott dienen und dem Mammon.

Auf den ersten Blick scheint mit Vers 22 ein schwer verständlicher Anschluss vorzuliegen. Aber wie der Vergleich mit den Parallelen bei Lukas gezeigt hat, muss Matthäus hier eine sachliche Verknüpfung gesehen haben, war er es doch, der dieses Bildwort vom Auge zusammen mit dem vom Doppeldienst in diesen Zusammenhang eingefügt hat. Vom unmittelbaren Kontext her, der alternativen Mahnung in den Versen 19–20 und der alternativen Feststellung in Vers 24, wird es auch beim Bildwort vom Auge um die Eindeutigkeit der Orientierung gehen, und zwar in einem klaren Entweder-oder. So wird ja auch die einleitende Feststellung – „die Leuchte des Leibes ist das Auge" – in zwei alternativen Wenn-Sätzen entfaltet. Der Fragesatz am Schluss nimmt noch einmal den gesetzten negativen Fall auf und unterstreicht ihn so.

Bei der Aussage vom Auge als der „Leuchte des Leibes" kann ein bloßer bildlicher Vergleich vorliegen. Sie kann aber auch sofort metaphorisch verstanden werden. Wahrscheinlich darf man hier nicht alternativ verstehen wollen. Ausgangspunkt dürfte der schlichte Tatbestand sein, dass der Mensch ohne Auge nicht sehen kann. Das hier mit „Leib" übersetzte griechische Wort *soma* bezeichnet also nicht den bloßen Körper, den der Mensch hat, sondern den Menschen selbst in seiner Leiblichkeit, in seiner Leibgebundenheit. Das Auge ist für den leibhaftigen Menschen „die Leuchte", die ihn nicht im Dunkeln sitzen und irren lässt. Hinsichtlich des Auges werden nun zwei Fälle gesetzt, indem ihm gegensätzliche Eigenschaften zugeschrieben werden. Will man den Vergleich mit dem Auge rein bildlich verstehen, müssen die hier gebrauchten Eigenschaftswörter in medizinischem Sinn aufgefasst werden. Daraus ergäbe sich folgender Sinn: Wenn das Auge

„ganz" bzw. „heil" ist, dann sieht nicht nur das Auge, sondern die ganze Person; wenn aber das Auge „krank" oder „kaputt" ist, dann sieht nicht nur das Auge schlecht oder ist blind, sondern der ganze Mensch. Im Zusammenhang wäre damit gesagt, dass es um diejenigen „finster" bestellt ist, die hinter Reichtümern herjagen, dagegen diejenigen klare Orientierung haben, die auf Gottes Reich und Gerechtigkeit aus sind. Bei den gebrauchten Eigenschaftswörtern ist es aber nahezu unvermeidlich, dass auch eine ethische Dimension mitschwingt, zumal „Auge" im Judentum oft metaphorisch gebraucht wird: Am Auge ist erkennbar, wie es im Innersten aussieht, wie es um den Menschen bestellt ist. Die Wendung „böses Auge" findet sich oft in rabbinischen Texten und hat die Bedeutung „neidisch", „missgünstig", aber auch „gierig". Sie begegnet auch noch einmal bei Matthäus in 20,15. Sie charakterisiert dort den Protest der zuerst eingestellten Tagelöhner gegenüber der Güte des Weinbergbesitzers, der auch den zuletzt eingestellten den vollen Lohn auszahlen ließ. Der zu „böse" hier gebrauchte Gegenbegriff hat im griechisch sprechenden Judentum die Bedeutung von „integer", „lauter", auch „ehrlich" und „freigebig". Was der Mensch aus seinem Inneren heraus tut, das bestimmt ihn.

Eine bildlich vergleichende Redeweise im Blick auf das Auge bietet Philon von Alexandria. Er schreibt in seinem Traktat „Über die Unveränderlichkeit Gottes" in § 45–46: „Wie nämlich im Leib das Auge das führende Prinzip ist, im All aber die Natur des Lichtes, auf dieselbe Weise ist von dem, was in uns ist, der Verstand das Beste. Der ist nämlich das Auge der Seele." In § 53 nimmt er sachlich Aristoteles auf: „Was nämlich der Verstand in der Seele ist, das ist das Auge im Leib." Ein metaphorischer Gebrauch von „Leuchte" findet sich in der rabbinischen Tradition: „Der Heilige, gesegnet er, sagte zum Menschen: ‚Meine Leuchte sei in deiner Hand und deine Leuchte in meiner Hand. Meine Leuchte in deiner Hand; denn es steht geschrieben: *Denn eine Leuchte ist das Gebot und die Tora ein Licht* (Sprüche 6,23). Deine Leuchte in meiner Hand; denn es steht geschrieben: *Eine Leuchte (Gottes) ist der Lebensatem des Menschen* (Sprüche 20,27). Wenn du meine bewahrst, bewahre ich deine'" (Midrasch zu den Psalmen 17,8 mit Parallele an anderer Stelle). Gott hat Israel die Tora gegeben; sie ist jetzt in Israels Hand und Israel muss mit ihr umgehen. Gott hat dem Menschen zwar auch den Lebensatem gegeben, aber er bleibt in Gottes Hand; der Mensch hat sein Leben nicht selbst in der Hand, verfügt nicht über es. Die beiden hier genannten Leuchten sind also gleichsam Pfand in der Hand des jeweils anderen. Der Mensch in seiner Lebendigkeit, der Mensch in seinem

7. Das von Sorge freie Tun der Gerechtigkeit (6,19–34)

Trachten und Wollen als „Leuchte" – genau das könnte mit der Formulierung am Schluss von Vers 23 gemeint sein: „das Licht in dir". Für die Orientierung der auf Ziele ausgerichteten Lebendigkeit des Menschen bedarf es des „Lichtes". „Wenn nun das Licht in dir Finsternis ist, wie groß ist dann die Finsternis!" Sie bedeutet Desorientierung; die gesamte Lebensausrichtung stimmt dann nicht mehr. Im Textzusammenhang gilt also solche Desorientierung das Sammeln von Schätzen auf der Erde; es verfinstert das Leben. Auf dieser negativen Feststellung liegt in dieser Erläuterung das Gewicht.

In Vers 24 fügt Matthäus eine weitere Erläuterung an mit der Aussage, dass niemand zwei Herren dienen könne, die ihrerseits doppelt entfaltet wird. Die hier gebrachte Fassung dieses Spruches entspricht bis auf ein Wort genau der in Lukas 16,13. Dort heißt es zu Beginn: „Kein Sklave kann zwei Herren dienen." Da das Bildwort aus der Erfahrungswelt von und mit Sklaven stammt, dürfte das die ursprüngliche Fassung sein. Matthäus hat das Wort „Sklave" weggelassen, damit der Spruch von vornherein metaphorisch auf alle bezogen verstanden werde.

Faktisch gab es das, dass ein Sklave zwei Herren gehörte. Das konnte sich durch eine Erbschaft ergeben. Es konnten sich aber auch zwei nicht sehr gut bemittelte Freie zusammentun und gemeinsam einen Sklaven erwerben und sich dann dessen Arbeitsleistung teilen. Manchmal mag das vielleicht gut gegangen, in der Regel werden Reibungspunkte aufgetreten sein, die zum Zank führten. Aus dieser Erfahrung heraus wird eine Unmöglichkeit konstatiert: „Niemand kann zwei Herren dienen." Das wird anschließend aus der Perspektive des Dienenden erläutert.

Im mischnisch-talmudischen Recht werden an mehreren Stellen Regelungen für den Fall getroffen, dass der eine Herr den Sklaven freilässt, der andere aber nicht, sodass der betroffene Mensch halb Freigelassener und halb Sklave ist. In Mischna Gittin 4,5 heißt es: ‚„Wer zur Hälfte Sklave und zur Hälfte Freier ist, der arbeitet für seinen Herrn einen Tag und einen Tag für sich selbst.' Das sind Worte der Schule Hillels. Da sprachen zu ihnen die Leute der Schule Schammajs: ‚Ihr trefft diese Anordnung im Interesse seines Herrn, aber in seinem eigenen Interesse trefft ihr sie nicht. Eine Sklavin zu heiraten, ist ihm unmöglich, weil er schon zur Hälfte ein Freier ist; eine Freie zu heiraten, ist ihm unmöglich, weil er noch zur Hälfte ein Sklave ist. Soll er ledig sein? Und ist die Welt nicht allein dazu geschaffen worden, fruchtbar zu sein und sich zu vermehren? Denn es ist gesagt: *Nicht als Chaos hat er sie geschaffen, da zu wohnen hat er sie gebildet* (Jes 45,18). Vielmehr ist um dieser Ordnung der Welt willen (im betreffenden Fall so zu entscheiden): Man zwingt seinen Herrn dazu, ihn freizulassen; und er schreibt einen Schuldbrief auf die Hälfte seines Wertes.' Daraufhin wandte sich die Schule Hillels zur Entscheidung der Schule Schammajs."

Der Schlusssatz von Vers 24 macht deutlich, welche beiden Herren hier im Blick sind, die eine scharfe Alternative bilden: „Ihr könnt nicht Gott dienen und dem Mammon." Im griechischen Text steht das ins Griechische transkribierte und mit einem Schluss-Sigma versehene aramäische Wort *mamoná* (hebräisch: *mamón*), das durch Luthers Wiedergabe mit „Mammon" auch im Deutschen heimisch geworden ist. Allerdings hat es hier einen negativen Sinn erhalten, während das aramäische und hebräische Wort neutral das Geld bezeichnen, aber nicht nur das Geld, sondern überhaupt Besitz und Vermögen. Als Beleg sei eine rabbinische Stelle zitiert, die zugleich eine sachliche Nähe zu der Aussage von Matthäus 6,24 hat. Im babylonischen Talmud, Brachot 61b geht es um die Auslegung von 5. Mose 6,5: *Und du sollst den Ewigen, deinen Gott, lieben mit deinem ganzen Herzen und mit deinem ganzen Leben und mit deinem ganzen Vermögen!* Rabbi Elieser legt so aus: „Wenn es heißt: *mit deinem ganzen Leben*, wozu heißt es: *mit deinem ganzen Vermögen*? Und wenn es heißt: *mit deinem ganzen Vermögen*, wozu heißt es: *mit deinem ganzen Leben*? Allein, wenn du einen Menschen hast, dem sein Leib lieber ist als sein Geld (*mamón*), so heißt es: *mit deinem ganzen Leben*. Wenn du aber einen Menschen hast, dem sein Geld lieber ist als sein Leib, so heißt es: *mit deinem ganzen Vermögen*." Kein Bereich menschlichen Lebens darf aus der Liebe zu Gott herausgenommen werden. Gerade mit dem, was einem Menschen besonders wichtig ist, muss er so umgehen, dass darin lobende Hingabe an Gott zum Ausdruck kommt. Es geht um die Vollständigkeit der Liebe zu Gott. In Matthäus 6,24 gewinnt diese Forderung nach Vollständigkeit die Form der radikalen Alternative von Gott und Geld. Gott oder das Geld werden hier als Herrscher über den Menschen gesehen. Wenn das Geld über den Menschen Macht gewonnen hat, kann er nicht mehr Gott dienen. Und wer Gott Herr über sich sein lässt, wird nicht mehr darauf aus sein, Reichtümer auf der Erde aufzuhäufen. Als Erläuterung der Mahnung am Anfang dieses Abschnitts sagt also das Bild vom Doppeldienst: Wer Schätze auf der Erde sammelt und so die Güter der Erde, die nach 5,5 den Gewaltfreien verheißen ist, egoistisch für sich beansprucht, macht sich zum Sklaven des Geldes und schließt sich damit vom Gottesdienst aus. Das Trachten nach Gottes Reich und Gerechtigkeit als dem Aufhäufen von Schätzen im Himmel verlangt ein ungeteiltes Herz, das auch nicht heimlich am Geld hängt. Nach Luther erweist sich jemand dann als „ein Herr des Mammons […], wenn er ihn angreift für die, denen geholfen

7. Das von Sorge freie Tun der Gerechtigkeit (6,19–34) 175

werden muß". Das hatte er kurz vorher so erläutert: „Ein Christ spricht zum Geld: sieh, der hat keinen Rock, heraus Herr Junker Gulden!"

Gegenüber dem Einwand, dass in der Bibel doch auch Reiche positiv dargestellt werden, z.B. Hiob, sagt Chrysostomus: „Gewiss, Hiob war reich. Aber er war kein Sklave des Geldes, sondern besaß und beherrschte es; er war Herr, nicht Sklave. Als wäre er Verwalter fremder Vermögen, so hielt er es mit allem in seinem Besitz, indem er nicht nur nicht raubte, was anderen gehörte, sondern auch den Bedürftigen das Eigene überließ". Danach stellt er fest: „Jetzt aber sind die Reichen nicht mehr so, sondern mit ihnen verhält es sich sogar schlimmer als mit jedem Sklaven, da sie gleichsam einem harten Tyrannen Tribute entrichten." Anschließend teilt er als seine Beobachtung mit: „Die Gier nach Geld erobert ihren Verstand wie eine Festung, gibt ihnen täglich Anordnungen, voll von Unrecht jeder Art, und niemand ist da, der sich verweigert" (Matthäushomilien 21,1) Die Maximierung des Gewinns wird zum alles beherrschenden Prinzip, dem sich der Verstand willig unterwirft und sich dabei über moralische Skrupel hinwegsetzt.

c) Konkretion der Mahnung: Freiheit von der Sorge
und Trachten nach dem Reich Gottes (6,25–34)

^{25}Deshalb sage ich euch: Macht euch keine Sorgen um euer Leben, was ihr esst oder was ihr trinkt, noch für euren Leib, was ihr anzieht! Seid ihr nicht mit Leib und Leben mehr als Nahrung und Kleidung? ^{26}Seht euch die Vögel des Himmels an, dass sie weder säen noch ernten noch Vorräte anlegen! Und doch ernährt sie euer himmlischer Vater. Seid ihr nicht viel mehr wert als sie? ^{27}Wer von euch kann dadurch, dass er sich sorgt, seiner Lebenszeit auch nur eine einzige Spanne hinzufügen? ^{28}Und was die Kleidung betrifft, was macht ihr euch Sorgen? Lernt doch von den Lilien des Feldes, wie sie wachsen: Sie plagen sich nicht ab und spinnen auch nicht. ^{29}Ich sage euch: Nicht einmal Salomo in all seiner Pracht war umkleidet wie eine von diesen. ^{30}Wenn aber Gott das Gras des Feldes – heute ist es da, morgen jedoch wird es in den Ofen geworfen – so umkleidet, um wie viel mehr nicht euch, ihr Kleingläubigen? ^{31}Macht euch also keine Sorgen, indem ihr sagt: ‚Was sollen wir essen?' Oder: ‚Was sollen wir trinken?' Oder: ‚Mit was sollen wir uns bekleiden?' ^{32}Nach all dem richten die Menschen aus den Völkern sich aus. Euer himmlischer Vater weiß doch, dass ihr all das braucht. ^{33}Erstrebt zuerst das Reich Gottes und Gottes Gerechtigkeit! Dann wird euch das alles hinzugegeben werden. ³⁴Macht euch also keine Sorgen um morgen! Denn der morgige Tag wird für sich selbst sorgen. Es genügt, dass jeder Tag seine eigene Plage hat.

Die Eingangswendung dieses Abschnitts: „Deshalb sage ich euch" bezieht sich zurück auf die nun durch die Verse 22–24 erläuterte Doppelmahnung in den Versen 19–20. Der vorliegende Abschnitt ist also Konkretion der Aufforderung, keine Schätze auf der Erde aufzuhäufen, sondern im Himmel. Sein Gliederungsgerüst bilden die Imperative. Dreimal wird negativ formuliert, sich keine Sorgen zu machen (25.31.34); einmal findet sich die positive Aufforderung, Gottes Reich und Gottes Gerechtigkeit zu erstreben (33). Die verneinten Aufforderungen werden jeweils mit begründenden Erläuterungen versehen. Dabei heben sich im ersten Teil die parallel gestalteten Hinweise auf die Vögel und die Lilien heraus (26.28–30). Jedes Mal werden dabei vier Punkte angeführt: 1. Die Aufforderung, sie in den Blick zu nehmen; 2. die Feststellung, dass sie keine menschliche Arbeit zum Erwerb von Nahrung oder Kleidung verrichten; 3. die Feststellung, dass sie dennoch ernährt bzw. schön gekleidet werden; 4. die Frage an die Angeredeten, ob sie nicht viel mehr wert sind. Diese Struktur ist durch zwei rhetorische Fragen erweitert: ob der Mensch mit Leib und Leben nicht mehr sei als Nahrung und Kleidung (25) und ob er seiner Lebenszeit auch nur eine Spanne zusetzen könne (27). Der in Variation erfolgenden Wiederaufnahme der Forderung, sich um Nahrung und Kleidung keine Sorgen zu machen in Vers 31, wird in Vers 32 erneut eine doppelte Begründung beigestellt, indem einmal auf die Menschen aus den Völkern geblickt wird, die eben das täten, und zum anderen auf Gott, der doch weiß, was die Menschen brauchen. Die positive Mahnung in Vers 33a, Gottes Reich und Gerechtigkeit zu erstreben, wird in Vers 33b mit einer Verheißung versehen: Das alles, also Nahrung und Kleidung, wird sich dann gleichsam von selbst einstellen. Die in Vers 34a ein weiteres und letztes Mal aufgenommene Forderung, sich keine Sorgen zu machen, erhält in Vers 34b wiederum eine doppelte Begründung. Auch wenn sich in diesem Abschnitt keine streng durchgeführte Gliederung finden lässt, so ist doch deutlich ein gestalteter Aufbau erkennbar; es liegt nicht einfach nur eine Ansammlung von Spruchgut vor.

Den Ausgangspunkt bildet in Vers 25 die Mahnung: „Sorgt nicht für euer Leben, was ihr esst oder was ihr trinkt, noch für euren Leib, was ihr anzieht!" Es sei zunächst auf die Terminologie geachtet. Im griechischen Text steht an der mit „Leben" übersetzten Stelle das Wort *psyché*, das üblicherweise mit „Seele" wiedergegeben wird. Würde man das auch hier tun, empfände man das zu Recht als komisch, sich keine Sorgen um die Seele zu machen, „was ihr esst". Daran wird deutlich, dass wir in unserem Seelenbegriff vom griechischen Denken geprägt sind. Danach steht die unsterbliche Seele im Gegensatz zum Körper, sodass es seltsam wäre, sie in einen unmittelbaren Zusammenhang mit dem Essen zu bringen. Das zeigt aber weiter, dass dieser Text nicht griechisch konzipiert ist, dass sein Autor bei dem griechischen Wort *psyché* hebräisch *néfesch* denkt. Das hebräische Wort *néfesch*, das im griechisch sprechenden Judentum mit *psyché* wiedergegeben wird, bezeichnet im eigentlichen Sinn die „Kehle". Da durch die Kehle der Lebensatem geht und da, wenn er es nicht mehr tut, der Mensch tot ist, gewinnt das Wort auch die Bedeutung von „Leben" und kennzeichnet den Menschen in seiner Lebendigkeit. Als lebendiges Wesen – um am Leben bleiben, um „schnaufen" zu können – ist der Mensch auf Nahrung angewiesen.

Neben dem Grundbedürfnis der Nahrung steht das Grundbedürfnis der Kleidung. Es ist bezogen auf den Leib. In seiner Leibhaftigkeit bedarf der Mensch der Kleidung. Im Blick ist also die Befriedigung menschlicher Grundbedürfnisse. Deren hohe Bedeutung zeigt sich an nicht nur einer Stelle der rabbinischen Tradition. In der Mechilta de Rabbi Jischmael wird von Rabbi Schimon ben Jochaj zu 2. Mose 16,4 ausgeführt: „Nur den Manna Essenden ist es gegeben, die Tora zu erforschen. Wie könnte einer dasitzen und forschen – und weiß nicht, woher er zu essen und zu trinken hat und woher, sich zu kleiden und zuzudecken? Ist es also nicht so, dass Tora zu erforschen nur denen gegeben ist, die das Manna essen?" (Beschallach [Wajassa] 2) Im Blick auf die elementaren Bedürfnisse von Nahrung und Kleidung heißt es also in Matthäus 6,25: „Macht euch keine Sorgen!" Diese Mahnung ist im Zusammenhang mit der von Vers 19 zu verstehen, nicht Schätze auf der Erde aufzuhäufen, also im Gegensatz zu egoistischer Absicherung des eigenen Lebens zu verstehen, als Gegenteil des Handelns für andere und des Teilens mit anderen. Die Sorge ums Dasein sieht für unterschiedliche Menschen unterschiedlich aus. In dem in den 70er Jahren des vorigen Jahrhunderts von Ernesto Cardenal herausgegebenen „Evangelium der Bauern von Solentiname" heißt es: „Ein Dieb stiehlt oft nur darum, weil seine Familie Hunger leidet. Das ist seine Hauptsorge. Und ein Reicher denkt nur daran, wie er sein Geld am besten anlegt. So haben beide ihre Sorgen." Anschließend wird dort der Hoffnung auf eine Situation Ausdruck gegeben, in der sich beider Sorgen von selbst erledigen.

Luther hat sehr stark herausgestellt, dass Menschen gar nicht darauf aus sind zu sorgen: „Wo ist ein Mensch, der, wenn man ihm auch die ganze Welt gäbe, während seines ganzen Lebens sorgen wollte? Ich glaube, so närrisch ist niemand. […] Nimm einen reichen Kaufmann, der in Gefahr ist unter Räubern: wie wird er von Furcht und Ängsten umgetrieben, solang er für sich sorgen will! […] Aber nu sieh doch, wie schnell geht die Gefahr vorüber und die Angst hört auf und der Mensch wird wieder froh und lustig. Warum? weil die Gefahr vorüber ist? Ja, aber doch nicht allein, sondern: weil er aufgehört hat, für sich selber zu sorgen, und weil Gott ihn nu wieder versorgt, darum wird der Mensch ruhig. Denn unser Sorgen macht Kreuz, Gottes Sorgen aber macht Frieden und Ruh. […] Wenn man's darum recht bedächte, so wollte gewißlich niemand auch nur einen Tag für sich selber sorgen." Vorher hatte er eindrücklich herausgestellt, „daß wir die meiste Zeit und an den meisten Orten unsers Lebens leben, ohne für uns zu sorgen", weil es für einen Mensch gar nicht möglich ist, „in allen Gefahren", die ihm nicht einmal bewusst sind, immer daran zu denken, „wie er sich erhalten kann". Die Sorge streitet daher „gegen den Gott, der ihn die meiste Zeit, ja immer behütet und bewahrt".

Der Schluss von Vers 25 bietet in Form einer rhetorischen Frage eine erste Begründung für die Aufforderung, sich keine Sorgen zu machen, was „ein Handeln aus Angst, praktizierte Angst ums Dasein" ist (Luz) und sich im Aufhäufen von Schätzen auf der Erde vollzieht: „Seid nicht ihr mit Leib und Leben mehr als Nahrung und Kleidung?" Der Mensch mit Leib und Leben, der Mensch in seiner leibhaftigen Lebendigkeit ist mehr als Nahrung und Kleidung, ist mehr als das, was er dafür braucht, dass der Leib am Leben erhalten wird. Aber inwiefern ist das ein Argument dafür, nicht in Sorge um Nahrung und Kleidung zu geraten? Diese Aussage ist als Argument nur verständlich, wenn Gott als Schöpfer von Leib und Leben vorausgesetzt und mitgedacht ist, der sich als solcher auch um sein Geschöpf kümmert. Das ist jedenfalls ein bestimmender Gedanke im gesamten Abschnitt. Der Mensch als Geschöpf Gottes, der in der Schülerschaft Jesu gelernt hat, zu Gott „Vater" zu sagen, wird hier eingeladen, im Verzicht auf egoistische Absicherung der väterlichen Güte Gottes doch auch zu vertrauen und sich nicht von der Sorge um sich selbst umtreiben zu lassen. Im „Evangelium der Bauern von Solentiname" sagt eine Frau zu diesem Abschnitt: „Also ich muß sagen, daß ich als Mutter von neun Kindern immer mit diesem Vertrauen gelebt habe. Wir hatten nie Geld, aber es fehlte auch nie am Nötigsten. Irgendwie renkte sich immer alles ein. Ich habe dieses Evangelium noch nie gehört, aber es klingt mir so bekannt, als ob es sich um unser tägliches Leben handelte."

Eine stärker ausgeführte Begründung bieten die Verse 26 und 28–30 mit dem Blick auf die Vögel und die Lilien. Dabei ist von vornherein zu betonen, dass Vögel und Lilien nicht als Vorbilder angeführt werden, sondern als Beispiele für die Fürsorge Gottes, die Vögel im Blick auf die Nahrung, die Lilien im Blick auf die Kleidung. Die einen säen nicht und ernten nicht, die anderen plagen sich nicht ab und spinnen nicht. Die für Menschen typische Arbeit – die Feldarbeit des Mannes und die Hausarbeit der Frau, so in der antiken jüdischen Gesellschaft – wird von ihnen nicht verrichtet. Dennoch werden sie ernährt und prachtvoll umkleidet; Gottes Fürsorge kommt ihnen zu. So wird bei den Vögeln ausdrücklich formuliert: „Und doch ernährt sie euer himmlischer Vater." In Mischna Kidduschin 4,14 wird im Blick auf die Tiere überhaupt eine analoge Aussage auf Rabbi Schimon ben Elasar zurückgeführt: „Hast du je in deinem Leben ein Tier oder einen Vogel gesehen, die ein Handwerk ausüben? Und doch werden sie versorgt, ohne dass sie Mühsal haben. Und sind sie nicht nur dafür geschaffen, mir zu dienen? Und ich, der ich geschaffen bin, um meinem Schöpfer zu dienen – ergibt sich da nicht, dass ich versorgt werde, ohne dass ich Mühsal habe?" Als Ursache dafür, dass dem nicht so ist, gilt anschließend die Sünde.

Noch ausführlicher wird die Fürsorglichkeit Gottes am Beispiel der Lilien dargelegt. Zunächst werden sie über die sprichwörtlich gewordene Prachtentfaltung Salomos gestellt, dann unter „das Gras des Feldes" subsummiert, das heute blüht und morgen verdorrt und so den armen Leuten als Brennmaterial im topfförmigen Backofen dient, und schließlich auch hier ausdrücklich gesagt, dass Gott dieses Gras „so umkleidet", nämlich mit den prachtvollen Lilien. Diese letzte Aussage ist Teil eines Schlusses vom Leichten aufs Schwere: Wenn Gott schon so das Gras umkleidet, um wie viel mehr euch! Nicht der Form, wohl aber der Sache nach liegt auch beim Beispiel der Vögel ein solcher Schluss vor, wenn es dort schließlich heißt: „Seid ihr nicht viel mehr wert als sie?"

Wie ist diese Schlussfolgerung, wie ist der Vergleich mit Vögeln und Lilien zu verstehen? Zunächst ist zu betonen, dass hier keine romantische Naturbetrachtung vorliegt, die Menschen, deren Überleben ganz und gar nicht gesichert ist, über die Härte ihres Lebens hinwegtäuschen will. Der den gesamten Abschnitt abschließende Vers 34 spricht ausdrücklich von der Plage eines jeden Tages. Zu fragen ist aber, ob die hier angesprochenen Menschen solche sind, die wie die Vögel und Lilien nicht säen, ernten und spinnen, oder ob sie als in solcher menschlichen Arbeit stehend gedacht sind. Matthäus schreibt sein Evangelium für eine ortsfeste Gemeinde; es wurde vorgelesen, gehört und überliefert in Gemeinden, deren Mitglieder für ihre Existenz zu sorgen hatten. Der Text kann unter der selbstverständlichen Voraussetzung menschlicher Arbeit verstanden werden. Das zeigt wieder eine Stimme aus Solentiname: „Jesus will, daß wir frei und sorglos leben wie die Vögel. Die Vögel sind sogar ohne Ernten frei und sorglos, wieviel mehr müßten wir es sein mit unseren Ernten und allem, was wir hervorbringen und herstellen." Demnach wäre eine andere Sorglosigkeit gemeint, als ohne Arbeit in den Tag hinein zu leben. Der Text kann so gelesen werden, dass er Säen, Ernten und Spinnen als menschliche Tätigkeiten selbstverständlich voraussetzt. Er fordert nicht dazu auf, nicht zu arbeiten, sondern er fordert dazu auf, sich keine Sorgen zu machen. „Das Sorgen ist verboten, arbeiten ist geboten" (Luther). Noch einmal: Vögel und Lilien werden nicht als Vorbilder hingestellt, sondern als Beispiele der Fürsorge Gottes; „wir sollen lernen, uns in die Fürsorge Gottes einzubetten" (Calvin). Es geht also darum, unter der Bedingung menschlicher Arbeit Freiheit von der Sorge um sich selbst zu praktizieren. Es geht darum, dass Menschen ihre Fähigkeit zur Arbeit nicht an die Stelle Gottes setzen und dass sie nicht die Produkte ihrer Arbeit vergötzen und ihnen in Selbstbefangenheit dienen. Der religiöse Sozialist Leonhard Ragaz sagte zu diesem Text, Jesus wolle „uns damit, wenn ich so sagen darf, zu einem *göttlichen Leichtsinn* ermahnen. Es gibt ja einen ungöttlichen Leichtsinn; es gibt aber auch ein ungöttliches Schwernehmen und dagegen ein göttliches Leichtnehmen. Dieses ist gegenüber Geld und Gut die Haltung des Jüngers Jesu und Bürgers des Reiches Gottes. Daran vor allem erkennt man ihn." Allerdings: „In einer Gesellschaft, in der jeder von den eigenen Interessen her denkt, muß man sich absichern, muß man kurz-, mittel- und langfristig planen, muß man Versorgungsgüter und Machtmittel akkumulieren" (Lohfink). Der „göttliche Leichtsinn", von dem Ragaz demgegenüber sprach, ist begründet im Vertrauen auf die Güte Gottes, die das Lebensnotwendige zukommen lässt – nicht als Mirakel, sondern gerade *in* der menschlichen Fähigkeit zur Arbeit, die Menschen als Gabe von ihrem Schöpfer haben. Die Mahnung, sich keine Sorgen zu machen, ist mit der anderen Mahnung, keine Schätze auf der Erde aufzuhäufen, im Zusammenhang zu interpretieren. Wenn das Nicht-sorgen nicht zum Nichtstun auffordert, sondern zum Vertrauen auf Gott im Blick auf das Lebensnotwendige unter der Bedingung menschlicher Arbeit, dann wird dieses Vertrauen darin konkret, dass Menschen die Produkte ihrer Arbeit nicht egoistisch zu Reichtümern auftürmen, um sich möglichst weit und gut abzusichern oder darin gar einen Selbstzweck zu sehen, sondern dass sie lernen zu teilen, damit alle das Lebensnotwendige haben. Eine weitere Stimme aus Solentiname scheint mir den Nerv des Textes zu treffen: „Christus sagt nicht, wir sollten nicht

7. Das von Sorge freie Tun der Gerechtigkeit (6,19–34)

spinnen oder nicht ernten [...] Wir sollen es nur nicht für uns allein tun, sondern für alle."

Der Schluss vom Leichten aufs Schwere in Vers 30 wird mit der Anrede abgeschlossen: „Ihr Kleingläubigen". „Kleingläubige", Menschen mit mangelndem Vertrauen, kennt auch die rabbinische Tradition. So heißt es z.B. in der Mechilta de Rabbi Jischmael, Beschallach (Wajehi) 1 zu 2. Mose 14,2: Als „die Kleingläubigen (wörtlich: die Mangel an Vertrauen haben) in Israel anfingen, ihre Haare auszuraufen und ihre Kleider zu zerreißen", brachte Mose sie davon ab, indem er ihnen von Gott her zusagte, sie wären „Kinder der Freiheit". Die Anrede als „Kleingläubige" begegnet bei Matthäus mehrfach und hat nur bei der Aussage von Vers 30 eine Parallele in Lukas 12,28. „Kleingläubig", mangelhaft im Vertrauen auf Gott wäre also nach diesem Zusammenhang, wer Schätze auf der Erde aufhäuft, wer sich damit sein Leben selbst garantieren will, wer nicht der allen geltenden Güte Gottes traut und also nicht teilen will.

Zwischen die erläuternden Begründungen mit dem Blick auf Vögel und Lilien ist in Vers 27 ein Satz eingeschoben, der deutlich macht, dass letztlich niemand das eigene Leben in der Hand hat. Seine Deutung im Einzelnen ist jedoch umstritten. Das von mir mit „Lebenszeit" übersetzte Wort kann auch die Bedeutung „Körpergröße" haben. Für sie kann im Zusammenhang des Satzes angeführt werden, dass das in meiner Übersetzung mit „Spanne" wiedergegebene Wort in aller Regel nicht im zeitlichen Sinn gebraucht wurde, sondern „die Elle" als Längenmaß bezeichnet. Aber es gibt zumindest einen anderen Beleg für ein zeitliches Verständnis. Entscheidend ist, welches Verständnis dieses Satzes von seinem Kontext her nahegelegt wird. Zueinander in Beziehung gesetzt würden entweder „Lebenszeit" und „*eine* (Zeit)spanne" oder „Körpergröße" und „*eine* Elle". Dabei ist vom Zusammenhang her klar, dass das Zweitgenannte im Verhältnis zum Erstgenannten etwas sehr Kleines bezeichnen muss. In Hinsicht auf die Körpergröße ist eine Elle (etwa 50 Zentimeter) jedoch alles andere als wenig, sondern im Gegenteil ziemlich viel. Gemeint sein muss daher, dass der Mensch seine Lebenszeit nicht einmal um eine kleine Spanne verlängern kann. In der antiken Wirklichkeit dürfte diese Aussage unmittelbar einleuchtend gewesen sein; heute könnte sie angesichts des medizinischen Fortschritts hinterfragt werden. Es bleibt jedoch dabei, dass jedem Leben eine Grenze gesetzt ist, dass Gott als Schöpfer jedem Leben eine Grenze gesetzt hat. Das kann die Frage nach den Grenzen menschlicher Lebensverlängerung stellen lassen. Als Aussage des Verses 27 bleibt festzuhalten, dass der Mensch sein Leben letztlich nicht selbst in der Hand hat, sondern sich Gott als seinem Schöpfer verdankt – und er deshalb auch die Besorgtheit um sein Leben getrost Gott überlassen kann. Seine Gedanken müssen nicht ständig um sich selbst und seine Lebenserwartung kreisen und ihn so gefangen nehmen. „Siehe, ich habe mein ganzes Leben nicht einen Augenblick in meiner Hand. Weil ich denn Gott mein Leib und Leben anvertrauen muss, was will ich denn zweifeln und sorgen, wie der Bauch einen Tag oder zwei Tage ernährt werde?" (Luther)

Vers 31 wiederholt die Mahnung in Variation: „Macht euch also keine Sorgen, indem ihr sagt: ‚Was sollen wir essen?' Oder: ‚Was sollen wir trinken?' Oder: ‚Mit was sollen wir uns bekleiden?'" Darauf folgt in Vers 32 eine weitere Begründung, zunächst in Form einer Abgrenzung: „Nach all dem richten die Menschen aus den Völkern sich aus." Hier wird vom jüdischen Standpunkt aus gesprochen. Dahinter steht die biblische Grundunterscheidung zwischen „dem Volk", nämlich Israel als dem von Gott erwählten Volk, und „den Völkern", allen übrigen.

Luther hat in seiner Übersetzung der Bibel das hebräische und griechische Wort für „Völker" mit „Heiden" wiedergegeben und dem sind viele andere Übersetzungen gefolgt. Dagegen sprechen zwei Argumente: 1. Das Wort „Heiden" ist in unserem Sprachgebrauch negativ besetzt; die biblischen Wörter für „Völker" enthalten prinzipiell keine Wertung. Ob „die Völker" positiv oder negativ gesehen sind, hängt vom Kontext ab, in der Regel davon, wie sie sich gegenüber „dem Volk" verhalten. 2. Der Gebrauch des Wortes „Heiden" verdeckt es für uns, dass wir in biblischer Perspektive zu „den Völkern" gehören und nicht „das Volk" bilden.

Wenn also das besorgte Fragen nach Nahrung und Kleidung als eigentümlich für die Gott nicht kennenden Völker gilt, wird den hier Angeredeten damit gesagt: Ihr kennt doch Gott und müsst deshalb nicht so handeln wie diejenigen, die keine Ahnung von Gott haben. Die Sorge als praktizierte Angst ums Dasein, die sich im egoistischen Aufhäufen von Reichtum äußert, gilt also deshalb als den Völkern eigentümlich, weil sie so tut, als gäbe es Gott nicht, weil sie die radikale Weigerung ist, auf die *allen* geltende Güte Gottes zu setzen. Diese Sorge ist – in diesem Zusammenhang kann das Wort durchaus gebraucht werden – „heidnisch". „Denn solches Sorgen und Geizen gehört zu den Heiden, die von Gott nichts wissen noch nach ihm fragen, und ist ein rechter Götzendienst. [...] Darum ist kein Geizwanst ein Christ, wenn er auch getauft ist, sondern hat ganz bestimmt Christus verloren und ist zum Heiden geworden" (Luther). Dann aber mag man fragen, ob nicht der Kapitalismus mit seinem Prinzip der Profitmaximierung System gewordenes

7. Das von Sorge freie Tun der Gerechtigkeit (6,19–34)

Heidentum ist. Die Bewegung geht von Kapital zu mehr Kapital und noch mehr Kapital. Dieser Sog erfasst die Menschen in unterschiedlichen Bereichen.

Eine große Anzeige der Bundesregierung aus dem Jahr 1988 hatte die Überschrift: „Geld macht doch glücklich!" Sie zeigt einen fröhlich dreinblickenden älteren Herrn mit einem Bündel großer Geldscheine in den Händen: „Hurra, das Geld von der Lebensversicherung ist da!" „Dann gehen Sie gleich zur Bank oder Sparkasse." „Sie meinen, ich soll es anlegen?" „Ja, in Bundeswertpapieren." „Lohnt sich das noch für uns?" „Aber ja, es gibt sie in allen Laufzeiten als Bundesschatzbriefe, Bundesobligationen, Finanzierungs-Schätze und Bundesanleihen." „Bringt das denn genug?" „Oh ja, gute Zinsen sind selbstverständlich." „Hurra, bald ist noch mehr Geld da!" „Vorsicht, Ihr Blutdruck!" – Die Selbstmächtigkeit und Sinnleere dieser Bewegung von Geld zu mehr Geld wird daran deutlich, dass die ganze „Argumentation" nun wieder von vorn beginnen kann, ja nach dieser Logik beginnen muss. Ragaz meinte, „wir stoßen gerade hier (nämlich bei der Gier nach Geld um seiner selbst willen) auf eine Erscheinung, die auch sonst häufig ist: die Verdrängung des Zweckes durch das Mittel". „Mehr Geld" ist kein wirkliches Ziel, sondern ein unersättlicher Schlund, der auf der Kehrseite seine Opfer hat in Gestalt derer, die die Zinsen zahlen müssen.

Nach Absicherung des Lebens also trachten die Völker, die Gott nicht kennen. Von Gott aber heißt es in Vers 32b: „Euer himmlischer Vater weiß doch, dass ihr all das braucht", nämlich das, was zur Befriedigung menschlicher Grundbedürfnisse nötig ist. Schon in 6,8 hatte Matthäus auf diese väterliche Güte Gottes hingewiesen, der als Schöpfer von Leib und Leben weiß, was zu ihrer Erhaltung nötig ist. Deshalb widerstreitet das Aufhäufen von Schätzen dieser Güte Gottes. So ist die Aufforderung, sich keine Sorgen zu machen, zugleich auch eine Mahnung, sich zu bescheiden.

Bei der Betrachtung zum Aufbau der Verse 25–34 war deutlich geworden, dass dieses Stück durch den dreimaligen Imperativ, sich keine Sorgen zu machen, strukturiert ist. Vor seiner letzten Wiederholung steht eine positive Mahnung. Sie wird damit hervorgehoben. Auf ihr liegt das Hauptgewicht. Weiter hatte sich gezeigt, dass der Imperativ, sich keine Sorgen zu machen, Aufnahme und Weiterführung des Imperativs von Vers 19 ist, keine Schätze auf der Erde aufzuhäufen. Entsprechend wird der Imperativ von Vers 20, Schätze im Himmel aufzuhäufen, in der positiven Mahnung von Vers 33 aufgenommen und weitergeführt: „Erstrebt zuerst das Reich Gottes und Gottes Gerechtigkeit! Dann wird euch das alles hinzugegeben werden." Der Vergleich mit der Parallele in Lukas 12,31: „Erstrebt sein (= des Vaters) Reich! Dann wird euch das hinzugegeben werden" zeigt, dass Matthäus an drei Stellen Unterstreichungen vorgenommen bzw. Akzente gesetzt hat: 1. Im Nachsatz betont er, dass *alles* Notwendige gegeben wird. 2. Mit *zuerst* macht er deutlich, was absolute Priorität hat. 3. Neben Gottes Reich stellt er *Gottes Gerechtigkeit*. Damit hebt er eindrücklich hervor, dass das Erstreben von Gottes Reich kein passives Abwarten ist, sondern ein höchst aktives Handeln, das sich im Tun der Gerechtigkeit äußert. Indem er diesen Begriff auch hier einbringt, bezieht er sich einmal mehr zurück auf die in den Beglückwünschungen angesprochenen Verhaltensweisen, die er in 5,10 im Begriff „Gerechtigkeit" zusammenfasste, und auf die in 5,20 erwähnte Gerechtigkeit, die er in den anschließenden Toraauslegungen Jesu entfaltete. Das also hat nach der Ablehnung dessen, egoistisch Reichtümer aufzuhäufen, die eindeutige Priorität: ein Tun, das aus dem Hunger und Durst nach Gerechtigkeit entspringt; nicht Sorge um sich selbst, sondern – wenn schon Sorge, dann – Für-Sorge. Solchem Tun wird hier eine Verheißung gegeben. Für die Schülerschaft Jesu, wenn sie so handelt, wird genug anfallen; „das heißt, ihr sollt Essen und Trinken, Kleider usw. als Zugabe dazu haben ohne all euer Sorgen, ja, gerade damit, dass ihr nicht dafür sorgt und alles um des Reiches Gottes willen der Gefahr aussetzt" (Luther). Was für sie zum Leben nötig ist, wird sich gleichsam als Zugabe einstellen. Die Sorge um sich selbst erledigt sich so von selbst. Die Devise des siegreichen Systems scheint dagegen zu lauten: Wenn jeder mit aller Kraft für sich selbst sorgt – und die Stärksten können das am besten –, dann fällt durch den „gesunden Egoismus" der Starken so viel an, dass auch für die Schwachen genügend abfällt. Übersehen ist dabei nur, dass so die Schwachen selbst zum „Abfall" werden und dass es an den Rändern des Systems beängstigend viel Menschen gibt, die im wahrsten Sinn des Wortes vom Abfall leben müssen.

Über die Aufforderung „*Am ersten* das Reich Gottes" hat Kierkegaard „eine Art Novelle" geschrieben: „Cand. theol. Ludwig Fromm – er sucht. Und wenn man hört, daß ein ‚theologischer' Kandidat sucht, so braucht man keinerlei lebhafte Einbildungskraft, um zu verstehen, was es ist, das er sucht, natürlich das Reich Gottes, das man ja *am ersten* suchen soll. Nein, das ist es doch nicht; das, was er sucht, ist: eine königliche Anstellung als Geistlicher; und es ist, was ich mit einigen wenigen Strichen darstellen will, *zuerst* recht viel geschehen, bevor er soweit gekommen ist." Kierkegaard skizziert dann den Weg von Schule über Studium, Seminar, Probezeit und Bewerbungen bis zur schließlichen „Erlösung": „Er bekommt ein Amt. Was geschieht? Wie er über die Einkünfte der Pfarre noch genauere Erkundigung einholt, als er bisher gehabt hatte, entdeckt er, daß diese ungefähr 150 Reichstaler weniger betragen, als er geglaubt hatte. Nun schlägt's 13. Der unglückliche Mensch verzwei-

7. Das von Sorge freie Tun der Gerechtigkeit (6,19–34)

felt fast. Er hat schon Stempelpapier gekauft, um beim Minister mit einem Gesuch einzukommen, daß es ihm gestattet sein möge, sich als nicht ernannt zu betrachten – und um dann wieder von vorn anzufangen: da bringt ihn einer von seinen Bekannten dazu, das aufzugeben. Es bleibt also dabei, er behält die Pfarre. Er ist ordiniert – und der Sonntag kommt, an dem er der Gemeinde vorgestellt werden soll. Der Probst, durch den das geschieht, ist ein mehr als gewöhnlicher Mann, er hat nicht nur (was die meisten Pfarrer haben, und meist um so mehr, je höher sie im Rang hinaufgekommen sind) einen unbefangenen Blick für den irdischen Vorteil, sondern zugleich einen spekulativen Blick durch die Weltgeschichte, und den behält er nicht für sich, sondern läßt ihn der Gemeinde zugute kommen. Er hat, genial, als Text die Worte des Apostels Petrus gewählt: ‚Siehe, wir haben alles verlassen und sind Dir nachgefolget‘, und erklärt nun der Gemeinde, daß gerade in Zeiten wie den unsern solche Männer als Lehrer nötig seien, und in Verbindung hiermit empfiehlt er diesen jungen Mann, von dem der Probst weiß, wie nahe er daran war zurückzutreten wegen der 150 Reichstaler. Der junge Mann steigt nun selbst auf die Kanzel – und das Evangelium des Tages lautet (merkwürdig genug!): Trachtet *am ersten* nach dem Reich Gottes. Er hält seine Predigt. ‚Eine sehr gute Predigt‘, sagt der Bischof, der persönlich zugegen war, ‚eine sehr gute Predigt; und ganz außerordentlich wirkte die ganze Partie über dies ‚*am ersten* das Reich Gottes‘, die Art, wie er dieses ‚*am ersten*‘ herausbrachte.‘ ‚Aber meinen denn Euer Hochwürden, daß hier die wünschenswerte Übereinstimmung da sei zwischen Predigt und Leben? Auf mich machte es fast einen satirischen Eindruck, dieses *Am ersten*.‘ ‚Welche Ungereimtheit; er ist ja berufen, um die Lehre zu verkündigen, die heilsame, unverfälschte Lehre, daß man am ersten das Reich Gottes suchen solle; und das machte er sehr gut.‘" (Der Augenblick, S. 230–232)

Am Schluss des Abschnitts wird in Vers 34 die negative Mahnung noch einmal in neuer Variation aufgenommen: „Macht euch also keine Sorgen um morgen!" Eine vordergründig ähnliche Aussage, die aber einer ganz anderen Welt zugehört, findet sich bei Seneca. Er schreibt in den Briefen an Lucilius: „O, wann wirst du jenen Augenblick erleben, da du wissen wirst, Zeit betrifft dich nicht, da du ruhig und gelassen sein wirst, um den morgigen Tag nicht bekümmert (*crastini neglegens*) und in vollkommenem Genügen an dir selbst!" (32,4) Hier geht es um die in sich selbst ruhende Person, die die innere Gelassenheit, die Seelenruhe gefunden hat; von der Sorge um das unmittelbar Lebensnotwendige wurden Seneca und seinesgleichen ohnehin nicht geplagt. Das ist anders bei der Adressatenschaft des Matthäus, wie die beiden letzten Sätze von Vers 34 deutlich machen, die die Mahnung noch einmal begründen.

Je für sich genommen, scheinen diese beiden Sätze sehr unterschiedliche, ja gegensätzliche Aussagen zu machen. Zunächst heißt es: „Der morgige Tag wird für sich selbst sorgen." Verbunden mit der Aussage, dass der himmlische Vater schon weiß, was nötig ist, könnte damit einer äußerst optimistischen Lebenssicht Ausdruck gegeben sein. Dagegen klänge dann der Schlusssatz wieder resigniert-pessimistisch: „Es genügt, dass jeder Tag seine eigene Plage hat." Allerdings könnte der vorangehende Satz auch so übersetzt werden: „Der morgige Tag wird seine eigenen Sorgen haben" (Fiedler). Wie dem auch sei, es geht hier nicht um Optimismus oder Pessimismus. Beide Sätze sind in jedem Fall im Zusammenhang zu verstehen. Dass in diesem Abschnitt nicht dazu aufgefordert wurde, in den Tag hinein zu leben, wird zum Schluss noch einmal dadurch sichergestellt, dass in großer Nüchternheit von der „Plage" die Rede ist, die jeder Tag mit sich bringt. Aber andererseits führt die erfahrene und wahrgenommene Plage nicht in die Resignation, sondern sie soll frei von Sorge angegangen werden. Chrysostomus meint: „Wenn du dir nämlich auch heute über morgen Sorgen machst, so wirst du doch morgen wiederum Sorgen haben. Warum also über das Maß hinausgehen? Warum zwingst du den Tag, mehr an Mühsal auf sich zu nehmen, als ihm zugeteilt ist, und fügst ihm zu seinen eigenen Mühen auch noch die Last des kommenden Tages hinzu?" (Matthäushomilien 22,4) Und Luther mahnt: „Was willst du über den heutigen Tag hinaus sorgen und das Ungemach von zwei Tagen auf dich nehmen? Lass es bei dem bleiben, das dir der heutige Tag auflegt; der morgige Tag wird dir ein anderes bringen." Die Mahnung weist ein in das unmittelbar notwendige Tun, ohne dass ich nach Garantien für mich selbst frage und mich gegen alle denkbaren Risiken von vornherein absichere und mich damit für das Trachten nach dem Reich Gottes handlungsunfähig mache. Befreit von der Sorge um sich selbst, gilt es, in der nüchtern anzunehmenden Plage eines jeden Tages das Mögliche zu tun. Es könnte dann sein, dass bei den kleinen Schritten „auf dem Weg der Gerechtigkeit" Fragmente des Reiches Gottes aufblitzen.

8. Verhalten gegenüber den Mitmenschen – nach innen und außen (7,1–11)

Dass es sich hier um einen zusammengehörigen Abschnitt mit durchgehender Thematik handelt, scheint nicht unbedingt auf der Hand zu liegen. Der unmittelbare Eindruck ist vielmehr, dass Matthäus unterschiedliche Stücke unverbunden nebeneinander gestellt habe, die er vor dem Schlussteil der Lehre auf dem Berg noch einschieben wollte. Die Verse 1–5 und 7–11 bilden jedenfalls klar aufgebaute und jeweils in sich verständliche Einheiten.

8. Verhalten gegenüber den Mitmenschen (7,1–11)

Dazwischen steht – wie ein erratischer Block – der rätselhafte Vers 6. Ulrich Luz hat nach der Darstellung von Versuchen, dieses Wort zu verstehen, schließlich gemeint: „Ich erlaube mir den Vorschlag, das Logion in seinem matthäischen Kontext überhaupt nicht zu deuten" und auf die Frage, wie „man heute in der Kirche mit diesem Bibeltext umgehen" solle, geantwortet: „Mein Rat ist radikal: Man soll von ihm qua Bibelwort die Finger lassen!" Das ist respektabel. Weniger respektabel finde ich, wie er das Vorhandensein dieses Wortes im Matthäusevangelium begründet: „Matthäus war ein konservativer Autor; er nahm es aus Treue zur Tradition auf, weil es in seinem Exemplar von Q (der hypothetisch angenommenen zweiten Quelle von Matthäus und Lukas) stand." Man sollte Matthäus nicht die Schuld dafür in die Schuhe schieben, dass wir etwas nicht verstehen. Es ließ sich im bisherigen Nachgehen des Textes der Lehre auf dem Berg immer wieder beobachten, wie überlegt Matthäus ihn gestaltet hat. Dass er etwas unverstanden mitschleppt, nur weil es Tradition ist, hat keine einzige Beobachtung für sich. Der Vergleich mit den anderen Evangelien macht es im Gegenteil wahrscheinlich, dass er durchaus ihm bekannte Traditionsstücke weglassen kann. Das heißt dann aber umgekehrt, dass er das, was er bietet, auch bieten will. „Matthäus muss mit dem, was er hier zusammenstellte, eine Absicht gehabt haben" (McEleney). Natürlich ist es möglich, dass wir sie nicht mehr zu erkennen vermögen.

So können etwa metaphorische Bedeutungen unerkannt bleiben. Ich nenne dafür ein Beispiel aus einem ganz anderen Bereich. Ich war zehn oder elf Jahre alt, als ich eine „Bierzeitung" zum Betriebsfest einer kleinen Fabrik in meinem Heimatdorf zu lesen bekam, in der mein Vater arbeitete. Die beiden letzten Zeilen eines Gedichts auf einen jungen Mann, der gerade geheiratet hatte, sind mir bis heute in Erinnerung geblieben: „Doch eines ich dir raten kann: Behalt du nur die Hosen an!" Es war mir schlechterdings unverständlich, warum er nicht gelegentlich „die Hosen" ausziehen sollte. In einem anderen Kulturkreis wäre diese Aussage auch von Erwachsenen nicht zu verstehen.

Dass Matthäus auch hier bewusst gestaltet hat, zeigt ein Blick auf die Parallelen in den anderen Evangelien. Ohne Parallele ist Vers 6, ebenfalls Vers 2a. Bei letzterem handelt es sich wohl um eine Analogiebildung zu dem überlieferten Spruch von Vers 2b, der sich auch Markus 4,24b und Lukas 6,38 am Ende findet. Vers 1 hat eine Entsprechung in Lukas 6,37a. Die Verse 3–5 stimmen ziemlich genau mit Lukas 7,41–42 überein. Das aber heißt: Die Einheit Matthäus 7,1–5 ist so für den jetzt in diesem Evangelium vorliegenden Zusammenhang gebildet worden. Die Verse 7–11 haben eine sehr enge Parallele in Lukas 11,9–13. Lukas hat in 11,1–13 Texte über das Beten zusammengestellt und so einen zusammenhängenden Abschnitt über das Gebet gestaltet. Matthäus hatte in 6,5–15 Texte zu einem Abschnitt über das Beten zusammengestellt. Läge ihm in 7,7–11 in erster Linie am Thema des Betens, hätte er diesen Text an 6,15 anschließen können. Wenn er ihn jedoch in Kapitel 7 in einem ganz anderen Zusammenhang bringt, kann angenommen werden, dass er einen anderen in ihm enthaltenen Aspekt zum Zuge bringen will, ohne dass dabei die Dimension des Betens ausgeschlossen sein muss. Und wenn er zwischen die beiden Stücke 1–5 und 7–11 den einen Satz von Vers 6 einschiebt, ist weiter anzunehmen, dass er nicht drei völlig unterschiedliche Stücke nebeneinander stellen will, sondern einen übergreifenden Zusammenhang sieht. Was immer sich Matthäus gedacht haben mag – wir können es nicht wirklich wissen –, es liegt uns jedenfalls ein Textgewebe vor, bei dem es sich schon lohnt, genau zu beobachten, zu welchem möglichen Bild die einzelnen Fäden miteinander verwoben sind.

Als das die Verse 1–11 zusammenhaltende Thema lässt sich das Verhalten gegenüber den Mitmenschen begreifen, und zwar nach innen und nach außen. Im ersten Abschnitt (1–5) geht es um das Verhalten nach innen, das Verhalten gegenüber den anderen in der Gemeinde, wie sich an der Bezeichnung des Mitmenschen als „Bruder"/„Schwester" zeigt. Dabei ist spezifisch das „Richten" im Blick, die Kritik an Fehlverhalten. Im Vorangehenden dominierte das Thema der Gerechtigkeit in unterschiedlichen Aspekten. In 5,20 war von Jesu Schülerschaft gefordert worden, dass ihre Gerechtigkeit „in größerem Überfluss" vorhanden sein muss als anderswo. Hinter diesem Anspruch bleiben auch Menschen in der Gemeinde immer wieder zurück; das ruft Kritik anderer in ihr hervor. Demgegenüber lässt Matthäus Jesus zunächst sagen, nicht zu richten. Mit „richten" dürfte das schnelle Aburteilen gemeint sein. Denn Kritik wird keineswegs ausgeschlossen, dabei aber zuerst entschieden zur Selbstkritik angehalten. Mit Vers 6 erfolgt der Überschritt nach außen, was metaphorisch durch die Bezeichnungen „Hunde" und „Schweine" angezeigt wird. Und zwar wird hier gesagt, wie das Verhalten nicht sein soll, wobei besonders Menschen im Blick sind, die negativ reagieren könnten zum Schaden der Schüler Jesu. Sie sollen sich nicht aufdrängen. An anderer Stelle werden sie im Blick auf Außenstehende ermahnt, „listig wie Schlangen, aber arglos wie Tauben" zu sein (10,16). In den Versen 7–11 wird das Verhalten nach außen in positiver Weise beschrieben; es soll in einer Haltung des Bittens, des Suchens und des Anklopfens erfolgen.

8. Verhalten gegenüber den Mitmenschen (7,1–11)

Am Ende dieses Abschnitts wird die Thematik des Gebets dominant, besonders der Aspekt der Erhörungsgewissheit. Warum das geschieht, danach wird zur Stelle zu fragen sein. Der anschließende Vers 12 bringt das Verhalten gegenüber den Mitmenschen auf einen zusammenfassenden Nenner. Zugleich schlägt er jedoch im Rückbezug auf die Aussage von 5,20 einen Bogen über den gesamten Hauptteil der Lehre auf dem Berg hinweg und bietet eine Summe von Tora und Propheten. Daher kann er als eine selbständige Einheit angesehen werden.

a) Nach innen: vor der Kritik die Selbstkritik (7,1–5)

¹Richtet nicht, damit ihr nicht gerichtet werdet! ²Denn mit welchem Urteil ihr richtet, werdet ihr gerichtet werden; und mit welchem Maß ihr messt, wird euch zugemessen werden. ³Was siehst du den Splitter im Auge deines Bruders oder deiner Schwester, den Balken im eigenen Auge jedoch bemerkst du nicht? ⁴Oder wie kannst du zu deiner Schwester oder deinem Bruder sagen: „Lass mich den Splitter aus deinem Auge herausziehen!" – angesichts des Balkens im eigenen Auge? ⁵Du Heuchler! Zieh zuerst den Balken aus dem eigenen Auge! Dann siehst du klar und magst den Splitter aus dem Auge deines Bruders oder deiner Schwester herausziehen.

Der Abschnitt zeigt einen klaren Aufbau. Am Beginn steht ein verneinter Imperativ mit folgendem – ebenfalls verneintem – Finalsatz, wobei das Verb des Imperativs im Finalsatz im Passiv aufgenommen ist: Ein bestimmtes Tun wird untersagt, um es nicht an sich selbst erfahren zu müssen (Vers 1). Das begründet Vers 2 in zwei Sätzen, die jeweils ein bestimmtes Verhalten mit einem dann mit Gewissheit eintretenden Ergehen in Zusammenhang bringen. Dabei entsprechen sich Vorder- und Nachsatz jeweils genau. Vers 3 geht in der Anrede vom Plural zum Singular über; er bietet in einem Fallbeispiel eine Erläuterung mit dem Bildwort vom Splitter und Balken im Auge, das in den Versen 4–5 weiter ausgeführt wird.

Vers 1 schlägt das neue Thema an: „Richtet nicht, damit ihr nicht gerichtet werdet!" Aus der Erläuterung in den Versen 3–5 ergibt es sich, dass es hier nicht etwa um eine grundsätzliche Infragestellung des Rechtswesens geht. Es liegt keine spezifische Anweisung für Richter vor, ihren Beruf aufzugeben. Vielmehr ist ein Verhalten im Alltag im Blick, das sich über das Fehlverhalten anderer das Maul zerreißt, andere – oft genug vorschnell –

aburteilt. „*Richten* bedeutet hier soviel wie ‚seine Nase in fremde Angelegenheiten stecken'" (Calvin).

Luther versteht als dieses Richten, dass jeder nur das eigene Tun gelten lässt und ihm das der anderen „stinkt". Dieses Verhalten sieht er „unter den Weisen und Gelehrten [...] stark im Schwange" gehen. Dort lasse keiner „etwas gelten, was ein anderer kann oder tut; und jeder will allein es sein, der alles besser kann und niemand ungetadelt lassen kann". Da sieht er den „Meister Klügel" am Werk, „der sich so klug weiß, dass er das Pferd im Schwanz zäumen kann, wo es doch alle Welt vorne im Maul zäumen muss".

Das Passiv im Finalsatz hat Gott als logisches Subjekt; hier ist vorausgesetzt, dass jede und jeder unter dem Gericht Gottes steht – und da auf der Anklagebank sitzt und also nicht in die Rolle des Richters schlüpfen kann. Wer sich dessen bewusst ist, wird sich hüten, sich im verurteilenden Richten über andere zu erheben. Hier besteht eine sachliche Entsprechung zu der matthäischen Fassung des Nachsatzes in der Bitte um Vergebung im Unservater (6,12b: „wie auch wir unseren Schuldnern erlassen haben") und seiner doppelten Aufnahme in 6,14–15: Wer selbst nur deshalb existiert, weil er von der vergebenden Güte Gottes lebt, kann nicht als Richter seiner Mitmenschen auftreten.

In einem Ausspruch Hillels verweist das Verbot, den anderen zu richten, in dessen Situation: „Richte deinen Mitmenschen nicht, bis du in seine Lage kommst!" (Mischna Avot 2,4) Positiv formuliert Jehoschua ben Perachja. Nach der Aufforderung, sich einen Lehrer zu nehmen und einen Mitschüler zu erwerben, also Tora zu studieren, fährt er fort: „[...] und richte jeden Menschen nach der positiven Seite!" (Mischna Avot 1,6). Diese Aussage findet sich im babylonischen Talmud als Lehre der Rabbinen in folgender Form: „Wer seinen Mitmenschen nach der positiven Seite richtet, den richtet man (= Gott) positiv" (Schabbat 127b). Das wird im Folgenden in einer Reihe von Geschichten erläutert. Sie legen es nahe, den Mitmenschen nicht gleich zu verdächtigen, etwas Schlechtes getan zu haben, wenn man meint, dafür Indizien zu haben. Dem Handeln des Nächsten ist vielmehr gute Absicht zu unterstellen; es gilt zunächst die Unschuldsvermutung.

Die Aufforderung in Matthäus 7,1 ist nicht „radikaler" als die rabbinischen Aussagen. Auch hier wird das negative Aburteilen des oder der anderen ausgeschlossen. Das geschieht unter der Perspektive des Gerichtes Gottes, in dem der potentiell Richtende selbst Angeklagter ist. Die Begründung in Vers 2 knüpft mit dem Gebrauch des Wortes „richten" unmittelbar an und geht dann in einen analogen Bereich über: „Denn mit welchem Urteil ihr richtet,

8. Verhalten gegenüber den Mitmenschen (7,1–11)

werdet ihr gerichtet werden; und mit welchem Maß ihr messt, wird euch zugemessen werden." Im zweiten Teil steht ein im antiken Handel üblicher Ausspruch im Hintergrund: „mit dem Maß, mit dem du für mich gemessen hast" sowie die Praxis, dass für empfangene Ware dieselbe Waage oder dasselbe Längenmaß zu benutzen ist wie für ausgelieferte. Das wird hier aufgenommen und auf das eigene Richten und das entsprechende Richten Gottes bezogen. Die in Mischna Sota 1,7 überlieferte Aussage: „Mit dem Maß, mit dem ein Mensch misst, misst man (= Gott) ihm" ist in der rabbinischen Tradition geradezu sprichwörtlich und begegnet an zahlreichen Stellen.

Vers 3 erläutert mit einem Bildwort: „Was siehst du den Splitter im Auge deines Bruders oder deiner Schwester, den Balken im eigenen Auge jedoch bemerkst du nicht?" Einmal mehr wird in völliger Übersteigerung der Realität hyperbolisch geredet, damit aber das Gemeinte umso deutlicher herausgestellt. Die kritische Wahrnehmung hat sich zuerst und vor allem auf die eigene Person zu richten. Im Deutschen begegnet die sprichwörtliche Redensart: „Jeder feg' vor seiner Tür; er findet Dreck genug dafür." Calvin beobachtet: „Wir sehen nämlich, daß jeder den andern ein scharfer Kritiker ist, gegen sich selbst aber Nachsicht übt. Die Lust dieses Fehlers ist es, daß er fast niemanden nicht mit der Begierde kitzelt, fremde Fehler aufzuspüren." Nach dem babylonischen Talmud, Bava Mezia 59b mahnt Rabbi Natan: „Einen Fehler, den du selbst hast, rüge nicht an deinem Mitmenschen!" Der Fromme, der unter Umständen der schlimmste Richter sein kann, erhält in Matthäus 7,3 als Gegenstand dafür sich selbst. Luther fordert auf: „Hans, fass dich selbst an die Nase und schlag an deine eigene Brust, wenn du einen Schalk suchen und urteilen willst! So findest du den größten Schalk auf Erden, sodass du andere Leute wohl vergessen und gerne gleich mit ihnen aufhören wirst." Die Gegenüberstellung von Splitter und Balken, bezogen auf die Augen, findet sich mit anderer Akzentsetzung in einer Aussage Rabbi Tarfons im babylonischen Talmud, Arachin 16b: „Ich würde mich wundern, wenn es in dieser Generation jemanden gäbe, der Zurechtweisung annimmt. Wenn jemand ihm sagt: ‚Zieh den Splitter aus deinen Augen!', sagt er ihm: ‚Zieh den Balken aus deinen Augen!'"

Mit Vers 3 scheint alles Wesentliche in dieser Hinsicht in größter Prägnanz gesagt zu sein. Aber angesichts der menschlichen Tendenz, anderen gegenüber immer kritischer zu sein als sich selbst gegenüber, wird die Aussage von Vers 3 in Vers 4 noch einmal in Variation wiederholt: „Oder wie kannst du zu deiner Schwester oder deinem Bruder sagen: ‚Lass mich den Splitter aus deinem Auge herausziehen!' – angesichts des Balkens im eigenen Auge?" Das ist ein unmögliches Unterfangen, weil ihm jede Glaubwürdigkeit abgeht. Daher wird der so Handelnde auch in Vers 5 als „Heuchler" angeredet und aufgefordert: „Zieh zuerst den Balken aus dem eigenen Auge!" Aus der so hergestellten Glaubwürdigkeit kann folgen: „Dann siehst du klar und magst den Splitter aus dem Auge deines Bruders oder deiner Schwester herausziehen." Vollzogene Selbstkritik eröffnet die Möglichkeit geschwisterlicher, solidarischer Kritik. Der Evangelist will in der Gemeinde nicht „fünf gerade sein lassen"; nicht nur „der Balken", auch „der Splitter" soll weg. Das „Richten", die Kritik wird nicht aus der Gemeinde verwiesen. Aber sie beginnt jeweils als Selbstkritik. Das gilt auch für die Gemeinde im Ganzen. Nur eine selbstkritische und dadurch glaubwürdige Gemeinde kann und darf Kritik nach außen richten.

b) Nach außen: sich nicht aufdrängen (7,6)

⁶Gebt das Heilige nicht den Hunden und werft eure Perlen nicht den Schweinen vor, damit diese sie nicht mit ihren Füßen zertreten und jene sich nicht umdrehen und euch zerreißen!

Die beiden Sätze dieses Verses entsprechen sachlich der Aussage von Vers 1: Es soll etwas unterlassen werden, damit die bei diesem Tun zu erwartende Folge nicht eintritt. Diese Entsprechung spricht ebenfalls dafür, dass Matthäus hier miteinander zusammenhängende Aussagen machen will. Auffällig ist, dass er an die beiden verneinten Imperative nicht jeweils die zu vermeidende Folge anschließt, sondern sowohl die beiden Imperative als auch die beiden zu vermeidenden Folgen hintereinander bringt. Dabei zeigt sich eine chiastische Anordnung, indem sich die zweite Folge auf den ersten Imperativ bezieht und die erste Folge auf den zweiten Imperativ. Denn beim Zertreten der Perlen können nur die Schweine Subjekt sein und beim Zerreißen der Angesprochenen nur die Hunde. Ich habe das in der Übersetzung durch die Einfügung von „diese" und „jene" kenntlich gemacht.

Matthäus spricht hier in Bildworten, die metaphorisch verstanden werden müssen. Im wörtlichen Sinn muss nicht untersagt werden, Schweine mit Perlen zu füttern; niemand käme im Ernst auf eine solch verrückte Idee. Es sei zunächst auf die Bildwelt eingegangen. Bei der ersten Aufforderung: „Gebt das Heilige nicht den Hunden!" ist zu beachten, dass Hunde in der Antike nicht pfleglich behandelte Haustiere sind, die gefüttert werden, sondern Straßenhunde, die sich ihr Futter selber suchen und sich von weggeworfenen Abfällen ernähren. Im babylonischen Talmud, Nidda 31a wird als

8. Verhalten gegenüber den Mitmenschen (7,1–11)

Sprichwort zitiert: „Nimm das Salz heraus und wirf das Fleisch dem Hund vor!" Hier ist gemeint, dass der Körper verwest, wenn das Leben entweicht. Auf der Bildebene wird gesagt: Wenn das konservierende Salz fehlt, verdirbt Fleisch und kann nur noch den Hunden vorgeworfen werden. Auch in Matthäus 7,6 ist bei dem „Heiligen" auf der Bildebene an Fleisch gedacht, allerdings an bestimmtes Fleisch, das Hunde nicht bekommen dürfen. In der Mischna wird geboten: „Alles Heilige (es geht um Tiere, die zum Opfer bestimmt worden sind), das untauglich geworden ist, darf man nicht auslösen (zu beliebiger Verwendung freikaufen); denn man darf das Heilige nicht auslösen, um es den Hunden zu fressen zu geben" (Tmura 6,5). In dem halachischen Brief aus Qumran heißt es: „Und man darf keine Hunde in das heilige Lager hineinkommen lassen, da sie etwas von den Knochen des Heiligtums fressen könnten, während noch Fleisch an ihnen ist. Denn Jerusalem ist das heilige Lager und es ist der Ort, den Er erwählt hat aus allen Stämmen Israels. Ja, Jerusalem ist das Haupt der Lager Israels" (4QMMT B 58–62; 4Q396 II 9 – III 2 und weitere Stellen). Hier liegt wahrscheinlich die besondere – mangels Macht nicht praktizierte – essenische Meinung vor, nach der Hunde nicht nur aus dem Tempelbezirk, sondern aus ganz Jerusalem auszuschließen sind. Deutlich ist jedenfalls, dass die Aufforderung, das Heilige nicht den Hunden zu geben, als konkreten Vorstellungshintergrund eine Vorschrift aus der Zeit hat, als der Tempel noch stand, dass geweihtes Fleisch nicht zu Hunden gelangen darf.

Im Gegensatz zu Hunden werden Schweine als Masttiere selbstverständlich gefüttert. Als solche konnten sie auch im Judentum in den Blick kommen, auch wenn sie dort nicht als Haustiere gehalten wurden und werden, weil sie als kultisch unrein für den Verzehr verboten sind. Das zeigt etwa ein Diktum Rav Pappas im babylonischen Talmud: „Es gibt niemanden, der ärmer ist als ein Hund und reicher als ein Schwein" (Schabbat 155b) – weil eben ein Hund sich sein Fressen selber suchen muss, während ein Schwein gefüttert wird. Aber selbstverständlich wird ein Schwein nicht mit Perlen gefüttert. Die beiden Imperative in Vers 6 verbieten also jeweils ein völlig unangebrachtes Verhalten, im ersten Fall ein schlechterdings verbotenes und im zweiten Fall ein völlig unsinniges. Letzterem entspricht sachlich auch ein Wort, das Plutarch im Traktat über Kindererziehung als Spruch des Pythagoras zitiert: „Nahrung wirft man nicht in einen Nachttopf." Er interpretiert es so, dass es nicht angehe, an eine miserable Person eine gebildete Rede zu verschwenden (§ 17; Moralia 12F).

Perlen sollen Schweinen nicht vorgeworfen werden, „damit diese sie nicht mit ihren Füßen zertreten". Perlen zählten in der Antike zum teuersten Luxus. Damit wissen Schweine nichts anzufangen; sie treten sie in den Dreck. So geht das kostbare Gut verloren. Hunden soll kein heiliges Fleisch gegeben werden, keine Knochen von Opfern am Tempel, an denen noch Fleisch sein könnte, „damit sie sich nicht umdrehen und euch zerreißen". Wenn Straßenhunde etwas hingeworfen bekommen, das sie für ihren Hunger als ungenügend erfahren, könnte es sein, dass sie aggressiv gegen denjenigen reagieren, der ihnen gegeben hat. Aber dass sie ihn „zerreißen", ist schwer vorstellbar. Dieser hyperbolische Zug kann ein Hinweis auf das Gemeinte sein.

Doch sei zunächst herausgestellt, dass der sonstige Gebrauch der Begriffe „Hund" und „Schwein" bei Matthäus und im Neuen Testament auf Außenstehende hinweist. In Matthäus 15,26–27 und Markus 7,27–28 wird aus jüdischer Perspektive bildlich von Nichtjuden als „Hunden" gesprochen. In Offenbarung 22,15 werden in der Aufzählung derer, die „draußen" sind, an erster Stelle „die Hunde" genannt, wobei damit neben den „Giftmischern", „Mördern" und anderen dergleichen solche gemeint sein müssen, die sich „hündisch" verhalten. In 2. Petrus 2,22 stehen Hund und Schwein zusammen als Charakterisierung für vom Verfasser als negativ eingeschätzte andere. Im Matthäusevangelium begegnen Schweine nur noch in der Erzählung in 8,31–32, und zwar in einem nichtjüdischen Bereich (vgl. Markus 5,12–13; Lukas 8,32–33). Letzteres gilt auch für Lukas 15,15–16.

Von daher dürfte deutlich sein, dass in Matthäus 7,6 bei „Hunden" und „Schweinen" aus der Perspektive der Gemeinde an Außenstehende gedacht ist (McEleney), und zwar an solche, von denen nichts Gutes zu erwarten ist. Nachdem in 7,1–5 der Blick nach innen gerichtet worden war, wendet er sich nun nach außen – aber unter welchem Gesichtspunkt? Wird das Thema der Verse 1–5 fortgeführt? „Vers 6 könnte als eine weitere Warnung vor dem Richten anderer verstanden werden, indem die Erörterung von der Zurechtweisung der Geschwister auf die Zurechtweisung Außenstehender ausgedehnt wird. Es war ein sprichwörtlicher Allgemeinplatz, dass Zurechtweisung nicht gegenüber Unwürdigen geübt werden sollte, da solches Verhalten unerwünschte Rückwirkungen für den Tadelnden haben könnte, wie es an Sprüche 9,7–8 gesehen werden kann" (Wilson). In Sprüche 25,12 wird zwar „ein mahnender Weiser" als „Goldring" und „Goldkette" gekennzeichnet, aber kann sachlich unter „dem Heiligen" und „euren Perlen" die sich nach außen richtende Kritik der Schüler Jesu verstanden sein, wo doch schon die

8. Verhalten gegenüber den Mitmenschen (7,1–11)

Kritik nach innen einen nur bescheidenen Platz nach der Selbstkritik zugewiesen bekommen hatte? Außerdem sendet Jesus nach dem Matthäusevangelium seine Schüler nicht aus, um die anderen zurechtzuweisen – das mag sich implizit ergeben –, sondern sie sollen das nahe gekommene Himmelreich verkündigen (10,7) und „alle Völker mitlernen" lassen im Lehren dessen, was Jesus geboten hat (28,19.20). Matthäus dürfte also das im Blick haben, was Jesu Schülerschaft, was die Gemeinde im Ganzen zu sagen und nach außen zu vermitteln hat. Da gibt es Menschen, die das nicht würdigen, sondern es in den Dreck ziehen und dazu noch äußerst aggressiv reagieren. Ihnen soll sie sich ganz und gar nicht aufdrängen. „Das Evangelium kann niemand aufgezwungen werden" (Eichholz) – und es soll das auch nicht. Nun ist es aber nicht von vornherein klar, wer wie reagiert. So führt Matthäus im nächsten Abschnitt positiv aus, in welcher Haltung Jesu Schülerschaft in dem, was sie zu sagen hat, Außenstehenden begegnen soll.

c) *Nach außen: in der Haltung des Bittens, Suchens und Anklopfens (7,7–11)*

⁷Bittet und man wird euch geben! Sucht und ihr werdet finden! Klopft an und man wird euch öffnen! ⁸Wer immer nämlich bittet, bekommt, wer sucht, findet, wer anklopft, dem wird geöffnet. ⁹Oder wer unter euch würde denn seinem Kind, wenn es um Brot bittet, einen Stein geben? ¹⁰Oder auch, wenn es um Fisch bittet, ihm eine Schlange geben? ¹¹Wenn also ihr, obwohl ihr doch böse seid, es versteht, euren Kindern gute Gaben zu geben, um wie viel mehr wird nicht euer Vater im Himmel denen Gutes geben, die ihn bitten?

Wieder bietet Matthäus ein klar gegliedertes und gut durchgeformtes Stück. Am Anfang, in Vers 7, stehen drei Imperative, denen jeweils sofort eine entsprechende Verheißung folgt. Die anschließende Begründung in Vers 8, ebenfalls dreifach gegliedert, nimmt dieselben Worte auf und betont die Gewissheit der Verheißung. In den Versen 9–10 folgt als Erläuterung ein doppeltes Bildwort aus dem menschlichen Bereich, bevor in Vers 11 abschließend in einem Schluss vom Leichten auf das Schwere auf das entsprechende Handeln Gottes geblickt wird.

Die Aussagen in Matthäus 7,7–8 entsprechen wortgenau denen in Lukas 11,9–10. Beim anschließenden Doppelbild zeigen sich kleine Unterschiede. Der stärkste ist: Matthäus hat die Gegenüberstellungen von Brot und Stein sowie Fisch und Schlange. Der Gegensatz ist also einmal der von nützlich/notwendig und unbrauchbar und zum anderen der von nützlich/brauchbar und schädlich. Bei Lukas findet sich nur letzterer, indem er anstelle der Gegenüberstellung von Brot und Stein die von Ei und Skorpion bietet. Die abschließende Folgerung, bei beiden Evangelisten wieder fast wörtlich identisch, hat eine auffällige Abweichung: Statt der „guten Gaben" bei Matthäus, die der himmlische Vater gibt, spricht Lukas vom „heiligen Geist".

Dass es hier ums Beten geht, ums Bitten, und dabei vor allem um die Betonung der Gewissheit, erhört zu werden, liegt von den Aussagen des Textes her klar auf der Hand und zeigt sich auch daran, dass Lukas das Stück an den Schluss einer Zusammenstellung von Texten über das Beten setzen konnte. Dass Matthäus anders verfährt, dass er dieses Stück in einen völlig anderen Kontext einfügt, lässt annehmen, dass er zunächst eine andere Intention mit ihm verfolgt, durch die andere Zusammenstellung einen anderen Ton in ihm zum Klingen bringt. Im Zusammenhang des Abschnitts 7,1–11 will er jetzt positiv die Haltung beschreiben, in der sich die Schülerschaft Jesu, in der sich die Gemeinde an Außenstehende wenden soll.

- Diese Haltung soll eine des Bittens sein. Wer bittet, fordert nicht und verlangt nicht; Bitten schließt jede Form von Zwang aus. Bitten heißt: einladend sein.
- Diese Haltung soll eine des Suchens sein. Wer sucht, meint nicht, schon alles zu wissen und zu haben; wer sucht, stülpt die eigene Überzeugung nicht anderen über. Hier klingt schon an, was Jesus am Ende des Evangeliums sagt, wenn er seine Schüler dazu auffordert, alle Völker mitlernen zu lassen. Wer andere mitlernen lässt, wird dabei selbst von und mit ihnen immer wieder neu ins Suchen gezogen. Solchem Suchen ist Finden verheißen, immer wieder.
- Diese Haltung soll eine des Anklopfens sein. Wer anklopft, stößt nicht einfach die Tür auf oder bricht gar ein. Es kann sein, dass nach dem Anklopfen nicht zum Eintreten aufgefordert wird. Dann soll man es auch nicht tun. Andernfalls könnte sich ereignen, was die Aufforderungen von Vers 6 verhindern wollten.

Diese Töne in einem Gebetstext anklingen zu lassen, der die Gewissheit der Erhörung betont, hat guten Sinn. Was sich aus ihrem Wirken nach außen ergibt, hat die Gemeinde nicht in der Hand – und sie soll das auch nicht haben; sie soll in der geforderten Haltung tun, was sie zu tun hat, und kann es

8. Verhalten gegenüber den Mitmenschen (7,1–11)

dann getrost Gott überlassen, dass er es schon zu einem guten Ziel führen wird.

Hinter den in Matthäus 7,7–11 gebrauchten Formulierungen scheint eine sehr konkrete andere Erfahrungswirklichkeit durch: bitten, suchen, anklopfen – das ist das Leben von Bettelarmen, das ist die Erfahrung Jesu und seiner Schüler in ihrer ungesicherten Wanderexistenz. Sie müssen um Nahrung und Kleidung bitten; sie müssen nach einem Quartier suchen, um bei schlechtem Wetter Schutz zu haben oder übernachten zu können; sie müssen an Haustüren anklopfen, um beides zu bekommen. Das steht durchaus in einem engen Zusammenhang mit dem Beten. Denn Gottes Geben in solchen Dingen vollzieht sich ja nicht als Mirakel, sondern dass es Menschen veranlasst, miteinander zu teilen.

War es also vom Kontext her die erste Intention dieses Textabschnitts, deutlich zu machen, in welcher Haltung sich die Gemeinde nach außen wendet, so geht damit doch nicht seine Dimension als Gebetstext verloren. Mit ihm wird auch Mut gemacht, Gott im Gebet anzugehen. So lassen sich die Imperative in Vers 7 auf einer zweiten Ebene auch vom Bitten verstehen, das sich an Gott richtet, das Suchen als ein Suchen nach Gott, ein Nachsuchen bei Gott, das Anklopfen als ein Anklopfen bei Gott im Gebet. Hier kann ein Bezug auf Jeremia 29,13–14 vorliegen: *Wenn ihr mich sucht, werdet ihr mich finden; ja, wenn ihr von ganzem Herzen nach mir verlangt, werde ich mich von euch finden lassen, Spruch des Ewigen.* Unmittelbar vorher hieß es in Vers 12: *Wenn ihr mich ruft und kommt und zu mir betet, werde ich euch erhören.* Ähnlich heißt es in Jesaja 55,6: *Verlangt nach dem Ewigen, während er sich finden lässt, ruft ihn an, während er nahe ist!* Diese Stelle wird in rabbinischen Texten sehr oft zitiert. So fragt z.B. Rabbi Abbahu im Jerusalemer Talmud, Brachot 5,1 im Anschluss an dieses Zitat: „Wo ist er zu finden?" und antwortet: „In den Synagogen und Lehrhäusern." Über Mordechai wird im babylonischen Talmud, Megilla 12b gesagt: „Er klopfte an den Toren des Erbarmens an und sie wurden ihm geöffnet." Am eindrücklichsten ist ein großer Zusammenhang im Jerusalemer Talmud, Brachot 9,1: „Rabbi Pinchas sagte im Namen des Rabbi Jehuda bar Simon: ‚Der Götze erscheint als nah und ist es doch nicht, sondern fern ist er. Was ist die Begründung dafür? *Sie tragen ihn auf ihrer Schulter, sie schleppen ihn fort usw.* (Jesaja 46,7). Schließlich ist seine Gottheit bei ihm im Haus; und er schreit, bis er stirbt; und der hört ihn nicht noch hilft er ihm aus seiner Not. Aber der Heilige, gesegnet er, scheint fern zu sein und ist es doch nicht; näher ist er als der Götze. Denn Rabbi Levi sagte: Von der Erde bis zum Firmament geht man 500 Jahre und von Firmament zu Firmament geht man 500 Jahre und ein Firmament ist 500 Jahre dick. Und so verhält es sich Firmament um Firmament [...] (insgesamt siebenmal). Siehe, wie hoch Er von seiner Welt weg ist! Und ein Mensch tritt in die Synagoge ein und stellt sich hinter eine Säule und betet flüsternd und der Heilige, gesegnet er, hört auf sein Gebet. Denn es ist gesagt: *Und Hanna redete in ihrem Herzen; nur ihre Lippen bewegten sich und ihre Stimme hörte man nicht* (1. Samuel 1,13). Und doch hörte der Heilige, gesegnet er, auf ihr Gebet. Und das gilt für alle seine Geschöpfe. Denn es ist gesagt: *Gebet eines Elenden, wenn er matt ist* (Psalm 102,1) – wie ein Mensch, der ins Ohr seines Mitmenschen redet, und der hört es. Hast du denn einen Gott, der näher ist als dieser?! Denn er ist seinen Geschöpfen so nahe wie der Mund dem Ohr (wenn einer dem anderen etwas zuflüstert)." Im selben Zusammenhang wird etwas weiter fortgefahren: „Rabbi Judan sagte im eigenen Namen: ‚Wenn ein Mensch von Fleisch und Blut einen Patron hat und für ihn eine Notzeit kommt, tritt er nicht sofort bei ihm ein, sondern er kommt und steht vor der Tür des Patrons und ruft nach dessen Sklave oder Kammerdiener; und der sagt dem Patron: ‚Der und der steht an der Tür deines Hofes.' Vielleicht lässt er ihn eintreten; vielleicht lässt er ihn dort stehen. Aber der Heilige, gesegnet er, handelt nicht so. Wenn einen Menschen Not ankommt, soll er nicht zu Michael oder Gabriel schreien, sondern zu mir soll er schreien und ich werde ihm sofort antworten. Ja, so steht es geschrieben: *Alle, die den Namen des Ewigen anrufen, entrinnen* (Joel 3,5). [...] Rabbi Pinchas sagte im Namen Rabbi Seïras: ‚Wenn ein Mensch von Fleisch und Blut einen Patron hat und ihm dauernd zur Last fällt, sagt der: ‚Ich will den Wicht vergessen, der mir zur Last fällt.' Aber der Heilige, gesegnet er, handelt nicht so, sondern womit du ihm auch immer zur Last fällst, er nimmt dich an. Ja, so steht es geschrieben: *Setze deine Hoffnung auf den Ewigen und er wird für dich sorgen* (Psalm 55,23).'"

Die in den Versen 9–10 gegebene Erläuterung ist allgemein einsichtig: „Oder wer unter euch würde denn seinem Kind, wenn es um Brot bittet, einen Stein geben? Oder auch, wenn es um Fisch bittet, ihm eine Schlange geben?" Sicher, es mag vorkommen, dass Väter ihren Kindern Steine statt Brot geben, wie es ja tatsächlich Väter gibt, die ihre Kinder verhungern lassen oder tot schlagen. Aber die Regel ist das, Gott sei Dank!, ganz und gar nicht. Nein, so handelt ein Vater nicht. Und so handelt Gott, folgert Vers 11, erst recht nicht: „Wenn also ihr, obwohl ihr doch böse seid, es versteht, euren Kindern gute Gaben zu geben, um wie viel mehr wird nicht euer Vater im Himmel denen Gutes geben, die ihn bitten?" Menschliche Vaterschaft wird nicht romantisiert. Die nach der Vorstellung des Evangelisten von Jesus hier Angeredeten – in erster Linie also seine Schüler, auf der Ebene des gelesenen und gehörten Evangeliums die Gemeinde – werden als „böse" charakterisiert. Das sind sie auch und auch sie. *Ja, das Trachten des Menschenherzens ist böse von Jugend an* (1. Mose 8,21; 6,5). Aber dadurch wird niemand gezwungen, auch böse zu handeln. Selbst die „bösen" Väter geben ihren bittenden Kindern „gute Gaben" wie Brot und Fisch. Wie sollte nicht der himmlische Vater um vieles mehr so handeln?! Wie schon in 6,8.32b erscheint so die Güte Gottes als Grund des Gebets und der Gewissheit, erhört zu werden. Mit diesem Rückbezug auf den Abschnitt 6,25–34, in dem dazu aufgefordert wurde, sich keine Sorgen zu machen, erscheint das in vollem Vertrauen erfolgende bittende Beten als Alternative zum Sorgen. Gegenstand des Bittens sind hier wie dort keine extravaganten Dinge, sondern das Lebensnotwendige. Und die Güte Gottes, an die appelliert wird, bricht sich Bahn im Geben von Menschen. Letzteres wird auch deutlich in der gleich folgenden „goldenen Regel".

Es sei noch eine Anmerkung angefügt: Beim Trampen im Jahr 1960 hörte ich im Autoradio einen Beitrag über das Beten mit. Davon habe ich nur einen einzigen Satz behalten: „Beten ist das Atmen der Seele." Nicht nur unser Körper braucht Atemluft, um lebendig zu sein und seine Funktionen zu erhalten. Wir brauchen sozusagen auch innere Luft zum Atmen, um als ganzer Mensch in allen Dimensionen unseres Menschseins lebendig zu sein. Beten als „atmen der Seele" hieße: unser Leben, wie es ist und wie es sein könnte und sollte, im Bitten, Danken und Loben vor Gott bringen. Wenn wir so „atmen", wird das unserem Leben gut tun.

9. Die goldene Regel als Zusammenfassung von Tora und Propheten (7,12)

¹²Alles nun, was immer ihr wollt, dass es euch die Leute tun, das tut auch ihr ihnen ebenso! Das nämlich ist die Tora samt den Propheten.

Diese Aussage hat eine Parallele in Lukas 6,31. Sie steht dort in dem Zusammenhang von 6,27–36, wo sich Stoffe finden, die Matthäus in 5,38–48 verarbeitet hat. Bei Lukas begegnet die goldene Regel in folgender Formulierung: „Und wie ihr wollt, dass es euch die Leute tun, tut ihr ihnen ebenso!" Außer stilistischen Unterschieden fällt vor allem auf, dass Matthäus zusätzlich einen Nachsatz hat: „Das nämlich ist die Tora samt den Propheten." Darauf wird bei der Interpretation besonders zu achten sein.

Die goldene Regel ist eine in der Antike verbreitete Devise. Sie konnte für den Hellenismus als „Vulgärethik" bezeichnet werden. Sie wird oft im Sinne einer Klugheitsregel empfohlen und gebraucht, die dem eigenen berechnenden Egoismus dient. Im frühen Christentum begegnet sie in Didache 1,2, verbunden mit dem doppelten Liebesgebot. Im Gesamtrahmen seines Evangeliums stellt auch Matthäus diese Verbindung her. Das wird noch zu zeigen sein. Der Text in Didache 1, mit dem „der Weg des Lebens" eingeführt wird, lautet: „Erstens sollst du Gott, der dich geschaffen hat, lieben, zweitens deinen Nächsten wie dich selbst! Und alles, von dem du nicht willst, dass es dir geschehe, sollst auch du keinem anderen tun!" Im Unterschied zu den Formulierungen in den Evangelien begegnet die goldene Regel hier in negativer Fassung. Das ist auch meist der Fall in den Belegen aus dem Judentum, aber keineswegs ausschließlich. In Tobit 4,15 wird dazu aufgefordert: „Und was du hassest, tu niemandem an!" Im hebräischen Text von Testament Naftali 1 heißt es: „Niemand soll seinem Mitmenschen antun, was er nicht will, dass man es ihm antue." Im Aristeasbrief 207 beantwortet ein jüdischer Weiser die Frage des ägyptischen Königs, was die Lehre der Weisheit sei, mit einer Form der goldenen Regel, die die negative und positive Fassung impliziert: „Wie du nichts Schlechtes erleiden, sondern an allen Gütern teilhaben willst – wenn du so gegen die Untergebenen handelst." Nur die positive Fassung findet sich im 2. Henochbuch 61,2: „Was ein Mensch für sich selbst vom Herrn erfleht, das soll er auch jedem Lebewesen tun."

Für das Verständnis von Matthäus 7,12 am wichtigsten scheint mir die kleine Erzählung im babylonischen Talmud, Schabbat 31a zu sein. „Noch eine Geschichte über einen Nichtjuden", heißt es da, „der zu Schammaj kam. Er sagte zu ihm: ‚Mache mich zum Proselyten unter der Bedingung, dass du mich die ganze Tora lehrst, während ich auf einem Bein stehe!' Er vertrieb ihn mit einer Bauelle, die in seiner Hand war. Er kam zu Hillel. Der machte ihn zum Proselyten. Er sprach zu ihm: ‚Was dir verhasst ist, das tu deinem Mitmenschen nicht an! Das ist die ganze Tora; alles Weitere ist Auslegung. Geh, lerne!'" Der Unterschied zwischen Schammaj und Hillel ist nicht, dass Schammaj die ganze Tora für verbindlich hält und es deshalb als eine Zumutung ansieht, sie in wenigen Minuten lehren zu sollen, während Hillel meine, auf die Tora zugunsten der goldenen Regel verzichten zu können. Auch Hillel hält selbstverständlich die ganze Tora für verbindlich. Auch nach ihm nimmt ein Proselyt „das Joch des Himmelreiches" und also „das Joch der Gebote" auf sich. Das ist am Schluss des Textes deutlich, der deshalb nicht weggelassen darf. Denn dort steht die Aufforderung zu lernen, nämlich die

9. Die goldene Regel (7,12)

als Auslegung der goldenen Regel charakterisierte Tora mit allen ihren Geboten. Aber im Unterschied zu Schammaj gibt Hillel dem konversionswilligen Nichtjuden eine Hauptregel an die Hand, die zugleich Zusammenfassung der Tora ist und dem Lernen im Einzelnen eine grundlegende Orientierung gibt.

In Avot de Rabbi Natan (B) 26 wird Ähnliches über Rabbi Akiva erzählt: „Einmal kam jemand zu Rabbi Akiva und sprach zu ihm: ‚Rabbi, lehre mich die ganze Tora in einem (Satz)!' Er sprach zu ihm: ‚Mein Sohn, wenn Mose, unser Lehrer – Friede ihm! – 40 Tage und 40 Nächte auf dem Berg verbrachte und (sie) noch nicht gelernt hatte, sagst du: Lehre mich die Tora in einem (Satz)? Jedoch, mein Sohn, das ist die Zusammenfassung der Tora: Was du hassest, das man dir zufügt, das tu deinem Mitmenschen nicht! Wenn du willst, dass ein Mensch das Deine nicht schädige, schädige auch du ihn nicht! Du willst, dass ein Mensch nicht das Deine nehme, nimm auch du nicht das deines Mitmenschen!"

Dass es diese Geschichte mit der Zusammenfassung der Tora in der goldenen Regel von Hillel gibt, der etwa 50 Jahre vor Jesus gewirkt hat und zu den berühmtesten Lehrern im Judentum zählt, hat solche christlichen Ausleger offenbar irritiert und geärgert, die für Jesus und das Neue Testament immer Besonderes und Besseres behaupten müssen. Sie haben auch hier etwas gefunden, indem sie herausstellen, dass die goldene Regel bei Hillel in negativer Fassung, bei Jesus aber in positiver begegnet. Übersehen ist dabei einmal, wie oben gezeigt, dass es die goldene Regel im Judentum auch in positiver und in der weiteren christlichen Tradition auch in negativer Fassung gibt, und zum anderen, dass eine qualitative Unterscheidung zwischen positiver und negativer Fassung ein völlig untaugliches Unternehmen ist.

Es ist aufschlussreich, dass Luther bei der Erklärung von Matthäus 7,12 so beginnt, als wäre die Aussage negativ gefasst: „Es gibt ja wohl niemanden, der sich gerne bestehlen ließe; und wenn er darüber sein eigenes Herz befragt, so muss er sagen, dass er das wahrhaftig nicht gerne hat." In derselben Weise führt er das Verbot des Ehebrechens an und fährt dann fort: „Darum kann man das wohl eine kurze Predigt nennen; andererseits jedoch, wenn man sie durch alle Punkte ausbreiten sollte, wäre es eine so weitläufige Predigt, dass sie kein Ende hätte." Schließlich stellt er fest: „Das ist ja ein feiner Meister, der eine so lange und weitläufige Predigt so kurz fassen und so auf den Punkt bringen kann, dass sie ein jeder mit nach Hause nehmen und sich täglich an sie erinnern kann." Den letzten Gesichtspunkt hat er noch weiter in der Weise ausgeführt, dass Jesus hier „nichts anderes als uns selbst zum Beispiel hinstellt und uns dieses daher so nahelegt, dass er es nicht näher legen könnte, nämlich in unser Herz, Leib und Leben und alle unsere Glieder. [...] Also bist du selbst deine Bibel, dein Meister, Doktor und Prediger."

Dass es nicht angeht, zwischen der positiven und negativen Fassung der goldenen Regel qualitativ zu unterscheiden, sei in vier Punkten begründet: 1. An einer Reihe von Verwendungen der goldenen Regel im Griechentum wird deutlich, dass die positive Fassung nicht davor geschützt ist, im Sinne des berechnenden Egoismus gebraucht zu werden. Wie sie verstanden wird, hängt nicht an ihrer positiven oder negativen Fassung, sondern daran, wie sie in ihrem Kontext eingesetzt wird. 2. Für sich betrachtet, enthalten negative und positive Fassung einen je besonderen Aspekt, der jeweils nur so zum Ausdruck gebracht werden kann. Daher sollten diese Aspekte auch nicht gegeneinander ausgespielt werden. Was mir verhasst ist, weiß ich in der Regel viel besser als das, was ich mir positiv wünsche. Und dass ich anderen antue, was ich, mir selbst angetan, gar nicht leiden kann, ist keine selten auftretende Gefahr, die mit der positiv formulierten goldenen Regel allenfalls indirekt eingefangen wäre, während sie in der negativen Fassung ausdrücklich angesprochen ist. Die positive Fassung betont die Aktivität im positiven Handeln für den Nächsten. Beide Aspekte sind wichtig; sie sind komplementär. „Die ideale Forderung an den anderen wird zum Maßstab des eigenen realen Verhaltens" (Strecker). Es ist schlicht töricht, hier Gegensätze zu konstruieren. 3. Bei Hillel ist der Aspekt der positiven Fassung implizit enthalten: Er fordert am Schluss zum Lernen der Tora auf, die nicht nur Verbote, sondern auch Gebote enthält, vor allem auch das Gebot, den Nächsten zu lieben. 4. Schließlich seien zwei einander sehr ähnliche rabbinische Texte angeführt, die zwar nicht dem Wortlaut nach die goldene Regel bieten, aber ihr doch sachlich und strukturell entsprechen und positiv und negativ formuliert sind. Sie werden auf Zeitgenossen des Matthäus zurückgeführt. In Avot de Rabbi Natan (A) heißt es zu Beginn von Kapitel 15: „Rabbi Elieser sagt: ‚Die Ehre deines Mitmenschen sei dir genauso lieb wie deine eigene.' Was lehrt das? Wie ein Mensch auf seine eigene Ehre sieht, so sehe er auch auf die Ehre seines Mitmenschen; und wie ein Mensch nicht will, dass ein schlechter Ruf auf seine Ehre komme, so wolle er auch nicht, dass ein schlechter Ruf auf die Ehre seines Mitmenschen komme." Die in Punkt 2 genannten beiden Aspekte kann man also nur zum Ausdruck bringen, wenn – wie es hier geschieht – positiv und negativ formuliert wird. In derselben Schrift wird am Beginn von Kapitel 16 ausgeführt: „Rabbi Jehoschua sagt: ‚Das böse Auge (= der Neid), der böse Trieb und der Hass auf die Menschen bringen den Menschen aus der Welt.' Das böse Auge – was lehrt das? Wie

9. Die goldene Regel (7,12)

ein Mensch auf das eigene Haus sieht, so sehe er auch auf das Haus seines Mitmenschen. Und wie ein Mensch nicht will, dass ein schlechter Ruf auf seine Frau komme oder auf seine Kinder, so wolle er auch nicht, dass ein schlechter Ruf auf die Frau seines Mitmenschen komme oder auf dessen Kinder." Im babylonischen Talmud, Avoda Sara 19b wird ausdrücklich festgestellt, dass das Hassen des Bösen nicht reicht, sondern das Tun des Guten dazukommen muss: „Rabbi Alexandri rief öffentlich aus: ‚Wer sucht Leben? Wer sucht Leben?' Da versammelte sich die ganze Welt bei ihm und sie sprachen zu ihm: ‚Verschaffe uns Leben!' Er sprach zu ihnen: *‚Wer ist der Mensch, der Leben wünscht usw.? Hüte deine Zunge vor dem Bösen usw.!* (Psalm 34,13–14) Vielleicht wird ein Mensch sagen: ‚Ich habe meine Zunge vor Bösem bewahrt und meine Lippen davor, Trug zu reden, und ich will mich dem Schlaf hingeben.' Die Belehrung (der Schrift) sagt: *Halte dich von Bösem fern und tu Gutes!* (Psalm 34,15) Es gibt nichts Gutes außer der Tora. Denn es ist gesagt: *Ja, eine gute Lehre habe ich euch gegeben; meine Tora sollt ihr nicht verlernen* (Sprüche 4,2).'"

Wie versteht Matthäus die goldene Regel? Sein spezifisches Verständnis ergibt sich von dem Zusatz her, den er am Schluss des Verses bietet: „Denn das ist die Tora samt den Propheten." Hier fällt einmal die über die Anführung der goldenen Regel hinausgehende Übereinstimmung mit Hillel auf, der ja ebenfalls im Blick auf die goldene Regel sagte: „Das ist die ganze Tora." Sodann liegt innerhalb des Matthäusevangeliums ein Bezug auf 22,40 vor. Nachdem vorher zur Frage nach dem größten Gebot 5. Mose 6,5 und 3. Mose 19,18 angeführt worden waren, die Liebe zu Gott und die Liebe zum Nächsten, heißt es dann zusammenfassend: „An diesen beiden Geboten hängt die ganze Tora samt den Propheten." Diese Aussage findet sich nicht an den parallelen Stellen bei Markus und Lukas; sie steht nur bei Matthäus. Für ihn ist das doppelte Liebesgebot eine Zusammenfassung, eine Hauptregel der ganzen Bibel. Sie hängt gleichsam an ihm wie die Tür an der Angel. Die sich mit dem Schlusssatz von 7,12 eng berührende Formulierung von 22,40 zeigt zudem, dass für Matthäus das doppelte Liebesgebot und die goldene Regel sachlich identisch sind. Letztere ist daher bei ihm mit Sicherheit keine auf das eigene Ich bezogene berechnende Klugheitsregel, sondern formuliert mit anderen Worten die Liebe zum Mitmenschen, die ihrerseits umfangen ist von der Liebe zu Gott und diese zugleich konkret ausdrückt. Der enge Zusammenhang von Gottesliebe und Nächstenliebe zeigte sich im Übrigen auch in der oben zu Matthäus 5,44 angeführten rabbinischen Diskussion über die große Zusammenfassung bzw. Hauptregel in der Tora in

Breschit Rabba 24,7, in der 1. Mose 5,1 und 3. Mose 19,18 miteinander verbunden waren. Schließlich bezieht sich der letzte Satz von Matthäus 7,12 innerhalb der Lehre auf dem Berg deutlich auf 5,17 zurück: „Meint nicht, dass ich gekommen bin, die Tora und die Propheten außer Geltung zu setzen. Ich bin nicht gekommen, um sie außer Geltung zu setzen, sondern um sie aufzurichten." Aus diesem Bezug ergibt sich: In 5,21–7,11 ist ausgeführt, was Matthäus unter dem Aufrichten, dem „Erfüllen" von Tora und Propheten versteht. Hier ist dargelegt, wie Jesus die Tora in Geltung setzt, indem er sie auslegt. Das alles kann Matthäus prägnant zusammenfassen in der goldenen Regel. Durch diesen Zusammenhang ist aber auch klar, dass die Zusammenfassung in der goldenen Regel die vorher gegebenen Einzelanweisungen nicht überflüssig macht. Selbstverständlich gelten sie und sollen befolgt werden. Auch darin stimmt der matthäische Jesus mit Hillel überein. Hier zeigt sich, dass die christliche Auslegungstradition, die die Konzentration der Tora auf das Liebesgebot als neu vom Judentum abgrenzt, völlig fehlgeht.

Dieser Kontext stellt einmal mehr heraus, dass die goldene Regel in Matthäus 7,12 nicht als Klugheitsregel verstanden werden kann. Calvin bezeichnet das mit ihr Gemeinte als „Recht und Billigkeit", die „wissentlich und willentlich mit Füßen getreten werden, deren Wahrung für sich aber jeder streng fordert". Wenn das, was ein Mensch gerne hätte, wenn dieser eigene Wunsch, der sich als Erwartung an die anderen richtet, zum Maßstab des eigenen Verhaltens gegenüber eben diesen anderen wird, dann geht es um die Egalität in der Universalität. Was ein Mensch gerne hätte: Unmittelbar vorher – wie auch an anderen Stellen der Lehre auf dem Berg – ging es um elementare Lebensbedürfnisse, genug zu essen und zu trinken, Kleidung und Unterkunft. Das hätte ein Mensch gerne. Und da die wenigsten als Robinson Crusoe sich autark selbst versorgen, hat er das nicht nur durch eigene Arbeit, sondern auch durch die anderer. Hat er gerne noch etwas mehr – und wer hätte das nicht gerne! –, ist er noch mehr auf andere angewiesen. Soll sein Wollen, etwas mehr zu haben, in genauer Relation zu seinem Geben gegenüber den anderen stehen, die ebenfalls etwas mehr haben wollen und sollen, so ist klar, dass die Konsequenz nur ein gerechtes Teilen sein kann. Die goldene Regel klingt so simpel, aber in ihrem matthäischen Zusammenhang ernst genommen enthält sie einen geradezu subversiven Impuls.

IV. Die Relevanz des Tuns für die Teilhabe am Himmelreich (7,13–27)

Mit 7,12 ist der dritte Hauptteil der Lehre auf dem Berg abgeschlossen. Er hat eingeschärft, zuerst nach Gottes Reich und Gottes Gerechtigkeit zu trachten. Der Rückbezug von 7,12 auf 5,17 macht jedoch deutlich, dass dieser Hauptteil mit dem vorangehenden, der die Gerechtigkeit nach Jesu Auslegung der Tora darstellte, eng zusammengehört. Diese beiden Hauptteile von 5,17–7,12 bilden die Mitte der Lehre auf dem Berg. Auf sie führte der erste Hauptteil hin, indem er die Zeugenschaft der Schüler Jesu beschrieb, die für die intendierte Gerechtigkeit einzustehen haben. Der vierte Hauptteil schließt nun so an, dass er die Relevanz des Tuns, das sich an den vorangehenden Ausführungen orientiert, für die Teilhabe am Himmelreich betont herausstreicht. Das geschieht in vier kleinen Abschnitten.

10. Der Weg zum Leben (7,13–14)

¹³Tretet ein durch das schmale Tor! Denn breit ist das Tor und viel Platz hat der Weg, der in den Untergang führt; und es sind viele, die durch es eintreten. ¹⁴Wie schmal ist das Tor und wie eingeengt der Weg, der zum Leben führt! Und es sind wenige, die es finden.

Dieser Text hat eine Parallele in Lukas 13,24, die dort in einem ganz anderen Kontext steht. Lukas stellt in Vers 22 summarisch das Lehren Jesu in Städten und Dörfern auf der Weiterreise nach Jerusalem fest und lässt dann in Vers 23 jemanden Jesus fragen: „Herr, sind es wenige, die gerettet werden?" Darauf antwortet Jesus: „Bemüht euch, durch die schmale Tür einzutreten! Denn viele, sage ich, werden versuchen einzutreten und können es nicht." Lukas spricht von der Tür statt vom Tor, weil unmittelbar anschließend das Bild vom Festmahl begegnet. Im Vergleich mit der lukanischen treten die Besonderheiten der umfangreicheren matthäischen Fassung hervor. Es sind vor allem zwei Dinge, die Matthäus über den lukanischen Text hinaus hat. Dem schmalen Tor stellt er ein breites gegenüber; damit bringt er das Moment der Entscheidung ein. Und er verbindet das Motiv der beiden Tore mit dem Motiv der beiden Wege; damit wird herausgestellt, dass sich die Entscheidung auf das rechte oder falsche Verhalten bezieht.

Einmal mehr hat Matthäus auch dieses Stück klar aufgebaut und konsequent durchgeformt. Voran steht der Imperativ, durch das schmale Tor einzutreten. Er wird doppelt begründet in einer sachlich negativen und einer sachlich positiven Aussagenreihe mit jeweils vier Gliedern, die sich genau antithetisch gegenüberstehen: breites Tor – schmales Tor, geräumiger Weg – eingeengter Weg, Untergang – Leben, viele – wenige.

Der Vergleich mit dem lukanischen Text zeigt, dass Matthäus das Motiv vom Tor vorgegeben war. Er hat es mit dem Motiv von den beiden Wegen verbunden und wohl von daher auch dem schmalen Tor das breite gegenübergestellt. Als Intention dieser Verbindung lässt sich annehmen, dass zum Himmelreich unlösbar der Weg dahin dazugehört. Dieser Weg kann nur ein Weg der Gerechtigkeit sein, wie ihn die Lehre auf dem Berg bisher entfaltet hat.

Das Motiv der beiden Wege, des Weges des Lebens und des Weges des Todes oder auch des Weges des Lichts und des Weges der Finsternis, ist weit verbreitet und hat eine lange Tradition. Es begegnet auch im Griechentum. So heißt es bei Hesiod: „Übles kannst du, wahrhaftig, dir haufenweise gewinnen mühelos, glatt ist der Weg und nahe seine Behausung. Vor die Trefflichkeit setzten den Schweiß die unsterblichen Götter; lang und steil jedoch erhebt sich zu dieser der Pfad und zu Anfang auch rau; doch wenn du zur Höhe gelangtest, leicht dann zieht er dahin, so schwer er anfangs gewesen" (Werke und Tage 287–292; Übersetzung Thassilo von Scheffer). Am bekanntesten ist die Fabel des Prodikos von Herakles am Scheideweg, wie Xenophon sie erzählt. Er bietet zunächst das eben gebrachte Zitat von Hesiod und nimmt dann Herakles in den Blick, wie er sich gerade anschickte, vom Kind zum Jugendlichen zu werden. In diesem Alter würden die jungen Leute selbständig und zeigten, „ob sie sich für ihr Leben auf den durch Trefflichkeit bestimmten Weg begeben werden oder auf den durch Schlechtigkeit bestimmten". Als Personifikationen des den jeweiligen Weg Bestimmenden seien ihm zwei Frauengestalten erschienen, die je für ihren Weg warben (Memorabilien II 1,20–34).

Für die jüdische Bibel ist zunächst auf zwei Stellen hinzuweisen, die das Motiv der zwei Wege nicht enthalten, aber sachliche Entsprechungen bieten. Nach 5. Mose 11,26 sagt Mose zum Volk: *Siehe, Segen und Fluch lege ich euch heute vor.* Das wird im Folgenden entfaltet. Nach 5. Mose 30,15 sagt er: *Siehe, ich habe dir heute das Leben und das Gute vorgelegt, den Tod und das Böse.* Diese Alternative wird in Jeremia 21,8 mit dem Motiv des Weges verbunden: *Und zu diesem Volk sollst du sagen: So hat der Ewige gesprochen: Siehe, ich lege euch den Weg des Lebens und den Weg des Todes vor.* Aus der jüdischen Tradition seien nur wenige Stellen angeführt. Nach Mischna Avot 2,9 sagt Rabban Jochanan ben Sakkaj zu seinen Schülern: „Geht und seht, welches der gerade Weg ist, an den der Mensch sich halten soll!" Die auslegende Aufnahme in Avot de Rabbi Natan (A) 14 hat noch die Fort-

10. Der Weg zum Leben (7,13–14)

setzung: „damit er dadurch in die kommende Welt eintrete". Dieselbe Zielbestimmung erhält hier die negativ parallele Aussage Rabban Jochanans: „Geht und seht, welches der schlechte Weg ist, von dem sich der Mensch fernhalten soll!" Darauf geben die Schüler jeweils Antworten und Rabban Jochanan sagt, welche er für die besten hält, weil sie alle anderen einschließen, nämlich die von Elasar ben Arach, der „ein gutes Herz" und „ein böses Herz" gesagt hatte. An zwei Stellen der rabbinischen Literatur findet sich auch die Verbindung von Weg und Tor. In der Pesikta de Rav Kahana 27,2 wird Psalm 16,11 zitiert, wo das Motiv des Weges begegnet: *Du lässt mich wissen den Pfad des Lebens.* Dieses Zitat wird unmittelbar anschließend mit dem Motiv des Tores ausgelegt: „David (er gilt als Autor des Psalms) sagte vor dem Heiligen, gesegnet er: Herr der Welten, lass mich wissen, welches Tor offen ist für die kommende Welt!" Das heißt, es gilt den Weg zu finden der zum offenen Tor der kommenden Welt führt. In dem spät zusammengestellten Sammelwerk Pirkej de Rabbi Elieser findet sich in Kapitel 15 eine ausführliche Darlegung über den Weg des Lebens und den Weg des Todes, verbunden mit der Vorstellung von Toren. Dabei zeigt sich hier sehr schön, wie ungleichgewichtig über beide Wege gedacht wird, indem das göttliche Erbarmen deutlich das Übergewicht erhält. Der Weg des Lebens wird in zwei Nebenwege differenziert, den der Gerechtigkeit und den der Freundlichkeit bzw. Gnade. Beide gehören unlösbar zusammen und führen durch ein einziges Tor in die kommende Welt. Der Weg des Todes aber hat vier Tore. Vor jedem Tor stehen barmherzige Engel, die jede Person, die durch sie eintreten will, Mal um Mal eindringlich warnen und sie zur Umkehr aufrufen und auf die Konsequenzen des Fortschreitens auf diesem Weg hinweisen. Selbst wer schon durch drei Tore geschritten ist, bekommt vor dem vierten noch gesagt, dass sogar an dieser Stelle der Heilige, gesegnet er, im Falle der Umkehr verzeiht. Wer jedoch auch das vierte Tor unbedingt durchschreiten will, dem kann nicht mehr geholfen werden.

Die Tradition von den zwei Wegen ist auch im frühen Christentum aufgenommen worden. Sie findet sich in besonders ausführlicher Form in Didache 1–5 und Barnabas 18–20. In der Didache ist sie Gegenstand des Unterrichts vor der Taufe.

Der Blick auf die Tradition unterstreicht die Feststellung, dass es sich bei Matthäus 7,13–14 um einen mahnenden Text handelt. Da der Evangelist den Inhalt des zu wählenden Weges schon vorher beschrieben hat, braucht er jetzt nur noch das Motiv des Weges aufzunehmen und herauszustellen, zu welchem Ziel der Weg führt und zu welchem, wenn ein anderer, gegensätzlicher gegangen wird, in welches „Tor" als Eingang zum Ziel der jeweilige Weg mündet. Es geht ihm also darum, eindringlich die Konsequenz des jeweiligen Handelns herauszustellen, um so an die Leser- und Hörerschaft zu appellieren, doch den rechten Weg zu wählen. Von daher ist auch klar, in welcher Zuordnung Weg und Tor bei Matthäus vorgestellt sind, in derselben

Weise nämlich, wie in dem vorher beschriebenen Text aus Pirkej de Rabbi Elieser 15: Zuerst kommt der Weg und dann das Tor, das als Eingang zum Leben bzw. zum Untergang vorgestellt ist.

Auf Bildern der kirchlichen Tradition ist der eingeengte Weg häufig als ein asketischer und mühseliger gezeichnet worden – mit dem Beigeschmack der Freudlosigkeit. Dazu sei näher auf das mit „eingeengt" übersetzte Wort eingegangen. Es steht im Gegensatz zu einem Wort, das die Bedeutung „breit", „weit ausgedehnt", „geräumig" hat. Dieses Wort, auf einen „Weg" bezogen, wäre am ehesten mit „breit" wiederzugeben. Aber diese Übersetzung habe ich schon für das das Tor charakterisierende Wort verwandt. Ein „breiter", ein „geräumiger" Weg bietet „viel Platz". So habe ich zur Übersetzung diese Umschreibung gewählt. Von diesem Gegenüber her wäre der andere Weg als ein „enger" zu verstehen. Nun steht aber im griechischen Text nicht ein Adjektiv, sondern das Partizip Perfekt Passiv eines Verbs mit der Bedeutung „bedrängen", „einengen". Ich habe deshalb möglichst wörtlich mit „eingeengt" übersetzt. Bei dieser Wortwahl wollte Matthäus wohl die Dimension von „Bedrängnissen" einbringen, die diejenigen zu gewärtigen haben, die diesen Weg, den Weg der Gerechtigkeit, einschlagen. Entsprechend hatte er ja schon in 5,10–11 die um der Gerechtigkeit willen Verfolgten und die um Jesu willen Geschmähten glücklich gepriesen. Diese Deutung wird gestützt von einem möglichen hebräischen Sprachhintergrund, der auch den Gegenbegriff entsprechend verstehen lässt. Hinter dem griechischen Wort mit der Bedeutung „breit", „weit ausgedehnt", „geräumig" dürfte das hebräische Wort *meruvách* stehen, das dieselben Bedeutungen hat, aber auch die Dimension „bequem" enthält. Eine bestimmte Form des zugrunde liegenden Verbs hat die Bedeutungen „sich ausbreiten", „es sich bequem machen", eine andere „Gewinn erzielen" und von dem Nomen *révach* kommt „unser" Wort „Reibach". Der geräumige, der breite Weg wäre von daher auch der, auf dem sich Menschen breit machen, auf dem sie „Reibach" und es sich bequem machen. Der hebräische Gegenbegriff ist *zar*, der „eng" im räumlichen Sinn bedeutet, aber auch den Feind und überhaupt Bedrängendes bezeichnen kann. Der schmale, der eingeengte Weg wäre also zugleich der, auf dem Bedrängnis erfahren wird. Eine Aussage des Rabbi Nachman von Bratzlav, die vertont wurde und bis heute oft gesungen wird, lautet: „Die ganze Welt ist eine sehr enge Brücke; aber die Hauptsache ist, sich nicht zu fürchten."

Durch das breite Tor sieht Matthäus viele eintreten, während das andere nur wenige finden. Hier ist zunächst festzuhalten, dass das ein Ausblick auf das Gericht ist, das noch nicht stattgefunden hat – ein Ausblick, der die Dringlichkeit der Mahnung unterstreichen soll. Entgegen der schon erwähnten frommen Ausmalung des Textes im Bild, die die Tore an den Anfang der Wege versetzt, ist die Entscheidung noch nicht gefallen, sondern sie ist noch offen. Die Gemeinde kann noch auf die in Jesu Lehre auf dem Berg gegebene Weisung hören – und sie soll es. Matthäus hat in erster Linie die Gemeinde im Blick. Er sieht nicht auf dem in den Untergang führenden Weg die böse Welt und die gute Gemeinde auf dem Weg zum Leben. Gerade die Angehörigen der Gemeinde müssen sich entscheiden, welchen Weg sie gehen wollen. Auch die Gemeinde hat das Gericht noch vor sich. In der matthäischen Fassung der Gleichniserzählung vom großen Gastmahl, das bei ihm ein Hochzeitsmahl ist (22,1–10), werden zur Feier herbeigebracht „Böse sowohl als auch Gute" (22,10). Nach der Fortsetzung in 22,11–13 wird schließlich jemand hinausgeworfen, der nicht angemessen bekleidet gekommen ist. Matthäus schließt in Vers 14 den Zusammenhang mit einer Aussage ab, in der ebenfalls „viele" und „wenige" einander gegenübergestellt werden: „Viele sind berufen, aber wenige auserwählt." Liest man diese Aussagen über „viele" und „wenige" „dogmatisch", könnte und müsste man ein sektiererisches Selbstverständnis feststellen. Sie stehen jedoch in einem paränetischen Kontext; und man kann in dieser Gegenüberstellung der Vielen und Wenigen auch die Mahnung gegen „ein Mitgehen mit dem Haufen, mit der öffentlichen Meinung" hören, gegen das „Mitläufertum". „Jesus verlangt von den Seinen die Emanzipation von solchem Mitläufertum, eine Selbständigkeit, die imstande ist, gegen den Strom zu schwimmen" (Girgensohn).

11. Erkenntnis falscher Propheten an ihren Früchten (7,15–20)

¹⁵Nehmt euch in Acht vor den falschen Propheten! Sie kommen in Schafskleidern zu euch, innen jedoch sind sie raubgierige Wölfe. ¹⁶An ihren Früchten könnt und sollt ihr sie erkennen. Erntet man etwa Trauben von Dornen oder Feigen von Disteln? ¹⁷So bringt jeder gute Baum gute Früchte, der morsche Baum jedoch bringt schlechte Früchte. ¹⁸Ein guter Baum kann keine schlechten Früchte bringen und ein morscher Baum keine guten Früchte bringen. ¹⁹Jeder Baum, der keine gute Frucht bringt, wird abgehauen und ins Feuer geworfen. ²⁰An ihren Früchten also könnt und sollt ihr sie erkennen.

Die Stelle hat eine Parallele in Lukas 6,43–45. Dazu bietet Matthäus in 12,33–35 eine relativ nahe Entsprechung. Aus diesem Zusammenhang hat er hier schon etwas vorweggenommen, wobei im Vergleich vor allem folgende Punkte auffällig sind: 1. In Lukas 6,44a und Matthäus 12,33b wird im Bildwort festgestellt, dass ein Baum an seiner Frucht erkannt wird. In Matthäus 7,16a.20 ist Gegenstand des Erkennens an den Früchten nicht der Baum, sondern sind es Menschen, die mit prophetischem Anspruch auftreten. Es liegt auch keine Feststellung vor, sondern eine Anrede. Die futurische Form: „Ihr werdet erkennen" enthält vom Zusammenhang her den Charakter einer Aufforderung und enthält zugleich die Möglichkeit des Erkennens. Ich bringe deshalb in der Übersetzung beides zum Ausdruck: „Ihr könnt und sollt". Indem Matthäus mit dieser Aussage die Darlegungen des Bildworts rahmt, macht er deutlich, dass in ihr dessen Auswertung besteht, auf der das Gewicht liegt. 2. Terminologisch fällt auf, dass Matthäus an dieser Stelle bereits im Bildwort nicht nur den Gegensatz von *saprós* („faul", „morsch", „schlecht") und *kalós* („schön", „gut") bietet, sondern auch den von *ponerós* („böse", „schlecht") und *agathós* („gut"). Er lässt damit schon hier die intendierte ethische Dimension anklingen. 3. Die Aussage von Vers 19, dass ein unfruchtbarer Baum abgehauen und ins Feuer geworfen wird, hat Matthäus aus einer anderen Stelle übernommen. Er lässt hier Jesus wiederholen, was nach 3,10b (= Lukas 3,9b) bereits Johannes der Täufer gesagt hat. Damit wird das Motiv des Gerichts in diesen Zusammenhang eingebracht. Es sei hier ausdrücklich angemerkt: Nach Matthäus wiederholt Jesus nicht nur wörtlich die programmatische Ankündigung des nahen Himmelreichs durch Johannes (3,2; 4,17), sondern auch dessen Gerichtsankündigung. Für das Matthäusevangelium ist also die oft behauptete Unterscheidung zwischen Johannes als dem Prediger des nahen Gerichts und Jesus als dem Prediger des nahen Gottesreiches schlicht falsch. 4. Ganz ohne Parallele ist Vers 15. Da er dem durch die wiederholte Aussage von Vers 16 und 20 gerahmten Zusammenhang voransteht, muss er als hervorgehobener Themasatz verstanden werden.

Als Aufbau dieses Stückes ergibt sich somit: Am Anfang steht die Warnung vor Menschen, die fälschlicherweise mit prophetischem Anspruch auftreten. Sie werden mit einem Bildwort charakterisiert: Sie tarnen sich als Schafe, sind aber in Wirklichkeit Wölfe (Vers 15). Wenn solche Menschen das Problem sind, geht es darum, wie man sie erkennen kann. Deshalb wird in den Versen 16a und 20 gesagt, dass sie an ihren Früchten erkannt werden können und sollen. Das wiederum wird im Bildwort vom Baum und seinen

11. Erkenntnis an den Früchten (7,15–20)

Früchten erläutert, in Vers 17 in positiver und in Vers 18 in negativer Formulierung, in Vers 19 mit der Aussage verbunden, dass ein unfruchtbarer Baum abgehauen und verbrannt wird.

Wird so ersichtlich, wie stark Matthäus diesen Abschnitt gestaltet hat und dass insbesondere der hervorgehobene Themasatz seine eigene Formulierung ist, dürfte hier nicht nur eine prophylaktische Warnung vorliegen, weil so etwas wie falsche Prophetie einmal eintreten könnte. Wahrscheinlicher ist, dass er tatsächlich Leute im Blick hat, deren prophetischen Anspruch er für falsch hält. Deren Identifizierung ist allerdings ein ziemlich aussichtsloses Unterfangen, sodass besser darauf verzichtet werden sollte, weil hier in dieser Hinsicht keine auswertbaren Angaben vorliegen. Vielleicht sind vom nächsten Abschnitt her, der sich auf dieselbe Problematik bezieht, eher Aussagen möglich.

Die einleitende Mahnung in Vers 15 gibt das Thema an: „Nehmt euch in Acht vor den falschen Propheten!" In der Endzeitrede kündigt Jesus nach Matthäus 24,11 an: „Viele falsche Propheten werden auftreten und viele in die Irre führen." Das wiederholt er noch einmal in Vers 24, der eine ganz enge Parallele in Markus 13,22 hat: „Viele falsche Gesalbte und falsche Propheten werden auftreten und große Zeichen und Wunder wirken, sodass sie – womöglich – sogar die Auserwählten in die Irre führen." In Didache 16,3 ist das aufgenommen, verbunden mit der Metaphorik von Schafen und Wölfen: „In den letzten Tagen werden die falschen Propheten und die Verderber zahlreich werden und die Schafe werden sich in Wölfe verwandeln und die Liebe in Hass." Matthäus sieht solche Leute in seiner Gegenwart auftreten, wie das auch im 1. Johannesbrief der Fall ist. Dort gilt das gegenwärtige Auftreten von falschen Gesalbten und Propheten geradezu als Ausweis dafür, dass die Endzeit schon da ist (2,18–19; 4,1).

Wenn von den Leuten, die Matthäus im Blick hat, gesagt wird: „Sie kommen zu euch", sind sie als von außen in die Gemeinde(n) kommend vorgestellt, also als Wanderpropheten. Dieses Problem wird im Blick auf Apostel und Propheten ausführlich in Didache 11 behandelt, wobei vorausgesetzt wird, dass für den Apostel die Wanderexistenz konstitutiv ist, während Propheten auch ortsfest sein können. Die Kennzeichnung der von außen Kommenden, sie träten mit falschem prophetischen Anspruch auf, impliziert, dass sie sich selbst als prophetisch begabt verstanden. Das wird in Matthäus 7,22 auch explizit deutlich werden. Für die Erkenntnis falscher Propheten werden in Didache 11,1–2.7–11 pragmatisch handhabbare Kriterien angeführt. In Matthäus 7,15 wird zunächst von ihnen behauptet, sie kämen „in

Schafskleidern", seien „jedoch innen raubgierige Wölfe". Man sieht es diesen Menschen also nicht an, ob ihr prophetisches Reden echt oder unecht ist. Die Entgegensetzung vom Auftreten „in Schafskleidern" und dem wahren Auftreten als Wölfe ist rein metaphorisch zu verstehen. Dass für Propheten das Tragen eines Fellmantels typisch gewesen sei, lässt sich nicht belegen. Das Bild erwuchs aus dem Verständnis der Gemeinde als einer Herde. So sagt der Paulus der Apostelgeschichte in seiner Abschiedsrede an die Ältesten der Gemeinde von Ephesus: „Ich weiß, dass nach meinem Weggang gefährliche Wölfe bei euch eindringen und die Herde nicht verschonen werden. Von euren eigenen Leuten werden einige aufstehen und verdrehtes Zeug reden, um die Schülerinnen und Schüler abspenstig zu machen und hinter sich zu bringen" (20,29–30). Von den Wölfen als den Feinden der Herde her ergab sich das Bild der Schafskleidung, die nach Vers 15 als Tarnung dient.

Das antithetische Gegenüber von Wolf und Schaf bzw. Lamm ist traditionell. So wird z.B. Sirach 13,16 (hebräischer Text) rhetorisch gefragt: „Gesellt sich etwa ein Wolf zum Lamm?" In der Utopie von Jesaja 11,6 ist dieser Gegensatz aufgehoben: Dort kehrt der Wolf als Gast beim Lamm ein. In Matthäus 10,16 heißt es jedoch noch in scharfer Realistik, als Jesus seine Schüler aussendet: „Siehe, ich schicke euch wie Schafe mitten unter Wölfe."

Die von außen mit prophetischem Anspruch Kommenden treten, wie Vers 22 zeigt, als fromme und imponierende Leute auf. Aber sie sind es nicht, sagt Matthäus. Er unterstellt das räuberische Verhalten nicht als subjektive Absicht, sondern als objektive Realität. Er schätzt ihr Wirken so ein, dass es auf den zuvor beschriebenen geräumigen Weg führe, und behauptet eine Diskrepanz zwischen außen und innen. Das ist eine Thematik, die auch in rabbinischen Schriften begegnet und in der Wendung „sein Inneres ist nicht wie sein Äußeres" bis ins heutige Israel sprichwörtlich geworden ist. So wird im babylonischen Talmud, Joma 72b die Stelle 2. Mose 25,11 zitiert, wo es von der Bundeslade heißt: *Von innen und von außen sollt ihr sie (mit Gold) überziehen.* Das wird so interpretiert: „Jeder Schriftgelehrte, dessen Inneres nicht wie sein Äußeres ist, ist kein Schriftgelehrter." Nach Brachot 28a sagt Rabban Gamliel ganz ähnlich: „Kein Schüler, dessen Inneres nicht wie sein Äußeres ist, darf in das Lehrhaus eintreten."

Mit der aussagekräftigen Metapher von den Wölfen in Schafskleidern ist zugleich ein Problem angezeigt: Woran kann man den Wolf erkennen? Ohne Bild: Was erweist einen Propheten als falschen Propheten? Es ist das-

11. Erkenntnis an den Früchten (7,15–20)

selbe Problem, das in Didache 11 behandelt wird. Dort werden beispielhaft Fälle genannt, aus denen sich als Maxime ableiten lässt: wenn das prophetische Reden dem eigenen Nutzen dient. Auch Matthäus hat den Bereich praktischen Handelns im Blick, redet in diesem Abschnitt aber durchgehend metaphorisch. Am Anfang und Schluss, in Vers 16 und 20, stellt er fest und fordert auf: „An ihren Früchten könnt und sollt ihr sie erkennen." Gegenüber der Feststellung in Matthäus 12,33/Lukas 6,44, dass jeder Baum an seiner Frucht erkannt wird, fällt hier der Plural „Früchte" auf. Er rührt wohl daher, dass Matthäus auf der gemeinten Ebene an Taten denkt.

Die Fortsetzung in Vers 16b stellt eine rhetorische Frage, die ebenfalls im Bildbereich von Pflanze und Frucht bleibt und unmittelbar einleuchtet: „Erntet man etwa Trauben von Dornen oder Feigen von Disteln?" Allerdings: „Im Garten hab ich's freilich bald verstanden: wenn ich einen Dornstrauch ansehe, dann weiß ich gleich, der trägt niemals Trauben. Aber wend's auf die Rotten an, so verstehst du's bald nicht mehr" (Luther). Auf dieses Bild folgt in den Versen 17–18 die Darstellung der Entsprechung von Baum und Frucht in Bezug auf ihre Qualität: „So bringt jeder gute Baum gute Früchte, der morsche Baum jedoch bringt schlechte Früchte. Ein guter Baum kann keine schlechten Früchte bringen und ein morscher Baum keine guten Früchte bringen." Hier ist noch einmal der schon genannte Punkt hervorzuheben, dass Matthäus über die Parallelen hinaus die Adjektive „gut" und „schlecht" („böse") einbringt und damit anzeigt, dass er auf der gemeinten Ebene an ethisches Verhalten denkt.

Dass Taten mit der Fruchtmetaphorik ausgedrückt werden, ist auch in rabbinischen Texten der Fall. In einem Abschnitt in Breschit Rabba 16,3 wird nur bildlich geredet. Aber es ist klar, dass Metaphorik vorliegt, die auf menschliches Handeln im Zusammenhang der Thematik von innen und außen abzielt: „Man sagte zu den Obstbäumen: ‚Warum redet ihr nicht groß daher?' Sie sagten: ‚Wir haben's nicht nötig. Unsere Früchte zeugen für uns.' Man sagte zu den wilden Bäumen: ‚Warum redet ihr so groß daher?' Sie sagten: ‚Damit unsere Stimme gehört und wir gesehen werden.'" In 30,6 wird Sprüche 11,30 (*Die Frucht des Gerechten – ein Baum des Lebens*) so ausgelegt: „Was sind die Früchte des Gerechten? Gebotserfüllungen und gute Taten."

Weder in diesen rabbinischen Texten, die noch vermehrt werden könnten, noch bei Matthäus dürfen diese Bilder aus der organischen Welt zwanghaftbiologistisch verstanden werden, als gäbe es von vornherein gute und böse Menschen, die gar nicht anders könnten, als gute oder böse Taten zu vollbringen. Es kommt Matthäus im Textzusammenhang auf die Erkenntnis falscher Propheten an; und da geht es um Entsprechung: Wenn ein Prophet vom Geist Gottes bestimmt ist, dann wird er auch diesem Geist gemäß handeln. Tut er es nicht, darf man schließen, dass es auch nicht der Geist Gottes ist, der ihn treibt. Daher folgert Matthäus: Beurteilt sie nach ihren Taten. An den Taten könnt und sollt ihr erkennen, ob jemand ein echter Prophet ist, auf den dann auch gehört werden muss, oder ob jemand ein falscher Prophet ist, der abgewiesen werden muss. Welche Taten gemeint sind, ist in der Lehre auf dem Berg entfaltet worden.

Mit der Wiederholung eines Wortes Johannes des Täufers aus Matthäus 3,10 als Wort Jesu schlägt der Evangelist in Vers 19 noch in diesem Abschnitt das Thema des Gerichts an, das nun in den beiden Schlussabschnitten der Lehre auf dem Berg beherrschend in den Mittelpunkt tritt.

12. Wider diejenigen, die nur „Herr-Herr" sagen (7,21–23)

²¹Nicht alle, die zu mir „Herr, Herr" sagen, werden in das Himmelreich hineinkommen, sondern nur diejenigen, die den Willen meines Vaters im Himmel tun. ²²Viele werden an jenem Tag zu mir sagen: „Herr, Herr, haben wir nicht in deinem Namen prophetisch geredet und in deinem Namen Dämonen ausgetrieben und in deinem Namen viele Wundertaten vollbracht?" ²³Dann werde ich ihnen erklären: „Ich habe euch nie gekannt. *Weg von mir, die ihr der Tora zuwider handelt!*" (Psalm 6,9)

Zu diesem kleinen Abschnitt finden sich Parallelen im Lukasevangelium, die dort an unterschiedlichen Stellen stehen. Die Aussage von Vers 21 hat eine Entsprechung in Lukas 6,46, wo sie dem Bildwort vom Baum und den Früchten folgt: „Was aber nennt ihr mich ‚Herr, Herr' und tut nicht, was ich sage?" Statt der Frage bietet Matthäus eine grundsätzliche Feststellung. Auf die Unterschiede im Einzelnen wird bei der Auslegung eingegangen.

Die Verse 22–23 haben eine Entsprechung in Lukas 13,25–27. Der dort unmittelbar vorausgehende Text 13,23–24 fand sich in ähnlicher Form bei Matthäus schon in 7,13–14. Er hat also, scheint es, im Schlussteil dieser Lehre auf dem Berg zwei unterschiedliche Texte, die er aus seiner Tradition kannte, miteinander verschachtelt. Bei Lukas liegt an dieser Stelle ein kleines Gerichtsgleichnis vor: „Von da an, wenn der Hausherr aufgestanden ist und die Tür verschlossen hat und ihr dann noch draußen steht und an die Tür klopft und sagt: ‚Herr, öffne uns!', wird er euch antworten: ‚Ich kenne euch nicht. Von wo kommt ihr?' Dann werdet ihr sagen: ‚Wir haben doch vor deinen Augen gegessen und getrunken und auf unseren Straßen hast du gelehrt.' Aber er wird euch sagen: ‚Ich weiß nicht, von wo ihr kommt. *Weg von mir allesamt, die ihr Unrecht tut!*" Matthäus hat dieses Gleichnis umgewandelt in eine Gerichtssituation für diejenigen, die er unmittelbar vorher als mit falschem prophetischen Anspruch auftretend ins Auge gefasst hatte. Von daher versteht sich auch der Unterschied in der Rede der Abgewiesenen. Es geht nicht darum, dass sie vor dem „Herrn" gegessen und getrunken haben und von ihm belehrt worden sind, sondern dass sie im Namen Jesu prophetisch gewirkt, Dämonen ausgetrieben und Wundertaten vollbracht haben.

Das matthäische Stück ist in folgender Weise aufgebaut: Am Anfang, in Vers 21, steht eine grundsätzliche Feststellung über die Teilhabe am Himmelreich, die das entscheidende Kriterium solcher Teilhabe nennt: das Tun des Willens Gottes. Die Verse 22–23 wenden dieses Kriterium im Blick auf die vorgestellte Endgerichtssituation für die zuvor erwähnten falschen Propheten an. Wahrscheinlich geht die Intention des Abschnitts aber über diese Verbindung mit dem Vorangehenden hinaus und ist grundsätzlich zu verstehen. Mit der Eingangswendung „Nicht alle, die zu mir ‚Herr, Herr' sagen" und der Angabe dessen, was wirklich zählt, soll die Leser- und Hörerschaft des Evangeliums viel eher zu kritischer Selbstprüfung angeleitet werden, als dass sie eine Elle an die Hand bekommt, mit der sie andere zu messen hätte.

Auf alle Fälle hat Matthäus in diesem Abschnitt nicht in erster Linie irgendwelche Außenstehenden im Blick, sondern die Gemeinde, an Jesus als Messias Glaubende. Die Verdoppelung der Anrede „Herr" unterstreicht die Eilfertigkeit eines verbalen Bekenntnisses. Man darf gegen diese Stelle sicher nicht Römer 10,9 ausspielen. Dort sagt Paulus dem Bekennen Jesu als des Herrn mit dem Mund und dem glaubenden Vertrauen bzw. vertrauensvollen Glauben mit dem Herzen, dass Gott ihn von den Toten auferweckt hat, die Rettung zu. Er spricht ausdrücklich vom „Bekennen"; das äußert sich in der Akklamation „Herr ist Jesus", mit der dessen Herrschaft öffentlich und rechtlich verbindlich anerkannt und sich ihr verpflichtend unterstellt wird. Demgegenüber ist hier wohl sehr bewusst von einem bloßen „Sagen" die Rede.

In dem parallelen Satz in Lukas 6,46 heißt es: „Was nennt ihr mich aber ‚Herr, Herr' und tut nicht, was ich sage?" Zwischen beiden Teilen dieser Aussage besteht ein enger sachlicher Zusammenhang: Das Herrsein eines Herrn erweist sich darin, dass getan wird, was er sagt. Sein Wort ist verpflichtendes Gebot. Im Hintergrund steht die Erfahrungswelt von Herren und

Sklaven. Im Vergleich dazu findet sich bei Matthäus eine charakteristische Variation, wenn er das „Herr, Herr"-Sagen gegenüber Jesus mit dem Tun des Willens seines himmlischen Vaters kontrastiert. Der eigentliche Herr ist Gott selbst; *sein* Wille soll getan werden. Dennoch wird Jesus zu Recht als „Herr" angeredet. Er spricht hier von Gott als *seinem* Vater. Damit ist keine exklusive Sohnschaft beansprucht. Im Gebet in Kapitel 6 hatte er ja seine Schüler gelehrt, Gott als ihren Vater anzusprechen. Nichtsdestotrotz ist er hier herausgehoben und der Zusammenhang daher so zu denken, dass er es ist, der in der Auslegung der Tora, in der Gott seinen Willen bekundet, diesen Willen konkret zum Zuge bringt. Zu Jesus können daher nur diejenigen mit Recht „Herr" sagen, die den Willen Gottes, wie er ihn ausgelegt hat, in die Tat umsetzen.

In der hier vorliegenden spezifischen Formulierung vom Tun des Willens des Vaters im Himmel partizipiert Matthäus wieder einmal mehr an jüdisch-rabbinischer Sprechweise. In Wajikra Rabba 34,13 zu 3. Mose 25,39 wird die heruntergekommene Lage ehemaliger Hausbesitzer so begründet: „[...] weil sie ihre Hände nicht den Armen entgegengestreckt und weil sie nicht den Willen ihres Vaters im Himmel getan haben." Nach Mischna Avot 5,20 sagt Jehuda ben Tema: „Sei stark wie der Panter, behände wie der Adler, schnell wie die Gazelle, tapfer wie der Löwe um den Willen deines Vaters im Himmel zu tun." In ihrem Bezug auf das Tun des Willens Gottes ist diese Aussage fundamental unterschieden von der, wie nach Hitler „ein deutscher Junge" sein sollte: „Hart wie Kruppstahl, schnell wie Windhunde und zäh wie Hosenleder" – als beliebig verwend- und einsetzbare militärische „Tugenden". Der Ausspruch des Jehuda ben Tema hat in Bemidbar Rabba 4,20 zu 4. Mose 4,14 eine interessante Fortsetzung erhalten: „[...] um dich zu lehren, dass es vor dem Ort (= Gott) keinen Ruhm gibt. Elija sagt: ,Wenn jemand die Ehre des Himmels vermehrt und die eigene Ehre vermindert, vermehrt sich die Ehre des Himmels und vermehrt sich seine Ehre. Wenn jemand die Ehre des Himmels vermindert und die eigene Ehre vermehrt, (bleibt) die Ehre des Himmels an ihrem Ort (= unverändert), aber seine Ehre vermindert sich.'" Gerade das Tun des Willens Gottes belehrt darüber, dass es keinen Ruhm vor Gott gibt.

Indem Matthäus in 7,21 gegen das bloße „Herr, Herr"-Sagen das Tun des Willens Gottes mit der Teilhabe am Himmelreich in Verbindung setzt, spannt er neben 5,17 und 7,12 einen weiteren Bogen über den ganzen Hauptteil der Lehre auf dem Berg, nämlich zu 5,20: „Wenn eure Gerechtigkeit nicht in größerem Überfluss vorhanden ist als die der Schriftgelehrten und

12. Wider die „Herr, Herr"-Sager (7,21–23)

Pharisäer, werdet ihr nicht ins Himmelreich hineinkommen." Was innerhalb dieses Bogens steht, ist demnach die geforderte Gerechtigkeit, ist der Wille Gottes, der so entfaltet wird, dass Jesus die Tora auslegt.

Nachdem also in Vers 21 der Grundsatz für die Teilhabe am Himmelreich genannt worden ist, wird in den Versen 22–23 auf das Endgericht ausgeblickt, in dem dieser Grundsatz zum Zuge kommen wird. Auf das Endgericht weist die Wendung „an jenem Tag" hin. Sie begegnet bereits biblisch sehr oft. An vielen Stellen ist mit ihr ein besonderes Handeln Gottes im Blick. Dezidiert endzeitlich verstanden ist die Aussage von Sacharja 14,9: *König wird der Ewige über die ganze Erde; an jenem Tag wird der Ewige einzig sein und einzig sein Name.* In Ezechiel 38,18–23 ist von Gottes richtendem Handeln an Gog die Rede *an jenem Tag*. An einer Reihe von Stellen im Neuen Testament erscheint Jesus als der endzeitliche Richter. Er übernimmt damit die Rolle des Menschensohnes, der in einer bestimmten jüdischen Tradition – im äthiopischen Henochbuch und im 4. Buch Esra als Interpretation von Daniel 7 – als Beauftragter Gottes das Endgericht vollzieht. Über das Gericht wird Matthäus ausführlich in der letzten großen Rede Jesu seines Evangeliums, in den Kapiteln 24–25, handeln. Dieser Aspekt taucht hier erstmals auf und hat seine besondere Akzentuierung darin, dass derjenige, der in den vorangehenden Ausführungen der Lehre auf dem Berg die Maßstäbe setzte, daran schließlich auch diejenigen messen wird, denen er sie gegeben hat.

Matthäus nennt nun in Vers 22 drei respektable Dinge, die von den „Herr, Herr"-Sagern angeführt werden, die ihnen aber nichts nützen werden, wenn sie sich in ihrem praktischen Verhalten nicht an den Weisungen Jesu orientiert haben. Hier liegt ein enger Bezug auf die im vorigen Abschnitt genannten falschen Propheten vor. Das sind offenbar Dinge, die sie unstrittig für sich reklamieren können. Aber dieser Bezug ist nicht exklusiv zu verstehen, wie Vers 21 deutlich machte. In der Anführung dieser drei Dinge unterscheidet sich Matthäus von der lukanischen Parallele; er hat also für seine Situation Aktuelles im Blick:

1. Prophetie im Namen Jesu. Bei der Besprechung der falschen Propheten im vorigen Abschnitt war schon ein vergleichender Blick auf die Didache geworfen worden, wo über Prophetie im frühen Christentum mehr zu erfahren ist. Nach Didache 11,7 spricht der Prophet „im Geist"; das zeichnet ihn als Propheten aus. Nicht er redet, sondern der Geist Gottes bzw. Jesu redet durch ihn. Da der prophetische Geist nicht geschlechtsspezifisch zugeteilt wird, gibt es in der auf Jesus bezogenen messiasgläubigen Gemeinschaft auch Prophetinnen. Nach Apostelgeschichte 21,9 wirken vier jungfräuliche

Töchter des Philippus in Cäsarea am Meer prophetisch. Dort tritt, aus Judäa kommend, auch der Prophet Agabus auf und nimmt an Paulus eine prophetische Zeichenhandlung vor, indem er ihn mit dessen eigenem Gürtel fesselt (21,10–11). Nach Apostelgeschichte 11,28 hatte derselbe Agabus schon eine Hungersnot „durch den Geist" angekündigt. Propheten können eine Wanderexistenz führen, aber auch ortsansässig sein. Im letzteren Fall haben sie nach der Didache Anspruch auf Versorgung durch die Gemeinde (13,1–7). Wenn Propheten im Namen Jesu sprechen und sagen: „So spricht der Herr", meinen sie Jesus als Erhöhten und Gegenwärtigen. Gegenüber damit verbundener möglicher Willkür stellt Matthäus mit dem Schreiben seines Evangeliums den irdischen Jesus als Kriterium dar – den irdischen, nicht den „historischen". Matthäus bietet keine historische Rekonstruktion; selbstverständlich erzählt er die Geschichte Jesu in der Perspektive des Zeugnisses, dass Gott ihn von den Toten auferweckt hat. Aber in dieser Perspektive kommt zum Zuge, was Jesus gesagt und getan hat. Das wird zum Maßstab, an dem prophetisches Reden gemessen werden kann. Die Formulierung an diesem ersten Punkt von Vers 22 könnte durch zwei Stellen des Jeremiabuches beeinflusst sein. Jeremia 27,15 heißt es in einer Gottesrede: *Nein, ich habe sie (die Heilspropheten) nicht gesandt, aber sie reden prophetisch in meinem Namen zur Lüge.* Ähnlich lautet Jeremia 14,14.

2. Dämonenaustreibungen im Namen Jesu. Ein Charakteristikum des Wirkens Jesu, wie es in den Evangelien dargestellt wird, ist das Austreiben von Dämonen. „Besessenheit" lässt Menschen nicht sie selbst sein, macht sie stumm und kommunikationsunfähig oder lässt sie nur die Parolen derer sprechen, die Macht über sie haben. Das Austreiben von Dämonen, wie die Evangelien es erzählen, ist Befreiung zu eigener Identität, zum Sprechen in eigener Person, zu Kommunikations- und Gemeinschaftsfähigkeit. In solcher Weise wirken offenbar auch geistbegabte Menschen in den Gemeinden. Nach Matthäus 10,1.8 weist Jesus seine Schüler in der Aussendungsrede dazu auch ausdrücklich an; und was für die Schüler im Evangelium gilt, soll sich die lesende und hörende Gemeinde gesagt sein lassen.

3. Wundertaten im Namen Jesu. Auch das ist etwas, das nach der Darstellung der Evangelien für Jesus charakteristisch ist: heilvolles Wirken im Bereich des Leiblichen, Zeichen des nahen Himmelreichs, dessen schon gegenwärtigen fragmentarischen Verwirklichungen. Matthäus 11,2 werden sie „Taten des Gesalbten" genannt. Sie sind Signatur der messianischen Zeit. Auch das sollen die Schüler Jesu nach Matthäus 10 fortsetzen, nicht nur die

12. Wider die „Herr, Herr"-Sager (7,21–23)

Lehre Jesu, sondern auch sein helfendes und heilendes Tun, wie es in den Kapiteln 8–9 dargestellt wird.

Die Verbindung von Prophetie und wunderbaren Taten begegnet auch bei einer Reihe charismatisch-messianischer Gestalten, von denen Josephus aus der Zeit vor dem jüdisch-römischen Krieg erzählt. Als Beispiel sei hier nur der auch in Apostelgeschichte 5,36 genannte Theudas angeführt. Er gab sich als Prophet aus, versprach als Zeichen, „die Fluten des Jordans zu teilen" und veranlasste viele Menschen, ihm an den Jordan zu folgen. Die Besatzungsmacht bereitete diesem Treiben ein schnelles Ende (Josephus, Jüdische Altertümer, 20,97–99). Für die jüdische Bibel zeigt sich diese Verbindung schon bei Elija und Elischa (1. Könige 17,1–18,46; 2. Könige 1,1–2,25; 4,1–8,15).

Was also in Vers 22 aufgezählt wird, ist nichts zu Verwerfendes. Es sind respektable Dinge, die über bloßes „Herr, Herr"-Sagen weit hinausgehen. Es sind zudem Dinge, von denen auch Matthäus durchaus will, dass es sie in der messiasgläubigen Gemeinde gibt. Aber losgelöst vom Tun des Willens Gottes, wie er in der Lehre auf dem Berg entfaltet wird, gelten sie gar nichts. So heißt es in Vers 23: „Dann werde ich ihnen erklären: ‚Ich habe euch nie gekannt. *Weg von mir, die ihr der Tora zuwider handelt!*'" Die Formulierung: „Ich habe euch nie gekannt" ist nicht wörtlich zu verstehen, sondern hat die Funktion, Gemeinschaft aufzukündigen. Das zeigt sehr deutlich ein späterer rabbinischer Text aus dem babylonischen Talmud, Moed Qatan 16a: Ein Rabbi hat sich bei dem eine Generation älteren Jehuda HaNassi, dem Redaktor der Mischna, unbeliebt gemacht und bekommt von ihm gesagt, als er ihm das nächste Mal unter die Augen tritt: „Ich kenne dich nicht von ewig her." Natürlich hat er ihn gekannt und kennt ihn. Der so Angesprochene erblickt in dieser Aussage eine bestimmte Absicht und hält einen dreißigtägigen Verweis ein, eine milde Form des Banns, um ihm danach wieder unter die Augen treten zu können.

Auf die in der Aussage des Nichtkennens schon implizite Aufkündigung der Gemeinschaft folgt die explizite Aufforderung zum Verschwinden vor Jesus als dem Richter. Deren Formulierung klingt an Psalm 6,9 an. Dort spricht der als Verfasser vorgestellte David zu ihn Bedrängenden: *Weicht von mir, all ihr Täter des Unrechts!* Die Septuaginta hat das hier gebrauchte Wort für „Unrecht" mit *anomía* („Gesetzlosigkeit") übersetzt, was Matthäus übernommen hat. Da es ihm um das Tun der Tora geht, sind diejenigen, die die *anomía* tun, für ihn die der Tora Widersprechenden, die im Widerspruch zur Tora Handelnden. Für ihn gehören das Himmelreich und die Tora untrennbar zusammen. Das Kriterium, das Matthäus hier angibt, ist Kriterium im Endgericht, ist das Kriterium des letzten Richters. Es taugt nicht dazu, andere in der auf Jesus bezogenen Gemeinschaft als ketzerisch auszusortieren. Vorher kann und soll es als Mittel zur Selbstkritik gebraucht werden.

13. Tun und nicht tun des Gehörten und die jeweilige Folge (7,24–27)

²⁴Alle nun, jede und jeder, die diese meine Worte hören und sie tun, werden einem klugen Menschen gleichen, der sein Haus auf den Felsen gebaut hat. ²⁵Da ging starker Regen nieder, Sturzbäche kamen, Stürme bliesen und drängten gegen jenes Haus, aber es stürzte nicht ein; denn es war auf dem Felsen fundamentiert. ²⁶Aber alle, jede und jeder, die diese meine Worte hören und sie nicht tun, werden einem törichten Menschen gleichen, der sein Haus auf den Sand gebaut hat. ²⁷Da ging starker Regen nieder, Sturzbäche kamen, Stürme bliesen und prallten gegen jenes Haus und es stürzte ein und lag völlig in Trümmern.

Dieser Text hat eine enge Parallele in Lukas 6,47–49. Dort folgt er unmittelbar auf das Wort über diejenigen, die Jesus „Herr, Herr" nennen, aber nicht tun, was er sagt. Matthäus führt also die Verschachtelung von Texten zu einer neuen Gesamteinheit fort. Der lukanische Text lautet: „Alle, jeder und jede, die zu mir kommen und meine Worte hören und sie tun – ich will euch zeigen, wem sie oder er gleich ist: einem Menschen nämlich, der ein Haus bauen will und dafür tief gegraben und ein Fundament auf den Felsen gelegt hat. Wenn es Hochwasser gibt und der Fluss sich an jenem Haus bricht, kann er es nicht erschüttern, weil es gut gebaut ist. Wer jedoch hört und nicht entsprechend handelt, ist einem Menschen gleich, der ohne Fundament ein Haus auf die Erde baut, an dem der Fluss sich bricht – und sofort fällt es zusammen und der Einsturz jenes Hauses ist heftig." Die lukanische Fassung vergleicht zwei am Fluss gebaute Häuser, deren Unterschied darin besteht, ob ein Fundament bereitet worden ist oder nicht. Die jeweiligen Folgen zeigen sich bei Hochwasser. Der matthäische Text unterscheidet nicht die Art des Hausbaus, sondern die Wahl des Standorts, auf dem das Haus jeweils steht: Fels oder Sand. Die widrigen Einflüsse sind hier starker Regenfall, anschwellende Bäche und anfallende Stürme. Damit sind ländliche Verhältnisse in Israel und seiner weiteren Umgebung vorausgesetzt, wo diese Wetterphänomene jeden Winter eintreten.

13. Die Folgen von tun und nicht tun (7,24–27)

Matthäus führt zweimal in genauer Parallele einen Vergleich durch, positiv und negativ. Er variiert lediglich in dem Verb, mit dem er das Tun der Stürme gegen das Haus charakterisiert („drängen" bzw. „prallen"), und bei der jeweiligen Angabe am Schluss. Im positiven Fall gibt er eine Begründung: „denn es war auf dem Felsen fundamentiert". Im negativen Fall nennt er die Folge: „und es lag völlig in Trümmern". Mit dem im Bild positiv Handelnden wird verglichen, wer Jesu Worte hört und sie tut, mit dem negativ Handelnden, wer hört und nicht entsprechend handelt. Diese Zusammenstellung von Hören und Tun hat biblische Tradition und ist auch in der jüdisch-rabbinischen Überlieferung breit rezipiert. Nach 2. Mose 24,7 sagt das ganze Volk Israel, nachdem ihm Mose *das Buch des Bundes* vorgelesen hat: *Alles, was der Ewige gesagt hat, wollen wir tun und hören.* In 5. Mose 5,24 (27) sagt das Volk zu Mose: *Nähere du dich und höre alles, was der Ewige, unser Gott, spricht, und du sollst alles zu uns reden, was der Ewige, unser Gott, zu dir reden wird, und wir wollen es hören und tun.* In 5. Mose 30,12–14 heißt es von dem Israel gegebenen Gebot: *Nicht im Himmel ist es, dass du sprechen müsstest: „Wer wird für uns in den Himmel hinaufsteigen und es für uns holen, damit wir es hören und tun?" Und nicht jenseits des Meeres ist es, dass du sprechen müsstest: „Wer wird für uns übersetzen jenseits des Meeres und es für uns holen, damit wir es hören und tun?" Nein, ganz nah ist dir das Wort, in deinem Mund und in deinem Herzen, um es zu tun.* In der rabbinischen Literatur wird besonders oft die Bekundung aus 2. Mose 24,7 zitiert: *Wir wollen tun und hören.* Das Diktum Chaninas ben Dossa, in dem das Tun der Weisheit übergeordnet wird, erhält in seiner Aufnahme in Avot de Rabbi Natan (A) 22,2 damit seine Begründung. In der Mechilta de Rabbi Schimon ben Jochaj heißt es zu dieser Stelle: „Weil sie das Tun vorangehen ließen, sagte ihnen Mose: ‚Kann es denn etwa ein Tun ohne Hören geben? Hören führt zum Tun.' Sie sprachen wieder: ‚*Wir wollen tun und hören.* Wir wollen tun, was wir gehört haben.' Das lehrt, dass sie das Tun (als Verpflichtung) auf sich nahmen und dass das Hören der Gabe der Tora vorangeht." In der Mechilta de Rabbi Jischmael, Bachodesch (Jitro) 5 wird ausgeführt, dass die Tora zunächst anderen Völkern angeboten wurde, diese aber fragten, was sie enthielte, und sie danach ausschlugen, während Israel sofort mit der Bereitschaftserklärung von 2. Mose 24,7 reagierte. In der Aufnahme dieser Tradition in Schmot Rabba 27,9 wird die mit dieser Bereitschaft verbundene Verantwortung Israels herausgestellt, gemäß der es auch zur Rechenschaft gezogen werden kann. Was nach Matthäus gehört und getan werden soll, wird von ihm zweimal betont herausgestellt, wenn Jesus sagt: „*die-*

se meine Worte". Die Betonung mit „diese" ist im Vergleich mit dem lukanischen Paralleltext matthäische Besonderheit. Es findet hier also ein ausdrücklicher Bezug auf das statt, was Jesus in der Lehre auf dem Berg gesagt hat. Das ist nicht nur zu hören, sondern zu tun, wird hier am Schluss noch einmal eingeschärft. Damit ist einmal mehr deutlich, dass diese Lehre nicht als bloßer Sündenspiegel gelesen werden will; sie soll *getan* werden. „Denn die Lehre ist wohl gut und köstlich; aber es ist nicht um des Hörens willen gepredigt, sondern dass man es tue und ins Leben bringe" (Luther).

Denen, die sie tun, wird eine Verheißung gegeben. Es geht in diesem Gleichnis darum, was Bestand hat und was nicht. Die Wendung vom „Bauen auf Sand" ist bei uns von diesem matthäischen Text her sprichwörtlich geworden. Was auf Sand gebaut ist, bleibt nicht bestehen. Was aber hat Bestand? Und zwar nicht nur eine Zeit lang, sondern „letztlich", im Endgericht. Die im Text genannten „Witterungsunbilden [...] spielen deutlich ein Gerichtsszenario ein. Nach den biblischen Sprachkonventionen sind damit nicht die Stürme oder Widrigkeiten des Lebens gemeint, sondern Hinweise auf das eschatologische (= endzeitliche) Gericht" (Böttrich). Wer oder was im Endgericht Bestand hat, ist dieselbe Frage wie: Wer oder was hat Bestand vor Gott? Er ist die letzte Instanz, die schließlich entscheidende Instanz, die aber jetzt schon zum Zuge kommen will. Das geschieht, wo den Weisungen dieser Lehre auf dem Berg gefolgt wird.

Dass die Worte Jesu betont herausgestellt werden, ist nicht gegen die Tora auszuspielen. Es war immer wieder deutlich geworden, dass diese Worte nichts anderes sein wollen als Auslegung der Tora, die den in ihr niedergelegten Willen Gottes konkret zum Zuge bringt. „Für Matthäus ist der Wille Gottes der durch Jesus proklamierte und ausgelegte Wille Gottes" (Schrage). So kann man auch formulieren: Bestand wird haben, wer sich daran hält und orientiert, was beständig ist. Beständig ist nach Matthäus 5,18 die Tora und beständig sind nach Matthäus 24,35 die Worte Jesu. Die Tora bleibt gerade auch darin beständig, dass sie in den Worten Jesu ausgelegt wird.

Das Schlussgleichnis der Lehre auf dem Berg hat enge jüdisch-rabbinische Parallelen. Es steht mit ihnen zusammen innerhalb der Diskussion, wie sich Lehre bzw. Studium der Tora und Tun der Tora zueinander verhalten. Nach Schimon ben Gamliel, der vor 70 wirkte, gilt: „Nicht das Studium ist die Hauptsache, sondern das Tun" (Mischna Avot 1,17). Im selben Traktat wird in 3,9 als Aussage des ebenfalls im 1. Jh. wirkenden Rabbi Chanina ben Dossa angeführt: „Bei jedem, dessen Taten seine Weisheit übersteigen, bleibt seine Weisheit bestehen. Aber bei jedem, dessen Weisheit seine Taten übersteigt, bleibt seine Weisheit nicht bestehen." In guten

13. Die Folgen von tun und nicht tun (7,24–27)

Taten bewahrheitet sich die Weisheit; tut sie das nicht, ist sie nichts wert und erweist sich faktisch als nicht existent. Entscheidend ist nicht, dass man etwas sagt, sondern entscheidend ist, dass man auch das tut, was man sagt. Diese Verhältnisbestimmung von Weisheit und Tun wird in Mischna Avot 3,17 von Elasar ben Asarja in einem Gleichnis zum Ausdruck gebracht: „Jeder, dessen Weisheit seine Taten übersteigt – wem gleicht der? Einem Baum, dessen Zweige viel und dessen Wurzeln wenig sind. Und der Wind kommt und entwurzelt ihn und stürzt ihn um. Denn es ist gesagt: *Und er wird sein wie ein Dornstrauch in der Steppe und er wird nicht sehen, dass Gutes kommt, wird dürr bleiben in der Wüste, im öden Land, da niemand wohnt* (Jeremia 17,6). Aber jeder, dessen Taten seine Weisheit übersteigen – wem gleicht der? Einem Baum, dessen Zweige wenig und dessen Wurzeln viel sind. Denn selbst wenn alle Winde in der Welt kommen und ihn anwehen, bringen sie ihn nicht von seinem Platz weg. Denn es ist gesagt: *Und er wird sein wie ein Baum, gepflanzt am Wasser, der seine Wurzeln zum Bach hin streckt, und er braucht nicht zu fürchten, dass Hitze kommt, und seine Blätter werden frisch sein und er braucht sich nicht zu sorgen im Jahr der Dürre und hört nicht auf, Frucht zu bringen* (Jeremia 17,8)." Die Alternative, um die es in der hier im Hintergrund stehenden Diskussion geht, lautet: „Ist das Tun des Guten Folge oder Grundlage des Torastudiums? Ist die Überlieferung und Anhäufung von Wissen die Antriebskraft der Frömmigkeit oder eher das Tun der Tora?" (Ottenheijm) Schimon, Chanina und Elasar betonen bei der Frage nach dem Verhältnis von Wissen und Tun „die Priorität des Tuns. Das Gleichnis des Matthäus ist jedoch als ein Gegensatz zwischen ‚tun' und ‚nicht tun' formuliert" (Ottenheijm). Dieselbe Akzentsetzung findet sich in einem Gleichnis von Elischa ben Avuja, das auch im Bildbereich dem des Matthäus nahesteht: „Ein Mensch, der gute Taten hat und viel Tora gelernt hat, wem gleicht der? Einem Menschen, der zuerst mit Steinen baut und danach mit Lehmziegeln. Selbst wenn viel Regen kommt und an ihrer (der Steine) Seite steht, drängt er sie nicht von ihrem Platz. Aber ein Mensch, der keine guten Taten hat und nicht Tora gelernt hat, wem gleicht der? Einem Menschen, der zuerst mit Lehmziegeln baut und danach mit Steinen. Selbst wenn wenig Regen kommt, stürzt er sie sofort ein."

Angesichts dieser Texte ist nochmals zu betonen, dass es nicht angeht, das Tun der Worte Jesu gegen die Praxis der Tora auszuspielen, wie das in einer langen christlichen Auslegungstradition der Fall war. Diese Alternative ist falsch. Das Tun der Worte Jesu ist im Sinne des Matthäus die Praxis der Tora. Er verheißt: Wer sich an Jesu Auslegung der Tora orientiert, wer sich einsetzt für das erhoffte Himmelreich und die Gerechtigkeit Gottes, dessen Tun ist nicht vergeblich. Es lohnt sich, auch wenn es noch so oft zu unterliegen scheint. Und er warnt: Gerade das nicht zu tun, sich wie auch immer mit einem andersartigen Lauf der Welt abzufinden und sich zu arrangieren, hat keine Zukunft. „[...] und es lag völlig in Trümmern."

Schluss: Das Mitlernen der Völker – mit und in Jesu Schülerschaft und mit Israel

14. Nachwort: die Reaktion der Volksmengen (7,28–29)

²⁸Es geschah, als Jesus mit diesen Worten zu Ende gekommen war, verwunderten sich die Leute über seine Lehre. ²⁹Denn er lehrte sie wie jemand, der Macht hat, anders als ihre Schriftgelehrten.

Auch bei diesem Schlusswort zur Lehre auf dem Berg hat Matthäus Tradition verarbeitet. Der erste Satz jedoch, Vers 28a, entstammt ganz seiner eigenen Feder. Er begegnet in stereotyper Form, nur wenig variiert, fünfmal in seinem Evangelium und markiert jeweils den Schluss seiner großen Redekompositionen. An dieser Stelle steht er zum ersten Mal, danach noch in 11,1; 13,53; 19,1 und 26,1. Seine Funktion ist eine doppelte: einmal die schon genannte, den Schluss der Rede zu markieren, und zum anderen und vor allem, in den Fluss der Erzählung zurückzulenken. Damit unterstreicht Matthäus, dass er nicht eine Redensammlung vorlegt, sondern ein Evangelium schreibt, das durch seine erzählerische Absicht charakterisiert ist, das eine konkrete und bestimmte Geschichte erzählt.

Der übrige Teil dieses Nachwortes hat eine nahezu wörtliche Entsprechung in Markus 1,22: Dort heißt es nach der bloßen Feststellung, dass Jesus in der Synagoge in Kafarnaum lehrte: „Und sie verwunderten sich über seine Lehre. Denn er lehrte sie wie jemand, der Macht hat, anders als die Schriftgelehrten." In kürzerer Form findet sich diese Aussage im selben Zusammenhang auch in Lukas 4,32. Gegenüber Markus sind bei Matthäus „die Leute" ausdrücklich als Subjekt angegeben. Damit wird ein Rückbezug auf 5,1 vorgenommen und deutlich gemacht, dass die dort erwähnten „Leute" nicht beim Gang auf den Berg verlassen wurden, sondern ebenfalls als Adressaten der Lehre vorgestellt sind. Als ihre Reaktion darauf wird nun gesagt, dass sie „sich verwunderten". Das hier gebrauchte griechische Verb begegnet bei Matthäus viermal. Es lässt sich an allen Stellen im Zusammenhang verstehen, wenn man von der Bedeutung „sich verwundern", „erstaunen" ausgeht. In 13,54, entsprechend Markus 6,2, geht es um ein ungläubiges Erstaunen uns sich Verwundern, in 19,25, entsprechend Markus 10,26, um ein bestürztes. In 22,33, am Schluss des Gesprächs mit Sadduzäern, wiederholt Matthäus die Aussage von 7,28b. Beide Male ist ein sich Wundern

14. Die Reaktion der Volksmengen (7,28-29)

im positiven Sinn gemeint, wie das auch der Fall in Markus 7,37; 11,18 und Lukas 9,43 ist. Die Grundbedeutung des passiv gefassten Verbs ist „herausgeschlagen werden". Das Gegenteil wäre ein beruhigtes Verharren im Gewohnten. Wer in Erstaunen, in Verwunderung versetzt wird – sei es nun ein ungläubiges, bestürztes oder auch zustimmendes –, kann nicht gemütlich in seiner Ecke sitzen bleiben. Die Lehre auf dem Berg – wie auch das Reden von der Auferstehung der Toten, die alles andere als ein sanftes Ruhekissen ist – provozieren zum Aufstehen und zum Gehen auf dem Weg der Gerechtigkeit.

Vers 29 gibt eine ausdrückliche Begründung dafür, warum die Lehre Jesu in Erstaunen versetzt: „Denn er lehrte sie wie jemand, der Macht hat, anders als ihre Schriftgelehrten." Dafür dass diese Aussage Jesus betont hervorheben soll, aber nicht im Sinne eines ausschließenden Gegensatzes verstanden ist, lassen sich drei Gründe anführen: 1. Immer wieder haben sich inhaltliche Entsprechungen zwischen der Lehre auf dem Berg und rabbinischen Aussagen zeigen lassen. Was hier als Lehre Jesu geboten wird, ist nicht von einer einmaligen Andersartigkeit.

In seinem monumentalen vierbändigen Werk „Kommentar zum Neuen Testament aus Talmud und Midrasch" (1906–1922 verfasst, 1922–1928 erschienen) hat Paul Billerbeck im ersten Band auf nicht weniger als 292 Seiten rabbinische Parallelen zu Jesu Lehre auf dem Berg kommentierend zusammengestellt. In einem „Nachwort zur Bergpredigt" geht er auf diese Parallelität ein (Band I 470–474), indem er zunächst eine einleuchtende Erklärung für sie gibt. Nachdem er negativ aufgezeigt hat, dass „die Übereinstimmung [...] aus der Abhängigkeit der einen Seite von der andren nicht erklärt werden kann" (470–472; das Zitat 472, ähnlich schon 470), konstatiert er: „In der alten Synagoge hat es eine Geistesmacht gegeben, der sich niemand entziehen konnte, der einen öffentlichen Einfluß gewinnen wollte; eine Geistesmacht, der Jesus nicht minder unterstanden hat als die Männer der gelehrten Schulen." Als diese Macht identifiziert er „die Tora, die religiös-sittliche Gedankenwelt des A(lten) T(estament)s" (472). Da Billerbeck jedoch mit seinem gesamten Unternehmen ein wahrscheinlich judenmissionarisches Interesse verfolgt, kann er sich mit dieser Feststellung nicht begnügen. Er tut noch ein Doppeltes. Einmal meint er, positiv feststellen zu können: „Nur eins ist dabei festzuhalten, nämlich daß die Originalität durchaus auf seiten Jesu liegt. Kein späterer jüdischer Gelehrter hat eine solche Menge religiös-sittlicher Aussprüche hinterlassen, wie wir sie von Jesus besitzen. Kein späterer jüdischer Gelehrter hat seinen Aussprüchen die Kürze u. Straffheit des Ausdrucks zu geben vermocht, die wir an Jesu Sentenzen bewundern" (473). Dass sich in Jesu Lehre auf dem Berg Aussagen von außerordentlicher Prägnanz finden, liegt auf der Hand. Aber warum muss das mit einer Abwertung der

Rabbinen verbunden werden? Diese Abwertung vollzieht Billerbeck zum anderen unmittelbar anschließend sehr grundsätzlich: „Vor allem kein späterer jüdischer Gelehrter hat mit seinen Aussprüchen je die Tendenz verfolgt, die Jesus bei seinen Worten im Auge gehabt hat" (473). Als diese Tendenz führt er an: „Jesus will der pharisäischen Verdienstlehre, weil sie die Seelen gefährdet, den Boden entziehen; darum deckt er das Ungenügende der Gerechtigkeit aus den Werken des Gesetzes auf, u. zugleich zeigt er seinem Volk einen neuen Weg, der zu einer besseren Gerechtigkeit führt" (473). Zwischen den Rabbinen und Jesus sieht er den Gegensatz zwischen „Gerechtigkeit aus eigenem Verdienst" und „Gerechtigkeit aus Gnaden". Die rabbinische Literatur zeige „in unübertrefflicher Deutlichkeit, daß das Judentum *die Religion der Selbsterlösung* ist" (474). Die lutherische Paulusdeutung, die ihrerseits schon nichts sonst ist als Projektion und dem Judentum bitter Unrecht tut, dient hier also dazu, Jesu Lehre auf dem Berg trotz aller aufgezeigten Entsprechungen schließlich doch noch in einen prinzipiellen Gegensatz zum Judentum zu bringen.

2. Matthäus lässt in 23,2.3a Jesus selbst die Auslegung der Tora durch „Schriftgelehrte und Pharisäer" für verbindlich erklären. 3. Ein vergleichbarer jüdischer Text enthält der Sache nach einen Komparativ und keine Antithese. Nach Pesikta de Rav Kahana 16,4 sagt Gott zum Propheten Jesaja: „Bei deinem Leben! Alle Propheten, die prophetisch reden, (tun es so, dass) ein Prophet aus dem Mund eines Propheten (redet). Der Geist Elijas ruhte auf Elischa, der Geist des Mose ruhte auf den 70 Ältesten [...] Aber du redest prophetisch aus dem Mund der Macht (*gvuráh*)." Das wird mit Jesaja 61,1 begründet: *Der Geist des Ewigen, Gottes, ist auf mir, weil er mich gesalbt hat.* Hinter *exusía* bei Matthäus dürfte das hebräische *gvuráh* stehen, das zugleich eine der Umschreibungen Gottes ist. So schwingt in der Aussage, dass Jesus „lehrte wie jemand, der Macht hat", zugleich mit, dass der eigentliche Autor dieser Autorität Gott ist.

Worin Matthäus die Macht Jesu erblickt, ergibt sich aus der Gesamtredaktion seines Evangeliums. Sie ist nicht in den in der Lehre auf dem Berg gegebenen spezifischen Weisungen begründet. Für diese ließen sich ja, wie schon bemerkt, fast immer Parallelen anführen. Ich hatte bei 5,1 wahrscheinlich zu machen versucht, dass dort nicht nur eine Lehrsituation entworfen wird, sondern zugleich auch eine königliche Szenerie. Von dort war auf den Schluss des Evangeliums geblickt worden, wo der Ausdruck *exusía* noch einmal in bestimmter Weise begegnet. In 28,18 sagt der Auferstandene: „Mir ist alle Macht im Himmel und auf Erden gegeben." Das aber heißt: Die besondere Macht Jesu und damit der Unterschied zu den Schriftgelehrten ergibt sich ausschließlich von dem Zeugnis her, dass Gott ihn von den Toten aufgeweckt hat. Und so fordert der, dem alle Macht im Himmel und auf der

14. Die Reaktion der Volksmengen (7,28–29)

Erde gegeben ist, abschließend in 28,20 im klaren Rückbezug auf die Lehre auf dem Berg, „alles zu halten, was ich euch geboten habe". Und zwar sollen die hier angeredeten Schüler Jesu das, was er ihnen geboten hat, ihrerseits „alle Völker" lehren. Am Schluss des Evangeliums kommen also gemäß der biblischen Grundunterscheidung zwischen Israel als dem von Gott erwählten Volk und allen anderen Völkern diese Völker in den Blick. So sagt Jesus in Vers 19: „Geht also hin und macht alle Völker zu Schülern und Schülerinnen!" In der „Bibel in gerechter Sprache" ist das hier Gemeinte treffend so wiedergegeben: „Macht euch auf den Weg und lasst alle Völker mitlernen." Wörtliche Übersetzungen des an zweiter Stelle gebrauchten Verbs wären etwa: „Lasst Schüler sein" oder „bringt zum Lernen". In der Übersetzung „lasst mitlernen" kommt sehr schön zum Ausdruck, dass die hier zu diesem Tun Aufgeforderten vorher in Vers 16 als „Schüler", als selbst immer noch und wieder Lernende bezeichnet wurden. Dementsprechend sollen sie sich nach Matthäus 23,8.10 auch nicht „Rabbi" oder „Erzieher" nennen lassen, weil nur einer ihr Lehrer und Erzieher ist, Jesus als der Gesalbte. In der Schule Jesu lernen sie also nicht aus, sondern bleiben zeitlebens in ihr. Ihr Lehren kann daher nur so erfolgen, dass sie andere mitlernen lassen. Was also Jesus in Auslegung der Tora während seines irdischen Wirkens als Lehre auf dem Berg geboten hat, erklärt er hier für verbindlich als Auferweckter, dem „alle Macht im Himmel und auf der Erde gegeben ist", und nimmt von daher auch die Völker in den Blick, die in dieses Lernen mit hineingenommen werden sollen. Der Lehre auf dem Berg zu folgen, heißt daher nicht zuletzt: auf die Macht Jesu setzen, heißt: darauf vertrauen, dass für das in Autorität gesprochene Wort Jesu die Autorität schlechthin, Gott selbst, einsteht. In unserem Handeln wird sichtbar, worauf wir wirklich setzen, woran wir unser Herz hängen.

Noch ein weiterer Aspekt ist zu bedenken: Wir sind die Nachfahren derer aus den Völkern, die sich von Jesu – jüdischer! – Schülerschaft ins Mitlernen haben ziehen lassen. Wir sind ihre Nachfahren in einer Kirche, in der es – anders als in der auf Jesus als Messias bezogenen Gemeinschaft im 1. Jahrhundert – schon lange kein gelebtes Judentum mehr gibt. Wir sind Erben einer Trennungsgeschichte, in der sich die Kirche als „wahres Israel" an Israels Stelle gesetzt hat. Diese Substitution ist als Sünde erkannt und bekannt; es ist wahrgenommen, dass Gott seinem Volk treu bleibt und das Volk seinerseits dem zu entsprechen sucht in der Orientierung an der Tora und ihrer weitergehenden Auslegung. Auf diesem Hintergrund können die Feststellungen des matthäischen Jesus über die unbedingte Geltung der Tora bis ins Kleinste und seine Forderung, auch das in der mündlichen Tora Gebotene zu tun und zu bewahren, als Aufforderung aufgenommen werden, mit Israel zu lernen, im Gespräch mit Jüdinnen und Juden die Tora und ihre Auslegung in Geschichte und Gegenwart wahrzunehmen – nicht, um das Judentum zu kopieren, sondern um die Tora, die als Teil des Alten Testaments doch auch für uns kanonisch ist, besser zu verstehen und diesen reichen Schatz möglicher ethischer Urteilsbildung auch zu nutzen – um nur diesen Punkt zu nennen. Dabei wird es auch darum gehen, das für Israel spezifisch Gebotene zu respektieren und nicht verächtlich zu machen.

Anhang I
Kurze Information über antike Schriftsteller und rabbinische Schriften, aus denen zitiert wird

Antike Autoren

Apuleius
Um 125 n.Chr. in Madaura (Nordafrika) geboren, in Karthago erzogen, Studium in Athen, Reisen im Osten, Anwalt in Rom, schließlich Priester des Kaiserkults in Karthago; er schrieb lateinisch und griechisch, erhalten sind nur lateinische Werke.

Epiktet
Um 55 n.Chr. in Hierapolis (Phrygien) als Sklave geboren, mit Erlaubnis seines Herrn Hörer des stoischen Philosophen Musonius Rufus, nach seiner Freilassung als philosophischer Lehrer in Rom tätig; nach der 89 von Domitian veranlassten Ausweisung aller Philosophen aus Rom Lehrtätigkeit in Nikopolis (Westgriechenland).

Hesiod
Griechischer Dichter des 8. Jahrhunderts v. Chr.

Josephus
37 in Jerusalem geboren, um 100 in Rom gestorben; nach Beginn des jüdischen Aufstands gegen Rom 66 Befehlshaber der Aufständischen über Galiläa, 67 von Vespasian gefangen genommen, dem er sein künftiges Kaisertum voraussagte, was nach Eintreten der Voraussage zur Freilassung mit römischem Bürgerrecht (daher *Flavius Josephus*) führte. Er schrieb auf Griechisch in den 70er Jahren einen ausführlichen Bericht über den „jüdischen Krieg", in den 90er Jahren eine Darstellung der „jüdischen Altertümer" von der Weltschöpfung bis zum Jahr 66, dazu eine Autobiographie und eine Apologie des Judentums „gegen Apion".

Marc Aurel
Der philosophisch gebildete Kaiser trat als stoischer Schriftsteller hervor in seinen seit 168/169 geschriebenen Selbstbetrachtungen.

Philon von Alexandria
Etwa zwischen 20 und 10 v.Chr. geboren und nach der Zeit Kaiser Caligulas (37–41) gestorben; umfassend gebildet, versuchte er in seiner umfangreichen literarischen Tätigkeit griechische Philosophie und jüdische Tradition, wobei die Tora im Zentrum steht, miteinander zu verbinden.

Plinius d.Ä.
23/24 n.Chr. in Como als Sohn eines römischen Ritters geboren, 47–52 militärische Laufbahn, Rückzug in grammatische und rhetorische Studien im letzten Jahrzehnt Neros, unter Vespasian Inhaber mehrerer Prokuratorenstellen, 76 mit einem hohen Amt am Hof betraut, 79 beim Ausbruch des Vesuv gestorben; von seinen Schriften sind 37 Bücher „Naturkunde" erhalten.

Plutarch
45 geboren und nach 120 gestorben; aus vornehmer Familie aus Chaironeia (Griechenland) stammend; Studium der Philosophie in Athen; große Reisen; kommunale Ehrenämter in seiner Vaterstadt bekleidend; seit etwa 95 Priester Apollos in Delphi.

Seneca
Etwa 4 v.Chr. geboren, 65 von Nero zum Selbstmord gezwungen; aus dem Ritterstand Spaniens stammend; rhetorische und philosophische Ausbildung in Rom; Erhebung in den Senatorenstand; Lehrer des jungen Nero; seit 62 politisch einflusslos, Rückzug in die literarische Arbeit.

Sueton
Etwa 70 n.Chr. geboren, aus dem Ritterstand stammend, rhetorische Ausbildung, Betätigung als Anwalt, unter Trajan und Hadrian hohe Ämter am Hof, 121 entlassen; verfasste Kaiserbiographien von Caesar bis Domitian.

Tacitus
Etwa 55/56 n.Chr. geboren, rhetorische Ausbildung in Rom, Ämterlaufbahn, 97 Konsul, etwa 112/113 Prokonsul in der Provinz Asia.

Xenophon
Aus Athen stammend, lebte er Anfang des 5. bis Mitte des 4. Jahrhunderts v.Chr.; nahm auf unterschiedlichen Seiten an militärischen Unternehmungen teil; hinterließ ein umfangreiches Schrifttum.

Rabbinische Schriften
Gründliche Information bei: Günter Stemberger, Einleitung in Talmud und Midrasch, München ⁸1992.

Mischna
Vom Verb *schanáh* („wiederholen", „lernen") abgeleitetes Nomen, dessen Bedeutung sich so umschreiben lässt: durch lautes Wiederholen Gelerntes. Gemeint ist die mündliche Tora, die traditionellen Weisungen für die Lebensgestaltung, wie sie bis etwa 200 ausgebildet wurden. Sie wurde um 220 von Rabbi Jehuda ha-Nassi redigiert und umfasst sechs Ordnungen, die jeweils eine unterschiedliche Anzahl von Traktaten enthalten.

Talmud
Vom Verb *lamád* („lernen") abgeleitetes Nomen mit der Bedeutung „Gelerntes", „Studium". Der Talmud enthält die gesamte Mischna, die in ihm abschnittweise zitiert und anschließend in der Gemara (aramäisch, vom Verb *gemár*, das eigentlich „vollenden", „abschließen", dann aber auch „lernen" bedeutet, wobei hier „das Lernen der Tradition" gemeint ist) ausführlichst diskutiert wird, wobei sehr weite Bögen geschlagen werden. Es gibt einen Jerusalemer Talmud, der im Land Israel entstanden ist; seine Redaktion wurde Ende des 4., Anfang des 5. Jahrhunderts abgeschlossen. Der wesentlich umfangreichere babylonische Talmud, im Juden-

tum „der Talmud" schlechthin, ist in der babylonischen Diaspora entstanden; seine Redaktion erstreckt sich vom 5. bis zum 8. Jahrhundert.

Tosefta
Dieses aramäische Wort bedeutet „Hinzufügung", „Ergänzung" und bezeichnet eine im Aufbau und in der Sache der Mischna analoge Zusammenstellung von Traditionen aus mischnischer Zeit, die wesentlich später erfolgte.

Avot de Rabbi Natan
Kommentierung des Mischnatraktats Avot (Sprüche der Väter), die in zwei Fassungen überliefert ist (A und B).

Kalla
Traktat über Verlobung, Ehe und eheliche Beziehungen, dessen Entstehungszeit extrem unterschiedlich angesetzt wird: 2. oder 8. Jahrhundert.

Kalla Rabbati
Kommentierung des Traktats Kalla.

Derech Erez Rabba
Mit *dérech érez* (wörtlich: „Weg des Landes" bzw., „der Erde") werden „Lebensregeln" bezeichnet (*rábba* = „groß"). In diesem Traktat ist Material gesammelt, dessen Grundstock aus mischnischer Zeit stammt.

Derech Erez Suta
Ein erst spät – nicht vor dem 7. Jahrhundert – aus unterschiedlichen Quellen zusammengestellter Traktat.

Mechilta de Rabbi Jischmael
Das aramäische Wort *mechilta* bedeutet „Regel", hier für die Auslegung der Bibel. Dieses Werk ist ein Midrasch (= eine einem Bibeltext abgeforderte Auslegung) zu Teilen von 2. Mose, wahrscheinlich in einer Reihe aufeinander folgender Redaktionen entstanden mit der Endredaktion in der 2. Hälfte des 3. Jahrhunderts.

Mechilta de Rabbi Schimon ben Jochaj
Midrasch zu Teilen von 2. Mose; wahrscheinlich im 4. Jahrhundert entstanden.

Sifra
sifra (aramäisch: „Buch"), Midrasch zu 3. Mose, dessen Grundstock in der 2. Hälfte des 3. Jahrhunderts zusammengestellt wurde.

Sifrej Bamidbar
sifrej („Bücher"); *bamidbar* („in der Wüste) ist die hebräische Bezeichnung von 4. Mose (nach dem Beginn des Buches); zu Teilen davon ist dieses Werk ein Midrasch, dessen Endredaktion wahrscheinlich ebenfalls in der 2. Hälfte des 3. Jahrhunderts zu datieren ist.

Sifrej Dvarim
Midrasch zu Teilen von 5. Mose (hebräische Bezeichnung: *dvarím* = „Worte", „Reden"); Endredaktion vermutlich im späten 3. Jahrhundert.

Breschit Rabba
Midrasch zu 1. Mose (hebräische Bezeichnung: *breschit* = „am Anfang") mit einer wahrscheinlichen Endredaktion in der 1. Hälfte des 5. Jahrhunderts.

Schmot Rabba
Midrasch zu 2. Mose (hebräische Bezeichnung: *schmot* = „Namen"); der jüngere erste Teil (Abschnitte 1–14) wurde wohl erst im 10. Jahrhundert redigiert.

Wajikra Rabba
Midrasch zu 3. Mose (hebräische Bezeichnung: *wajikrá* = „und er rief"), im 5. Jahrhundert redigiert.

Bemidbar Rabba
Midrasch zu 4. Mose, der aus zwei unterschiedlichen Teilen besteht; die Abschnitte 1–14 beziehen sich auf Kapitel 1–7, in der jetzigen Form erst im 12. Jahrhundert abgefasst, die Abschnitte 15–23 auf Kapitel 8–36, möglicherweise um 400 zusammengestellt.

Dvarim Rabba
Midrasch zu 5. Mose, zwischen 450 und 800 zusammengestellt.

Pesikta de Rav Kahana
Homilienmidrasch zu Lesungen für Feste und besondere Sabbate (*pesikta* [aramäisch] = Abschnitt), wahrscheinlich im 5. Jahrhundert redigiert.

Pesikta Rabbati
Eine der im vorigen Abschnitt angeführten analoge Sammlung; ein aus verschiedenen Quellen zusammengesetztes Werk mit weit auseinander liegenden Entstehungszeiten.

Tanchuma
Name eines Rabbinen, auf den viele Traditionen zurückgeführt wurden, hier Bezeichnung eines Midrasch zu allen fünf Büchern Mose, der in zwei Ausgaben vorliegt; wohl Ende des 4. Jahrhunderts redigiert, enthält wahrscheinlich spätere Zusätze.

Midrasch Tehillim (Psalmen)
Aus zwei Teilen zusammengesetzte Sammlung von Auslegungen über die Psalmen; der erste Teil zu Psalm 1–118 umfasst unterschiedliche Quellen, die zu einem großen Teil aus talmudischer Zeit stammen. Der zweite Teil zu Psalm 119–150 gilt als im 13. Jahrhundert redigiert.

Pirkej de Rabbi Elieser
Nacherzählte biblische Geschichte mit midraschischen Elementen, im 8. oder 9. Jahrhundert entstanden.

Zitierte Sekundärliteratur 233

Anhang II

Nachweis der Zitate aus der Sekundärliteratur

Die zitierten Autoren werden im Folgenden alphabetisch mit ihren Werken aufgeführt; jeweils anschließend wird zunächst die Seitenzahl des vorliegenden Buches genannt, auf der das Zitat steht, danach kursiv die Seitenzahl des Werkes, aus dem es entnommen ist.

Albertz, Heinrich: Glauben als Erfahrung, in: Warum ich Christ bin, hg.v. Walter Jens, München ²1979, S. 17–24.
15: *22*

Böttrich, Christfried: Fundamente. Beobachtungen zum Bildgebrauch in Mt 7,24–27, in: Evangelium ecclesiasticum. Matthäus und die Gestalt der Kirche. FS Christoph Kähler, hg.v. Christfried Böttrich u.a., Frankfurt a.M. 2009, S. 65–101.
222: *92*

Bockmuehl, Markus: Matthew 5.32; 19.9 in the Light of Pre-Rabbinic Halakhah, NTS 35, 1989, S. 291–295.
102: *299.294*

Bornhäuser, Karl: Die Bergpredigt. Versuch einer zeitgenössischen Auslegung, Gütersloh ²1927.
25: *6*

Calvin, Johannes: Auslegung der Evangelien-Harmonie. 1. Teil, übersetzt v. Hiltrud Stadtland-Neumann u. Gertrud Vogelbusch, hg.v. Otto Weber, Neukirchen-Vluyn 1966.
16: *218;* 25: *169*: 43: *171*; 72: *182*; 81: *189.184.185*; 109: *194*; 150: *208*; 158: *211.212*; 161: *213*; 170: *217*; 180: *222*; 190: *227*; 191: *226*; 204: *233*

Cardenal, Ernesto: Das Evangelium der Bauern von Solentiname. Gespräche über das Leben Jesu in Lateinamerika I, Wuppertal ³1977.
177: *143*; 178: *142*; 180: *141*; 180–181: *144*

Chrysostomus, Johannes: Homiliae in Mattheum, Patrologiae cursus completus. Series Graeca (Migne), Bde. 57.58 (Matthäus 5–7 in 57, Spalte 223–328 (deutsche Übersetzung in BKV 23.25 von Johannes Chrysostomus Baur, Bd. 1 u. 2, München o.J.). Nummer und Abschnitt der Homilie sind im Text beim Zitat genannt; hier werden nur die Seiten des vorliegenden Buches angeführt, auf denen Zitate stehen:
34–35; 40; 80–81; 87; 88; 93 (2mal); 156; 157–158; 175; 186

Eichholz, Georg: Auslegung der Bergpredigt, Neukirchen-Vluyn ³1975.
35: *27.30*; 45: *41*; 111: *88*; 143:*108.109*; 158–159: *126*; 195: *153*

Feldmeier, Reinhard: Verpflichtende Gnade. Die Bergpredigt im Kontext des ersten Evangeliums, in: Ders. (Hg.), „Salz der Erde". Zugänge zur Bergpredigt, Göttingen 1998, S. 15–107.
  46: *27*

Fiedler, Peter: Das Matthäusevangelium, ThKNT 1, Stuttgart 2006.
  43: *112*; 47: *114*; 76: *126*; 80: *131*; 85: *131*; 93: *137*; 186: *182–183 (Anm. 291)*

Frankemölle, Hubert: Matthäus. Kommentar 1, Düsseldorf 1994.
  152: *246*; 154: *249*

Girgensohn, Herbert: Die Bergpredigt. Eine Auslegung für die Gemeinde, Witten 1962.
  44: *39*; 45: *46*; 52: *58*; 162: *158*; 209: *196–197*

Graaf, Johannes de: Mit der Bergpredigt leben, GTB Siebenstern 1057, Gütersloh ⁶1979 (holländische Erstausgabe 1957).
  22: *66*

Harnack, Adolf von: Marcion. Das Evangelium vom fremden Gott, Darmstadt 1960 (= Leipzig ²1924).
  78: *90.292*.293**

Hebel, Johann Peter: Poetische Werke. Schatzkästlein des rheinischen Hausfreundes, München 1961.
  119: *204–205*

Hengel, Martin: Das Ende aller Politik. Die Bergpredigt in der aktuellen Diskussion, Evangelische Kommentare 14, 1981, S. 686–690.
  14: *690*; 18: *690*

Hofius, Otfried: Nächstenliebe und Feindeshaß. Erwägungen zu Mt 5,43, in: Die Freude an Gott – unsere Kraft. FS Otto Bernhard Knoch, hg.v. Johannes Joachim Degenhardt, Stuttgart 1991, 102–109.
  128: *108*

Kähler, Christoph: Studien zur Form- und Traditionsgeschichte der biblischen Makarismen, Diss. theol. Jena 1974 (masch.).
  34: *177*; 66: *189*

Kierkegaard, Sören: Der Augenblick. Aufsätze und Schriften des letzten Streits, Gesammelte Werke 34, übers. v. Hayo Gerdes, Düsseldorf/Köln 1959.
  184–185: *230–232*

Köhnlein, Manfred: Die Bergpredigt, Stuttgart 2005.
  19: *37*; 44: *49*

Lapide, Pinchas: Die Bergpredigt. Utopie oder Programm? Mainz ⁴1984.
13: *17–18*; 80: *49*

Lohfink, Gerhard: Wem gilt die Bergpredigt? Beiträge zu einer christlichen Ethik, Freiburg u.a. 1988.
180: *129*

Luther, Martin, Wochenpredigten über Matth. 5–7.1530/2, WA 32, 1906, S. 299–544 (die Zitate sind in heutiges Deutsch übertragen).
25: *302*; 45: *320*; 48: *330*; 60–61: *344.345*; 70: *355*; 70–71: *356.355.357.359*; 95: *372*; 102: *376.378*; 102–103: *379*; 131: *405–406*; 161: *421*; 162–163: *423*; 165: *431.433*; 170: *444*; 182: *460–461.465*; 184: *470*; 186: *472*; 190: *473.474*; 191: *479–480*; 201–202: *494.495*; 222: *532*

(Luther, Martin:) D Martin Luthers Evangelien-Auslegung 2. Das Matthäus-Evangelium (Kap. 3–25), hg.v. Erwin Mülhaupt, Göttingen ³1960.
122: *105*; 174–175: *186*; 178: *180–181*; 180: *186*; 213: *257*

Luther, Martin: Vorlesung über den Römerbrief 1515/16, übertragen v. Eduard Ellwein, München ²1928.
86: *63*

Lux, Rüdiger: Das Erbe der Gewaltlosen. Überlegungen zu Mt 5,5 und seiner Vorgeschichte, in: Gottesvolk. Beiträge zu einem Thema biblischer Theologie. FS S. Wagner, hg.v. Arndt Meinhold u. Rüdiger Lux, Berlin 1991, S. 75–90.
43: *77.78–79*

Luz, Ulrich: Das Evangelium nach Matthäus. 1. Teilband Mt 1–7, EKKI/1, 5., völlig neu bearbeitete Auflage, Neukirchen-Vluyn 2002.
158: *452 (Anm. 115 von S. 451)*; 178: *478*; 187: *497*

McEleney, Neil: The Unity and Theme of Matthew 7:1–12, CBQ 56, 1994, S. 490–500.
187: *491*; 194: *496*

Niebuhr, Karl-Wilhelm: Die Antithesen des Matthäus. Jesus als Toralehrer und die frühjüdische weisheitlich geprägte Torarezeption, in: Gedenkt an das Wort. FS Werner Vogler, hg.v. Christoph Kähler u.a., Leipzig 1999, S. 175–200.
96–97: *188*

Ottenheijm, Eric: Learning and Practising: Uses of an Early Jewish Discourse in Matthew (7:24–27) and Rabbinic Literature, in: Interaction between Judaism and Christianity in History, Religion, Art and Literature, hg.v. Marcel Poorthuis u.a., Jewish and Christian Perspectives 17, Leiden 2009, S. 45–64.
223: *50.57*

Pantle-Schieber, Klaus: Anmerkungen zur Auseinandersetzung von ἐκκλησία und Judentum im Matthäusevangelium, ZNW 80,1989, S. 145–162.
76: *162*

Ragaz, Leonhard: Die Bergpredigt Jesu, Hamburg 1971 (fotomechanischer Neudruck der 1. Auflage, Bern 1945).
59: *32*; 118: *83*; 180: *143–144*; 183: *135*

(Schmidt, Helmut:) Politik und Geist. Gespräch mit Bundeskanzler Helmut Schmidt, Evangelische Kommentare 14, 1981, S. 17–24.
14: *214*

Schniewind, Julius: Das Evangelium nach Matthäus, NTD 2, Göttingen [10]1962 (© 1936).
18: *37.106*

Schrage, Wolfgang: Bergpredigt und Christologie, in: Testimony and Interpretation. Early Christology in its Judeo-Hellenistic Milieu. FS Petr Pokorný, hg.v. Jiři Mrázek u.a., JSNT.S 272, London 2004, S. 171–188.
31: *184*; 222: *184*

Strecker, Georg: Die Bergpredigt. Ein exegetischer Kommentar, Göttingen 1984.
202: *158*

Syreeni, Kari: Separation and Identity: Aspects of the Symbolic World of Matt 6.1–18, NTS 40, 1994, S. 522–541.
165: *526*

Toman, Walter: Distelvolk. Gedichte, Wien u.a. 1955.
119: *52–54*

Troll, Thaddäus: O Heimatland. Verse in schwäbischer Mundart, Neuausgabe, Tübingen [2]2006.
14: *128*

Vahrenhorst, Martin: „Ihr sollt überhaupt nicht schwören". Matthäus im halachischen Diskurs, WMANT 95, Neukirchen-Vluyn 2002.
72: *245*; 73: *228*; 80: *217–219*; 106: *149*; 107: *170*; 108: *266*; 110: *263*

Wilson, Walter T.: A Third Form of Righteousness: The Theme and Contribution of Matthew 6.19–7.12 in the Sermon on the Mount, NTS 53, 2007, S. 303–324.
194: *314*